DON JUAN MANUEL

LIBRO DE LOS ESTADOS

37 Dover Street London WIX 4AH   629 8494

DON JUAN MANUEL:
LIBRO DE LOS ESTADOS
Edited with Introduction and Notes by
R.B. Tate and I.R. Macpherson.

£12.00 net

26 September, 1974

The source of the book should be stated as follows

Clarendon Press: Oxford University Press

The publisher requests that no review should appear before the publication date and would be grateful for a clipping of your review. Further information on the book or its author will gladly be given by the Publicity Department.

DON JUAN MANUEL

LIBRO DE LOS ESTADOS

EDITED WITH
INTRODUCTION AND NOTES
BY
R. B. TATE
AND
I. R. MACPHERSON

OXFORD
AT THE CLARENDON PRESS
1974

Oxford University Press, Ely House, London W. 1

GLASGOW NEW YORK TORONTO MELBOURNE WELLINGTON
CAPE TOWN IBADAN NAIROBI DAR ES SALAAM LUSAKA ADDIS ABABA
DELHI BOMBAY CALCUTTA MADRAS KARACHI LAHORE DACCA
KUALA LUMPUR SINGAPORE HONG KONG TOKYO

ISBN 0 19 815713 4

Printed in Great Britain
at the University Press, Oxford
by Vivian Ridler
Printer to the University

FOREWORD

In the Bibliography listed in the present edition, one name is missing. In truth, it is more appropriate that this name should figure in the opening pages, since the inspiration and the dedication of one man lie behind the present work. It had been the hope of Ignasi González Llubera, after retiring from the chair of Spanish at the Queen's University, Belfast, N. Ireland, to complete an edition of this text. To this end he had prepared a draft and a partial critical apparatus together with miscellaneous historical and philological notes. A tragic road accident in Cambridge in 1962 deprived the world of scholarship of this and many other projects he had stored up.

Mme Jeanne Llubera kindly allowed us to examine the papers relative to the *Libro de los estados* and we undertook to see how these could be prepared for the press. In the process of collating this material with the results of our own investigations, differing concepts of editorial approach emerged. Moreover, as subsequent editions of other Manueline works appeared and further changes of approach evolved from a fuller examination of textual issues, we were persuaded that the most satisfactory way to proceed was to absorb the initial unfinished project into a revised edition.

In doing so we do not wish to minimize the debt which we both owe to the labours of our esteemed predecessor. We only hope that the many changes we have seen fit to impose and the additional information which we have accumulated will match the high standards he himself set. But inevitably we must take upon ourselves alone the responsibility for such revision, correction, and expansion as have been effected.

We would also like to add our appreciation for the ready help offered by our colleagues in response to our inquiries, in particular H. S. Offler and D. E. L. Crane of the University of

Durham and D. Mackenzie of the British Museum, and for the patience and skill of Mr. S. J. W. Squires of the Royal Grammar School, Newcastle, who has generously helped to correct the proofs. Finally we would like to thank Mrs. Sheila Macpherson, Mrs. Beryl McDonald and Mrs. Judy Hind for their careful and painstaking labour in preparing this manuscript for the press.

R. B. T.
I. R. M.

3 January 1974

CONTENTS

LIST OF PLATES

LIST OF TABLES

LIST OF ABBREVIATIONS

(*a*) *Abbreviations used in footnotes*

B	Juan Manuel, *El libro de la caza*, ed. G. Baist (Halle, 1880)
Ben.	Juan Manuel, *El libro de los estados*, ed. A. Benavides in *Memorias de D. Fernando IV de Castilla*, i (Madrid, 1860), 444–599
CC	Juan Manuel, *El libro de los estados*, ed. J. M. Castro y Calvo (Barcelona, 1968)
CR	Juan Manuel, *Obras de don Juan Manuel*, ed. J. M. Castro y Calvo and M. de Riquer (Barcelona, 1955)
G	Juan Manuel, *El libro de los estados*, ed. P. de Gayangos in *Escritores en prosa anteriores al siglo XV*, BAE li (Madrid, 1860), 278–367
MRL	María Rosa Lida de Malkiel, 'Tres notas sobre Don Juan Manuel', *RPh* iv (1950–1), 155–94
MS.	Biblioteca Nacional, Madrid, MS. 6376 (formerly S. 34)
Oel.	V. R. B. Oelschläger, 'Dos correcciones al texto del *Libro de los estados* de D. Juan Manuel', *RFE* xxi (1934), 399–400

(*b*) *Abbreviations used in introduction and endnotes*

EDITIONS OF WORKS OF DON JUAN MANUEL

Chronicon	Juan Manuel, 'La Crónica complida nach der Hschr. neu herausgegeben von G. Baist', *RF* vii (1893), 551–6
CLucanor	Juan Manuel, *El Conde Lucanor*, ed. J. M. Blecua (Madrid, 1969)
CrAbreviada	Juan Manuel, *Crónica abreviada*, ed. R. L. and M. B. Grismer (Minneapolis, Minn., 1959)
LArmas	Juan Manuel, *Libro de las armas* in *Obras de don Juan Manuel*, ed. J. M. Castro y Calvo and M. de Riquer (Barcelona, 1955), 74–92
LCavallero	Juan Manuel, *Libro del cavallero et del escudero* in *Obras de don Juan Manuel*, ed. J. M. Castro y Calvo and M. de Riquer (Barcelona, 1955), 8–72
LCaza	Juan Manuel, *Libro de la caza*, ed. G. Baist (Halle, 1880)
LEstados	The present edition

LInfinido	Juan Manuel, *Libro infinido y tractado de la asunçión*, ed. J. M. Blecua (Granada, 1952)
Prólogo	Juan Manuel, *Prólogo a sus obras* in *Obras de don Juan Manuel*, ed. J. M. Castro y Calvo and M. de Riquer (Barcelona, 1955), 3–5
TAsunçión	Juan Manuel, *Libro infinido y tractado de la asunçión*, ed. J. M. Blecua (Granada, 1952)

OTHER WORKS

Castigos	*Castigos e documentos del rey don Sancho*, ed. P. Gayangos in BAE li (Madrid, 1860), 79–228
CG	Thomas Aquinas, St., *Suma contra los Gentiles*, ed. L. Robles Carcedo and A. Robles Sierra, 2 vols. (Madrid, 1967)
Cifar	*El Cavallero Zifar . . . con un estudio por M. de Riquer*, 2 vols. (Barcelona, 1950)
CrAlfonso XI	*La corónica de don Alfonso el onceno*, ed. F. Cerdá y Rico in BAE lxvi (Madrid, 1875), 173–392
CrFernando IV	*Crónica de Fernando IV*, ed. Cayetano Rosell in BAE lxvi (Madrid, 1875), 93–170
Giménez Soler	Giménez Soler, A., *Don Juan Manuel. Biografía y estudio crítico* (Zaragoza, 1932)
Part.	Alfonso X de Castilla, *Las siete partidas*, 3 vols. (Madrid, 1807)
ST	Thomas Aquinas, St., *Summa Theologiae*, Latin text and English trs., in progress (London and New York, 1964–)

JOURNALS AND COLLECTIONS

AST	*Analecta Sacra Tarraconensia*
BAE	Biblioteca de autores españoles
BAH	*Boletín de la Academia de la Historia*
BHi	*Bulletin Hispanique*
BHS	*Bulletin of Hispanic Studies*
BRAE	*Boletín de la Real Academia Española*
BRAH	*Boletín de la Real Academia de Historia*
CD	*Ciudad de Dios*
CHE	*Cuadernos de Historia de España*
CL	*Comparative Literature*
CuH	*Cuadernos Hispanoamericanos*
CyR	*Cruz y Raya*

EMP	*Estudios dedicados a don Ramónéndez Pidal*
HBalt	*Hispania* (Baltimore, Md.)
His	*Hispania* (Madrid)
HMP	*Homenaje a don Ramón Menéndez Pidal*
HR	*Hispanic Review*
KFLQ	*Kentucky Foreign Language Quarterly*
LR	*Lettres Romanes*
MLN	*Modern Language Notes*
NRFH	*Nueva Revista de Filología Hispánica*
P & P	*Past and Present*
RE	*Revista de España*
RET	*Revista española de teología*
RF	*Romanische Forschungen*
RFE	*Revista de Filología Española*
RH	*Revue Hispanique*
RPh	*Romance Philology*
RQH	*Revue des Questions Historiques*
RyF	*Razón y Fe*
SMV	*Studi mediolatini e volgari*
SP	*Studies in Philology*

INTRODUCTION

(*a*) *General description of the* Libro de los estados

THE *Libro de los estados* is by far the most ambitious and wide ranging of Don Juan's voluminous output. Composed in his middle forties, it was intended to be a comprehensive statement on how man could best achieve his ends in respect of his obligations to his Creator and the creation, or, put in a more precise way, how a noble of the stature of Don Juan could best serve God and his fellow men within the structure of society as he understood it. The scope of his exposition is in consequence not without its limits. It is shaped by Don Juan's own dynastic position as nephew of Alfonso the Wise of Castile and Leon, a son-in-law of both Jaime II of Majorca and Jaime II of Aragon, and grandson of Amadeus IV of Savoy, all of which leads him to concentrate on the princely and aristocratic component of society. A long and chequered association with his brother-in-law, Don Juan of Aragon, Archbishop of Toledo and Patriarch of Alexandria, as well as with the Dominican Order, moulded his attitudes towards the clergy. As a statesman, he had had three decades of the most exacting apprenticeship in politics through the long minorities of Fernando IV and Alfonso XI of Castile, during which he had experienced in equal measure success and failure. As a frontiersman from his early youth, he had engaged in the practical tactics of siege, skirmish, and pitched battle with both Moor and Christian. As a family man, thrice married with one male heir and two daughters, he had learned to appreciate the values and the perils of dynastic marriage. Finally, as a mature and practised author with one chronicle and two substantial treatises on chivalry already to his credit, he was even more convinced that this accumulated experience, if brought to bear on the difficult issues of the immediate past, would serve to enlighten the problems of the future.[1]

Education for Don Juan, as for the intelligent lay minority of his age, was not deemed to be synonymous with book learning. Although he derived a great deal of his inspiration from his uncle, Alfonso the Wise,[2] he refrained from taking his audience into areas of knowledge unsuitable for their calling.[3] Furthermore, he recognized the theoretical limitations of education, and how much depended on the will and natural disposition of the pupil.[4] Finally, he expressed great confidence in man's power of reason, but rather than thinking of man as a mind using a body, he preferred the Aquinian compromise in which man was held to be composed of a corporal and spiritual substance and thus set between two worlds—the *duplex ordo rerum*.[5] Although he confessed that man often acted irrationally and senselessly, he affirmed that man was most himself when he was most rational. And while maintaining that only intelligent beings are capable of the morally right and wrong, he conceded that too much learning can often tempt the intelligent man into doubt and distress.[6]

The *Libro de los estados*, transmitted to us in one single manuscript, consists of two parts, one dealing with the secular and the other with the spiritual life. The work as a whole is mentioned under two titles in the prologues to Book I: the *Libro del Infante* and the *Libro de los estados*. In Book II, however, only the second title is preserved, and it is noteworthy that, while the Prologue to his immediately following work, the *Conde Lucanor*, preserves the former title, the general prologue

[1] On the historical background to his life, see Giménez Soler for Castile; Martínez Ferrando, Risco, Avézou, Vidal for Aragon; M. R. Lida, 'Tres notas', 155–63, and Linehan, *passim*, for the Dominicans and clergy in general. See also the genealogical tables at pp. xciii–xcviii.

[2] *LCaza*, 1–2; *CrAbreviada*, 38.

[3] *LCavallero*, 57. 8; 58. 14.

[4] *LEstados*, 123. 33, 143. 6, 201. 8.

[5] Ibid. 218. 2.

[6] 'Ca la sotileza les faze pensar muchas cosas, et por la mengua de la letradura non pueden saber la verdad conplidamente commo es. Et así podríe caer en grandes yerros et en grandes dubdas.' *LCavallero*, 31. 26–9.

to his projected collected *œuvre*, later in date, maintains only the title *Libro de los estados*.[7]

It was composed, Don Juan says in the prologue dedicated to his brother-in-law, Don Juan of Aragon, Archbishop of Toledo, in the manner of a 'semejanza' or *similitudo*, a word used by Étienne de Bourbon and a long line of preachers and evangelists for a didactic fiction, known in Castilian as 'fabliella'.[8] This was also the name given by the author to his immediately preceding treatise, the *Libro del cavallero et del escudero*. The 'fabliella' was to be elaborated over a series of 'questions and answers', again similar in structure to the former work. Don Juan was clearly intent on avoiding an unattractive schematization practised by many clerics in teaching manuals of a devotional or moral character. As he appears to conceive of instruction in terms of a human encounter of teacher and pupil, rather than learning by rote, Don Juan absorbs into the matter of his work the possible boredom, impetuousness, and importunity of the pupil, as well as the caution of the teacher who refuses to be pressed further than modesty will allow. Thus the mechanics of teaching become part of the material taught. As in the *Libro del cavallero* the old knight is repeatedly diverted from the matter in hand to reflect on the nature of the questions asked by the young squire, so in the *Libro de los estados* the teacher, in a pretty show of reluctance, has often to be persuaded to elaborate his doctrines.[9]

The central proposition of the *Libro de los estados* comes early in Book I: 'the salvation of one's soul is to be sought according to the Law and one's estate'.[10] The meaning of this phrase is made explicit on repeated occasions throughout all his works. The most succinct exposition is perhaps given at the

[7] *CLucanor*, 48; *Prólogo*, 4. 65.

[8] Étienne de Bourbon, 4.

[9] *LCavallero*, 35. 7; 37–8; *LEstados*, I. lxiii–lxv.

[10] 'la salvación de las almas a de ser en ley et en estado,' *LEstados*, 16. 12. Sra di Stefano would prefer to see the work in a different light: 'aunque esto sea lo primordial, pasa en realidad a segundo término, y cobra relieve el aspecto socio-político del tema.' See 'La sociedad estamental . . .', 329, n. 3. Viewing the work as a totality, this argument cannot be rigorously sustained.

conclusion of the *Conde Lucanor* where he shows that the contemplative life, devoted to God and the salvation of the soul, is clearly the most exalted, and a life devoted exclusively to temporal matters leads straight to damnation. The man who manages to respond positively to the demands of both the spiritual and the secular life may well fall short of his target, but the possibility of attaining sanctity is not thereby excluded, and this is the man Don Juan would have his readers emulate.[11]

The initial frame of his exposition is that of a devotional narrative fiction. He describes how, after Christ's death, the light descended on the apostles and their successors who were then sent to teach the Scriptures throughout the world, so that no one, then or now, when the teaching has been continued by clergy, friars, and men of the good life, has the excuse of being ignorant of the Law. One such is Julio who, at some unspecified but near-contemporary date, travelled the world preaching. He is described as an educated cleric from Castile, schooled in matters secular by Don Juan himself.[12] He eventually arrives at an unnamed pagan kingdom where all sects are allowed to preach openly and where the populace follows, without any official restraint, a whole variety of dogma. The only widely accepted norm seems to be the law of nature, which is interpreted, not in the Augustinian manner, but as the law of justice, or the golden rule of 'do not do unto others what you would not have done to yourself'.[13] It is Julio's intention to show later that this law, which has its validity, is inferior and has regard purely to this temporal world (i–iv).

The pagan king, Moraván, has an only son, the Infante Joas, whom he fears will be turned against the world if he learns of the suffering and death that inhabit it. He therefore appoints

[11] 'Ca çierto es que muchos reys et grandes omnes et otros de muchos estados guardaron sus onras et mantenieron sus estados, et, faziéndolo todo, sopieron obrar en guisa que salvaron las almas et aun fueron sanctos, et tales commo éstos non pudo engañar el mundo, nin les ovo a dar el galardón que el mundo suele dar a los que non ponen su esperança en al sinon en él, et éstos guardan las dos vidas que dizen activa et contemplativa', *CLucanor*, 303.

[12] *LEstados*, 38. 22.

[13] Ibid. 43. 27.

him a lay tutor, Turín, who is to see that during his instruction the son is denied knowledge of such things. By accident Joas comes across a dead body and the tutor is prevailed on to explain the universal presence of old age and death, the soul and the body. Joas's natural intelligence forces Turín to go further than his instructions permit, whereupon the latter reports to the king. The father pleads with his son to confine himself to matters of knighthood, but Joas insists that he be taught about such subjects as the human soul and salvation. The king reluctantly pleads for three days' grace to discuss the issue with Turín, and this involves a meditation on the virtues and practices of good counselling. Turín advises the choice of someone who can explain to Joas that his station in life as a prince is admirably suited to the salvation of his soul and suggests Julio. When the preacher is ultimately found, he sees no difficulty in acceding to the king's request, since Christ had affirmed that the commands of the lords temporal should be honoured (v–xix).

Julio then gives an account of his own past as tutor to Don Joaquín in Castile (easily identifiable as Don Juan himself), whom he had recently left in open conflict with his own king for reasons unexplained. It is eventually agreed that Julio and Turín should withdraw to a room in the palace, and that they should advise the Infante on the proper way to reach salvation, and to which law or belief he should submit. The discussion turns on the concept of natural law and the three main faiths, during which Turín, having contributed to the first part, fades away and leaves the questions to Joas and the exposition to Julio. The initial item in the discussion concerns the disadvantages of living under natural law. This revolves around the well-known topic of the comparison of the ordered life of animals compared with that of man. Julio dismisses this comparison of animal and man as being inadequate to man's proper nature, possessing as he does a soul, the faculty of reason, and the capacity to choose between good and evil. Furthermore, as man does not find it easy to conform to the law of nature, he must follow a given law, rationally explicable, which will lead his soul to salvation (xx–xxv).

Julio therefore proceeds to an account of the creation in which all species are shown to be dedicated to the service of man, and man to the service of God. The first law, that of the Jews, is incomplete in the oral form given to Abraham or in the written form given to Moses, as it only refers to temporal matters and rewards or punishments given on earth. Only with the advent of Christ comes the revelation of spiritual reward and salvation. The recital by Julio of the events of Christ's life relates to his mission as Redeemer, and his authority is taken to pass, in later times, to the pope who is the guardian of the law in spiritual matters, and the emperor who has received authority in temporal matters. The third law, that of Mahomet, is presented as a false doctrine whose success is due in large measure to its flattery of human caprice. Although the Christian is obliged to extirpate the Moslem faith by all means including war, Julio is insistent that he cannot impose his own faith exclusively by force (xxvi–xxx).[14]

Christianity remains the only law through which one can attain spiritual salvation. As human reason can grasp the limitations of the other laws, so the Christian can be led to his faith through his intellect.[15] Julio therefore undertakes a rational exposition and analysis of the four possible ways, which are here set forth as the two faiths, Jewish and Christian, and the two sects, pagan and Moslem. Of these, three posit a Prime Mover, while the pagan believes in an eternal universe, obviously of Aristotelian origin, which is for Julio rationally untenable. The myth of the creation is then briefly sketched in—the Earthly Paradise, the appearance of Adam and Eve, the Fall, and the Expulsion. For man to become regenerate, it was necessary for God to become Man through the Virgin, who by her actions redeemed the Evil that Eve compounded with. The witness of the New Testament thus balances and rights that of the Old Testament (xxxi–xl).

[14] *LEstados*, 53. 9. [15] Ibid. 56. 25.

The above exposition, rationally explicable, is sufficient to convince Joas and Turín to seek baptism in the Christian faith, an event which is noted as taking place on Saturday, 10 October 1328. Joas receives the Christian name Juan and Turín is baptized as Pedro.[16] At this point, Julio moves on to list the distinguishing features of the true Faith, some of which have been adapted from the Jewish religion, to wit: circumcision, baptism, the Eucharist, marriage, fasting, confession.

The Infante and Turín plead with the King to accept baptism, which he does after being catechized, on 17 October 1328, seven days after his son, taking the name Manuel. These events bring about the general voluntary conversion of the whole kingdom, and form a proper conclusion to the first section of Book I, as well as an introduction to the central portion of the work, in which attention is directed to the spiritual and secular duties of the highest rank of society (xl–xlvii).

On what theoretical basis did Don Juan rest his exposition of man's social and political role in this world? Since he is by choice not talking to an audience who respond to persuasion by the quotation of authority, one can only hazard a guess as to the doctrines he chose to follow.[17] The closest analogue is perhaps that provided by the cautious exponents of the Aquinian *via media*.[18]

The Thomists amongst others offered a view of human nature that had not been entirely corrupted by the fall of man from grace, but was still able, within the purely natural order, to recognize those rules of conduct which suffice for right living. And since all good things had been created by God, reason itself was ultimately divine, so that by following reason man was still ultimately following the will of God rather than

[16] Ibid. 72. 1.

[17] Compare the overt display of erudition by Don Juan's brother-in-law, Fray Pedro de Aragón, in his version of *De regimine principum*, written shortly after he had withdrawn from public life; Martínez Ferrando, *Jaime II de Aragón* i. 158–9. Padre Rubio can arrive at no more than tentative conclusions about the influence of Aegidius Romanus' treatise on the *LEstados*, '"De regimine principum" de Egidio Romano . . .', 51.

[18] Wilks, 118–48; 527–9.

his own desires. This is close to the situation depicted in the kingdom of Moraván. But reason by itself cannot discover either the supernatural end of man or the means of attaining that end. So that when the Prince Joas has his first experience of human mortality, he is unable to extract a satisfactory explanation from his otherwise intelligent tutor Turín. The right ordering of human society must therefore take account of both the natural order which all men can interpret and the divine order, including the afterlife, whose proper understanding is reserved only for the priest. Julio, the figure who next appears on the scene by the ungrudging invitation of King Moraván, possesses both the training and the knowledge of the priest, as well as the experience of secular government in Castile under the expert guidance of his close friend Don Juan Manuel. It is Julio who submits the concept of natural law to scrutiny. Now in Thomist phraseology the natural order is potentially good, but because of the ultimate divine end of life it requires the divine order to give it realization, to make it actual and complete. Man has a double nature in the same way as he has a double existence, first earthly and subsequently heavenly; similarly the Thomists stipulate a double purpose for human society. Man is naturally a political animal and civil government is a necessary consequence of man's innate social tendencies. Lay government is perfect only in the sense that it is sufficient for the attainment of the good life on earth, and if that is all that matters there is no need for any rulers except kings. This makes it acceptable for Julio to acknowledge the authority of the pagan king instead of openly attacking it.

Julio's role is therefore to demonstrate through the logic of history, through the evidence of the two Testaments, that the good life below can only be fulfilled with reference to the afterlife. In the establishment of any complete political community, two ultimate sources of power must come together. The lay power must be ordered towards the spiritual kingship of the pope, so that final authority remains with the papacy, *but* the two are taken to be mutually complementary and will normally function alongside each other in harmony. Although Don Juan has only a limited interest in pursuing the higher reaches of these issues, it is deducible from the stance of Joas and Julio that the existence of lay power is a matter of necessity and is not totally dependent on the *voluntas papae*. Don Juan is not much interested in the *degree* of autonomy which may be allowed to lay power. This can be seen in the fairly brief manner in which he deals with the mutual relation between emperor and pope, but he is attentive to the effective exercise of responsibility at other levels of the hierarchy. Although for the few the contemplative life at the margin of society can serve for the spiritual fulfilment of the individual, for the majority of human beings the measure in which one conforms to the duties of one's social status can determine the quality of one's salvation or damnation. It is accepted that one may seek higher status or office only as long as it is for the common weal, and although status or office by itself is no guarantee of salvation, the very difficulty of acting well which besets the prince makes him more worthy of greater reward, although at the same time open to greater temptation.

Don Juan returns several times to the relationship between office and the office-holder, another much-argued issue of the times, although debated chiefly in terms of emperor and pope.[19] It is Don Juan's first concern to show that the office by itself does not constitute a stumbling-block to salvation. God did not create this temporal world as a trap to draw us into sin, nor is the exercise of temporal authority at whatever station a barrier to the exercise of virtue. This explains the apparently irrelevant commentary at the end of Book II on one of the opening phrases of the Dominican constitution: 'volumus et declaramus ut constitutiones nostre non obligent nos ad culpam, sed ad penam, nisi propter preceptum vel contemptum', which he presents under the guise: 'queremos que las nuestras constituciones non nos obliguen a la culpa, sinon a la pena, así que seamos commo libres, mas non commo siervos'.[20] Whereas for the

[19] Wilks, 493–99. [20] *LEstados*, 282. 35.

only other rule in existence before St. Dominic, any transgression of the rule constituted a fault, the laws of the Dominicans and later on of other groups did not as such oblige in conscience. Conversely, the supreme office did not by itself in any way improve one's chances, as can be illustrated in the chapters where Don Juan discusses 'si el papa puede desmerecer'.[21] The conclusive illustration that this was possible, as used by many publicists like Augustinus Triumphus, was that the role of apostle did not save Judas from self-condemnation; and we find the same illustration in the *Libro de los estados*.[22] Thus the emperor may falter and the pope go mad, but the imperial and royal office, the electoral bodies, the papacy, and the college of cardinals are unimpaired. And what applies to these, applies *pari passu* to the descending ranks.

Don Juan's survey of the estates does not fit in easily with the general pattern which one can extract from a study of the genre. In standard examples of contemporary European literature, one can isolate certain formulas: the enumeration and cataloguing of the estates; a lament over the shortcomings of each estate, often in satirical terms; the failures and lapses in duty to others; and finally the remedies offered for what are usually termed the 'defections' of the estates.[23] If Don Juan catalogues, he does so in a very partial way, and satire does not seem to have held for him much positive value. He is much more intent on establishing the validity of the office and the obligations attaching to it, obligations which, if rightly observed, will assist the holder to gain his salvation. There is a great gap between the *Libro de los estados* and the *Rimado de palacio* of López de Ayala. This general point is evident from the very outset, for in beginning with the Holy Roman Emperor in his relation with the pope, Don Juan chooses to reflect distantly the ongoing debate between *imperium* and *sacerdotium*, with both inferred and specific references to the period from the double election

[21] *LEstados*, II. xxxvi–xli.

[22] Wilks, 498; *LEstados*, 249. 14.

[23] Mohl, 6–7. It is noticeable that Gui de Cambrai's version of the *Barlaam* has been affected significantly by this genre of literature; Sonet, i. 162–3.

of Alfonso X and Richard of Cornwall in 1257, the bull *Qui coelum* of 1263, and the election of Louis of Bavaria by the syndics of Rome in 1328 against the express wishes of Pope John XXII. The further relevance of this issue may be sought in the Italian policies of France, Anjou, Aragon, and Castile. The elections of 1257 brought to the forefront an exclusive body of electors, and the whole of chapter lii is devoted to explaining by 'semejanzas' that the theory of composition of an electoral college of seven, bound to respect a majority vote, is correct. But however deeply one explores the details of imperial elections of the period, none of the intricacies of debate are echoed in these pages. Don Juan gives as much importance to chivalric or legendary ritual as to more substantial historical claims to authority. His interest centres exclusively upon the system. Whatever the quality of the elector, it is above criticism. Any dissension that may arise between the electors is not a fault of the principle, but of the attitudes assumed by individuals acting as electors. Don Juan also accepts the deduction that power is shared between the electors and the pope on the basis that the princes have the right to elect, while the pope has only the power to confirm and consecrate the emperor-elect.[24]

In describing the special relationship of the pope and emperor, Don Juan sees the pope, inasmuch as he represents spiritual authority, as superior, and to this end makes use of the image popularized by Innocent III of the sun and moon.[25] But it is also clear that for him the emperor does not owe his authority to the pope. However, it is not Don Juan's intention to do more than indicate his reserves about papal theocracy. His main aim, through the mouth of Julio, is to point out that the emperor holds his power to administer justice, not by any natural law, but from God, and that his merit will be all the greater if he can handle his authority without flinching in the face of others, or without misusing it for his own personal pleasure.

[24] Torres López, 'La idea del imperio'; Bayley, 163–201; Wilks, 233–53.
[25] *LEstados*, 85. 32.

The highly rhetorical presentation of Christ's suffering on earth which follows (lvii) must be read, not as a doctrinal appeal to every Christian, but as an encouragement to every holder of authority to accept his responsibilities in the same way as Jesus. The greater the obligations one's station demands, the greater will be the spiritual reward for diligent service. In this same chapter, he outlines in anticipation the range of the emperor's obligations first to his immediate relatives and then to his nobles, in peace and in war. This narrowing of focus to the daily routine of what may be seen to be indifferently a royal or even noble household suggests a break in continuity of composition, or at the very least a change in direction. At all events, it translates the field of exposition from the universally speculative to an area close to the author's direct experience. Thus the emperor appears more in the guise of the head of a sovereign state than a *rex regum*, and the nature of the responsibilities is defined in terms of training for the routine exercise of administrative authority.[26] Many of the practices and rituals outlined are a partial record of Don Juan's own behaviour or aspirations, like the early rising, the diversion of the hunt during the business journeys, meals taken not apart but in the company of one's officials, the recital of chivalric deeds, late afternoon council business where the trifles are delegated and only important decisions are taken personally. The importance given to the few meditative hours before sleep is particularly characteristic of Don Juan's own habits. This was the time when he puzzled over his problems and made notes for his writings. Indeed, this and subsequent chapters are so frequently interrupted by allusions to the experiences of himself or his acquaintances that he obliquely apologizes for his talkativeness (lxiii). His own intimate preoccupations fill out the space he devotes to family relationships, just as he was to do later in *Conde Lucanor* and *Libro infinido*. He discusses the wife and her household, the detailed instructions for education of the young (with clear allusions to his mother's part in his own

[26] Torres López, 'La idea del imperio', 86.

upbringing), the balance of the active and the contemplative life, the early practice of reading interspersed with lessons in riding, hunting, and fencing. He then moves outwards to the proper treatment of close relatives, peers, and nobles of the realm, where he shows himself a firm advocate of the delegation of duty balanced by savage and immediate punishment of those who betray a trust (lviii–lxix).

The first single topic which is given close and detailed attention corresponds to the traditionally accepted role of the noble as *defensor*. The art of war is not introduced with any note of professional superiority. On the contrary war is taken to be an affliction, a last resort for solving differences and of course for preserving one's honour (an obvious allusion to his own recent experiences with Alfonso XI). The meticulousness with which he sets down the tactics for dealing with a variety of adversaries is clearly derived from personal experience, and to reinforce this point, he underlines the fact that military manuals of theory are of marginal use on the actual battlefield.[27] The terrain dealt with, the siege tactics, the pitched battle, the denying of supplies are all the standard matter of his age (in part already dealt with in the *Libro del cavallero*),[28] but the informed remarks on quick cavalry work and sharp violent sallies are a direct reflection of border warfare with the Moors, a topic he is led inevitably to apologize for introducing, since it is totally irrelevant to the concerns of an emperor—at that time holding no front with Islam. Here one can gauge, as in his other works, his ungrudging admiration for the mercurial agility of the Moorish cavalry and their superiority in certain contexts over Christian knights.

He ends up as he began, unattracted by war in general and cold war (or lukewarm war as he calls it) in particular. With his lands scattered from Navarre to Murcia, and involved in border defence through the inheritance of the royal office of *adelantado*, Don Juan had been immersed in the practice of war since the age of twelve with both Moor and Christian, and his recent

[27] *LEstados*, 143. 11. [28] *LCavallero*, 16–17.

clash with Alfonso XI was perhaps the most unsettling of all his experiences. His subsequent writings show no change of heart. War was brutal, but if it must be fought, it must be fought all out, even though opportunities for negotiation must remain open at every moment. Although he respects a good military tactician, his praise inevitably goes to the negotiator who pursues his advantage through treaty after treaty. In this, Alfonso XI, even allowing for his obvious advantages, subsequently proved his superior (lxx–lxxix).

Don Juan then moves to administration and economy in the proper Aristotelian sense, always bearing the moral issue in mind, as he had done even in the foregoing extensive digression. Although he may at rare intervals accept the superior ideal of self-denial, poverty by itself places a noble morally at risk, and good investment increases rather than decreases honour. He is excellent on the theory of man-management (in practice he was never seriously betrayed), in which he advocates approachability combined with the toughest discipline and a proper understanding of the role of physical and mental relaxation. The personal note comes out strongly once again, not so much in his appreciation of the wider virtues of hunting as in the delights of architecture.[29] One of his greatest pleasures was mixing with the masons and the builders as they went about their work. This *diminuendo* leads straight into the epilogue (lxxxiii) to that section which began in chapters lviii–lix.

If one accepts the argument that Don Juan's treatment of the emperor is conditioned by his experience of kingship within the Iberian peninsula, it might be difficult to argue the same case for his treatment of the nobility, which includes a range of titles like Dukes, Marquises, Counts, and Viscounts, a nomenclature closer to the experience of the Crown of Aragon and the bastard feudalism of Europe. The retarded nature of Castilian feudalism is underlined by the peculiar significance attached to the title of count. It was not an administrative office; it was above all a personal dignity, a title acquired for

[29] *LEstados*, 164. 10; *LArmas*, 88; *LCavallero*, 61. 47.

life and the highest in the hierarchy. This was no doubt the reason why Lucanor is given this title in the *Conde Lucanor*. In Don Juan's own lifetime there was only one count appointed (Alvar Núñez Osorio, count of Trastamara), and the *Crónica de Alfonso XI* notes that there was great difficulty in court in establishing the procedure because it was so long ago that such a title had been conferred.[30] Don Juan draws attention to the fact that the title 'rico omne' is shown to embrace far too heterogeneous a range of achievement and to depend too exclusively on royal favour. The very inclusion of the foreign titles mentioned above invites the hypothesis that the narrow range of nobiliary titles in Castile was unattractive to a man who believed in proper temporal reward for services rendered, as it was to those nobles of the later Trastamaran period who encouraged their introduction in the late fourteenth and early fifteenth centuries. In this respect Don Juan did anticipate the future.

The final chapters are extremely cursory, mere sketches or lists. They include the offices of the crown held by nobles or commoners and lastly the household offices like chancellor, chamberlain, steward, and physician. Don Juan pays little heed to the urban or mercantile sector of society, while the odd remark or reference to the office of *adelantado* or the advisory capacity of the family physician intimates that the general observation only partially conceals the individual experience (lxxxiv–xcix).

The pattern of Book II, dedicated to a survey of the *sacerdotium*, is clearly modelled on Book I, although only half as long. Giménez Soler sees the prologue, dedicated to the same Juan of Aragon, now Patriarch of Alexandria, as more settled and serene than the first.[31] The opening chapters, like those of Book I, are first an exposition of the duties of the clergy (which Don Juan sees in the main as evangelical), followed by an explanation in rational terms to the Jew, Moor, and pagan of

[30] *LEstados*, 180. 22; *CrAlfonso XI*, 210–11.
[31] Giménez Soler, 167.

the Christian interpretation of the divine creation. The counter-arguments of Jew and Moor, he considers, can be peremptorily dealt with by using their own law against them. But the pagan, who has to be convinced by reason alone, presents a more difficult case and it is to this that Don Juan addresses himself in the opening section.

Like the Dominicans, he discourages theological speculation over matters of dogma. Certain items must be accepted on faith alone because of our inferior intelligence. Here he must be following a doctrine which at once gave reason an accepted place while safeguarding faith from speculation. Don Juan's audience, however, is not only the Jew or the Moor, who shared common beliefs on past history, but the rationalists for whom the world persisted eternally and was ruled by natural law, while human beings enjoyed no personal immortality. In the matter of the relation of will and intellect, body and soul, Don Juan again seems to take the general Aquinian line, which sees the soul as dependent on the body for its experience and knowledge, but is at the same time the form which gives being to the thing. He does not see the soul as discarding the useless bodily envelope which ultimately dissolves like all other earthly things, but subscribes to the belief in the literal resurrection of the body which enjoys the delights of paradise like the soul. The hesitations, the involved prose, and a gap of some forty lines which might have contained references to apparent contradictions in Holy Writ are a distant echo of the current controversies about Averroism and an autonomous philosophy which saw itself as superior or equal to theology.[32] In his attempt to

[32] Carreras y Artau, i. 46–8, 147–68, 224–30. The confrontation of Christianity with the apparently naturalistic interpretation of reality represented by Greek philosophy in Semitic dress, can be detected in a much cruder fashion in the contemporary *Lucidario* attributed to Sancho IV: 'Ca dos saberes son que son el vno contra el otro e estos son la thologia e las naturas . . . este saber de las naturas es mas cumun a todas las gentes del mundo e vsan por el christianos, e judios e moros, e todas las otras maneras de omnes que biuen en el mundo que algo quieren aprender. [El] sauer que vos agora diximos es contra la thologia contraria, ca el sauer de la thologia es sobre el de las naturas.' Kinkade, *Los 'Lucidarios' españoles*, 79.

explain the compound nature of man, he has recourse to some kind of unexplained cipher which the copyist omitted. We are left only with a statement about approximations to the Truth through the use of concepts or *similitudines*, in the same way as the Holy Fathers attempted to convey the nature of the Omnipotence of God, the Trinity, and the Humanity of Christ. This latter, which implies the Redemption of Man, is Don Juan's only concern. Adam had sinned against God and was punished by having to die. But as he was a creature and could not fully absolve his sin, so he had to be raised to Godhead, and this Godhead had to die in order to meet the punishment previously decreed (i–viii).

The following brief chapters set out in bare outline what Don Juan conceives as a rational exposition of the necessary events in this process, starting from the Virgin Birth and passing seriatim through all the events of Christ's life. Each of these is given a proper theological significance, from Christ's birth at night, which was the darkness of the soul, to His crucifixion, half-way between earth and heaven, thus signifying His mediation between God and Man. All this fills out the previous recital in Book I of Christ's mission as Redeemer—for Don Juan the adequate body of knowledge for any Christian to overcome the objections of pagan, Jew, or Moor (ix–xxii).

The concern expressed by Don Juan for the conversion of the rationalist or pagan, as well as the Jew and the Moor, is less surprising when one recalls the basic evangelical commitment of the Dominican movement, its strength in southern France and Catalonia in the late thirteenth and early fourteenth centuries, and the favour shown by Jaime I of Aragon. The identity of certain topics with the *Summa contra Gentiles* of Thomas Aquinas is less surprising when one recalls that it was the Catalan, S. Ramón de Penyafort, who requested this work to be prepared to help in the conversion of both infidel and unbeliever. It was this same Dominican who organized public disputations in Barcelona against Jewish doctrine and out of the subsequent flood of polemic literature came the *Pugio Fidei contra Judaeos* (1278) by Ramón Martí, the Dominican polyglot who studied with Aquinas and taught Hebrew to Arnau de Vilanova. He developed the procedure of quoting back to the Jews their own sacred texts and using against the rationalists the classical philosophers. It is probable, no more, that such vague identities as exist between the *Libro de los estados* and Aquinas's *Summa* may derive from this broad current of evangelical works which flowed down through southern France into Aragon, works not only aimed against the Jews and the Muslims but also against such spiritual extremists as Arnau de Vilanova and his appeals for radical social reform.

It would be repetitive to elaborate on Book II, which follows the pattern already established by Book I, that is, that the opportunity of salvation is open to anyone who exercises office in any of the ecclesiastical estates. But once more, certain limits are imposed. One is made aware of the deliberate selectivity of argument in the case of the pope. If he avoids discussing the nature of papal authority because Castile is not under papal control, he does nevertheless permit himself the observation that the pope's freedom to act does not include renunciation of office, an obvious allusion to the debated behaviour of Pope Celestine V. His treatment of the patriarchs bears in mind the fact that Don Juan of Aragon, his brother-in-law, was patriarch of Alexandria. If he discusses the disputed primacy of the Peninsular sees, it is because the same brother-in-law was Archbishop of Toledo. If he ends up with a special treatise on the Dominicans, it is probably because the conjunction of the active and the contemplative life was what most attracted him to Dominican doctrine, for it served to confirm his own activities as writer and knight. Julio, the evangelical priest of the *Libro de los estados*, instructed by Don Juan the statesman, must have represented the most desirable synthesis of the spiritual and the secular.

All the preceding considerations point towards one general conclusion. The *Libro de los estados* may loosely belong to an established genre which seeks in particular ways to call the estates to a recognition of their proper duties within the *corpus mysticum*, but the manner in which available material is chosen and currents of political doctrine are channelled suggests that Don Juan is not prompted by strictly theoretical intellectual or moral considerations of universal import, as were Llull, Ramón Martí, Arnau de Vilanova, or Eiximenis, to name but a few who had concerned themselves with man's relations to his Maker and his fellow men during the fourteenth century. He was not a man of letters, nor did he wish to be. He was not blind to the fact that the knight turned scholar could lose sight of his proper obligation to his peers. If his writings paid respect to those who transmitted wisdom, he also ensured that theoretical knowledge was properly balanced by active experience. The contemplative life, with all its undeniable merits, cannot inform efficiently by example. Whether or not inspired by a reading of fact and fiction, by discussion with his ecclesiastical acquaintances, he endeavoured to create in all his works a living situation of exchange and debate, a matching of general proposition and individual experience which inevitably drew into the arena, directly or indirectly, his own personality and vitality. His works are therefore not prompted by strictly intellectual or moral considerations addressed to mankind in general. He is only interested in transmitting knowledge, obeying the Christian ethic, and fighting heterodoxy in so far as such activity affected himself as a high-ranking noble and those he called his friends and associates. In this sense one can say that his own lived experience was, in contrast with contemporary writers, a a major source of inspiration, and that literature was merely the means by which this experience was made available to his chosen audience. This is what mainly distinguishes the *Book of the Estates of Man* in substance from many other similar educational compilations of social instruction written in late medieval times. It also explains why he should set such great store by the meticulous and accurate transmission of his manuscripts.

(*b*) *The historical background to the* Libro de los estados*: its date and composition*

It is not easy to settle upon an immediate series of events which can lead to an explanation of the 'doloroso et triste tienpo' in which Don Juan found himself during the composition of the *Libro de los estados*.[33] The state of his fortunes at that time represented the cumulative inheritance of some twenty years of active political life covering the minority and the first years of the majority of Alfonso XI of Castile, during which time Don Juan reached and passed the peak of his political influence. These two decades (1310–30) embrace an uneasy and unpredictable flurry of harsh struggle for political survival between the descendants of the royal families of Sancho IV, Fernando IV, and the highest-ranking families of the kingdom like the La Cerdas, the Laras, and the Manuels. Their shifting alliances were in turn fomented and fragmented by the concerns of the flanking kingdoms of Portugal and Aragon. The Manuels, through their inheritance in Murcia and their links with the La Cerda family (claimants to the Castilian throne), were particularly enmeshed in Aragonese affairs. Don Juan's first two marriages are but one aspect of this involvement.[34]

Ingenuity and a good measure of chance brought Don Juan into the forefront of the struggle for power in the regency council between 1312 and 1325. The sudden and unexpected deaths of the main contenders, the Infantes Juan (his uncle) and Pedro (his cousin), in 1319, left Don Juan in a position of undeniable strength, although the manner in which he acquired the position of regent and royal tutor alienated many whose support he could have relied on later.[35] With the death of his

[33] *LEstados*, 16. 3.

[34] The following historical data were taken from Giménez Soler, Ballesteros, 'El agitado año de 1325', and Martínez Ferrando.

[35] After appeals to the archbishops of Compostella and Toledo and the Bishop of Burgos had failed, the pope ordered Guillaume de Godin, his legate, 'ut n. v. Joannem Manuelis compellat ad deponendum nomen et officium tutoris Alphonsi regis Castellae per ipsum propria auctoritate immo potius temeritate assumptum ex quo terris ejusdem regis discriminosa pericula et periculosa discrimina supervenerant, et Agaranorum fuerat aucta

active and intriguing grandmother María de Molina (June 1321), the young king Alfonso could scarcely have been in a weaker position. Only the mutual rivalries of council members saved the crown from lasting damage to its authority.[36] So when Alfonso assumed his powers in 1325 his only possibility of recovering royal authority was to seek to divide, isolate, and eliminate. He leaned heavily on Don Felipe, the younger brother of the Infante Pedro killed in 1319, and terminated the appointments of Don Juan Manuel and Don Juan el Tuerto, son of the Infante Juan lost in the same engagement. Both he and Don Juan Manuel left the court in high indignation. The king's task was then to separate and neutralize these two latter magnates, whom the official chronicle claims were 'los más poderosos omes del su regno [que] podrian facer grand guerra et grand daño en la tierra'.[37] At this point Don Juan's writ was generally effective in Toledo, Extremadura, and the south-west, while Don Juan el Tuerto controlled a good part of Castile.[38] Don Felipe's authority, on the other hand, extended to most of Andalusia, Leon, and partly to Galicia.

The first move of Alfonso and his advisers (he was only fifteen at the time) was to outbid the proposals whereby Don Juan's daughter was to marry Don Juan el Tuerto. A secret offer of marriage by the king to Costança in mid-1325 was too attractive to ponder over, and the moves to seal the bargain were dramatically rapid. The betrothal ceremony was performed in November at the castle of Peñafiel and the marriage took place in Valladolid on 28 November 1325. It was a clear political manœuvre and both sides must have acted with their eyes wide open. Don Juan gained some territorial advantage: he recovered his title of *adelantado del reino de Murcia*, to which was added the further title of *adelantado de la frontera*.[39] On

temeritas'. Mollat, iii. 219, no. 12695 (dated 4 Dec. 1320); see also iii. 353, no. 14130 (dated 3 Oct. 1320).

[36] Ballesteros, 'El agitado año', 13.

[37] *CrAlfonso XI*, 199–200.

[38] Ballesteros, 'Un documento . . .', 269.

[39] Ballesteros, 'El agitado año', 44, 46, 48–9.

the other hand Alfonso acquired a virtual hostage in Don Juan's daughter and a year's grace to take advantage of it. The papal curia were dilatory in their approval; this was dispatched from Avignon on 10 May 1326.[40] Meanwhile Alfonso succeeded in enticing Don Juan el Tuerto to Toro with full guarantees of security. Once he had him in his power the king swiftly and treacherously executed him for treason on the eve of All Saints' Day 1326 and the *señorío de Vizcaya* reverted to the crown. Don Juan was in Seville at the time, and the dedication to the *Libro del cavallero* reveals his disquiet:

> Hermano sennor [Don Juan of Aragon], el cuydado es una de las cosas que más faze al omne perder el dormir, et esto acaesçe a mí tantas vezes que me enbarga mucho a la salud del cuerpo . . . et acaecióme oganno, seyendo en Sevilla, que muchas vezes non podía dormir pensando en algunas cosas en que yo cuydava que serviría a Dios muy granadamente. Mas por mis peccados non quiso El tomar de mí tan grant serviçio, ca si El algún comienço avía mostrado para se servir de mí, fué todo por la su merçed et su piadat, et non por ningún mi mereçimiento. Et lo que se agora alongó tengo que non fué si non por mi peccado . . . et seyendo en aquel cuydado, por lo perder començé este libro que vos envío.[41]

Indeed, if there was any relief during this period it was the reconciliation with his brother-in-law Don Juan of Aragon, who had been at odds with him since the violent scene in front of the young king when the archbishop had opposed Don Juan's demand for the payment of ecclesiastical levies in arrears.[42] But it hardly offset the news of the death of Don Juan el Tuerto, which persuaded Don Juan Manuel to abandon his post on the frontier and make for his castle of Garci Muñoz. On top of this he was increasingly concerned for his wife's health: this comes out in his entreating letters to Jaime II of

[40] 'Alphonso regi Castellae et Legionis et n. m. Constantiae, natae n. v. Joannis quond. Manuelis infantis de Castella, in IX° aetatis suae anno constitutae, dispens, super IV° ex tribus et III° ex una partibus consanguin. gradibus, in matrim. nuper in curiis generalibus apud Vallem Oleti, Palentini di., tractato et per verba de praesenti in facie Ecclesiae contracto.' Mollat, vi. 186, no. 25252.

[41] *LCavallero*, 9.

[42] Martínez Ferrando, ii. 263, 317.

Aragon and to the archbishop Don Juan before the latter's hasty departure for the Levant. Although the royal chronicle declares that the king was surprised at Don Juan's flight, it was becoming quite clear that Alfonso had by that time decided on the repudiation of Costança and was initiating negotiations for a marriage with the daughter of Afonso IV of Portugal.[43]

When this became known to Don Juan he made his preparations for open war with the king. In the *Libro de los estados* he firmly lays down that this was a case in which he held his personal honour to be above all other obligations, and although his more cautious friends tried to dissuade him, he saw no alternative to a final break:

Dezíanle los quel avían de consejar que pues él teníe a grant peoría et le fazían tantos afincamientos los suyos, que fiziese alguna pleitisía por que salliese de aquella guerra. Et don Johan dizía que fasta que oviese emienda del mal que reçibiera et fincase con onra que lo non faría . . . que ante quería sofrir todo lo ál que la desonra, et que él se tenía por uno de los que eran para ser muertos mas non desonrados.[44]

He spent large sums in the strengthening of fortifications, the storage of arms, and the recruitment of men. In the meantime his wife had died in August 1327 and his daughter was placed under conditions of semi-captivity in the castle of Toro. The final blow came with the death of Jaime II in November of the same year. The loss of a friend who had consistently acted with sympathy and who had played the role of peace-maker between him and his brother-in-law must have driven Don Juan to the greatest extremes in the search for allies. At the same time as his Latin chronicle notes 'expedivit se Dns. Ioannes a rege et incepit gerra inter eos',[45] he approached the king of Granada for a treaty of mutual aid.

Hostilities between the king and Don Juan lasted intermittently until the eve of the battle of the River Salado in 1340, during which time political advantage moved increasingly in favour of Alfonso. The conditions of the campaign are as

[43] Giménez Soler, 541; Martínez Ferrando, ii. 324–5.

[44] *LEstados*, 132. 19.

[45] *Chronicon*, 555.

described in the *Libro de los estados*, I. lxx–lxxiv: raids directed against the royal territories from Don Juan's castles, sieges of Don Juan's strongpoints by royal troops or the king in person, periods of quiet and truce between operations which depended on the change of relationships with Aragon, Granada, or Morocco, and almost continual intrigue by Don Juan with Aragon, Granada, Portugal, and the Lara family in the north. Although he had been deprived of his royal offices between August and September 1327,[46] he still retained considerable resources and was in a position to carry on a protracted and energetic defiance of Alfonso. And even though the king, after the settlement of the Portuguese marriage, had set siege to Escalona in March 1328, Don Juan raided and plundered his opponent's lands with relative impunity, so that the Escalona operation had to be finally abandoned.[47] He could also count on the help of Don Jaime de Xérica and the latter's brother Don Pedro who had crossed the frontier from Aragon.

Simultaneously, on the diplomatic front, Alfonso attempted to separate Alfonso IV of Aragon from Don Juan, or at least to obtain some measure of neutrality from the Levant. The marriage of the Castilian king's sister Leonor to the Aragonese king (February 1329) and the promise of a joint effort against the southern Moorish kingdom brought Alfonso IV round to a less sympathetic view of Don Juan's activities.[48] The latter matched this dynastic union with his third and last marriage, to Blanca Núñez de la Cerda (early 1329 at Lerma), and tentative negotiations for the betrothal of his daughter Costança to the Infante Pedro of Portugal. Such flanking ripostes become increasingly massive and dangerous during the later fourteenth and fifteenth centuries.

Bearing in mind what Don Juan has to say about the conduct of diplomatic war in the *Libro de los estados*, it is not surprising to discover that tentative overtures for peace had been initiated as far back as late 1328.[49] From the tone and the generosity

[46] Giménez Soler, 564.
[47] Ibid. 566.
[48] Ibid. 575.
[49] *Cr Alfonso XI*, 220.

of the concessions suggested, it should have been apparent to Don Juan that the king was prepared to go far in order to clear up the last serious focus of disaffection in his realms. The former was realistic enough to see that he had lost his main prize, but nevertheless felt strong enough to hold out until he had a promise of the release of his daughter, the return of occupied territories, and his royal offices. In return he was prepared to join in a united campaign in Andalusia against the Moors. This he mentions in the *Libro de los estados* as having the full support of his brother-in-law.[50] With many reserves about Alfonso's motives, Don Juan agreed to a truce with the king.[51] The date is not clear, but it must fall in late 1329.[52] On paper Don Juan showed his satisfaction at the success of his bargaining. In fighting a major adversary he had always advised that the door to negotiation should never be shut, but at the same time he pointed out that his best ally was the conviction held by his friends and enemies that he would fight to the bitter end. This state of armed peace and mutual suspicion is probably that described in the *Libro de los estados* as: '[la paz] la más onrada que nunca se falla por ninguna fazanna que la oviese omne en Espanna'.[53] It may also reflect the mood of caution referred to in the opening proposition of *Ejemplo I* of the *Conde Lucanor*.

Having regard to Don Juan's pressing concerns over those past few years as well as internal evidence, there can be little doubt that the *Libro de los estados* was written over a period of time, probably on the margins of the campaign season. There are a number of dates which can lead to a more precise definition of the temporal span. The *Libro de los estados*, according to its dedication, was begun immediately after the *Libro del cavallero*. The prologue of this latter dates from the winter of 1326. The completion of Book I is given as falling on Don Juan's forty-

[50] *LEstados*, 276. 13; Giménez Soler, 579.

[51] 'Tan graue cosa es veuir omne en tierra de su sennor e auerse a guardar del, commo meter la mano en el fuego e non se quemar', *LInfinido*, 33–4.

[52] Giménez Soler, 578.

[53] *LEstados*, 132. 13.

eighth birthday, namely Thursday, 22 May 1330.[54] These four years more than cover the conflict between Don Juan and Alfonso XI. It is marked as being in progress in I. xix, and the earliest document we have referring to open war is 16 December 1327.[55] The truce between Alfonso and Don Juan referred to above comes in I. lxx and takes place in late 1329. The protracted period of composition between 1326–7 and 1329–30 can be narrowed by two other facts. The antagonism between Don Juan and his brother-in-law the Archbishop of Toledo, which reached a peak in 1325, came to an end in the spring of 1326,[56] and thus renders possible the note of brotherly devotion recorded in the dedication. Book II, which was probably begun in May 1330, is dedicated not to Don Juan, Archbishop of Toledo, but to Don Juan, patriarch of Alexandria. This translation took place on different dates, according to different authorities. Zurita gives 1 September 1327; Gams late 1327; Eubel 26 August 1328. G. Mollat, however, in his edition of the bulls of John XXII, records the precise date 16 August 1328.[57] Furthermore, he notes that Don Juan was also transferred to the archbishopric of Tarragona on the following day. This title is not mentioned by Don Juan Manuel, although negotiations had already been initiated by Juan of Aragon himself in Avignon in mid-1327. In fact, he had probably left Castile in early November 1326 for Barcelona, where he spent the first half of 1327 before going to France. He did not return to Aragon until spring 1328, when he went to Saragossa in April for the crowning of Alfonso IV.[58] From then onwards to his death he seems to have spent most of his time in Tarragona. Unless Don Juan wrote his dedication before he began the *Libro de los estados*, which is implausible, it is more likely that he composed it after the return of the archbishop from Avignon and before he was made patriarch of Alexandria. This would situate it in the first half of 1328.

[54] *LEstados*, 207. 18.

[55] Giménez Soler, 551–8.

[56] Ibid. 524; Ballesteros, 'El año agitado', 56.

[57] Zurita, Bk. VI. ch. 76; Mollat, vii. 365, no. 42198.

[58] Avezou, 360–1; A. Lambert in *Dict. d'histoire et de géogr. eccles.* iii. 1411.

If this is so, then Book I, inasmuch as it contains references to events in 1329 and 1330, must have gone through more than one redaction. Chapter l alludes to the recent coronation in Rome of Louis of Bavaria (January 1328).[59] In chapter xlii, Don Juan, for some unexplained reason, gives a precise date to the baptism of the king's son and then the king. The first date, 10 October 1328, is called the 'día de Santa María', a Saturday. It is hard to believe that these are purely arbitrary dates, although one cannot devise a harmony between 10 October, Saturday, and the Day of Our Lady, since 10 October was a Monday. Perhaps the 'día de Santa María' belongs to a first version and the precise date to a second.[60] Chapter lxx covers events in 1328–9, the continuing war with Alfonso and the marriage of the king's sister to Alfonso IV of Aragon, while Don Juan was being besieged in his castle at Escalona. In chapter lx Juan Núñez is referred to as Don Juan's brother-in-law,[61] and therefore it must be after the first months of 1329 or indicate another interpolation. Speaking of the Italian Marquises in chapter lxxx, Don Juan alludes to the creation of Fernando, son of Pedro IV of Aragon, as marquis of Tortosa. This can be dated in early 1330.[62]

There is one clear confirmation of interpolation in chapter lxx. There Julio is made to say that after the completion of the first book, Don Juan mentioned to him a sortie into Granadine territory with the master of the Aragonese order of Montesa. Zurita records that in 1330 Alfonso IV sent the master to Lorca. Now we know that at the time of the siege of Teba (7 August), Don Juan went to Murcia, having promised to direct an attack from there. Lorca was one of Don Juan's most important towns,

[59] *LEstados*, 88. 26.

[60] Ibid. 72. 1. The two possible feast days in the vicinity of 10 Oct. are the Maternity of the Virgin 11 Oct. and Santa María del Pilar 12 Oct. The date 11 Oct. fell on a Saturday in 1326 and 12 Oct. was a Saturday in 1327. The Maternity of the Virgin, however, is a modern feast, instituted by Pius XI, although the date may have been chosen because of some traditional association.

[61] Ibid. 109. 5.

[62] Ibid. 180. 6.

and it would appear as if the Aragonese auxiliaries were operating in conjunction with him.[63]

With the exception of the first date (ch. l, January 1328), all the other dates from 10 October 1328 to August 1330 (ch. lxxxix) indicate the possibility of interpolations. This is confirmed by the fact that the book has two titles, *Libro del Infante* and *Libro de los estados*, of which the former disappears without trace. Giménez Soler was the first to advance the hypothesis that the *Libro de los estados* was not composed according to a coherent and strictly maintained plan. From the double title given at the beginning and the evidence of interpolation he suggested that the so-called *Libro del Infante* could be equated with the adaptation of the Barlaam and Josaphat narrative, and subsequent accretions to Book I (thought by him to be the *Libro de los sabios*) obliged Don Juan to change the title to the *Libro de los estados*.[64]

Book I certainly does seem to fall into certain components with a noticeable degree of autonomy. The substance deriving from the *Barlaam* is bounded firmly by chapters i–xlvii. The other constituents could be roughly divided into a treatise on the lay estates, beginning with the election and consecration of the emperor (xlix–liv), and the exercise of imperial functions (lv–lxxxiii), in which the chapters on the conduct of war have the air of a disproportionately long and at times irrelevant digression (lxx–lxxix). This is followed by a comprehensive survey of the 'defensores' from the king to the lowest ranks of nobility (lxxxiv–xci), and a somewhat sketchy final section on various royal offices held by nobles and commoners (xciii–xcviii).

The material, which reveals some semblance of meditated planning, and at the same time bears most directly on the theme of the proper correlation of spiritual and temporal duties, belongs more to the second than the first half of Book I. Nothing explicit in terms of references connects the two halves: indeed, in terms of thematic preoccupation, Book II follows much more easily on the first half of Book I. Concentrating for the

[63] *LEstados*, 136. 12. [64] Giménez Soler, 188.

moment on the second half of Book I, we may detect a short schema at the end of chapter lxviii which anticipates subsequent sections but with no firm references to the belligerent chapters on war (lxx–lxxxii). By itself this is nothing more than a pointer. If we turn further back to chapter lvii, there we shall find enunciated by Joas a list of the obligations placed upon the emperor (a type of summary found in chapter xxxi of the *Libro del cavallero*). This can be seen to correspond with a fair degree of accuracy to the series of questions and answers disposed between chapters lix and lxxxii.

But there is a discrepancy in the sequence, and the break occurs precisely in the middle of chapter lxix, that is, just after the first schema.

The sequence sketched out in chapter lvii is as follows: (The arabic figures in the left-hand column give the sequence of topics at the end of ch. lxviii; the roman figures on the right give the final chapter numbers.)

	el enperador deve primeramente guardar a Dios . . .	lix, lx
	et después las sus eglesias et las personas dellas.	lxi
	Otrosí deve guardar a sí mismo et . . . estado, (chs. lxiii–lxv are concerned exclusively with the manner of exposition, particularly with length)	lxii
	et después a su muger	lxvi
	et a sus fijos,	lxvii
	et después a sus hermanos et a sus parientes,	lxviii
	et después a los grandes omnes del inperio —	lxix
1, 3	así commo rreys, et príncipes,	lxxxiv, lxxxv
2	et duques,	lxxxvi, lxxxviii
5, 4	et condes, et marqueses —	lxxxviii
6	et otros grandes omnes, commo rricos omnes	lxxxix
8	et infançones,	xc
	et cavalleros et escuderos,	xci
7	et sus ofiçiales,	xcii–xcviii
9	et todos los otros omnes del pueblo.	xcviii
	Et cómmo sabrá mantener su enperio . . . en paz.	lxix
	Et cómmo se sabrá parar a la guerra, sil acaesçiere,	lxx

tanbién por tierra	lxxi–lxxviii
commo por mar	?
Et cómmo sabrá sallir della . . . pro.	lxxix
Et cómmo sabrá acresçentar su tierra . . . con derecho.	lxxx (pt. 2)
Et cómmo sabrá partir su aver . . . commo deve.	lxxx (pt. 1)
Et cómmo sabrá fazer en guisa que sea amado . . . suyos.	lxxxi
Et cómmo sabrá tomar los plazeres que deve . . . . . . travar en ello.	lxxxii

One can see from the material that this section with a clear expository and introductory tone in chapter lvii, and with its remnants of a conclusion in chapter lxxxii, constitutes something of a totality. Indeed, chapter lxii looks forward to lxxxii. At a cursory glance, this material is much more concerned with the interrelation of the social hierarchy in peace rather than in war. One might hazard a guess that the original scheme was significantly affected by the change of fortune. The section on military matters became progressively too weighty to come at the tail end and was shifted to the centre. At the same time a number of interpolations into the original text could have been made, as for instance the long excursion on denaturalization in chapters lxxxvi–lxxxvii, and personal observations on the campaigns.

There are two important connected references which place other elements. In chapter lxxxii, which is the concluding item of the schema, Julio makes an allusion to the previous structure:

'Sennor infante,' dixo Julio, 'pues Dios tanta merçed me fizo que de todas las respuestas que vos di sodes pagado, et sodes partido de todas las cosas en que dubdávades que los enperadores podían errar, tanbién en sus exlecciones commo en la confirmación commo después en las sus obras, tengo que pues Dios en este estado vos puso, et éste es el mayor et más onrado, que éste devedes guardar'.[65]

This could mean that by the time Don Juan had written the greater part of the second half of Book I, chapters xlix–liv or some version of them was already in place. These chapters have a similarly planned structure. In chapter xlix the scope of the discussion is marked by the Infante as being from 'el

[65] *LEstados*, 165. 3.

comienço de la elesçión fasta el acabamiento de la confirmaçión',[66] and in chapter l this is analysed by Julio into four components corresponding to chapters li–liv.

Second, there is some hesitation about chapters xcii–xciii, where the text passes from the nobles to the commoners. As a sort of conclusion Don Juan had presented in chapter xci the substance of the *Libro del cavallero* in the form of chapter headings. The further extension of the work might be due to the fact that the 'estado de los defensores' could be held to include offices not necessarily held by nobles (briefly noted at the end of ch. xcii), or offices in royal gift which can be held by nobles or commoners (ch. xciii), particularly in the administration of justice, or finally to his belief that advice on the appointment of household officials from amongst 'omnes de criazón' could be said to affect the spiritual salvation of the noble, since he is held responsible for their actions.

At the same time, Don Juan, having reached this point of further extension, seems to recognize that the 'oradores' should come before the third division of 'labradores' (including, in his view, all the lay non-noble elements in society). By chapter xciii he had taken the decision to maintain continuity in the secular section and 'después fablarvos he en los estados que se ençieran en el estado de los oradores'.[67] The decision to make it into a separate part is not mentioned until chapter xcix.[68]

This third division, the 'labradores', may also have been originally brief. Defined as those who '[non] biven con los sennores nin defienden la tiera por armas et por sus manos',[69] and thus embracing both burghers in general and merchants in particular, this section is mentioned at the beginning of chapter xciii and then postponed to xcix. What comes in between, the list of household officials from chancellor to steward and lesser figures, may also be an interpolation.

Book II, although it possesses clear constituent units, shows much less hesitation in composition, and this would suggest it

[66] Ibid. 87. 15.
[67] Ibid. 193. 11.
[68] Ibid. 207. 2.
[69] Ibid. 193. 14.

was written much more quickly. The first thirty-odd chapters are an apologetic introduction to the Christian faith; they share common elements and a common intention with the early chapters of Book I, being again a rational demonstration for the non-believer of the nature of the Godhead and the concept of Redemption (i–xxxii). The second section corresponds to the second half of Book I,[70] in that it deals with the election and duties of the pope towards the Church and the community of believers (xxxiii–xli). The third section corresponds to the earlier treatment of the estates, this time running from cardinals to the minor offices (xlii–l). The last chapter (li) is a personal afterthought devoted to the Friars Preacher.

There are indications that the work was not fully finished. Apart from certain blanks in the manuscript, chapters x–xxi are, to say the least, scrappy. Some are barely sketched, no more than notes, probably divided into brief headings to correspond to a preconceived set of fifty chapters. The index heading the book is incomplete and the numbering has gone slightly awry. The headings are missing to chapters after xlvi, the present heading of chapter xlvii corresponds to chapter xlviii in the text, whilst those for chapters xlix and l are missing. This may explain why the total number of chapters has been left blank in the two prologues.

Bearing the foregoing in mind, the following very tentative hypothesis could be advanced. If the *Libro del Infante* is discarded later as a title, it may be that this refers to the original stage of the work, an embryo treatise on the duties of the prince into which were subsequently injected materials dealing with the descending hierarchy of society and, as his fortunes changed, the responsibilities of the emperor at war and his proper relations with his vassals in times of crisis. This would lead to a rough redistribution of materials. The second book emerged as a separate entity as the first got larger. It was supposed to deal with the various offices of the Church, and the religious orders. Of these various offices, the author only really

[70] *LEstados*, 254. 18.

deals at length with the pope, and of the orders there is only the treatise on the Dominicans. The remainder is there in outline, whilst several topics of immediate concern to the author are more fully developed—like the primacy of the Toledo see.

All this results in an obvious inequality of performance, with some items at an elaborated stage, others at an embryonic stage, while there is a long excursus filling about one-fourth of the book dealing with theological and philosophical matters only indirectly related to the main subject. It would seem as if Don Juan had put together these items without sufficient care, so that the reiterative nature of his exposition becomes, in this latter book, more obvious than in the first.

(*c*) *The* Libro de los estados *and the legend of Barlaam and Josaphat*

It has been known from the time of Menéndez y Pelayo that the first fifty-odd chapters of the *Libro de los estados* were based on the immensely popular Christian legend called *Barlaam and Joasaph* in its Greek form. All Western versions of the *Barlaam* romance derive from this Greek source, and from the thirteenth century it was held that the story was an original work by St. John of Damascus (676–749), composed on the basis of oral information given by Indian holy men. Its popularity grew because of its association with this saintly figure. A general taste during the Crusade period for literature with an Oriental flavour together with its systematic exposé of Christian doctrine and inserted fables made it useful to the preaching orders, while the discussion of the duties of princes brought copies into royal courts and noble households.

In the nineteenth century pioneer scholars like Benfey, Steinschneider, Liebrecht, Jacobs, Kuhn, and Zotenberg tried to establish parallels between the romance and *Lalita Vistara*, a version of Buddha's life and mission then best known in Europe, but later scholars are of the opinion that no exact Buddhist prototype exists, at least for the work in the form in which it ultimately arrived in the West. In its early shape the ideals of renunciation and an ascetic way of life were probably woven around certain salient features of the traditional life of the Buddha-elect on to which had been affixed a whole series of extraneous fables and parables derived from other Indian and Oriental traditions during the process of growth and transmission. These salient features include the miraculous birth, the prophecy about the child's future, the seclusion of the prince, the various sallies with a charioteer, the decision to renounce, the various temptations and sufferings, and finally the attainment of perfect asceticism. In general it can be said that the Buddhist tradition provides most of the narrative framework, while the scriptures in which are enshrined the teachings of Gautama offer close parallels to the arguments subsequently put in the mouth of the Christian hermit. However, a great deal in the *Barlaam* remains unaccounted for. The Buddha had no teacher to initiate him into the mysteries of the faith, and the apologues of the romance do not occur in a connected form in any surviving Buddhist work.

It can be argued that the *Barlaam* as it eventually took shape in Greek is a composite and synthetic work, built up by stages on the genuine Buddhist tradition, but modified and expanded under the impact of external sources during as well as before the story's migration from India. The medieval tradition that St. John of Damascus went to India, or Indian holy men came to see him, cannot be seriously entertained. Traces of the early development of the *Barlaam* legend can be found in areas like Mesopotamia where Buddhism and Manichaeism overlap. Trade relations with the Arabic world, the new orientation given to Islamic culture by the Abbasids, the translation of their capital to Baghdad, brought Buddhism and Persian literature into closer contact with the Middle East. To this period (*c.* A.D. 766–815) belong the first Arabic translations of the Buddha legend, and it is interesting to note that in a version of the *Kitab Budhasaf mufrad*, when the king and his son are debating renunciation, the former tries to dissuade the latter by pointing out that he is depriving his subjects of the just rule he is obliged to give them. The son, with the aid of the hermit Simeon, is nevertheless the victor. The links between the Arabic and Greek traditions, previously thought of as being Syriac, are now taken to be Georgian. The Georgian *Life of the Blessed Iodasaph*, condensed later into the *Wisdom of Balahvar*, is held to be an adaptation of an earlier Arabic work, heavily rewritten to advocate specific Christian doctrines and datable about A.D. 800–900. This, it is claimed, is the first clear Christian treatment of the *Bodhisattva*.

The Greek romance reproduces in Hellenized forms the proper names Georgian had inherited from Arabic. Balahvar becomes Barlaam after St. Barlaam of Antioch (martyred under Diocletian); Iodasaph becomes Ioasaph; and Rakhis the counsellor, Araches. Other names with no close equivalent in Arabic first appeared in Christian Georgian, like Abenes, eventually changing to Abenner under the influence of the name Abner. To the story was added a further range of material from Holy Scriptures and early Church fathers, particularly St. John of Damascus, and an early Christian text known as the *Apology of Aristides*. The earliest dated Greek manuscript of of the *Barlaam* is Escorial 163 of A.D. 1057 and the author is thought to be St. Euthymius of Athos (*c.* 955–1028). On this version are based the Christian Arabic versions and all the European ones, except for the Jewish-German versions and the Peninsular Hebrew version.

So far this is Lang's thesis. Pflaum, writing some two years later, has a different version in which he tries to synthesize older but still vital hypotheses. In brief, it runs as follows. The Buddha legend underwent a Manichaean transformation somewhere in Central Asia between the third and sixth or seventh centuries. The Manichaean version produced, either directly or in a roundabout way through the Syrian language, a (lost) Islamic-Arabic version. On the basis of that version a monk, probably named Johannes, wrote in the seventh century in the monastery of St. Saba in Jerusalem a Christian story in Greek which was stylistically adapted by John of Damascus, with the addition of passages from his own writings and those of others. At the same time a Georgian version may also have been inspired by this same source, first in a long, and later in a shortened version which was closer to the Arabic model than the Greek. This was also eventually translated into Greek around A.D. 1000.

Whatever the truth may be, and it requires a scholar versed in many difficult languages to reach a judicious conclusion, the early Latin translation, the Naples manuscript of *c.* 1050 according to Sonet, became a favourite throughout Europe during the Middle Ages, and the two heroes, Barlaam and Josaphat, entered the Calendar of Saints and the *Acta Sanctorum*. Together with the *Kalila wa Dimna* (*Directorium vite humane*) and the *Sintipas* (*The Seven Sages*), the *Barlaam* and its dozen parables form the most substantial contribution to medieval story-telling in Europe.

Menéndez y Pelayo was the first to analyse the relation of the romance to the opening section of the *Libro de los estados*. His comparison of the known versions of this legend convinced him that there were so many divergences between the *Libro de los estados* and the Christianized version that 'para mi no es dudoso que fue otro libro distinto, probablemente árabe o hebreo, el que nuestro príncipe leyó o se hizo leer, y arregló luego con la genial libertad de su talento, trayendo la acción a sus propios días y enlazándola con recuerdos de su propia persona'.[71] His two main arguments are that the name Johas seems much nearer to the form Joasaph used by Oriental Christians than the Greek form Josaphat, and that the three main encounters of Buddha are rolled into one, the appearance of the dead man; this is lacking in the *Barlaam*, but is the main topic in the Hindu *Lalita Vistara*. Furthermore, although the *Libro de los estados* shares with the *Barlaam* the dispute over the three religions, the conversion of the royal family and then the whole kingdom, its explanation of the confinement of the Prince has

[71] *Orígenes*, lxxxviii.

nothing to do with the astrological prophecy or the fear of apostasy, but springs from the pagan king's more general human fear that life in its more depressing aspects would drive his son to seek spiritual satisfaction in ascetic withdrawal. Giménez Soler accepts this line of argument without question,[72] although for him the literary inspiration is of less consequence than the events of Don Juan's own life.

This line of argument is at one with Don Marcelino's general conclusions about the penetration of the Eastern narrative and the frame story into Western Europe from the East through various Oriental, Jewish, and Arabic intermediaries. Although recognizing that there are other possible channels of entry, he lays particular stress on the early vernacular translations from the Arabic in Castilian literature and sees in these latter a most significant and illustrious contribution of the Peninsula to the development of later European fiction. Moldenhauer, in his specific study of the adaptations of the Barlaam legend in the three vernacular literatures of the Peninsula, confronts the particular problem of Don Juan's treatment of the legend in the *Libro de los estados* and occasionally in his other works like the *Conde Lucanor*. He notes the existence of thirteenth-century vernacular versions in northern France, Italy, and Provence, as well as the Hebrew adaptation of the Barcelona rabbi Abraham ibn Chisdai, but records no instance of any other version in the Peninsula until the appearance of the *Libro de los estados*. The coincidences with the Christianized Buddha legend are quite clear, as Menéndez y Pelayo pointed out: the single heir to the throne, the plans of the king to avoid unhappy and unpleasant experiences, the intense introspection and firm resolve of the young prince, and the instruction and conversion by the travelling Christian missionary. The Christian fiction is a hymn to ascetic and monastic ideals, whereas Don Juan was intent on explaining that a belief in the Christian faith did not imply a renunciation of the social obligations imposed by any rank. As a result, there is no need for the prophecy at birth nor any

[72] Giménez Soler, 194–5.

desire for unnatural isolation from the secular world. (Don Juan could not have reconciled this with his views on a sound education for the young.) Only one experience is sufficient to awaken the conscience of the rational man to the true meaning of life, so that the three Buddhist evils—sickness, old age, and death—are reduced to two—melancholy (*pesar*) and death.

The oldest known Buddhistic traditions narrate the encounters in sequence: old man, sick man, dead man, hermit, whereas the later Christian versions modify this. The modification might well have occurred (and here Moldenhauer quotes Kuhn) in eastern Iran or Central Asia through a sequence of translations Pehlevi, Arabic, Syrian, Georgian, Greek. In all these texts there are only two encounters: a crippled and sick man, an old man. In an Arabic text, however, discovered by Rosen and Hommel in 1890, of Ibn Babuya, the first encounter is with death, thus making Menéndez y Pelayo's hypothesis plausible;[73] however, in this short tale, the Barlaam-Julio figure is missing. Further, Menéndez y Pelayo's suggestion that Joas derives from an Oriental Christian form and not from the Greek Josaphat has no basis, since the Greek form is Joasaph and the Latin form is Josaphat, which led to its adoption in all the Latin and Romance versions. Moldenhauer suggests that Don Juan chose the name Joas not from an Arabic source, where it was consistently Yudasaf, but in order to create a parallel with the baptismal name Juan later adopted, just as Morován was invented to suggest the parallel with *Moros*. Finally, Moldenhauer holds that it was implausible for Don Juan to create a new Christianized adaptation of the Buddha legend based on an Arabic source when the Latin version already available represented an advanced and Christian stage of development.[74] Ibn Chisdai's Jewish version and the Arabic excerpt do not mention any proper names at all. So that neither on linguistic grounds nor on the basis of the encounter theme can Menéndez y Pelayo's hypothesis of an Arabic or Hebrew source be conclusive. He himself brings forward a possible alternative source

[73] Moldenhauer, 73. [74] Ibid. 75–7.

which involves a version included in some redactions of the book of Marco Polo, dated probably in the late thirteenth century.[75] This Western version is worked out on the basis of a single encounter with a dead man and then with an old man, but there are other elements which differentiate it from the story as told by Don Juan. Moldenhauer cannot, however, produce any evidence of contact except to suggest that it came through the House of Aragon or through the Dominicans. A version of the *Barlaam* produced by Fernández de Heredia was current there in the late fourteenth century, while the Latin translation of Marco Polo by the Dominican Francisco Pepino was printed in Paris in 1485.[76]

There are, moreover, in the *Conde Lucanor*, three parables from the *Barlaam* story (*Ej.* 1, 48, 49). It has not yet been established whether these come from Western or Eastern versions of the legend or from intermediary sources like collections of exempla of which Jacques de Vitry's *Sermons* or the *Gesta Romanorum* are examples.

In summing up, Moldenhauer runs over the literary and political contacts of Don Juan with his uncle Alfonso X, the House of Aragon, the Dominicans, and his Moorish allies and enemies. He finds it difficult to believe that Don Juan, as a Christian, would have found it easy to take a non-Christian and so far unknown version of the Buddha legend as the inspiration for the *Libro de los estados*, especially as the conversion of the king, reported only in the Christian versions, would have to be independently reinvented for the second time. Nor is he convinced that the suggested Arabic sources for a number of the tales in the *Conde Lucanor* are sufficient to prove a direct appropriation from the Arabic. The few short quotations from that language in some of the Castilian stories would be plausible in any frontiersman, and a man who had but modest Latin on his own confession would not be likely to extend his reading to Arabic.[77]

As long as one cannot affirm the existence of an Arabic or

[75] Ibid. 78. [76] Ibid. 79–80. [77] Ibid 88–95.

Hebrew source in which there is only one encounter, with a dead man, or in which the encounter with the dead man comes first and represents the Buddhist version, it is equally if not more plausible to consider the original of Don Juan Manuel as falling within the more accessible and generally more popular European filiations of the tradition. Besides the French, Provençal, and Italian treatments of the legend, current in the thirteenth century, there were also in existence three Latin versions: (*a*) the standard Latin translation derived from the Greek, (*b*) Vincent de Beauvais's extract in the *Speculum historiale*, (*c*) Jacobus de Voragine's version in the *Legenda aurea*.

The first two were already known at the court of Alfonso X. Bernardo de Brihuega's compilation *Gesta et miracula confessorum* contains in vol. 5 of the fourteenth-century Escorial manuscript 2–41, ff. 91–131, an incomplete version of the Latin *Historia*. Vincent de Beauvais's *Speculum historiale* was well known in the Peninsula and appears in Alfonso X's will. From the *Legenda aurea* derives the *Estoria del Rey Anemur* (ed. Lauchert 1893 and Moldenhauer).[78]

The content of the Latin *Historia* can be summarized briefly as follows. Abenner, king of a mighty pagan empire, violently persecutes the Christians who have begun to emerge in his country because of the work of the disciples of the apostle Thomas. He is presented as cruel and hard-hearted with one son, Josaphat, who has great spiritual gifts. At his birth there was a prophecy to the effect that he would one day reject the dogmas of his people. To prevent this the king keeps his son locked up in a palace containing all that could give him pleasure. The king allows his son to leave the palace on a brief excursion, and Josaphat sees a blind man, a leper, and an old man. From that moment on he begins to reflect on life and is plunged into melancholy. An old man, a Christian hermit of great devotion and wisdom called Barlaam, appears and manages by a ruse to get a hearing dressed as a merchant. In several long discourses

[78] Moldenhauer, 96–100.

he instructs the prince in the dogma of his religion, and by this means, together with a series of parables, he converts the prince to Christianity. The king is violently angry, pursues Barlaam, who has left his kingdom, and devises a scheme whereby in a debate Barlaam would be persuaded to apostatize. The debate fails to persuade Josaphat, and so does seduction by means of beautiful girls. On the contrary, he is able to convert the king's own advisers and finally even his father gives in, retires to a monastery, and dies. Josaphat then appoints another as administrator of the kingdom and abdicates. Finally, in his wanderings in the desert he meets Barlaam, who eventually dies in his arms. On Josaphat's death, both bodies are brought back and revered by all.

Let us now consider Don Juan's version. In the preliminaries Don Juan Manuel draws attention to certain characteristics of his work: it concerns events in the past ('acaesçieron') and the present ('acaesçiente'); the exposition is in the form of a fiction and the method is that of questions and answers. By means of abridgement on the one hand and expansion on the other, like Gui de Cambrai, he brings the subject-matter closer to an audience whose tastes had been formed by court life and secular literature.[79] First he underlines the disarray and doubt of the apostles after the Crucifixion, with the notable exception of the Virgin, and the reassurance given in Christ's later appearance to them as preachers. Julio can be taken as carrying on this role in modern times, so that instead of a pagan kingdom set in India, in which the petulant king is given over to the delights of this world as well as the persecution of Christians, Don Juan presents us with a ruler whose only selected characteristic is love for his son and a concern for his education. The subjects of this kingdom live under no fixed law except that of natural justice, and no pressure is exerted on anyone to take up an official dogma. So that from the beginning no contrast is presented between the ascetic life of the Christian minority and

[79] On Gui de Cambrai's *Balaham et Josaphas*, see Pflaum, 33–6, and in particular the ideal synthesis of cleric and knight presented by the author.

strong official discouragement of the high ideals of monasticism. There are no confrontations between the king and one of his ministers converted to Christianity or other hermits; there is no prophecy that his newly born and only son would become a Christian, and there is no enforced enclosure to prevent contact with the less attractive aspects of life. All that Don Juan requires in the beginning is a king (Moraván) whose moral qualities are not in question, a son (Joas) of more than average intelligence to which he himself adds a responsible and dedicated tutor (Turín) drawn from the royal household. In contrast with the *Barlaam*, the palace servants are only under orders to keep the son from melancholy and death, but apart from this the son is encouraged to travel and explore his future kingdom, so that in later years this experience will help to inform his judgement. Before the first and only major spiritual encounter, Don Juan has done nothing to make the temporal kingdom unattractive. It only lacks the revelation of a true spiritual purpose.

In the *Libro de los estados* it is simply the chance glimpse of a dead body which provokes an exchange between Turín and Joas on the nature of body and soul, which takes the course of the argument a great deal further than at the same point in the *Barlaam*. At no point are the pastimes and delights of this world despised as transitory or fleeting; on the contrary Joas understands their value, but does not understand their proper function. Don Juan leaves out the supernatural direction received by the holy man to travel to Josaphat's side, and the devices and parables which bring about their meeting. And in sharp contrast to the intentions of Barlaam, Turín makes it clear to the preoccupied king that Joas has no intention of abandoning his heritage, and that Julio's instruction will moreover enlighten and persuade Joas to seek his salvation as a king's son. Thus it is the *king* who agrees to Julio's presence in the role of a Christian preacher and it is *Joas* who arranges openly the conditions of instruction and discussion. It can be seen, therefore, that it is no part of Don Juan's plan to suggest a division or a deception between king and son, or to present

Christianity in the realm as a harassed and persecuted sect. Julio on the other hand does not challenge the authority of the pagan king; indeed he recognizes openly its validity.

The opening discourse of the hermit in the *Barlaam* follows the story of creation according to the Old Testament. The more legalistic *Libro de los estados*, however, opens with a debate between Turín and Julio on the law of nature and natural justice in which is included, as in Calderon's *Vida es sueño*, the argument about the superiority of natural law amongst animals, and the correct response to it. This is followed by a brief outline of the creation and the nature of the Old Law given first to Abraham and then to Moses, understood as a foreshadowing of the New Law. From this point on, Turín disappears as an active participant and the catechizing of the king's son is broadly similar in both works, except that in the *Barlaam* the fables and parables (including those used by Don Juan in *Conde Lucanor*, *Ej*. 48, 49) and copious scriptural quotations lead one away from the violent and troublesome life of this world towards another of devotion, penance, self-denial, and strict monasticism.

There is much material that is common to both—the concept of the Prime Mover, of Evil, the superiority of Christianity over Mosaic Law, confession, penance, miracles—but the different slant of the *Libro de los estados*, its insistence on the power of reason, and in the most difficult of cases the submission of intellect to the faith, together with the examination of the three main creeds and the role of the Virgin, bring it closer to Don Juan's own times. The conversion of the king in both works is taken as an example to the kingdom, but whereas in the *Barlaam* the ruler abased himself in deepest humility, considered himself a stranger and a pilgrim in this world, dwelt in solitude, and continually cast dust upon his head, in the *Libro de los estados* he ensured the continuation of temporal rule.

The obvious intention of Don Juan to redirect the traditional legend in a Thomistic manner makes it difficult to arrive at any clear and undisputed decision about a source, whether it be

Semitic according to Menéndez y Pelayo, Latin according to Moldenhauer, or either according to Giménez Soler. What led Don Juan to the legend was the desire to modify the diverse attractions of ascetic withdrawal, and, in order to do so, he only needed the main lines of the fiction, enough to bring it to the mind of any reader. At the same time, he would have to be careful not to specify explicitly the *Barlaam* as his inspiration, since his intention was not to refute asceticism, or the contemplative life, which he always held up as a high ideal for the few of sufficient calibre to sustain it.[80] A judicious approximation would be sufficient to suggest along with Aquinas that the mere fact of God's creation meant that the secular world in all its ephemerality was there for man's true enjoyment and not for his temptation. And if Don Juan was led, in view of his purpose, to omit stretches of doctrinal exposition, there was also less need to cleave to some of the details, such as the location of the story and the number of the encounters. He was obliged, however, to leave out what could be said to constitute the most exciting part of the pious fiction, the deceptions contrived to entice Josaphat to renounce his faith and the dramatic volte-face, in the final debate, of the chosen champion of paganism.

In short, Don Juan was led to the *Barlaam* fiction for two main reasons, one negative, one positive. The first led him to refashion the set of arguments in the *Barlaam* which diminished the value and purpose of secular government and redirect them along a course which allowed man to exercise in society both his natural and his spiritual powers. Such an act could be interpreted as one of self-regard only if one were to discount on the one hand many appreciative passages from his own works on the contemplative life, and on the other a body of political theory whose supporters were amongst the recognized authorities in the Christian church and state of the time. The second reason has more to do with literature in the wider sense. Don

[80] On the theme of renunciation of secular obligations in the works of Don Juan, see Tate, 557–61.

Juan recognized in this type of narrative structure a powerful and appealing instrument of persuasion which avoided the didactic aridity of the *De regimine principum* and the emotional indulgence of the chivalric romance. If posterity has chosen, and rightly so, the *Conde Lucanor* as a prime example in Castilian medieval literature of how to combine the *dulce* and the *utile*, how to fuse the personal and the universal, then the *Libro de los estados* must be accepted as a more elaborate examination of the conscience of a Castilian nobleman in the early fourteenth century. It may be that Americo Castro's concept of the 'centauric vision' of medieval Castilian literature as applied to Don Juan is another way of saying that for him, literature, in order to teach, had to recreate the context of living experience.[81]

(*d*) *Description of the manuscript and editorial criteria*

The text of Don Juan Manuel's *Libro de los estados* depends on a single manuscript. This is MS. 6376 (formerly S. 34) of the Biblioteca Nacional of Madrid. The manuscript has frequently been described, with varying degrees of accuracy,[82] and we give only directly observed details of the main features here.

The codex is vellum, undated, and still in very good condition. The handwriting is characteristic of a period not earlier than the middle of the fifteenth century.[83] Originally there were 222 written leaves of 33×25 cm. (30·3×20·5 without the margins), with two columns to a side and 40–2 lines to a column.

When the manuscript was still complete, the folios were numbered, in ink, in the top right-hand corner of the recto

[81] Castro, 372–3.

[82] Amador de los Ríos, iv. 294–6, n. 2; Gayangos, BAE li. 230–1; Baist, 156 f.; Gutiérrez de la Vega, i. clvii f.; Knust, xii; Giménez Soler, 155; Juliá, xxiv; Huerta Tejadas, 218–19.

[83] Gayangos, BAE li. 230, was inclined to date the manuscript towards the beginning of the fifteenth century (although on p. 231 he observes 'La letra parece ser de la primera mitad del siglo xiv'); Baist, 157, on the basis of the fragment reproduced by Amador de los Ríos, iv, thinks it can scarcely be earlier than the middle of the fifteenth century.

page. A mistake was made in the numbering, which passes directly from 211 to 213, so that the last leaf is 223 (for 222). Since this first numbering, ff. 3–6 (which are in the centre of a quire) have been detached and are now lost; f. 160 (the second page of an eight-page quire) has been torn or cut out; the total number of surviving leaves is thus 217. These leaves have later been correctly numbered at the bottom left of the verso page, as far as f. 125.

The manuscript contains the following works:

	Original numbering	*Present numbering*
1. *Prólogo general*	1a–1c	1a–1c
2. *Libro del cavallero et del escudero*	1c–28d	1c–24d
3. *Libro de las armas*	29a–35c	25a–31c
4. *Libro de los castigos*	35c–47b	31c–43b
5. *Libro de los estados*	47c–129c	43c–125c
6. *Libro del Conde Lucanor*	129c–196c	125c–191c
7. *Tratado de la asunçión*	196c–198d	191c–193d
8. *Libro de la caza*	199a–223b	194a–217b

In accordance with current practice, we refer throughout to the manuscript by the numbering in the second column (that of the bound text as it now stands).

The copyist left space for rubrics at the head of individual words and at the beginning of chapters; most, but not all, of these have been supplied in red by another hand. Capitals are in red and green. There are twenty-eight quires, each with eight leaves as a rule. Catchwords are sometimes missing, and there are several blanks of nearly a column or half a column. The codex, which was bound in green parchment with gold ornaments during the reign of Felipe V,[84] was owned by Queen Mariana of Austria, the mother of King Carlos II. In 1875 the old binding was replaced by a new one in *pasta* in the style of sixteenth-century bindings.[85]

The handwriting displays those features which characterize

[84] Gutiérrez de la Vega, i. clx; Knust, xii.
[85] Gutiérrez de la Vega, i. clx.

the evolved *semigótica* of the times of Juan II of Castile. Certain details point to an even later date, as they correspond to varieties of this handwriting of the second half of the fifteenth century. The general impression is that the codex, if not sumptuous in its layout, was prepared without regard to cost, but the appearance of a clear and even elegant hand covers a number of defects; its execution was entrusted to a fairly careless scribe. The present manuscript is thus over a century later than the exemplar—now lost—of the complete works of Don Juan Manuel, which was corrected by him and entrusted to the custody of the friars of Peñafiel.[86]

The *Libro de los estados* comprises ff. 43c–125c. All quires are of eight leaves except one (ff. 85–90). Catchwords occur on ff. 44^{v}, 52^{v}, 60^{v}, 68^{v}, 76^{v}, 84^{v}, 98^{v}, 114^{v}, 122^{v}, and they are missing in the quires made up by ff. 85–90 and ff. 99–106. The rubrics corresponding to a number of chapters in ff. 121–2 have been omitted, and blanks in ff. 105^{v}, 106^{v}, 107^{r}, 108^{v}, 111^{r}, and 121^{r} indicate gaps in the text.

Baist, 158, n. 1, believes that blanks such as those at f. 90^{v} and f. 102^{r} (where there is no obvious lacuna in the text) correspond to passages in the exemplar written in Don Juan's cipher, thus pointing to an immediate connection between the present copy and the original.[87] But Amador, iv. 613, n. 1, and Gayangos, BAE li. 230, n. 5, suggest that such blanks were left for miniatures. It is clear that the point where the first of these blanks occurs, just before I. lxxxv (which deals with the sons of princes) would be a very appropriate place for a miniature. The second blank, which occurs between the end of Book I and the list of chapter-headings to Book II, may, however, simply indicate that the copyist left more space for the chapter-headings (inserted later in red ink) than was actually needed.

Don Juan Manuel's *Libro de los estados* has appeared in three earlier editions:

86 See Knust, viii; Giménez Soler, 145–6.

87 On Don Juan's cipher, see n. to *LEstados*, 223. 10.

1. Ed. G *Don Juan Manuel, El libro de los estados*, ed. Don Pascual de Gayangos, in Biblioteca de Autores Españoles, li (Madrid, 1860), 278–367.
2. Ed. Ben *Don Juan Manuel, El libro de los estados*, ed. Antonio Benavides, in *Memorias de D. Fernando IV de Castilla*, i (Madrid, 1860), 444–599.
3. Ed. CC Don Juan Manuel, *El libro de los estados*, ed. José María Castro y Calvo (Barcelona, 1968).

Both nineteenth-century editors transcribed the text of the manuscript with a large number of defects. Letters and words were wrongly read and abbreviations incorrectly resolved or sometimes ignored. Gayangos in particular emended without warning, modernized where he felt it appropriate (*estuviere* for *estudiere*, *crónicas* for *corónicas*, *quien* for *qui*, etc.), and not infrequently omitted words and even full sentences; we draw attention to the most blatant of these in the relevant footnotes.

The survival in the Biblioteca Nacional of a nineteenth-century manuscript, numbered 17978, makes it clear that Gayangos entrusted the great majority of his transcription to assistants whose work was not always immaculate. This manuscript is a direct, but not by modern standards faithful, copy of the first part of BN 6376. It contains the *Prólogo general* (ff. 1^r–1^v), the *Libro del caballero et del escudero* (ff. 1^v–47^r), the *Tractado sobre las armas* (ff. 51^r–63^v), the *Libro de los castigos* (ff. 63^v–89^v), all in one hand, along with the *Libro de los estados* (ff. 91^r–327^r), in another hand. In addition, the *Tractado en que se prueba por razon que Sancta María está en cuerpo et en alma en parayso* (ff. 49^r–50^v) has been bound out of order; this short text is on different paper and in a neat and tiny hand which, since it corresponds exactly to the marginal and interlinear editorial corrections to the other books transcribed, is almost certainly that of Gayangos himself. It is noticeable that the editorial emendations to the first transcription of the *Libro de los estados* become increasingly sparse as the text continues, and this, together with the fact that the transcription was entrusted to an assistant whose knowledge of current abbreviations was in many areas elementary, may help to account for some of the more glaring discrepancies.[88] The Gayangos edition modernized the orthography, but not consistently: thus *h* was often introduced where modern orthography requires it, MS. *z* was replaced by *c* before the front vowels, MS. *-esco* became *-ezco*, the graph *ç* was ignored, MS. *x* became *j*. Misreadings frequently affect points of linguistic or lexical interest: MS. *bafos* becomes *flatos* (316b. 47); MS. *ceuaderos* becomes *cenadores* (341b. 1). Conversely, by a curious process Gayangos sometimes introduced archaic forms which are not to be found in the manuscript.

Benavides's edition has been somewhat underrated. Although this too contains many errors of transcription, it is less eccentric than that of Gayangos. Benavides modernizes the text, but follows the manuscript more closely. On the other hand, he makes no attempt to amend even the most obvious of mechanical scribal errors, such as the transposition of words or phrases, dittographies, or the obvious omission of a particle in the manuscript which renders a sentence meaningless.

The Castro y Calvo edition of 1968 is little better than the two earlier editions. It contains no critical matter, and the text displays such an unusual quantity of transcriptional and printers' errors as to make it useless to the philologist and at times incomprehensible to the general reader.

In spite of the unreliability of his text, Gayangos does make corrections and restorations which are valuable, and we follow these in many places. We also take into account the corrections to Gayangos's text suggested by G. Baist, in his edition of the *Libro de la caza*, 176–203. These, as Baist himself states, are not based on the manuscript but on the printed editions. Despite this limitation they are in most cases adequate, they often correct misreadings and capricious emendations in Gayangos, and we adopt them, with attribution, on many occasions.

[88] For example *tẽn* (*traen*), f. 83a. 11, was wrongly expanded by G to *tienen* (323a. 9); ꝑ*s* (*pros*), f. 76a. 34, was transcribed *partes* both by G (315a. 52) and Ben (508. 17). Huerta Tejadas, 219–20, includes a sample list of discrepancies between the MS. and the Gayangos printed edition.

The aim of the present edition is to offer an accurate and reliable transcription of Biblioteca Nacional MS. 6376, based directly on the original and on photostats. In our text the lines on each page are numbered in the inner margins and the folio numbers of the manuscript are given in the outer margins: the end of a manuscript column is indicated by an oblique in the printed text. Punctuation has been supplied, capital letters and paragraph divisions are editorial, the division into chapters follows that of the manuscript, and, for convenience in reference, we group the chapters of Book I into nine sections and the chapters of Book II into seven sections, with section headings, in English, to indicate the subject-matter.

Normal editorial usage is followed in other respects.

1. Abbreviation signs used by the copyist have been resolved throughout, the reconstructed word being based where possible on a form of the same word written out in full elsewhere in the manuscript; when there is any possibility of ambiguity in the interpretation of a contraction sign, an explanatory footnote accompanies the reading which we adopt. We resolve the ampersand ⁊ as *et*.

2. Double consonants, such as the *bb* of *sábbado*, and graphic *h* in *philósopho*, *thesoro*, etc. are reproduced as in the manuscript.

3. Initial *r* and *rr* of the manuscript are respected. The graph *R*, also used by the copyist, is transcribed *rr* (*rrey*, *rrato*, etc.), except where modern usage requires a capital letter (*Roma* 5. 23, 7. 26, etc.).

4. The standard abbreviation sign for a nasal has been resolved as *n*: thus *sennores*, *lenna*, *danno*, *conpuesto*, *onra*, *nonbre*, *sienpre*. MS. *o̅m̅e̅* is expanded to *omne*, which is the form most regularly found written out in full by the copyist.

5. We preserve the ritual spellings *Jhesu Christo* (MS. *jh͠u x*^{o}, *ih͠u x*^{o}, *ih͠u xp*^{o}), *christianos* (MS. *x*^{i}*anos*).

6. In accordance with modern practice, we regularize the vocalic and consonantal use of *u* and *v*, and of *i*, *j*, and *y*.

7. We provide accents as required by modern convention. In

addition, we distinguish by a discriminatory accent the following homographs, in line with the proposals in *RPh* xvi (1962–3), 137, and xxiv (1970–1), 328:

nós (subject, disjunctive pronoun)	*nos* (conjunctive pronoun)
vós ,, ,, ,,	*vos* ,, ,,
ý ('there')	*y* ('and')
ál ('other')	*al* (*a*+*el*)
só ('I am')	*so* ('beneath')
ó ('there')	*o* ('or')

8. Final *-m* occurs in a number of words: *podríam*, *imagem*, *oviesem*, *quám*, *pecam*, *ayam*, *queríam*. We retain the manuscript reading in each case and treat the word for accentuation purposes as if it ended in final *-n*. Thus *imagem* and *ayam* are left unaccented. *Adám* and *Beleém* are accentuated in the same way as *Adán* and *Beleén*. The manuscript spelling *Sabaa* may indicate that the accent at the time fell on the second *a*: we leave the word unaccented in 210. 11, 244. 11, 14.

9. As there are no phonological or etymological grounds for differentiating between the long and the cursive *s* of the manuscript, of which the copyist prefers the former initially and internally, and the latter in a final position, both are transcribed *s*.

10. We resolve each nexus according to modern usage: thus MS. *delos*, *dellos*, *enla* are transcribed *de los*, *de llos*, *en la*; conversely words divided in the manuscript such as *fuerte mente*, *dezir vos lo he*, are transcribed *fuertemente*, *dezírvoslo he*. We standardize *porque* 'because', *por que* 'so that', *¿por qué?* 'why?', *la razón por que* 'the reason that'.

11. Textual emendations.

( ) Redundant material which appears in the manuscript is printed in the text and enclosed in round brackets.

⟨ ⟩ Angle brackets indicate marginal insertions by the copyist.

[ ] Editorial additions are enclosed in square brackets.

Editorial emendations are incorporated in the text. Such

emendations are not enclosed in square brackets, but the manuscript reading is always given in the relevant footnote.

[ ] A set of empty square brackets indicates a lacuna thought to be of less than one line.

[. . .] Three omission marks within square brackets indicate a lacuna thought to be of one line or longer.

(*e*) *The language of the* Libro de los estados

The language study which follows comprises a descriptive account of the orthography, phonology, and morphology of the text. Although considerations of space have not made it possible for us to include a syntactical study, we hope to have been able, by restricting the ground covered to these three areas, to do adequate justice to each. The study of a text which has survived in a unique copy made at least a century after the original composition presents special problems for the linguist, principally those of distinguishing between features which can be shown to be characteristic of the author and those which may have been introduced by a later copyist or copyists. While it is self-evidently extremely difficult to make such distinctions when dealing with a prose text, we have attempted wherever possible to draw attention to those linguistic features which might on internal or external evidence legitimately be considered to be the innovations of a fifteenth-century copyist. We have assumed throughout that the scholar who consults this language section is familiar with the basic work on the historical phonology and morphology of the Spanish language done by Menéndez Pidal, Corominas, Elcock, Lapesa, García de Diego, Amado Alonso, and others, and concentrate on describing those features which, within the general historical context, characterize our text.

1. *Orthography*

Palatal [i, ʒ]

In the manuscript, *i* represents the front vowel and occasionally the fricative [ʒ], a remnant of the Gothic script practice of the thirteenth century. In certain cases the graph *y* represents a vowel or semivowel, particularly in the diphthongs **[aj, ej, oj]**. The use of *y* for the vowel sound is to be found—*yr* 46. 22, *ymagen* 49. 6, *yra* 67. 24—but is much less extensive than in the more cursive varieties of fifteenth-century writing. The scribe frequently indicates a stressed front vowel with a superscript dot or accent over the graph *y*: *Caýn* 50. 8, *aýna* 73. 17, *ý* 112. 23, 24. The graph *j* takes the shape of an *i* slightly prolonged below the line, and can be distinguished from *i* in most cases. But although the scribe represents the sound [ʒ] uniformly as a rule, he shows slight hesitations over individual words: *mensajeros* 55. 24, *mensageros* 55. 29, *ereges* 255. 31, *ereje* 257. 5.

Palatal [ɲ] and alveolar [n]

The palatal nasal is represented by the standard Castilian graph, the general sign of abbreviation over the letter *n*, which we transcribe *nn*. A few remnants of the Latinizing graph *ni* remain. The manuscript form *demunos* 100. 14 may point to a graph *ni* in the exemplar, especially in view of *demuniado* 100. 13, while *conpania* 101. 24 stands for [**konpáɲa**] and *peçonia* 113. 25 is clearly [**pet͡sóɲa**]. Latin GN is represented by the graph *gn* in *cognosçiese* 218. 9, *cognosçer* 218. 9; cf. also (by hypercorrection) *asesignos* 113. 30. The graph *nn* represents alveolar *n* in *innocencia* 182. 6. For the spellings *dapnno* 171. 34, 177. 10, 270. 25, *danpnosos* 86. 28 see Grandgent, § 307, Menéndez Pidal, *Orígenes*, § 58, Nebrija, i. 10. 5.

Palatal [ʎ] and alveolar [l]

Palatal [ʎ] is usually represented by *ll*, and alveolar [**l**] by *l*. The scribe does not, however, take pains to distinguish consistently between the two laterals. The graph *l* represents the palatal in *lanos* 125. 20, *lámanlos* 183. 7, *legare* 139. 11, *valesteros* 135. 20, *fázenlo por elo escarmiento* 43. 29, *qualquier delas* 84. 5, *que usan delo mal* 93. 12, *pueden fazer delas como de su heredad* 173. 34–174. 1, etc. Conversely, the graph *ll* for alveolar [**l**] appears regularly in *mill* 72. 3, 104. 20 (twice), 263. 23 (twice), etc., and in *mantiénello* 25. 2, *delluvio* 50. 17, *llenna* 136. 32, *duello* 159. 14, *rreçellados* 160. 12, *adellante* 59. 5, *llogares* 278. 4, *los sellos dell sennor* 199. 10, *de lla Eglesia* 52. 2, *uno de llos nonbres de Dios* 80. 18–19, *una de llas cosas* 123. 5, *para se parar a lla guerra* 143. 23, etc.; each of the last four examples is written as one word in the manuscript: *della*, *dellos*, *dellas*, *alla*.

Inorganic *h*

This is occasionally found: *hél* 23. 16, *hedat* 26. 26, 33, *helementos* 29. 6, *husan* 275. 13, but is not common. Of the forms of *aver*, *he* 26. 12, 39. 19, 30, etc. is normally spelled with *h* (but cf. *e* 27. 29, 37. 2); in the third person *a*, *ay*, and *an* are frequent, but *ha* also appears (2. 10, 24. 33, 26. 14, etc.).

Aspirate [h]

In one word—*rehazer* 92. 7—the graph *h* represents aspirate [**h**], and can be ascribed to the copyist.

Sibilants

As a rule the graph *ç* is used for affricate [**t͡s**], with occasional omission of the cedilla: *acertar* 16. 4, *salvación* 43. 6, *crecentamiento* 94. 13. The most common alternative is *sç*, as in *acaesçió* 31. 3, *paresçe* 35. 25, *cabesça* 141. 14, and *sz* is also to be found in *peresza* 105. 34, 187. 9. In a final position the graph *z* is normal, but sigma appears on a small number of occasions: *vos* (=*voz*) 278. 25, *ves* (=*vez*) 98. 6, 154. 10, *dies* (=*diez*) 50. 34, 72. 3, 109. 18, 268. 13. We transcribe *s* in each case. Learned spellings of fricative [**s**] include *psalmos* 110. 9, *sçiençia* 221. 2; the graphs *x* (normally reserved for [ʃ]) and *ç* make sporadic appearances in *Xire* 114. 20, *xierras* 135. 16, *exlecçiones* 275. 7, 278. 26, *esforçarçe* 140. 28, *ençalçamiento* 255. 30. Isolated examples of confusion include *z* for *s* in *vizcondes* 11. 33, *ç* for *sç* in *seiçientos* 144. 27, *s* for *x* in *disiese* 108. 23, and *g* for *s* or *ss* in *trabajage* 275. 33.

Bilabials

The scribe employs *u*, *v*, and *b* without distinction: *beemos* 45. 8, *veemos* 45. 9; *mueve* 58. 9, *muebe* 58. 9; *el veber* 92. 21, *el bever* 92. 25; *vuena bida* 147. 25–6, *buena vida* 147. 27–8; *vos* 174. 4, *bos* 174. 5; *convusco* 29. 35, *conbusco* 36. 14.

Nasal before *p*, *b*

The tilde over a vowel which precedes a bilabial has been expanded to *n*, which normally appears when the word is written out in full. The scribe does, however, use *mp*, *mb* on occasions: *siempre* 49. 10, *enxemplo* 270. 31, *fambre* 126. 3.

Vibrants

The scribe uses the graphs *R* (which we transcribe *rr*) and *r* at the beginning of a word, *r*, *rr*, and *ɹ* in an internal position and *ɹ* in a word-final position. *R* does not appear except when word-initial, and *ɹ* is very rare internally—e.g. *poridat* 33. 15. A multiple vibrant may be represented internally in a word by the graph *r*: *arebatar* 54. 14, *ençerar* 99. 29, *arencada* 101. 8, *arepentiéndose* 104. 5, *quería* 118. 5, *tiera* 126. 16, *varancos* 135. 16.

The copulative

The ampersand represents the copulative, and in view of the fact that *et* is the form used by the scribe when he writes the copulative in full, we transcribe as *et*. The ampersand is used for the locative adverb on several occasions, and where it occurs in this function we transcribe *ý*: 126. 1, 127. 19, 225. 18, etc.

Nexus

As usual in manuscripts of the fourteenth and fifteenth centuries several particles are prefixed or written together with other particles, or even nouns and verbs. All of the following are typical of the manuscript: *dela*, *deuna*, *decoraçon*, *descapar*, *enla*, *enque*, *ensu*, *enguisa*, *agrados*, *apuntos*, *amenudos*, *asi*, *adios*, *atomar*, *asaber*, *apedricar*, *quela*, *quelos*, *dequelo*, *quelo*, *quel*, *otres*, *osectas*, *operder*, *oloores*, *odela*, *osed*, *ofurta*, *ofenchimiento*, *ade ser*, *acomienço*, *alos a llamar*, *ande nasçer*, *anlo muy grande*, *ande fazer*. We divide each case of nexus according to modern practice.

II. *Phonology*

STRESSED VOWELS

Diphthongization

Ĕ and Ŏ diphthongize normally: *tienpos* 15. 9, *entiendo* 16. 12, *çierto* 17. 5, *nuestro* 15. 13, *buenas* 16. 32, *luego* 17. 9. The undiphthongized form *desobedençia* 66. 17 contrasts with *obediençia* 66. 18; *acresçenta* 25. 1, *descenden* 48. 3, *deçenden* 128. 2 are characteristic, and there is hesitation between *despende* 158. 8 and *despiende* 158. 12. A non-etymological diphthong appears in *tiemen* 100. 14; for the apparent lack of diphthongization in *próvase* (cf. *se prueva* 251. 28, 252. 11, 24, etc.) see n. to *LEstados* 230. 2.

Raising

A raised vowel appears in *acusa* 268. 7, and regularly in *conusco* 80. 14, 16, 21, etc., *conbusco* 36. 14, 39. 17, 179. 11, etc.

Reduction

The diminutive ending *-iello* is maintained regularly: *castiello* 89. 14, *Castiella* 12. 2, *manziella* 100. 2, *baxiella* 116. 21, *cabdiello* 153. 9, *fabliella* 185. 20. *Viésperas* 106. 19 and *apriesa* 141. 5, 151. 24 also show unreduced forms. It is most likely, therefore, that the four isolated occurrences of *castillo* 8. 13, 54. 31, 85. 6, *castillos* 267. 14 can be attributed to the copyist. The semivowel is subject to absorption by a preceding palatal in a few words: *muger* 49. 32, *enxemplo* 270. 31, *enxenplo* 243. 7, *dixere* 214. 3 (against *mugier* 49. 32, *exienplo* 86. 11, *enxienplo* 243. 24, *dixiesen* 117. 24). In *afruenta* 178. 23 the [**wé**] diphthong is not reduced, but reflexes of V.L. *COLŎBRA show both diphthongized and reduced forms: *culuebra* 62. 10, 21, 30, 63. 14, 15, against *culebra* 65. 14, 19 (twice), 24, 25, 66. 9, 12, 67. 35, 68. 12.

UNSTRESSED VOWELS

Prosthesis

Although a prosthetic vowel is normal before the consonant groups *sc-*, *sp-*, *st-*, there is a large number of cases where the vowel is omitted: *scuro* 117. 26, *scuderos* 189. 5, *sperando* 46. 25, *speçial* 52. 21, *sposo* 69. 13, *spinas* 100. 8, *strumentos* 91. 2, *stávamos* 170. 17, *stado* 184. 2, etc. Elision of like vowels may account for examples like *de spinas* 100. 8, *de Spanna* 182. 11; prosthetic *e-* may also be lost after vowels other than *e*: e.g. *su sposo* 69. 13, *tanto sperar* 79. 32, *un día stávamos* 170. 17, *lo speçial* 265. 7; it is also frequently lost after *n* and *s*: *estavan sperando* 46. 25, *en speçial* 52. 21, *an stado* 184. 2, *Dios, spiritual* 25. 9–10, *las scripturas* 47. 18–19, *los strumentos* 91. 2.

A prosthetic *a* occasionally appears before the initial *t-* of *tal*, *tanto*, *tan*, *tamanno*, all frequent in the text: *atal* 54. 33, *atanto* 194. 20, *atanta* 216. 32, *atan* 21. 27, 83. 12, 114. 17, etc., *atamanno* 160. 25.

Alternation *e/i*, *o/u*

In both the initial and the intertonic positions, *e* and *i*, *o* and *u* alternate freely in a large number of words:

Initial

descordias 88. 34	*discordia* 89. 13
doctores 224. 2	*ductores* 109. 33
enperio 105. 32	*inperio* 87. 10
logar 8. 11	*lugar* 19. 8
meollo 100. 8	*miollo* 100. 6
ofiçio 121. 6	*ufiçio* 120. 29
omildat 66. 18	*humildad* 68. 21

Intertonic

albedrío 49. 19	*albidrío* 46. 3
clerezía 85. 21	*clerizía* 52. 17
conçebimiento 218. 20	*concibimiento* 236. 15
defendimiento 147. 20	*defindimiento* 148. 1
escuredat 7. 19	*escuridat* 47. 27
juredíçión 278. 14	*juridíçión* 278. 6
melezinas 236. 9	*melizinas* 236. 4
pleitesía 139. 8	*pleitisía* 132. 21
prudençia 286. 33	*prudinçia* 286. 29
rresoçitó 18. 10	*resusçitó* 18. 22

In general, forms with *e*, *o* are preferred: *egual* 4. 6, *egualmente* 29. 7, *escura* 9. 19, *escuredunbre* 50. 7, *estorias* 108. 6, *nenguna* 213. 10, *sotiles* 31. 9, *coita* 100. 21, *rroído* 126. 11, *bolliçio* 126. 23, *foír* 131. 1, *encobrir* 200. 6, *sabidoría* 239. 9, *Portogal* 132. 15. The smaller number of forms with a raised vowel includes *murir* 220. 29, *lucura* 224. 1, *jugar* 20. 20, *cuido* 126. 29; *estroligía* 48. 6, *vanidades* 53. 1, *mantinimiento* 85. 21, *aprimiar* 275. 3, *falsidat* 174. 22, *tesureros* 279. 14, *asusiego* 130. 29 (cf. also *asesiego* 130. 31, 134. 9). In one eccentric verbal form—*conmiençé* 17. 9—a diphthong appears in the pretonic syllable.

Before a semivowel in a following stressed syllable, *e* is not raised in *esquierda* 223. 27, *vedriera* 235. 34, but *e* > *i* in *prisión* 8. 25, *tiniebra* 241. 28, *quistión* 272. 13. In the conjugation, a raised initial vowel is frequent when a semivowel follows in the stressed syllable. Since uninflected forms occur in roughly equal proportion, however, there is no obvious reason to attribute the *e*/*i* and the *o*/*u* alternation to the influence of the semivowel. The free variation appears to reflect a situation similar to that found among the nouns listed above:

conpliesen 70. 12	*cunpliere* 105. 21
conplió 240. 20	*cunplió* 240. 26
consentiendo 62. 25	*consintiendo* 65. 18
dormiendo 114. 1	*durmiese* 107. 18

feziese 178. 8	*fiziese* 69. 22
feziestes 191. 18	*fiziestes* 211. 19
mentió 65. 24	*mintió* 65. 16
moriendo 167. 23	*muriesen* 64. 5
oviese 32. 20	*uviese* 32. 19
rreçebió 99. 23	*reçibió* 261. 32

Sporadically, unstressed *e* replaces *a* in *arencada* 101. 8, *estroligía* 48. 6, *trespasados* 101. 7, and initial *e* replaces *o* in *peçonia* 113. 25, possibly by dissimilation: *o...o* > *e...o*. Assimilation may account for *enrequecer* 204. 18, and dissimilation for the unstressed vowel of the verbs *bevir* 127. 19, *redemir* 100. 1, and *reçebir* 147. 8, which are the forms characteristic of the text.

In the final syllable, *-i* appears in *otri* 21. 8, 106. 7, 108. 22, etc. (cf. *otrie* 20. 17, 58. 9, 105. 32, etc.), and the first-person preterite verbal forms *dixi* 165. 15, 184. 25, 223. 4, etc., *ovi* 63. 10, 218. 16, *quisi* 230. 28. High final vowels are also retained in the learned *eclipsi* 86. 21, *eclipsis* 86. 28, *spíritus* 61. 28.

Evidence as to the pronunciation of the copulative conjunction is conflicting. When the conjunction is written out in full, the scribe uses the traditional graph *et*. The absorption of the conjunction by a following *e* in [*et*] *es verdad* 220. 20 suggests that it was pronounced as a half-close vowel. Against this, however, are the two examples of *y* written out in full—*y es verdat* 131. 25, *y en el vien que an* 273. 12–13—and the occasions when the copyist uses the ampersand to represent the locative adverb *ý* (126. 1, 127. 19, 225. 18, etc.), which indicate a value [**i**] for the ampersand. The one thing which is clear is that the copulative could be pronounced as a fully closed front vowel at the time the copy was made.

Apocope

Characteristically, the verbal forms of the text retain final *-e*. Scattered examples involving its loss are *tien* 253. 18, 287. 2, *diz* 225. 24, *faz* 10. 14, *plazme* 37. 8, *conpus* 16. 7, *fiz* 16. 5, *pus*

16. 10, *quis* 215. 24, *fizies* 67. 3, *vinies* 66. 7, *fuer* 134. 27, *ovier* 160. 30. In proclisis, the final *-e* of *grande* is regularly lost: *grant tienpo* 9. 27, *grant letradura* 16. 20, *grant coita* 18. 6.

The pronoun *le* is generally apocopated when enclitic on a particle or a verb: *lo quel dixo* 3. 25–6, *yal avíe respondido* 6. 26–7, *que nol faga trabajar* 106. 9, *porquel semejavan* 12. 9, *cómmol plogo mucho* 31. 30, *tenido era del fazer onra* 37. 29, *preguntól quel dixiese* 31. 5–6, *pidiól merçed quel cunpliese lo quel prometiera* 40. 16–17.

Final *-o* is lost in SECUNDU > *segund* 3. 11, 6. 11, 9. 7, etc., *segunt* 10. 27, 15. 11, 14, etc., *según* 7. 7, 17. 19, 53. 33, 195. 9. Before a masculine noun, SANCTU > *sant* 51. 19, 21, 22, etc., *san* 52. 4; V.L. *ALICUNU > *algún* 10. 24, 28. 3, 32. 24, etc. as the standard result (but cf. *algunt poco* 171. 13, *algund lugar* 236. 3); NEC UNU > *ningún* 19. 24, 25, 28. 4 etc. regularly (but *ningund desaguisado* 176. 17, *ningund omne* 198. 6). Exceptionally the final vowel may be preserved in proclisis, even before a stressed *o*: *alguno otro* 161. 5, *ninguno otro* 41. 5, 82. 6.

Hiatus

The text offers four possible solutions to a situation in which like vowels come into hiatus:

1. The hiatus is preserved: *esleedores* 84. 33, *creençia* 18. 10, *meester* 138. 28, *creer* 56. 15, *enpeesçer* 148. 20, *esleer* 88. 9, *leer* 123. 23, *seer* 66. 28, *vee* 55. 14, *creemos* 61. 4, *veemos* 227. 25, *creedes* 60. 10, *veedes* 74. 29, *creen* 220. 27, *esleen* 52. 1, *seed* 27. 25, *veed* 127. 26.
2. The vowels are reduced to one: *crer* 38. 11, *ler* 124. 25, *ser* 39. 3, *cremos* 220. 29, *credes* 57. 31, *cren* 55. 26, *cred* 83. 30, *crerán* 237. 30, *crençia* 72. 16, *eslen* 85. 1, *esledores* 84. 30. Reduction occurs most frequently in the verb *crer*.
3. The vowels are dissimilated: RE(G)E > *rrey* 26. 26, 33, 27. 1, etc., LE(G)E > *ley* 5. 7, 6. 4, 7. 2, etc., and *ee* > *ie* in the 2nd person plural pres. subj. form *batiedes* 71. 11 (cf. *batease* 80. 6, *bateado* 77. 33, *bateаré* 71. 31).
4. An antihiatic glide is introduced: *creye* 36. 19, *creyen* 57. 26,

creyendo 17. 7, *creyesen* 18. 9, *seyendo* 101. 12, *veye* 55. 16, *beyemos* 171. 6, *veyendo* 67. 22 (cf. *biyendo* 67. 23, with dissimilation of the initial vowel).

The last is by far the least common solution, although a glide also appears between dissimilar vowels in *caye* 36. 17, *seya* 112. 6, *trayendo* 116. 11, and probably also, after fall of intervocalic *-d-* in *desnuyo* 63. 10 (cf. *desnudos* 62. 7, 34).

Syncope

In the future and the conditional, the pretonic vowel is subject to effacement: *abrán* 35. 4, *bebrán* 44. 29, *conçibría* 68. 14, *defendrá* 161. 6, *enpeesçría* 133. 23, *entendrá* 53. 21, *morrían* 62. 4, *paresçrá* 94. 16, *querrá* 254. 28, *respondré* 32. 29, *sabredes* 113. 8.

Elision

Elision of like vowels across normal word-division is common where both vowels are *e*: *destas razones* 26. 10, 30. 15, *los inojos fincados antél* 29. 34, *más amado dellos* 31. 18, *destas cosas* 35. 26, *fue antel rey* 37. 32, *después dél* 52. 5. Less commonly, unlike vowels are reduced to one in *daquellas razones* 31. 8, *daquí adelante* 9. 31, 11. 30, *paral rey* 29. 29.

The loss of final *-o* in *un ric omne* 265. 20, 23–4, may be due to elision: cf. the absorption of the conjunction *o* by preceding *o* in [*o*] *ordenar la semana* 124. 14–15, *a tuerto* [*o*] *sin juizio* 177. 22. A distinctive feature of the manuscript is the loss of the preposition *a* when it is followed by a word-initial *a*: *crer* [*a*] *algunas gentes* 5. 28, *firíe* [*a*] *alguno* 11. 9, *a de llamar a muchos* [*a*] *aquel consejo* 34. 30–1, *fasta que torna* [*a*] *aquel lugar mismo* 47. 32–3, *nin se llegasen* [*a*] *aquel árbol* 62. 13, *oí dezir* [*a*] *aquel don Johan* 113. 27, *sin dezirlo* [*a*] *alguno* 134. 28, *por llegar* [*a*] *aquella buena andança* 167. 19–20, etc. (forty examples in all).

CONSONANTS

Sibilants

The scribe usually makes no distinction between [**s**] and [**z**]; both sounds are represented by *s*. In a very small number of instances there is hesitation over the graph: *pasión* 51. 26, *pasiones* 61. 22, but *passión* 77. 12, *passiones* 99. 34; *ese* 51. 30, but *esse* 51. 30; *neçesidad* 46. 4 but *neçessidat* 45. 32. Apart from these examples, there is some indecision among imperfect subjunctive forms, where -*s*- is usual—*apoderase* 49. 23, *serviese* 49. 23, *reçibiese* 51. 27, *perdiese* 54. 32, *viniesen* 61. 24, *fuese* 63. 26—but where -*ss*- occasionally appears: *dixiesse* 6. 8, *criasse* 25. 34, *obiesse* 54. 30, *mostrasse* 39. 22, *fuesse* 66. 21, etc. On the basis of this, it is not possible to deduce the practice of the original; it seems likely, however, that the fifteenth-century scribe did not practise the phonemic opposition [**s**]/[**z**].

Laterals, nasals, and vibrants

Forms of the verb *levar* 136. 6 (< LEVARE) are consistently written with the graph *l*: *levó* 40. 22, *lievan* 135. 34; results of SALIRE, with the exception of *salir* 154. 6, 262. 9, are equally consistently written with the graph *ll*: *sallir* 155. 19, *sallen* 48. 17, *salliendo* 9. 2, *sallidos* 69. 14, *salliere* 73. 17, etc.

The *ll* of *llogares* 278. 4, *moçuellos* 27. 4, *delluvio* 50. 17, *duello* 159. 14, *rreçellados* 160. 12, *adellante* 59. 5, although eccentric, is likely to indicate alveolar [**l**], as is the *ll* of *mill* 104. 20, *mantiénello* 25. 2, *de lla* 52. 2, *de llos* 80. 18, *de llas* 53. 23; conversely the graph *l* represents palatal [**ʎ**] in *elo* 43. 29, *lanos* 125. 20, *lámanlos* 183. 7, *legare* 139. 11, *legan* 182. 7, *valesteros* 135. 20 (see *Orthography*, **Palatal** [**ʎ**] **and alveolar** [**l**], p. lxvii). In *llenna* 136. 32, the initial graph may indicate a palatal pronunciation [**ʎ**] (assimilation to the following palatal [**ɲ**] seems a more likely explanation than that the word is a Catalanism). If the graph *l* in *pala* 136. 33 represents [**ʎ**] (cf. *paja* 149. 1), this is the only instance in the text where the C.L. -LJ- group fails to produce the palatal fricative [**ʒ**] characteristic of Castilian.

The forms *cruedat* 130. 33 (against *crueldat* 131. 8, 238. 14), *acançar* 6. 1, 55. 10, 225. 9, etc. (against *alcançar* 55. 14, 56. 12, 228. 1, etc.), and *leatad* 33. 22, 188. 27 (against *lealtad* 200. 30, 201. 31, *lealmente* 33. 28, 30) show loss of syllable-final *l*; an intrusive *l* appears, as is frequent in Old Spanish, in *cadaldía* 41. 16, 45. 9, 107. 15, etc. (against *cada día* 24. 33, 26. 31, 106. 24, etc.). In *alables* 136. 6, *l* appears for the intervocalic *d* of *adables* 192. 16, perhaps by assimilation. Both forms are extremely rare; normally Ar. *dalîl* > O.Sp. *adalil*, *adalid*.

Meester 138. 28 and *mester* 189. 4 show loss of intervocalic *n*, but the nasal survives in *menester* 43. 33, *menesteres* 192. 13. Syllable-final *n* is lost in *egendró* 27. 12 (twice), *egendrar* 92. 27, *egendramiento* 92. 34 (against *engendró* 41. 35, *engendrar* 218. 14, *engendramiento* 92. 33), *mesagero* 66. 11, *maçebos* 121. 2 (against *mançebo* 38. 24, 79. 6, 158. 1, *mançebos* 73. 14, 121. 4, *mançebas* 120. 26, etc.). An intrusive *n* appears once in *muncho* 97. 34 (against *mucho* 12. 31 and *passim*). Results of C.L. EXEMPLUM appear sometimes with intrusive *n*, sometimes without: *enxienplo* 243. 24, *enxenplo* 243. 7, *enxienplos* 58. 12, *exienplo* 86. 11, *enxemplo* 270. 31, *exenplos* 96. 17; an epenthetic nasal also appears in *flanqueza* 104. 4, *moçendat* 187. 32, *constumbres* 3. 17, 130. 13 (but *costumbre* 3. 19, 20. 10, 14, etc.), *conbrar* 158. 23, *conbrando* 275. 21 (but *cobrar* 275. 33, *cobra* 186. 13, *cobrado* 53. 7). The forms *panos* 116. 15 (cf. *pannos* 121. 14) and *pequena* 109. 9, *pequeno* 121. 24 (cf. *pequenna* 66. 25, 30, *pequenno* 180. 30) probably result from accidental scribal omission of the tilde.

Nobre 15. 3, *nobres* 192. 32 (< NOBILE) could be Western forms (see Menéndez Pidal, *Dialecto leonés*, 81) but are isolated occurrences (*noble* 3. 3, 18. 18, 86. 23, etc.). Movement among liquids accounts for the developments *logar* 8. 11 (< LOCALE), *mortandad* 145. 29 (< MORTALITATE), and the infinitives *llegal* 62. 18, *maltrael* 161. 19, *conpral* 203. 7.

Single plosives and fricatives

With one exception, C.L. F is retained throughout the manuscript, and there is no indication as to how it was pronounced by either the author or the copyist: *fazer* 50. 16, *fijo* 50. 10, *fincar* 63. 23, *fojas* 63. 1. The labiodental of onomatopoeic BAF is retained in *bafos* 124. 20. The single instance of *rehazer* 92. 7

(< RE FACERE) indicates a pronunciation [**h**] in this word, and can almost certainly be attributed to the fifteenth-century copyist.

The initial labiovelar glide of Gothic *WITHRALAUN, as is general in Old Spanish, is strengthened to [**gw**] in *gualardón* 70. 5, *gualardonada* 265. 33, *gualardonando* 266. 9, but the more modern type *galardón* 43. 31, 51. 6, 229.26, etc., with reduction of [**gw**] to [**g**], is more frequent in the text. The palatal glide of C.L. MAJORE is lost in one case—*maores* 90. 3 (against *mayor* 82. 20, 84. 14. 86. 23, etc.); the form, which is rare and possibly Western, occurs regularly in the *Libro de Alexandre*: cf. *maores*, *Alex.*, O, 9c, 2129b, *maor*, *Alex.*, O, 128a, 265a, 2134b.

Intervocalic -D- falls in *aorar* 237. 5 and in reflexes of Latin CRUDUS: *crua* 133. 34, 134. 7, *crueza* 121. 27, 155. 32, *cruedat* 130. 33 (but *crueldat* 131. 8), *cruamente* 130. 31; the voiced plosive also falls in reflexes of DENUDARE, and an antihiatic *y* appears in *desnuyo* 63. 10 (cf. *desnuyo*, *CLucanor* 182, *buyos*, *CLucanor* 120), or, more eccentrically, a *g* in *desnugar* 202. 19. Intervocalic *-g-* also falls consistently in *aína* 17. 13, 24. 17, 25. 5, etc. (< AGINA).

In the word-final position, devoicing of *d* is widespread. Among nouns, *merçet* 6. 33, *piadat* 7. 3, *vondat* 7. 4, *escuredat* 7. 19, *verdat* 10. 4, *lit* 10. 15, etc. are characteristic; *tenet* 16. 31, *sabet* 29. 2, *pensat* 31. 15, *fablat* 31. 15, *mandat* 41. 17 are equally typical verbal forms, and *-t* is generally maintained even when a weak pronoun is enclitic on the imperative: *fazetle graçias* 16. 33, *rrespondetme* 89. 3, *fablatme* 168. 33. Against these there is a much smaller number of cases where final *-d* is retained: e.g. *leatad* 33. 22, *neçesidad* 46. 4, *virginidad* 68. 27, *cred* 17. 5, *tened* 30. 22, *dezid* 35. 25, *mostrádmelas* 42. 26, *gradesçedlo* 214. 20, *mostradme* 55. 4.

Latin consonant groups

Results of REGNU alternate between *-gn-* (learned) and *-in-* (possibly influenced by *rey*, *reina*): *rregnar* 19. 27, *rregnos* 39. 24, *rreinar* 30. 4, *rreino* 21. 30, *rreinastes* 30. 3. Reflexes of DELEC-

TARE and ELECTU show free variation between *-ct-* and *-it-*: *delectes* 91. 10, 91. 18, *deleite* 92. 31, 97. 35, *deleitosos* 91. 20, *electo* 85. 9, 96. 10, 96. 18, *eleito* 95. 28, 96. 5; the derivatives *esleçción* 7. 27, 8. 7, 84. 32, and *esleiçión* 84. 29, 85. 12, display the same indecision. C.L. AUCTORITATE is reflected by the learned spelling *actoridad* 52. 15. The Latin intervocalic -PT- group becomes *-bt-* in *babtismo* 287. 20, *rebtilias* 229. 11, but is retained in *baptiza* 77. 1, *baptismo* 74. 25.

Final -NT survives once in the conjugation: *crent* 43. 1 (against *cren* 43. 4 and *passim*). Before a masculine noun final -NT is regularly preserved in SANCTU > *sant* 51. 19, 21, 22, etc., and is reduced on only one occasion: *san Pedro* 52. 4. The full form *sancto* is maintained before the proper name *Agostin* 282. 13 and consistently before *Domingo* 281. 14, 22, 35, etc. In order of frequency, SECUNDU > *segund* 3. 11, 6. 11, 9. 7, etc., *segunt* 10. 27, 15. 11, 14, etc., *según* 7. 7, 17. 19, 53. 33, 195. 9. Occurrences of *segund* by far outnumber those of *segunt*, and the four examples of *según* represent all the cases noted. On the other hand *grant* 9. 27, 16. 20, 18. 6, etc. is the standard result of GRANDE before a masculine noun. Neither *gran* nor *grand* occurs in this position, and the single occurrence of *grande* is a doubtful one: the copyist's *grande scriptura* 117. 28 may well represent *grand escriptura* in his exemplar.

The intervocalic -ND- of V.L. *RĔNDITA (< RĔDDITA) is preserved in *rendas* 102. 18, 112. 28, 129. 25, where the lack of diphthongization of the tonic vowel suggests influence of Prov. or Cat. *renda*. Against the twenty-eight examples of *renda*, however, are three of *rentas* 121. 13, 173. 27, 194. 13. This form may have been influenced by French *rente*, but is more probably an example of the *nd*/*nt* alternation evident elsewhere in the text: cf. *rependimiento* 118. 3, *segund* 3. 11 / *segunt* 10. 27, *algund* 236. 3 / *algunt* 171. 13.

The group -MB- is subject to progressive assimilation in *amas* 281. 11, *amos* 39. 1, 96. 20, 170. 17, *entramos* 64. 15, *entramas* 272. 27, and progressive assimilation also explains the form *alcalles* 12. 14, 197. 10 (cf. *LInfinido*, 50), which occurs as a variant of the types *alcaldes* 195. 8, 197. 9, *alcaldías* 194. 31 < Ar. *qâḍī* (see Menéndez Pidal, *Orígenes*, § 55 bis. 3, Corominas, s.v. *alcalde*).

Intervocalic consonant groups are reduced in MASCULU > *maslos* 44. 30, SEXTA > *sesta* 33. 16, ABSOLTU > *asuelto* 264. 1 (but *absolver* 51. 24, 52. 18), MENSA > *mesa* 106. 23 (but *mensa* 106. 25). Results of C.L. ANTIQUUS are masculine *antigos* 85. 28, 125. 8, 182. 11 (the most common Old Spanish form, based on the well-documented ANTICUS) and feminine *antiguas* 281. 5 (cf. *antiguamente* 193. 29), where the semivowel is characteristically preserved.

Secondary clusters

Although the scribe consistently writes results of Latin HOMINE as *om̄e* or *omne* (3. 16, 23, 4. 6, etc.), other words in which the secondary cluster M'N formed show the characteristically Castilian development *mbr* or *nbr*: NOMINE > *nonbre* 3. 16, FAMINE > *fanbre* 44. 19, CONSUETUMINE > *costumbres* 3. 19, FEMINA > *fenbras* 44. 31, LUMINE > *lumbres* 85. 17. The regularity of these forms suggests that the *om̄e*, *omne* spellings are traditional rather than an accurate reflection of the pronunciation of Juan Manuel or the copyist. An epenthetic *b* appears in future indicative forms of *comer*—*conbrán* 44. 29 (cf. *comerá* 44. 20)—and an epenthetic *d* in the future indicative of *doler* and *valer*: *doldrá* 161. 6, *valdrá*[*n*] 189. 9.

Metathesis is the standard solution for the group N'R: *convernía* 238. 25, *manterná* 22. 4, *porné* 214. 2, *porná* 199. 29, *ternán* 127. 12, *ternía* 123. 4, *terníen* 276. 16, *vernán* 229. 5.

In the group F'C, both elements voice before loss of the post-tonic vowel to produce *orebzes* 205. 15 (< AURIFICE); in the group K'T the voiced intervocalic cluster [**d͡zd**] simplifies to [**d͡z**] in *plazo* 32. 29 (< PLACITU) and similarly the voiceless cluster [**t͡st**] simplifies to [**t͡s**] in *açor* 124. 34 (< ACCEPTORE).

The secondary cluster [**b'd**] < P'T, P'D, B'T is preserved in *recabdo* 8. 16, 39. 23, 40. 26, etc., *acabdellados* 10. 33, *cabdiello* 140. 12, 153. 9, *cabdellados* 140. 13, *cobdiçió* 239. 17, *dubdar* 247. 4, 252. 1, 3, *dubda* 7. 33, 8. 10, 56. 3, etc., *debdos* 199. 26. There are, however, scattered examples of more modern types: *deudo* 131. 5, 176. 32, 177. 6, etc., *codiçiosas* 120. 26.

In the -ATICUS ending, the regular result is *-adgo*—*marquesadgos* 180. 8, *ducadgos* 180. 9, *principadgo* 182. 27, *condadgo* 182. 28, *papadgo* 257. 28, *patriarcadgos* 274. 26—but there is one example of *-abgo*: *alguazilabgos* 194. 31. While derivatives of JUDICARE normally show the development D'K > **[dg]**—*judga* 108. 25, *judgan* 108. 26, *judgado* 177. 21, *judgados* 109. 11—and the result **[d͡zg]** (**juzgar*) does not occur, there are four examples of **[bg]**: *jubgar* 276. 24 (where the scribe first wrote *jubdar*, and then corrected to *jubgar*) and 197. 12, *jubgado* 102. 32, *jubgados* 64. 5. The same variants are found in *CLucanor*: e.g. *judgar* 110. 22, *judgaron* 111. 7, *judguedes* 245. 7, but *jubgado* 68. 24, 225. 9, 225. 10, *jubgaron* 225. 14.

Metathesis

Metathesis is common in reflexes and derivatives of PRAEDICARE: *pedricar* 19. 21, 19. 26, 38. 14, *pedricado* 19. 4, *pedricaçión* 19. 25, 265. 23, *pedricadores* 281. 12 (but *predicar* 263. 13, *predicando* 19. 16, *predicó* 241. 29), and is also found in those of PRAELATU: *perlaçías* 270. 22 (but *prelado* 275. 16). ABBREVIATA > *aberbiada* 262. 22 (cf. *avreviadamente* 277. 27, 279. 6, 11); INSTRUMENTU > *estormentes* 105. 23 (cf. *estrumentes* 8. 2, 136. 15, 163. 7). The *r...l* of MIRACULU is maintained in *miraglo* 98. 3, *miraglos* 82. 1, 2, 251. 20, but in identical phonetic circumstances becomes *l...r* in PERICULU > *peligros* 98. 10, 25. Adjacent consonants change places in the preterite VIXIT **[wi:ksit]** > *visco* **[βísko]** 48. 30, 97. 21, 112. 22, and in preterite-based tenses: *visquiesen* 121. 10, *visquiésemos* 38. 4; metathesis is normal in results of V.L. *OBLITARE: *olbidamos* 101. 16, *olbidaron* 50. 15.

III. *Morphology*

Noun and article

Singular *rrey* and *ley* regularly add *-s* to form the plural: *rreys* 28. 33, 32. 20, 36. 32, etc., *leys* 5. 35, 16. 14, 42. 25, etc.

There are, however, occasional examples of the newer types *rreyes* 127. 20, 168. 25, 173. 8, 179. 17, *leyes* 2. 4, 13. 4, and *lees* 177. 15 occurs once. *Muchos alférez* 198. 7 shows no plural marker; nouns which end in a stressed vowel add *-s*: *pros* 119. 26, *alvalás* 203. 12. Results of Latin APOSTOLU and INSTRUMENTU show hesitation between *-es* and *-os* plurals, with a preference for the former: *apóstoles* 18. 29, 19. 12, 53. 5, etc.; *apóstolos* 17. 17; *estrumentes* 8. 2, 136. 15, 163. 7, etc., *strumentes* 91. 9, *estormentes* 105. 23, *estrumentos* 91. 6, 91. 13, *strumentos* 91. 2.

Mar and *planeta* are feminine in the text: *las mares* 48. 16, 17, *las planetas* 47. 23; *pro* and *alvalá* may be either masculine or feminine: *el mayor pro* 90. 9–10, [*las*] *pros* 119. 26, *un alvalá suyo* 203. 13, *las alvalás* 203. 12. Nouns which end in *-a* and designate male occupations appear with either the masculine or the feminine article: *los patriarcas* 253. 21–2, *las patriarchas* 46. 17, *las evangelistas* 271. 21, *el propheta* 216. 1, *las prophetas* 15. 11, *ninguno de llas sus prophetas* 53. 23.

The feminine article *el* precedes stressed *a-* in *el alma* 83. 6, 87. 22, 173. 3, etc., unstressed *a-* in *el acogida* 149. 30, *el aguijada* 150. 5–6, 9, *el avenençia* 156. 7, *el abenençia* 170. 24–5, 29, *del aranna* 265. 26, *el avantaja* 128. 5, *el ayuda* 137. 5 (but *la avantaja* 129. 9), and unstressed *e* in *el espada* 125. 5, 9, 13 (but *la espada* 125. 11). The phrase *en un entrada* 136. 12 may provide a rare example of the feminine article *un*—cf. *un almofalla*, *Cid* 182, *un ora*, *Cid* 605—but since this is the only instance in a long text, it could well be attributed to scribal error.

The neuter article is *lo*: *lo ál* 40. 34, *lo mejor* 16. 4, *lo spiritual* 52. 12, *lo tenporal* 52. 8, *lo uno...lo ál* 19. 28–9, 28. 11–12, 28. 19–20.

Pronouns and adjectives

Personal subject pronouns show the expected Old Spanish forms: *yo*, *tú*, *él*, *ella*, *nós*, *vós*, *ellos*, *ellas*. In the first and second persons plural, and in the third person singular reflexive, pleonastic forms of the disjunctive pronoun are standard: *conusco*

80. 14, 16, 21, etc., *conbusco* 36. 14, 39. 17, 179. 11, etc., *consigo* 144. 14, 152. 21, 216. 13, etc.

Among weak object pronouns, ILLI, ILLIS > *le*, *les*, but there is one example of *li* 138. 7 (cf. *LInfinido*, 6) and three of the plural *lis* 50. 32, 174. 14, 197. 1 (cf. *LInfinido*, 37). Combinations of indirect and direct object pronoun produce the standard medieval forms *gelo* 5. 17, 6. 12, 18. 11, etc., *gela* 9. 12, 49. 32, 176. 8, etc., *gelos* 194. 30, *gelas* 21. 8, 55. 32, 79. 25, etc. Although the type *selo*, *sela*, etc. was competing with these forms in the fifteenth century, there are no examples in *LEstados*, which indicates that the copyist remained in this respect completely faithful to his exemplar.

Possessive adjectives which occur in the text are *mío*, *mi*, *so*, *su*, *nuestro*, *vuestro*. In the first person singular, *mío* is the preferred form, and may be used with or without a preceding definite article or pronoun: *del mío entendimiento et del mío saber* 16. 15–16, *el mío ofiçio* 39. 7, *al mío cuidar* 142. 32, *aquel mío amigo* 109. 3–4, *es mío sennor et mío criado* 34. 7, *a mío paresçer* 164. 32, *segund mío entendimiento* 96. 25. The less popular alternative is *mi*, which also may be preceded by a definite article or pronoun: *mi amigo et mi amo* 134. 21, *mi bentura et míos pecados* 27. 26, *el mi entendimiento* 191. 29, *la mi alma* 83. 1–2, *segund la mi entençión* 109. 15.

In the third person singular there are three clear cases of the archaic *so*, *sos* before a masculine noun: *segund so mereçimiento* 67. 12, *so ayo* 78. 5, *los sos mensageros* 55. 29, and *so prior de Osma* 281. 35–282. 1 ('his prior' or 'sub-prior'?) may represent a fourth. Otherwise, *su*, *sus* are standard, before masculine or feminine nouns, with or without a preceding definite article or pronoun: *otro su amigo* 8. 21, *aquel su amigo* 99. 14, *su contrario* 10. 12, *sus cabellos et sus barvas* 26. 28, *a su honra et a su estado* 9. 9–10, *la su esleçción* 90. 24, *su estado et su honra* 94. 18. The possessive pronoun is *suyo*: *la suya* 9. 28, *los suyos* 10. 16, etc.

As an indefinite pronoun, *omne* 10. 26, 19. 31, 33, etc. occurs regularly, and both *otri* 21. 8, 106. 7, 108. 22, etc. and *otrie* 20. 17, 58. 9, 106. 5, etc. (cf. *LInfinido*, 65) are found. *Alguien* is not used in the text, where *alguno* 10. 11, 44. 14, 161. 29, etc. is standard, with the variant *algún omne* 36. 26, 121. 23, 288. 15, etc.; in the negative, where *nadie* does not appear, *ninguno* 21. 5, 34. 3, 43. 33, etc. and *ningún omne* 19. 24, 25, 38. 9–10, etc. are frequent, along with *omne del mundo* 57. 33–4, 96. 30, 33, etc. The plural *ningunos* appears in *ningunos de los suyos* 150. 12, *non ay ningunos* 179. 15. For things, apart from two occurrences of *algo* 258. 5, 271. 32, as a pronoun and one, 255. 27, as a noun, *alguna cosa* 23. 22, 39. 9, 59. 26, etc. is the only form found; in the negative, *nada* 33. 16, 66. 1, 88. 4, etc. is used, but is greatly outnumbered by *ninguna cosa* 19. 33, 22. 30–1, 24. 1–2, etc. Both *cosa* and *cosa del mundo* also appear with negative sense: *que por cosa quél dixiese* 7. 1, *nunca cosa del mundo se faría* 94. 24, *que cosa del mundo non los avía descapar* 121. 30, *non ay en el mundo cosa que ya dicha non sea* 119. 23–4.

The Romance formations *qual*, *quales* + *quier*, *quiera*, *quisiera* are general both as pronouns and adjectives: *en qualquier fecho granado* 54. 19–20, *por qualquier destas cosas* 153. 11, *qualquier ley o secta* 56. 22, *otro omne qualquiera* 155. 21, *por otra razón qualquiera* 196. 25, *qual ley quisiere* 44. 4, *otras qualesquier* 20. 25–6, *qualesquier christianos* 150. 16, *qualesquiera que sean las palabras* 214. 24–5.

Cuyo occurs as a relative adjective: *por cuya culpa* 11. 9, *por cuya voluntad* 59. 9–10, *cuya leche* 122. 20, etc.

The relative *que* < QUID is used with both persons and things, masculine and feminine, singular and plural, in both the nominative and the accusative case. QUEM > *quien*, which in the nominative may contain its own antecedent: *deven dar quien lieve la cavalgada* 152. 3, *si non ay de su linage quien lo aya mester* 262. 18–19, *commo quien sufre grant quebranto* 276. 4. Examples of its use after a preposition are *otro a quien non tannen tanto* 34. 9–10, *non lo es para quien vien lo entendiere* 223. 13, [*a*] *aquellos de quien las tienen* 173. 33, *los ninnos de quien ellos lievan el nonbre* 182. 21–2, *los confessores con quien se confiesen* 261. 26, the last three showing the pronoun to be invariable.

QUI > *qui*, which occurs after a preposition—*de qui* 115. 15,

122. 26, *con qui* 134. 12, 153. 31, *en qui* 191. 30, 218. 14, *a qui* 122. 19, 197. 26—and, more rarely, as a nominative containing its own antecedent—*non oviera ý qui loase* 218. 8–9. All of these examples, and many others, are certain readings, where the scribe wrote q^{i}; *qui* is also postulated by the context in ten other cases where the scribe wrote *q̄*: 49. 29, 109. 4, 115. 7, 148. 21, 150. 1, 156. 28, 167. 7, 179. 2, 223. 5, 8. Here the scribe appears to have modernized his exemplar.

THE VERB

Stem

Of verbs with a velar in the stem, the inchoatives retain *-sc-* in the first person singular of the present indicative—*agradesco* 30. 21, *gradesco* 253. 3—and in present subjunctive forms: *acaesca* 75. 18, *bastesca* 133. 15, *enflaquesca* 141. 32, *enpesca* 106. 13, *paresca* 94. 11, *pertenesca* 205. 35. The forms *fagȧ* 106. 9 and *tangan* 105. 22 show phonetically regular results, and although an analogical *g* appears in the stems of *tengo* 25. 21, *venga* 37. 9, *mantenga* 138. 13, and *ponga* 110. 4, the velar is not extended to present indicative or subjunctive forms of the verbs *caer*, *oír*, *traer*, and *valer*: *caya* 105. 6, *oyo* 27. 2, *oya* 105. 14, *oyan* 222. 17, *traya* 118. 35, *vala* 90. 23. For the antihiatic *y* of *seya* 112. 6, *seyendo* 101. 12, *veye* 55. 16, *creye* 36. 19, etc. see *Phonology*, **Hiatus,** pp. lxxiv–lxxv.

In the *-ar* conjugation, *andar* and *estar* have only preterite and preterite-based stems of the *-udo* type: *andudo* 37. 22, *andudieron* 19. 5, *andudiese* 21. 29, *estudiese* 107. 20, *estudiesen* 63. 21, *estudiere* 106. 18. Among *-er* verbs, the *-si* strong preterite type is represented by *tanxo* 62. 24, *tanxiese* 161. 11, *troxo* 269. 31. Other strong preterites are *ove* 35. 6, *ovo* 136. 29, *enpuxo* 62. 24, *plogo* 98. 28, *pude* 213. 13, *pudo* 25. 27, *puso* 47. 23, *quisi* 230. 28, *quiso* 68. 24, *sope* 39. 5, *sopo* 68. 20, *tove* 165. 13, *tovo* 25. 34. There are two instances of the preterite-based participle *toviendo* 142. 10, 147. 33. The *-ir* verbs *dezir*, *benir*, and their derivatives have the strong preterites *dixe* 119. 18, *dixi* 165. 15, *maldixo* 63. 15, *vino* 46. 29, *beno* 46. 30, *conbino* 69. 32, *convino* 66. 5; the semi-learned *visco* 48. 30, 97. 21, 112. 22, etc., *visquieron* 56. 29, *visquiésemos* 38. 4, *visquiesen* 121. 10 represent *bevir*.

In the future and conditional, loss of *e* in *-er* verbs and *i* in *-ir* verbs is the general rule: see *Phonology*, **Syncope**, p. lxxv. In the phonetically difficult group [**d͡z'r**] the affricate is lost in *diré* 95. 8, *diríe* 173. 6, *faré* 29. 24, *faría* 30. 29, but maintained, along with the vowel, in *plazería* 190. 12. An epenthetic consonant appears in *doldrá* 161. 6, *valdrá*[*n*] 189. 9, *conbrán* 44. 29, and metathesis occurs consistently in *vernán* 229. 5, *convernía* 238. 25, *porné* 214. 2, *porná* 199. 29, *ternía* 123. 4, *ternien* 276. 16, *manterná* 22. 4. When the future or conditional is split by a weak pronoun or pronouns, the full infinitive form is maintained: *dezirvos he* 98. 5, *respondervos he* 98. 13, *averlo an* 234. 17, *plazernos ía* 171. 11, *gradescérvoslo he* 191. 27, *valerle ía* 260. 5, etc.

Personal endings

First person endings show few eccentricities. In the present tense, *estó* 15. 18, 190. 21, *só* 16. 19, 35, 28. 22, etc., occur throughout, and there are no examples of the type *soy*, *estoy*. For strong preterites, the characteristic desinence for the first person singular is *-e*, although this is lost in *conpus* 16. 7, *fiz* 16. 5, *pus* 16. 10, *quis* 215. 24, and *-i* is preferred in *quisi* 230. 28, *ovi* 63. 10, 218. 16, *dixi* 165. 15, 184. 25, 223. 4, etc. In first person plural forms of the preterite, the *-iemos* form is standard with *-er* and *-ir* verbs: *oviemos* 78. 10, *entendiemos* 78. 15, *quisiemos* 78. 17, *departiemos* 78. 18, *aprendiemos* 78. 19, *viemos* 88. 26.

Vós is used as the polite form of address throughout, and the second person plural ending *-des* is the norm both in paroxytones—*dezides* 36. 9, *devedes* 55. 1, *parades* 65. 13, *queredes* 55. 3, *digades* 55. 2—and in proparoxytones—*érades* 103. 14, *teníades* 103. 13, *dubdávades* 165. 5, *querríades* 54. 10, *pusiésedes* 78. 27, *quisiérades* 79. 3. There is only one example of the Western trend towards loss of post-tonic *e* in the second person plural of the future subjunctive: *quisierdes* 174. 30, against *quisiéredes* 189. 23, and *passim.*

In the preterite, the second person plurals of *-ar* verbs end in *-astes*: *acordastes* 77. 25, *fablastes* 131. 15, *preguntastes* 103. 21; that of *ser* is *fuestes* 78. 26; those of *-er* and *-ir* verbs, with two exceptions, end in *-iestes*: *diestes* 59. 23, *dixiestes* 179. 25, *feziestes* 82. 25, *perdiestes* 128. 20, *quisiestes* 79. 6, *reprendiestes* 191. 10. In the case of *oyestes* 32. 35, the semivowel has been absorbed by the preceding palatal: only *vistes* 36. 10 (against *viestes* 36. 14) illustrates the raised vowel as an alternative to the diphthong.

In third person singular forms, final *-e* is preserved throughout except in *tien* 253. 18, 287. 2, *diz* 225. 24, *faz* 10. 14, *plázme* 37. 8, *fizies* 67. 3, *vinies* 66. 7, *fuer* 134. 27, *ovier* 160. 30. Final -NT is reduced everywhere to *-n*, except in *crent* 43. 1. In the vast majority of imperfect indicative and conditional forms, *-ía* and *-ían* are the characteristic third person endings: *avía* 18. 17, *avría* 20. 3, *beía* 26. 14, *convenía* 22. 7, *devía* 29. 31, *dizía* 30. 13, *fazía* 22. 30, *faría* 28. 3, *podría* 28. 2, *pidía* 30. 29, *querría* 24. 4, *tenían* 22. 13. The endings *-íe*, *-íen* are possible alternatives for *-er* verbs: *avíe* 6. 28, *avríen* 35. 16, *acaesçíen* 15. 17, *devíe* 107. 11, *fazíe* 161. 29, *podíe* 211. 28, *podríe* 37. 17, *queríe* 22. 26, *rrespondríe* 113. 10, *seríe* 166. 5, *teníe* 132. 20, *terníen* 276. 16, etc., but are extremely rare among *-ir* verbs: *dizíe* 44. 7, *diríe* 173. 6, 179. 5, *viníen* 35. 9 are the only cases noted.

Participial endings

The gerund has the standard endings *-ando* and *-iendo* throughout, and there are occasional survivors of the present participle in *-ante*, *-iente*: *entrante el verano* 134. 8, *departientes mucho afincadamente et escodrin*[*n*]*antes* 171. 24.

With the exception of two verbs, *entender* and *tener*, weak past participles adopt the endings *-ado* and *-ido*. In these two verbs *-udo* and *-ido* endings alternate: *entendudo* 38. 29, *entendudos* 221. 26, *entendido* 36. 19, 27, 40. 26, etc., *tenudo* 5. 4,

42. 7, 8, etc., *tenudos* 99. 2, 128. 30, 129. 1, etc., *tenido* 174. 18, 175. 5, *tenidos* 176. 18, 177. 17, 19, etc.

The verbs *elegir* and *salvar* have strong past participles in the text: *electo* 85. 9, 96. 10, 18, *eleito* 95. 28, 96. 5, *electos* 89. 6; *salvo* 81. 29, 31, 33, etc., *salvos* 46. 20, 78. 29, 81. 28, etc.

Vocalic alternation: *-er* verbs

Although there is some indecision in the text, most verbs show a firm preference for one or other of two possible stem vowels.

In *aver*, *placer*, *saber*, *tener*, *traer*, the half-close vowel *o* is preferred in preterite and preterite-based tenses: *ove* 35. 6, *ovo* 52. 7 (but *uvo* 51. 30), *ovieron* 45. 22, *oviese* 32. 20 (but *uviese* 32. 19); *plogo* 98. 28, *ploguera* 35. 34, *sope* 39. 5, *sopo* 66. 17, *sopiese* 66. 19; *tove* 165. 13, *tovo* 3. 30, *tovieron* 194. 29, *toviera* 11. 12, *toviesen* 52. 5; *troxiese* 133. 24, *troxiere* 156. 7.

Four verbs, *poder*, *poner*, *conponer*, *querer*, show a preference for the close vowel *u* or *i*: *pude* 213. 13, *pudieron* 79. 23, *pudiese* 7. 16; *puso* 47. 23, *pusiestes* 103. 18; *conpuso* 3. 2, *quiso* 68. 24, *quisiemos* 78. 17, *quisiestes* 79. 6, *quisiérades* 79. 3. In the case of *poder* and *poner* the raised vowel is also found in the gerund: *pudiendo* 155. 28, 284. 16 (but *podiendo* 255. 15); *puniendo* 152. 18 (but *poniendo* 68. 31, 109. 29, 152. 13, etc.).

Indecision is at its most evident with *dever* and *fazer*, where *e* and *i* alternate freely: *devía* 19. 27, *devían* 5. 13, *devíe* 107. 11, *deviese* 71. 24, but *divía* 5. 12, *diviesen* 202. 2, *diviérades* 25. 24, *feziese* 82. 2, *feziestes* 191. 18, *feziere* 256. 1, *fezieron* 282. 26, but *fiziese* 178. 11, *fiziestes* 211. 19, *fiziera* 5. 28, *fiziésedes* 77. 24.

A raised vowel appears once in the preterite of *obedeçer*—*obediçieron* 85. 28—and although the half-close vowel is characteristic of gerund forms—*deviendo* 155. 23, *entendiendo* 104. 30, *gradesçiendo* 107. 6, *queriendo* 104. 2, etc.—there are sporadic examples of *i*: *biyendo* 67. 23 (against *veyendo* 23. 16, 27. 6, 67. 22), *escarniçiendo* 100. 24, *falliciendo* 26. 31, *tiniendo* 114. 1 (against *teniendo* 149. 29, 198. 8, 262. 7).

Vocalic alternation: *-ir* verbs

The paradigms of *-ir* verbs illustrate a language still without fixed norms for 'good' literary usage, in which alternative forms coexist in most parts of the paradigm. When the accent falls on the verbal stem, and before a semivowel in a following syllable, there is a tendency for the raised vowel *i* or *u* to be preferred to *e* or *o*, but against this there operate the forces of analogy, dissimilation, and the tendency for a half-close vowel to be favoured in an initial or pretonic syllable.

In the infinitive and the past participle, where the stem of the verb is unstressed, the vowel sequence *e...i* is the standard pattern: *bevir* 61. 24, *consentir* 118. 9, *despedir* 175. 7, *dezir* 25. 28, *esgremir* 20. 20, *ferir* 125. 6, *reçebir* 28. 4, *redemir* 5. 20, *repetir* 125. 30, *seguir* 120. 18, *sentir* 61. 23, *servir* 73. 31, *venir* 80. 23, *aperçebidos* 135. 13, *conçebido* 69. 19, *reçebido* 53. 14. In verbs which have a back vowel in the stem, the pattern *o...i* is the norm: *cobrir* 196. 24, *conplir* 31. 22, *encobrir* 24. 16, *foír* 131. 1, *morir* 18. 3, *sofrir* 16. 34; *adormidos* 241. 31, *conplido* 37. 2, *conplida* 6. 30, *foído* 263. 12. Against these there are *esgrimir* 125. 17, *encubrir* 24. 19, *murir* 220. 29, *recudir* 146. 5, *subir* 124. 3.

Gerunds, although a semivowel is always present, show only a slight preference for a raised-stem vowel: *consintiendo* 65. 18, *diziendo* 38. 15, *rreçibiendo* 17. 24, *riendo* 134. 20, *sintiendo* 67. 24, *cunpliendo* 52. 34, *descubriendo* 135. 10, *encubriendo* 198. 18, *fuyendo* 150. 21, but *arepentiendo* 104. 5, *feriendo* 149. 29, *serviendo* 132. 17, 205. 3, *pediendo* 214. 26, *conpliendo* 286. 6, *dormiendo* 114. 1.

In the preterite, and in forms based on the preterite stem, a clearer preference can be detected for a high-stem vowel. Etymological Ī is regularly preserved in *dixe*, *dixo*, *dixiera*, etc.; *i* is preferred in *aperçibió* 241. 28, *biniera* 66. 6, *biviese* 20. 5, *conçibió* 66. 15, *consintió* 53. 13, *firieron* 100. 8, *finchiesen* 50. 5, *desmintiestes* 171. 13, *reçibió* 261. 32, *scriviese* 207. 5, *sintiesen* 63. 19, *viniésedes* 77. 19 (but *mentiera* 65. 20, *rreçebió* 99. 23, *serviese* 49. 23, *serviesen* 62. 1, *venieren* 141. 11); *u* is preferred in *cubrieron* 63. 2, *cunplió* 74. 7, *cunpliese* 40. 16, *descubrió* 35. 15, *durmiese* 107. 18, *encubriese* 145. 1, *fuyese* 145. 2, *murió* 46. 23, *muriese* 233. 12 (but *conplió* 240. 20, *conpliesen* 70. 12, *moriese* 233. 3).

In the present indicative and the present subjunctive etymological ī is preserved in the initial syllable of *dizides* 24. 13, 26, 30. 15, etc.; the tonic vowel is dissimilated to *e* on one occasion—*dizedes* 24. 8—but more commonly it is the initial vowel which is dissimilated: *dezides* 36. 9, 79. 1, 83. 8, etc. In other verbs, the normal pattern is for a half-close vowel to be favoured when the stress falls on the personal ending—*bevides* 43. 5, *bevimos* 43. 18, 27, etc. (against *bivimos* 226. 28)—but for a r aised vowel to be favoured when the stem is stressed: *aperçibe[n]* 241. 21, *bive* 42. 22, *biven* 42. 33, *recibe* 86. 20, *rreçiban* 55. 34, *siguen* 26. 15, *siga* 33. 17, *sirve* 43. 30, *sirvan* 55. 32, *cunple* 24. 5, *cunpla* 68. 5, *descubre* 35. 14, *encubra* 33. 16, *fuyen* 146. 14.

In the future and the conditional, the pretonic *e* of *conçebir*, *consentir*, is raised to *i* in *conçibría* 68. 14, *consintría* 114. 13, and the stem vowel of *conplir* may be *o* or *u*: *conplirá* 103. 18, *conpliriá* 98. 5, *cunplirá* 155. 30, *cunpliría* 160. 3.

Among imperfects, there is the same hesitation evident elsewhere in the paradigm of *dezir* between etymological *i* (*dizía* 4. 24 (twice), 7. 30, etc.) and dissimilated *e* (*dezía* 6. 8, 7. 22, 12. 32, etc.). There is also a considerable number of imperfect forms with a high vowel in the stem, most probably analogical on preterite forms: *pidía* 30. 29, *sintía* 275. 26, *vinían* 114. 6, *vivían* 50. 28, *bivían* 44. 8, *convinía* 5. 14 (but *convenía* 22. 7), *cunplía* 156. 3 (but *conplía* 77. 30).

Adverbs

Many adverbial forms in the text have survived to Modern Spanish, e.g. *atrás*, *aquí*, *aun*, *bien*, *cerca*, *delante*, *después*, *donde*, *luego*, *mal*, *mañana*, *más*, *mejor*, *menos*, *mucho*, *muy*, *non*, *nin*, *nunca*, *oy*, *pues*, *peor*, *poco*, *quando*, *sienpre*, *tarde*, *tenprano*, *ya*.

Of those which did not survive the Old Spanish period, ANTE > *ante* 17. 24, 22. 18, 37. 18, etc., V.L. *AGINA > *aína* 17. 13, 24. 17, 154. 22, etc., CRAS > *cras* 167. 24, IBI > *ý* 16. 30, 35, 22. 19, etc., INDE > *ende* 5. 16, 16. 17, 23. 17, INVITUS > *amidos* 155. 28, LONGE > *luenne* 135. 1, UBI > *ó* 100. 6, 104. 20, 236. 8, UNDE > *onde* 56. 29, 99. 29, 31, etc., Gothic AT *RED > *adrede* 175. 21, 288. 8. *ALIQUANTUM is represented by *yaquanto* on five occasions, 47. 30, 105. 19, 112. 6, 160. 20, 21 (cf. *CLucanor*, 99, 139, 220), and by *haquanto* once, 117. 15; *pres* 180. 28, where the context requires the sense 'about', 'approximately', may be a rare survivor in Castilian of Latin PRESSE (cf. French *près*, *auprès de*).

Later formations, based on preposition + adverb, or preposition + noun, or other combinations, are frequent: AD PRESSA > *apriesa* 141. 5, 151. 24, AD SATIS > *asaz* 31. 17, 40. 24, 44. 11, etc., AD VIX > *abés* 26. 20, 35. 18, *avés* 98. 32, 173. 29, AD DEORSU > *ayuso* 52. 17, 266. 22, 278. 25, DE INDE > *dende* 52. 17, 58. 16, 60. 15, etc., DE UBI > *do* 41. 6, 11, 64. 19, etc., DE POST > *depués* 3. 14, DE SURSU > *desuso* 11. 26, 65. 7, 71. 33, etc., DE EX TUNCE > *destonçe* 19. 6, EX TUNCE > *estonçe* 64. 28, 72. 1, 112. 23, etc., IN TUNCE > *entonçe* 26. 11, 28, 32. 29, etc., IN ANTE > *enante* 68. 28, 72. 28, 217. 25, etc., HAC HORA > *agora* 19. 7, 9, 26. 24, etc., HOC ANNO > *oganno* 15. 15, ALTERU SIC > *otrosí* 18. 25, 20. 19, 32, etc., SI QUAERIT > *siquier* 61. 4, *siquiere* 143. 13, 148. 8.

Romance formations in the text include *a la çima* 'in the end' 101. 1, *de grado* 'willingly' 79. 13, *de buen talante* 'willingly' 73. 5, *de mannana* 'early' 105. 11, *en el mundo* 'anywhere' 106. 12, *en uno* 'together' 41. 6, *eso mismo* 'similarly' 31. 27–8, *otro día* 'on the following day' 107. 31.

It is striking that *-s*, which came to be regarded as a characteristic adverbial marker—cf. *abés*, *amidos*, *cras*, *depués*, *después*, etc.—is not extended analogically to *ante*, *enante*, *entonçe*, *estonçe*, or *destonçe*, none of which, except for one doubtful occurrence of *antes* 223. 24, is found in the manuscript with an analogical *-s*.

Prepositions and conjunctions

The Latin preposition SUB survives as *so* 161. 30, 270. 4, 282. 34, IN POST > *en pos*, which generally stands alone—*en pos los moros* 10. 30, *en pos los infantes* 11. 18–19—but is followed by *de* in *en pos de los ofiçios* 12. 25. On one occasion *apos* appears: *apos el papa* 168. 22.

Many adverbs, alone or reinforced by *de* or *que*, may be used as prepositions or conjunctions: *ante ellos* 38. 7, *ante vós* 38. 17, *ante que Jhesu Christo viniese* 46. 18, *ante que fuese conçebido* 48. 29–30, *después de su vida* 119. 6, *depués muy grant tienpo* 52. 24, *después que . . . fueron en uno apartados* 41. 24–5, *depués que . . . fue puesto en la cruz* 17. 22–3, *deyuso de la tierra* 47. 28, *enante que fuese prennada* 217. 25–6, *luenne del agua* 153. 17.

Cuando is standard throughout as a temporal conjunction, with the variant *a la* (*h*)*ora que* 62. 4, 68. 8, 174. 32–3. *Desque* 18. 13, 37. 9, 23, is also standard, with the variants *deque* 35. 9, 47. 34, 129. 30, etc., *desde que* 275. 18, *desde la ora que* 18. 12, 21. *Quequier que* 'whatever' occurs in 139. 25, *por oquier que* 'wherever' in 164. 7–8, and *quier que . . . o quier que* represents 'whether . . . or' in 21. 4–5. *Cada que* 'whenever' appears frequently, 86. 28, 139. 20, 26, etc. By an overwhelming majority, *commo quier que* 28. 18, 32. 24, 34. 2, etc. is the preferred concessive conjunction, with the variants *commo quiera que* 37. 27, 177. 5, and *commo quiere que* 148. 11, 185. 19, 193. 6, etc. *Aunque* 88. 15, 147. 25, 148. 5, etc. provides an alternative where the concessive expression is hypothetical (but *aunque mueren* 147. 21) and a rare example of *pero que*—*pero que començó ante la de los pedricadores*—occurs in 281. 11–12. *Maguer* 259. 17, and *maguer que* 62. 27, 251. 8, 265. 5, are infrequent, and are generally followed by the indicative (but *maguer que lo non bean* 252. 6).

TABLE (*a*). THE IMPERIAL SUCCESSION

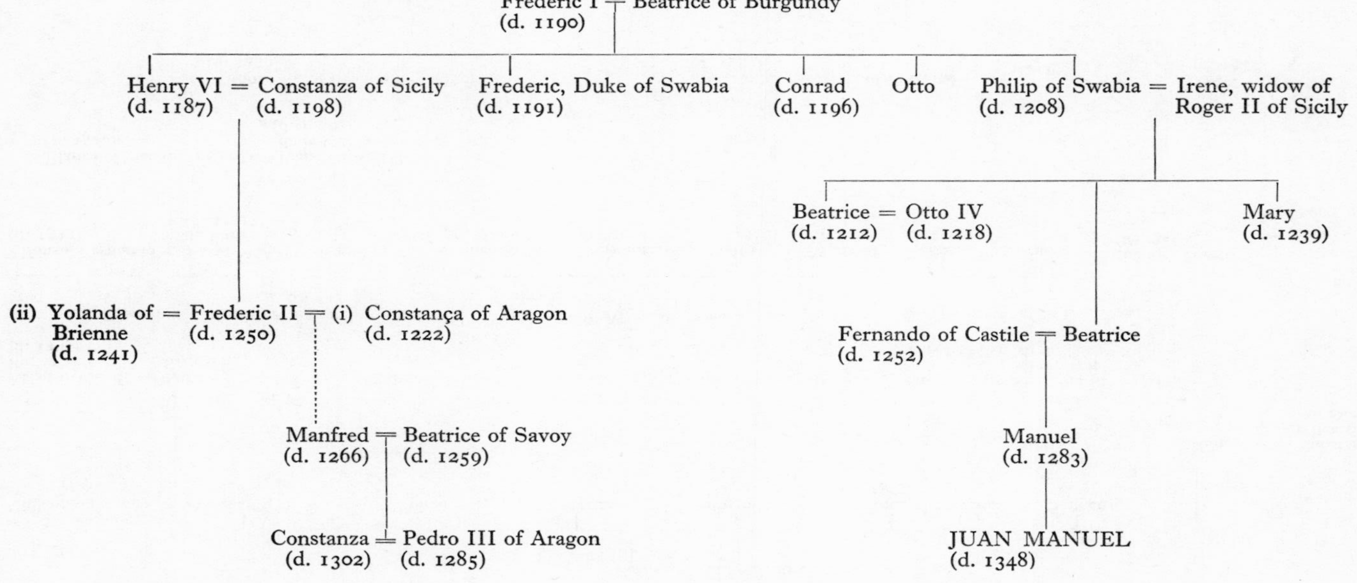

Frederic I = Beatrice of Burgundy
(d. 1190)
Henry VI = Constanza of Sicily
(d. 1187) (d. 1198)
Frederic, Duke of Swabia
(d. 1191)
Conrad
(d. 1196)
Otto
Philip of Swabia = Irene, widow of Roger II of Sicily
(d. 1208)
Beatrice = Otto IV
(d. 1212) (d. 1218)
Mary
(d. 1239)
(ii) Yolanda of Brienne = Frederic II = (i) Constança of Aragon
(d. 1241) (d. 1250) (d. 1222)
Fernando of Castile = Beatrice
(d. 1252)
Manfred = Beatrice of Savoy
(d. 1266) (d. 1259)
Manuel
(d. 1283)
Constanza = Pedro III of Aragon
(d. 1302) (d. 1285)
JUAN MANUEL
(d. 1348)

Table (*b*). THE SUCCESSION OF FERNANDO III OF CASTILE AND LEON

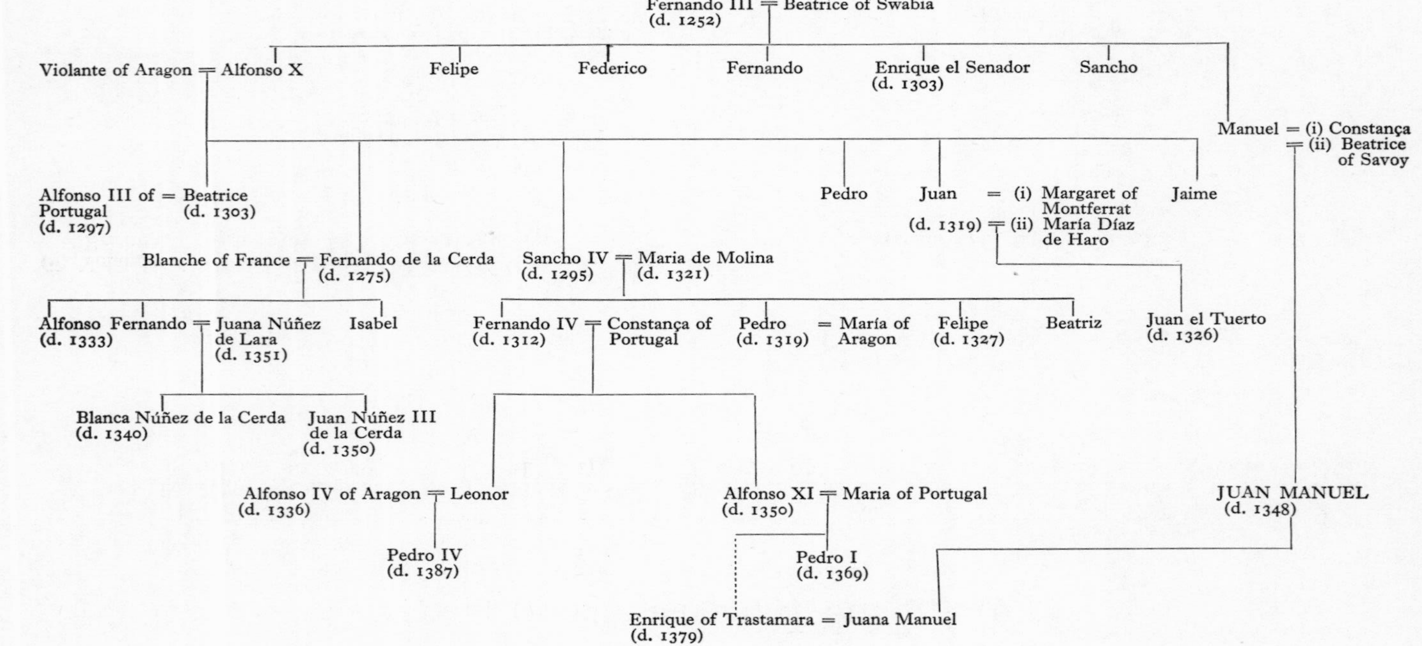

TABLE (*c*). THE SUCCESSION OF THE HOUSE OF SAVOY

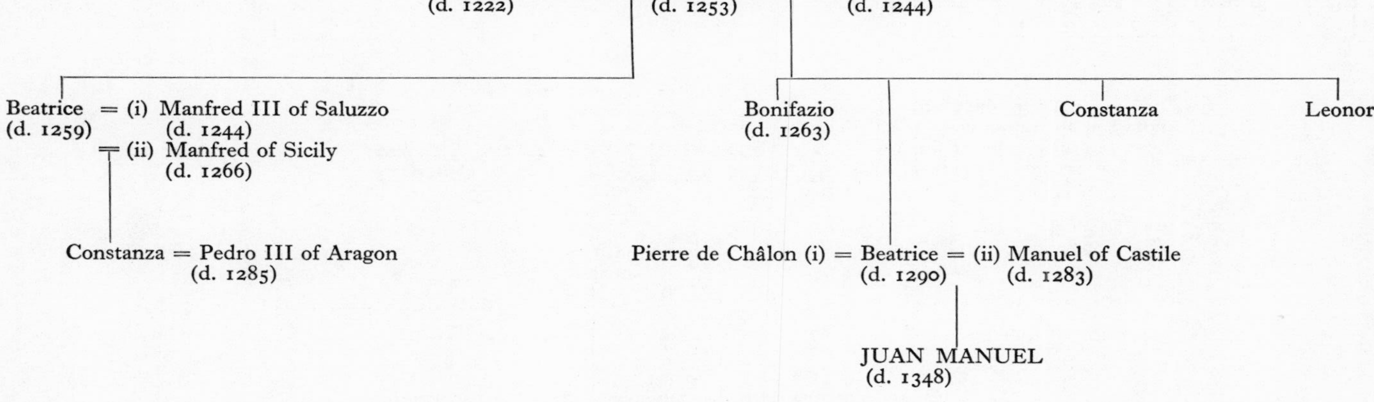

Table (*d*). THE SUCCESSION OF THE INFANTE MANUEL

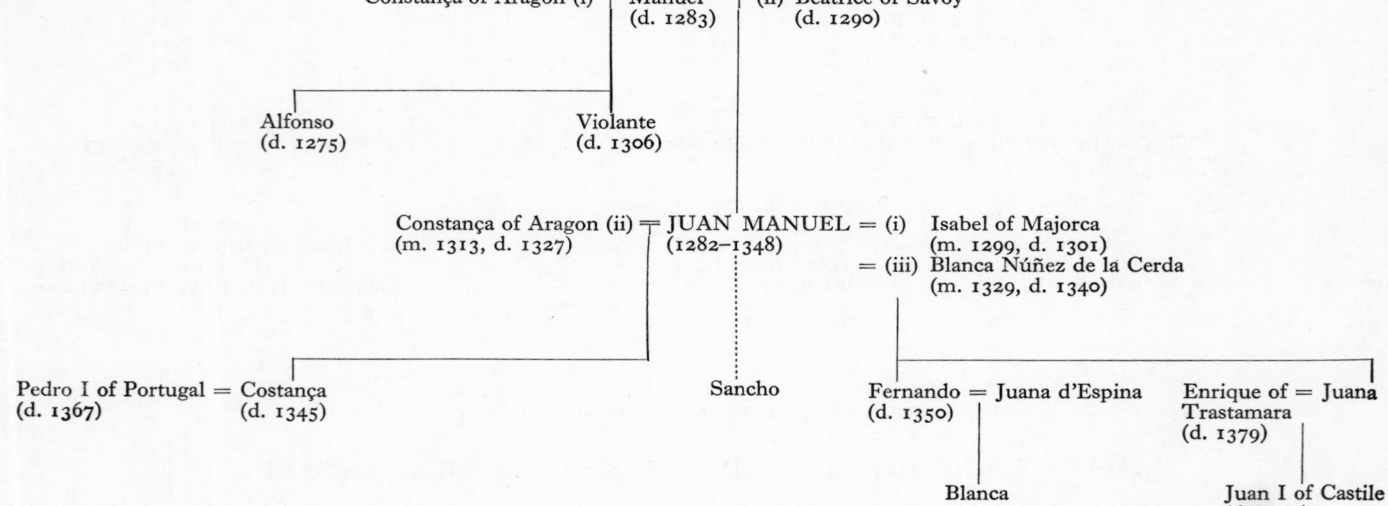

Table (*e*). THE SUCCESSION OF JAIME I OF ARAGON

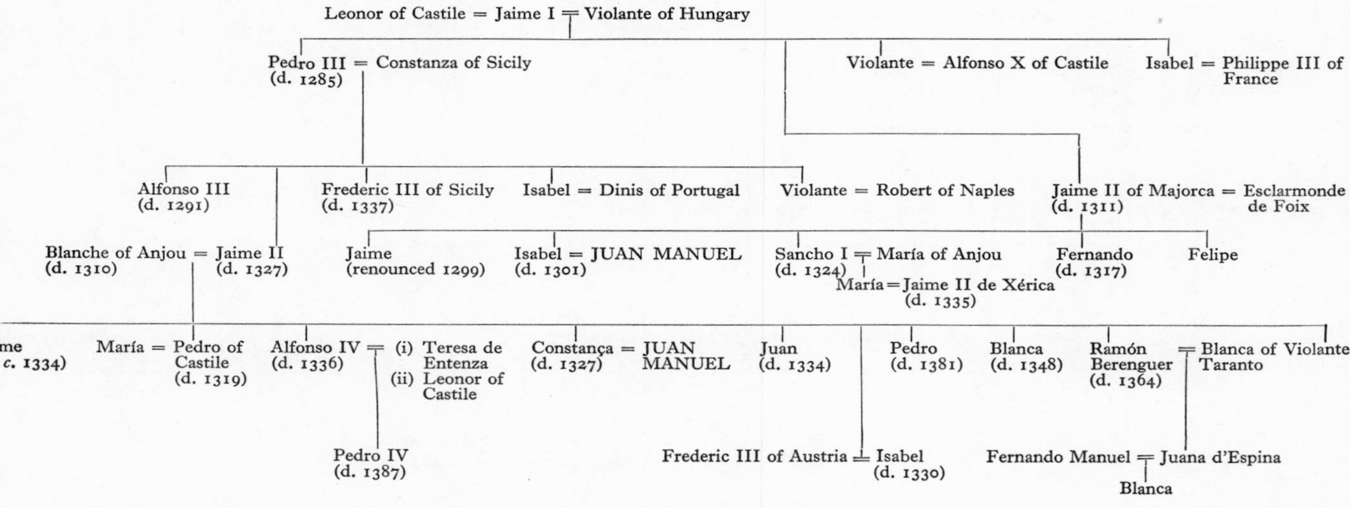

TABLE (*f*). THE SUCCESSION OF THE HOUSE OF LARA

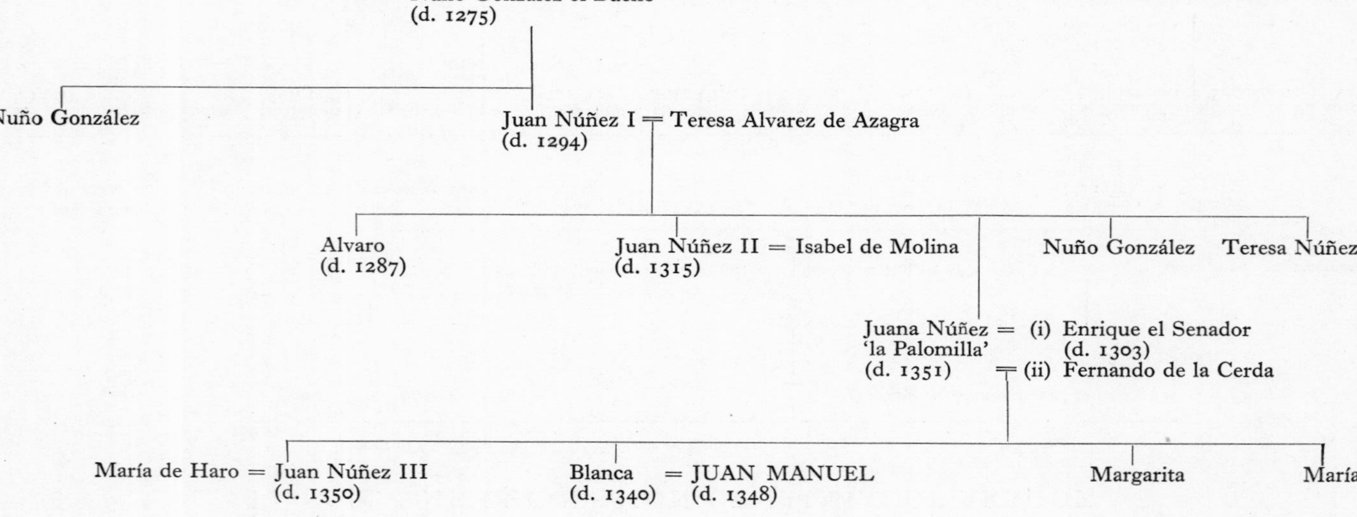

(*a*) MS. 6376 (S 34) of the Biblioteca Nacional, Madrid, f. 46v

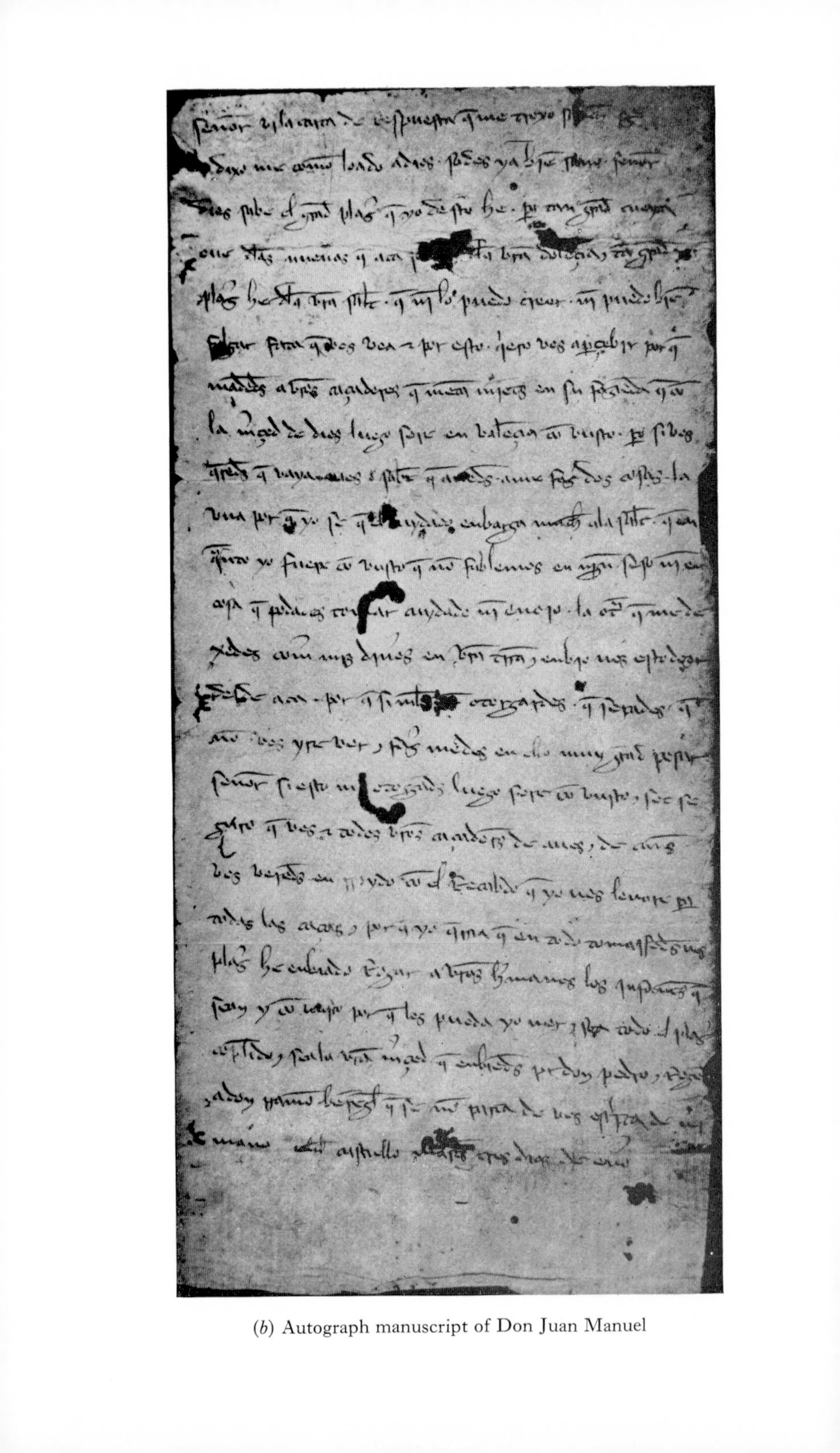

(*b*) Autograph manuscript of Don Juan Manuel

Plate (b)

Autograph Manuscript of Don Juan Manuel

The accompanying plate is taken from the article by A. Giménez Soler, 'Un autógrafo de Don Juan Manuel', *RH* xiv (1906), 606–7. He gives the addressee as Alfonso IV of Aragon. There is no year given, but as the date is mentioned as 3 Jan., Giménez Soler suggests that it is 1332. He adds that it was written at the castle of Garci Muñoz (province of Cuenca). The letter comes from the archives of the Crown of Aragon, *Documentos autógrafos* I-2-B, (*olim* Jaime II, 21095). A transcription of the letter was given in the article. It was subsequently edited in R. Menéndez Pidal, *Crestomatía del español medieval* (Madrid, 1966) ii, 376–7. The following transcript has been done according to our editorial criteria. We have accepted some of the suggestions from the version in the chrestomathy.

Sennor, vi la carta de rrespuesta que me troxo S[an]cho Sánchez [et] díxome commo loado a Dios sodes ya bien sano. Sennor, Dios sabe el grand plazer que yo desto he, pero tan grand cueyta ove de las nuevas que acá s[ope] de la vuestra dolençia et tan grand plazer he de la vuestra salut que nin lo puedo creer nin puedo bien f[o]lgar fata que vos vea. Et por esto quiérovos aperçebir por que mandedes a vuestros caçaderos que metan mientes en su fazienda, que con la merçed de Dios luego seré en Valençia convusco.

Pero si vós queredes que vaya a vós sabet que avedes a me fazer dos cosas; la una porque yo sé que el cuidado enbarga mucho a la salut, que en quanto yo fuere convusco que non fablemos en ningún seso nin en cosa que podades tomar cuidado nin enojo; la otra, que me dexedes comer mis dineros en vuestra tierra. Et enbíovos esto dezir desde acá porque si me lo [non] otorgardes que sepades que non vos iré ver et fazermedes en ello muy grand pesar. Sennor, si esto me otorgades, luego seré convusco et set seguro que vós et todos vuestros caçadores de aves et de canes vos veredes en rroído con el rrecabdo que yo vos levaré para todas las caças. Et porque yo querría que en todo tomássedes vós plazer he enbiado rrogar a vuestros hermanos los infantes que sean ý convusco por que los pueda yo ver et sea todo el plazer conplido. Et sea la vuestra merçed que enbiedes por don Pedro et rroge[des] a don Ramón Berenguel que se non parta de vós.

Escrita de mi mano en el castiello; martes, tres días de enero.

LIBRO DE LOS ESTADOS

ESTE LIBRO CONPUSO DON JOHAN, FIJO DEL MUY 43c
NOBLE INFANTE DON MANUEL, ADELANTADO MAYOR DE LA FRONTERA ET DEL RREGNO DE MURÇIA. ET FABLA DE LAS LEYES ET DE LOS ESTADOS EN QUE BIVEN LOS OMNES. ET HA NONBRE *EL LIBRO DEL INFANTE* O *EL LIBRO DE LOS ESTADOS.* ET ES PUESTO EN DOS LIBROS: EL PRIMER LIBRO FABLA DE LOS ESTADOS DE LOS LEGOS, ET EL SEGUNDO FABLA DE LOS ESTADOS DE LOS CLÉRIGOS. ET [EN] EL PRIMER[O] HA ÇIENT CAPÍTULOS, ET EN EL SEGUNDO [ ].

[LIST OF CHAPTER TITLES, BOOK ONE]

Et en el primer capítulo del primer libro es el prólogo: de cómmo don Johan conpuso este libro et lo envió a don Johan, arçobispo de Toledo, su cunnado, fijo del muy noble rrey don Jaime de Aragón.

El segundo capítulo fabla en cómmo el sobredicho don Johan conpuso este libro en manera de preguntas et de repuestas que fazían entre sí un rrey et un infante su fijo et un cavallero que crió al infante et un philósofo.

El terçero capítulo fabla de cómmo depués de la muerte de Jhesu Christo fincaron los apóstoles et los discípulos muy tristes [et] quebrantados, commo aquellos que perdían todo el bien que avían; et que desde la hora que Jhesu Christo finó segund omne, fasta que resusçitó, que toda la fe fincó en sancta María. Et por esto cantan el sábbado las horas de sancta María.

El quarto capítulo fabla que depués muy grant tienpo que los apóstoles fin(c)aron, de cómmo andava por el mundo predicando a las gentes un omne bueno que avía nonbre Julio.

El quinto capítulo fabla qué diferençia ha entre maneras et constumbres.

El vi° capítulo (capítulo) fabla de cómmo costumbres buenas o contrarias son cosas que gana omne por luengo uso.

El vii° capítulo fabla de cómmo el infante Johas andando por la tierra, así como el rrey su padre le mandara, acaesçió que en una calle por do él pasaba tenían un cuerpo de un omne muy on/rado 43d que finara.

El viii° capítulo fabla en cómmo el infante fue marabillado de lo quel dixo Turín, su consejero.

El ix° capítulo fabla de cómmo Turín se vio afincado del infante et non osó encubrirle [la] verdat de lo quel infante le avía preguntado.

El x° capítulo fabla en cómmo el infante, [quando] oyó las rrazones que Turín le dixiera, tóvolo por escusado de la pregunta que él le avía fecha.

18 constumbres] cōstumbres *Compare* 130. 13   19 o]⁊ *Comp.* 21. 9, 11

El xiº capítulo fabla en cómmo Turín dixo al infante que así acaesçiera el fecho que forçadamente convino que oviesen a fablar en todas estas rrazones.

El dozeno capítulo fabla en cómmo Turín dixo al infante que él le dixiera muchas razones por que entendía que el nasçer et el envejeçer et depués la muerte que en todos los omnes era egual.

El xiiiº capítulo fabla en cómmo Turín dixo al infante que agora le avía dicho toda la verdat en estos fechos, et por su pecado que avía fecho todo lo contrario de lo que le fuera mandado.

El xiiiiº capítulo fabla en cómmo el rey Morabán se marabilló mucho de aquellas rrazones que el infante Johas su fijo le dezía.

El xvº capítulo fabla en cómmo el infante dixo al rrey su padre que pues esto le prometía et era çierto que era él tal que non faría ninguna cosa contra lo que una vegada prometiese, que él le contaría toda la su voluntad.

El xviº capítulo fabla de cómmo el infante ovo repuesta del rey su padre, cómmol plogo mucho, et díxole luego: 'Pues vós sabedes que la cosa que vale más deve ser más presçiada, [et quanto es más preçiada] tanto deve fazer más por la (a)guardar.'

El xviiº capítulo (capítulo) fabla en cómmo dixo a Turín rrey que
44a bien çierto (fuerte) / fuese que de eso poco que él sabia que gelo
diría bien [et] lealmente.

El xviiiº capítulo fabla en cómmo el rrey Morobán dixo a Turín que dizía muy bien, et entendía que lo dizía a buena entençión; pero en fecho de los consejeros quel diría lo que ende cuidava et aun lo que avía provado muchas vezes.

El xixº capítulo fabla en cómmo Turín se partió del rey et fue buscar a Julio, el omne bueno que andava pedricando por la tierra.

El xxº capítulo fabla en cómmo Julio dixo al rrey que a él acaesçiera así que era natural de una tierra que era muy alongada désta et aquella tierra avía no[n]bre Castiella.

El xxiº capítulo fabla en cómmo el rrey Morabán le gradesçió mucho a Julio lo que él le dizía.

13 et] si *Comp.* 30. 31, 34 18 vale] vole [et quanto es más preçiada] *Comp.* 31. 31–2, 32. 1–2 23 en cómmo el rr. M. d. a Turín] en cōmo Turī dixo al Rey moroban *Comp.* 34. 22 25 aun] ami 28 pedricando] ꝓ gũtado

El xxiiº capítulo fabla de cómmo el rrey Morabán avía a dar respuesta al infante Joas de las cosas quel preguntara.

El xxiiiº capítulo fabla en cómmo Julio dixo al infante Joas que era muy tenudo de fazer lo quel rrogava.

El xxiiiiº capítulo fabla en cómmo Turín dixo al infante que nunca se acordavan los omnes fasta aquí que oviese omne que mostrase ninguna ley çierta.

El xxvº capítulo fabla en cómmo Julio dixo al infante que bien devía él entender que por fazer los omnes lo que fazen las animalias, que non avían avantaja [a] ninguna dellas.

El xxvi[º] capítulo fabla en cómmo Julio dixo al infante que bien divía él entender que pues los omnes non guardavan la ley natural tan conplidamente commo devían, forçadamente et de neçessidat convinía que oviesen ley en que se pudiesen salvar.

El xxviiº capítulo fabla en cómmo Julio dixo al infante que esta pregunta que él le fiziera era muy grave, pero que lo / que él ende 44b
sabía et fallaren en las scripturas, que gelo diría en manera que lo entendiesse muy bien.

El xxviiiº capítulo fabla de cómmo Julio dixo al infante que depués que Jhesu Christo fue puesto en la cruz por redemir los pecados de los omnes que fincara sant Pedro por su vicario.

El xxix[º] capítulo fabla en cómmo Julio dixo al infante de aquel enperador que fue en Roma que ovo nonbre Costantino, et del poder que dio al papa en lo tenporal.

El xxxº capítulo fabla en cómmo Julio dixo al infante que depués muy grant tienpo que Jhesu Christo fuera puesto en la cruz, que viniera un falso omne que avía nonbre Mahomet, et que predicara en Aravia et fiziera crer [a] algunas gentes neçias que era propheta enviado de Dios.

El xxxiº capítulo dize de cómmo el infante dixo a Julio que bien avía parado mientes en las rrazones quel avía dichas et, segund le paresçía, que él que quería que se tornase a la ley de los christianos.

El xxxiiº capítulo fabla en cómmo Julio dixo al infante que bien entendía quel fablava muy con rrazón, pero que en las leys, para salvar el alma, la primera cosa que omne avía mester era que oviese fe, que quiere dezir que crea omne lo que non puede acançar por rrazón.

El xxxiiiº capítulo fabla en cómmo el infante dixo a Julio que bien entendía que para tomar omne la ley commo deve, que en toda guisa avía [a] aver fe en ella.

El xxxiiiiº capítulo fabla en cómmo el infante dixo a Julio que commo quier que rrazón le dava (dava) de crer que Dios era tal commo le dezía, que mucho le plazía que él dixiesse esta rrazón.

44c El xxxvº capítulo fabla en cómmo el in/fante dixo a Julio que como quier que fasta aquí tenía que un movedor era que fazía todas las cosas, esto tenía porque es segund rrazón; pero quel plazía mucho que gelo avía mostrado tan llanamente.

El xxxviº capítulo (commo) fabla en cómmo Julio dixo al infante que pues él creía que un Dios era, criador et mantenedor de todas las cosas, con rrazón devía crer que este mundo se mantiene por el su poder et por la su voluntad.

El xxxviiº capítulo fabla en cómmo el infante dixo a Julio que tan grant era el talante que avía de oír las rrazones por que la ley de los christianos era mejor que ninguna de las otras, [que non querría dexar de saber] la rrazón por que las almas se pueden salvar.

El xxxviiiº capítulo fabla en cómmo Julio dixo al infante que mucho gradesçía a Dios porque todas estas cosas creía.

El xxxixº capítulo fabla en cómmo Julio dixo al infante que ya le avía dicho quántos bienes Nuestro Sennor Dios fiziera ⟨a⟩ Adán et a Eva su muger.

El xlº capítulo fabla en cómmo Julio dixo al infante que yal avíe respondido a la pregunta quel podía fazer.

El xliº capítulo fabla en cómmo Julio dixo al infante que ya le avíe dicho la rrazón por que forçadamente convinía que para querer Dios que la su justiçia fuese conplida et los omnes oviesen galardón o pena spiritual o corporal.

El xlii[º] capítulo fabla en cómmo el infante dixo a Julio que nunca tanto serviçio fiziera a Dios por que Él tanta merçet le quisiese fazer,

13–14 que pues] pues q̄ dezit me *Comp.* 60. 23–4. 19–20 [que non querría dexar de saber] ⁊ 24 quántos] tātos *Comp.* 65. 5, 7 29 querer] crer *Comp.* 70. 1, 4

que por cosa quél dixiese viniese [a] tan grant onra et [a] tan grant acreçentamiento en la ley de los christianos.

El xliii° capítulo fabla en cómmo Julio dixo al infante que la piadat
de Dios / et la su vondat era tan grande, [et] que tan largamente faze 44d
merçet, que por un bien que faga non dexa de fazer otro.

El xliiii° capítulo fabla en cómmo Julio dixo al infante que en los casamientos, según ley, podían casar et casavan los judíos con quantas mugeres podían tener, et bien así las podían dexar por qualquier achaque.

El xlv[°] capítulo fabla en cómmo Julio dixo al infante que (en) la penitençia se faze mejor en la ley de los christianos que en la ley de los judíos, ca los judíos non se confiessan [a] ninguno nin toman penitençia de ninguno.

El xlvi° capítulo fabla en cómmo el rrey dixo al infante Joas que él le dixo una rrazón tan estranna que non sabía cómmo tan ligeramente le pudiese responder.

El xlvii° capítulo fabla de cómmo depués quel rrey fue bateado que envió por todos los mayorales de su tierra, et que les dio a entender el grant peligro de las almas et la grant escuredat [en] que fasta estonce avían estado.

El xlviii° capítulo fabla en cómmo Julio dixo al infante que de una parte le plazía de todas estas cosas que le dezía, porque le dava a entender que entendía verdaderamente que deseava mucho fazer por que salvase el alma.

El xlviiii° capítulo fabla en cómmo dixo el infante a Julio que sabía muy bien que los emperadores christianos que se fazen en Roma, que se fazen por esleçción et son siempre los esleedores un rrey et tres duques et tres arçobispos.

El çinquanteno capítulo fabla en cómmo Julio dixo al infante que muy bien dizía en esto que quería que fablassen en el estado de los enperadores.

El li° capítulo fabla en cómmo Julio dixo al infante que a la primera
dubda que tomava [de la discordia] de los esleedores le rrespondíe /
que los primeros que esto ordenaron, que lo fizieron muy bien et muy 45a
con rrazón.

1 [a] tan *Comp.* 71. 20, 25 et [a] tan *Comp.* 71. 21, 25 7 podían] podrā *Comp.* 75. 1, 4 12 [a] *Comp.* 76. 25 15 estranna] espantada *Comp.* 78. 31, 79. 2 19 [en] *Comp.* 81. 1 33 [de la discordia] *Comp.* 89. 21, 24–5

El liiº capítulo fabla de cómmo Julio dixo al infante commo el rrey David et los otros sanctos que fizieron los estrumentes para cantares, que la rrazón por que los fizieron fue para dar loores a Dios, mas los que agora cantan con ellos cantan et fazen sones para mover los talantes de las gentes a plazeres.

El liiiº capítulo fabla de cómmo Julio dixo al infante que yal avíe respondido a la esleçción de los enperadores que es una de las quatro [cosas] en que dizía que dubdava.

El liiiiº capítulo fabla en cómmo Julio dixo al infante que a lo que dizía que tomava dubda por rrazón de la cerca que avíe de fazer del otro logar do estava la corona et quel respondíe que por todas las rrazones quel avíe dicho que lo acordaran bien de la cerca del primer castillo.

El lv[º] capítulo fabla en cómmo el infante dixo a Julio que tantas cosas podía omne preguntar, que él nin omne del mundo non le podríam dar recabdo.

El lviº capítulo fabla de cómmo el infante dixo a Julio que todo era verdat, así commo le él dizía, pero que lo mejor era quel dixiese él las dubdas que tomava [et] que le respondiese a ello.

El lviiº capítulo fabla de cómmo el infante dixo a Julio que bien sabe que [si un amigo sabe que] otro su amigo está en alguna quexa con sus enemigos, et aquel su amigo le viene ayudar et toma en esta venida afán o trabajo o miedo por poco que esto sea, pues lo libró de aquella quexa en que estava, que sienpre aquel su amigo estava commo en su prisión.

El lviiiº capítulo fabla en cómmo Julio dixo al infante que tantas buenas razones le avía dicho que gradesçía mucho a Dios la buena fe et la buena voluntat en quel veía./

45b El lixº capítulo dize en cómmo Julio dixo al infante que a lo quél dizía quel dixiese cómmo pueden fazer sus obras los enperadores para amar et temer a Dios, por que ayan la graçia de Dios que non cayan en su ira; que para esto abrán mester muchas cosas.

El lxº capítulo fabla en cómmo Julio dixo al infante quel dixiera don Johan, aquel su amigo de que él le fablara, que éste fue el primer

2 fizieron] fizierē *Comp.* 91. 2, 6 19 [et] *Comp.* 98. 16
21 [si un amigo sabe que] *Comp.* 99. 13, 18

consej(er)o et castigo que él diera a don Johan Núnnez su cunnado, salliendo un día de Pennafiel et yendo a Alva de Bretaniello.

El lxi° capítulo fabla en cómmo el infante dixo a Julio que muy grant plazer avía de cómmo le avía respondido a la primera dubda que tomava en el estado de los enperadores.

El lxii° capítulo fabla en cómmo Julio dixo al infante que, pues desta repuesta era pagado, quel respondríe a las otras [dubdas] segund el su entendimiento, et a la terçera dubda que tomava en cómmo pueden errar en la guarda que deven fazer a sí mismos, et a su onra et a su estado.

El lxiii° capítulo fabla en cómmo el infante dixo a Julio que esta dubda bien gela avía fecha perder, et quel rrogava quel respondiese a cada una de las otras dubdas en guisa que las perdiese.

El lxiiii° capítulo fabla en cómmo Julio dixo al infante que en esto que él dizía [que] era una pregunta, et para le responder a ella conplidamente que non se podían escusar muchas rrazones.

El lxv° capítulo fabla en cómmo el infante dixo a Julio que ya le avía dicho muchas vegadas que le plazía más et tenía por mejor que la scriptura fuese más alongada et declarada que abreviada et escura.

El lxvi° capítulo fabla en cómmo Julio dixo al infante quel paresçía
que la / primera cosa quel enperador devía fazer para guardar lo que **45c**
deve a su muger es que la ame et la preçie mucho et le faga mucha onra et le muestre muy buen talante.

El lxvii° capítulo fabla en cómmo Julio dixo al infante quel dixiera don Joan aquel su amigo, quel dixiera la condessa su madre que, porque ella non avía otro fijo sinon a él et por[qu]el amava mucho, que por un grant tienpo non consintiera que mamase otra leche sinon la suya.

El lxviii° capítulo (capítulo) fabla en cómmo el infante dixo a Julio quel dizía que esta dubda que la devía perder con rrazón, et que daquí adelante le respondiese a las otras.

El lxix° capítulo fabla en cómmo Julio dixo al infante que así commo le dixiera que los enperadores non eran tan tenudos [a sus parientes

1 consej(er)o *Comp.* 108. 34, 109. 4 6 Julio dixo al infante] el infante dixo a julio *Comp.* 113. 9 7 [dubdas] *Comp. lines* 4 *above and* 8 *below* 15 [que] *Comp.* 118. 19 26 por[qu]el *Comp.* 122. 23 31 respondiese] respōd[i]a *Comp.* 127. 2 33–p. 10 l. 1 [a sus parientes commo a sus hermanos]] comō asu mug̃ *Comp.* 129. 4

commo a sus hermanos] et a sus fijos, que bien así le dizía que non eran tan tenudos a los altos omnes del inperio commo a sus parientes.

El lxx° capítulo fabla en cómmo Julio dixo al infante que todos los sabios dizen, et es verdat, que en la guerra ha muchos males; que non tan solamente el fecho mas aun el dicho es muy espantoso.

El lxxi° capítulo fabla en cómmo Julio dixo al infante que si omne oviere guerra con otro menos poderoso que él, commo quier que él aya más poder, que non deve començar la guerra sin grant culpa o mereçimiento de aquel su contrario.

El lxxii° capítulo fabla en cómmo Julio dixo al infante que quando alguno oviere guerra con otro egual de sí, que la deve fazer guardando a sí de danno et faziéndolo a su contrario quanto pudiere.

El lxxiii° capítulo fabla en cómmo Julio dixo al infante que otrosí aquel que faz la guerra viere que los otros vienen en tropel bien así
45d co/mmo él quería ir, pues la lit non se puede partir, que deve fazer que los suyos vayan en punta.

El lxxiiii° capítulo fabla en cómmo Julio dixo al infante que [agora le avíe dicho las maestrías et arterías que a de fazer el que tiene menos cavalleros que el su contrario].

El lxxv° capítulo fabla en cómmo Julio dixo al infante que yal avíe dicho todo lo que entendía que los enperadores devían fazer para se parar a la guerra que ovieren.

El lxxvi° capítulo fabla en cómmo Julio dixo al infante que quando los moros an de conbatir algún logar, que lo comiençan muy fuerte et muy espantadamente.

El lxxvii° capítulo fabla en cómmo Julio dixo al infante que si omne a de çercar algún logar de los moros, que conviene que segunt el logar fuere de fuerte o de flaco que así faga en los conbatimientos.

El lxxviii° capítulo fabla en cómmo Julio dixo al infante que quando los christianos van en pos los moros, si los moros non lievan prisa, que non deven los christianos trabajar de ir en pos ellos.

El lxxix° capítulo fabla en cómmo Julio dixo al infante cómmo los christianos deven ir acabdellados en pos los moros fasta el logar do cuidan con ellos allegar.

7 menos] mas *Comp.* 137. 18 17–19 [agora . . . contrario] *The scribe copied* yal avíe dicho . . . guerra que ovieren, *lines* 20–2 *by mistake* *Comp.* 142. 2 28 conbatimientos] cobatientes *Comp.* 148. 28, 31 34 cuidan] andan *Comp.* 153. 29, 31

El lxxxº capítulo fabla de cómmo Julio dixo al infante en cómmo el enperador deve partir su aver et que deve catar en ello muchas cosas.

El lxxxiº capítulo fabla de cómmo Julio dixo al infante qué cosas a de fazer el sennor para ser amado et reçelado de los suyos, que es fazer bien por bien et mal por mal./

El lxxxiiº capítulo fabla en cómmo Julio dixo al infante que le 46a
dixiera don Johan aquel su amigo, que en la su casa si fallava aquél por cuya culpa se volvía la pelea que firíe [a] alguno, quel mandava luego cortar la mano.

El lxxxiiiº capítulo fabla de cómmo el infante dixo a Julio que sienpre toviera que los enperadores se podían muy bien salvar, fazien[do] lo que manda Sancta Eglesia.

El lxxxiiiiº capítulo fabla en cómmo Julio dixo al infante que tan con rrazón le beía fablar en todas las cosas et tan firme lo veía en lo que una vez oyía, quel parescía que sil non dixiesse lo que entendía, que non sería sinon alongar tienpo.

El lxxxvº capítulo fabla en cómmo Julio dixo al infante que en pos los infantes los más onrados omnes et de mayor estado son sus fijos legítimos.

El lxxxviº capítulo fabla en cómmo Julio dixo al infante que fasta aquí le avía fablado en los estados de los enperadores et de los rreys, et de aquí adelante que le diríe de los otros altos omnes de la tierra.

El lxxxviiº capítulo fabla en cómmo Julio dixo al infante que (a)ya desuso le avía dicho que los vasallos son por rrazón del bien fecho quel sennor les faze et les promete de fazer.

El lxxxviiiº capítulo fabla en cómmo Julio dixo al infante que agora le avíe dicho algunas cosas que se deven guardar entre los vasallos et los naturales et quel diríe daquí adelante lo que entendía en el estado de los duques.

El lxxxixº capítulo fabla en cómmo el infante dixo a Julio quel plazía de saber el estado de los vizcondes et quel rogava quel dixiese daquí adelan/te el estado de los otros. 46b

16 oyía] dizia *Comp.* 168. 1 sil non] si mal *Comp.* 168. 1 23 diríe] darie *Comp.* 173. 6 33 daquí] dati *Comp.* 181. 21

El lxxxxº capítulo fabla en cómmo Julio dixo al infante que en pos el estado de los rricos omnes ha en Castiella otro que llaman infançones et en Aragón llámanles mesnaderos.

El lxxxxiº capítulo fabla en cómmo Julio dixo al infante que buscase *El libro de la cavallería* que fiziera don Johan, et otro que llaman *El libro del cavallero et del escudero*, porque en éstos yazen cosas muy maravillosas.

El lxxxxiiº capítulo fabla en cómmo el infante dixo a Julio que dos cosas fallava de que se marabillava mucho, porquel semejavan la una contraria (dela) de la otra.

El lxxxxiiiº capítulo fabla en cómmo Julio dixo al infante que el estado de los oradores era más alto que el de los labradores.

El lxxxxiiiiº capítulo fabla en cómmo Julio dixo al infante (que) en quáles maneras pueden los alcalles errar en sus oficios.

El xcvº capítulo fabla en cómmo Julio dixo al infante que aquellos que criavan a los fijos de los grandes sen[n]ores, bien así commo podían fazer bien en criarlos et castigarlos, bien así podríen menguar et errar de lo que cunplía.

El xcviº capítulo fabla en cómmo Julio dixo al infante qué estado era el de lo[s] físicos de casa de los grandes sennores, ca en parte era grande et en parte non.

El xcviiº capítulo fabla en cómmo Julio dixo al infante qué oficio era el del despensero en casa del sennor et cómmo a de conprar las viandas para la casa.

El xcviiiº capítulo fabla en cómmo en pos de los oficios del físico et
46c del despensero ay muchos otros / oficiales en casa de los grandes sennores.

El xcixº capítulo fabla en cómmo Julio dixo al infante que agora le avíe dicho los estados en que viven los legos, et le avía dicho estas maneras en que podían salvar el alma si quisiesen.

El centeno capítulo fabla en cómmo al infante plogo mucho de lo que Julio le dezía.

3 mesnaderos] mesnadores *Comp.* 184. 16, 19 16 criavan] dauã *Comp.* 198. 11, 14 25 oficios] oficiales *Comp.* 205. 4 31 al infante] el infante *Comp.* 207. 11

ESTE LIBRO CONPUSO DON JOHAN, FIJO DEL MUY NOBLE INFANTE DON MANUEL, ADELANTADO MAYOR DE LA FRONTERA ET DEL RREGNO DE MURÇIA. ET FABLA DE LAS LEYES ET DE LOS ESTADOS EN QUE BIVEN LOS OMNES. ET A NONBRE *EL LIBRO DEL INFANTE* O *EL LIBRO DE LOS ESTADOS*. ET ES PUESTO EN DOS LIBROS: EL PRIMERO LIBRO FABLA DE LOS LEGOS ET EL SEGUNDO FABLA DE LOS ESTADOS DE LOS CLÉRIGOS. ET EN EL PRIMERO HA ÇIENT CAPÍTULOS ET EN EL SEGUNDO [ ].

[BOOK ONE]

[PROLOGUE]

Et el primer capítulo del primer libro es el prólogo: de cómmo i
don Johan conpuso este libro et le enbía a don Johan, arçobispo de Toledo, su cunnado, fijo del muy nobre rrey don Jaime de Aragón.

Hermano sennor don Johan, arçobispo de Toledo: Yo, don Johan, fijo del infante don Manuel, adelantado mayor de la frontera et del reino de Murçia, me encomiendo en la vuestra graçia et en las vuestras santas oraçiones.

Hermano sennor, vós sabedes que los tienpos et las cosas que en ellos acaesçen mudan los fechos.[1] Et todos los philósofos et las prophetas et después los sanctos, segunt las cosas que les acaesçieron en cada tienpo, así dizían et fazían sus dichos et sus fechos. E aun todos los omnes en este nuestro tienpo de agora así lo fazen, ca segunt les acaesçen en los fechos, así an de fazer et de dezir. Et por esta manera oganno fiz un libro que vos
envío. Et fallaredes que lo demás es fe/cho segund las cosas 46d
que entonçe acaesçíen o que eran acaesçidas. Et acaesçe que agora estó acaesçiente, commo dixo Boesço: 'carmina qui quondam etc.'.

El ii° capítulo fabla en cómmo el sobredicho don Johan conpuso ii
este libro en manera de preguntas et de respuestas que fazían

18 Boesço] boesco G *misread as* boesico, *which he amended in his text to* Boecio (282a. 25 and n.). Boesco (Ben. 451. 6, CC 11) 'carmina qui quondam etc.' *The scribe appears not to have understood his exemplar and wrote* evimjnã cruendã ꝛ c̃. G *misread the first word as* crinimam *and then corrected it in his text to* animam (loc. cit.). CC *transcribes* evinimam cruendam. MRL, 171, *persuaded by* G's *amendment, suggests* animam eruendam *which has the merit of sense, but has no connection with Boethius. The present reading connects a direct allusion to the opening lines of the* Consolation of Philosophy *with the mood of Don Juan at the moment of starting his book*

entre sí un rrey et un infante su fijo et un cavallero que crió al infante et un philósofo.

Por ende, segu[n]d el doloroso et triste tienpo en que yo lo fiz, cuidando cómmo podría acertar en lo mejor et más seguro, fiz este libro que vos envío.

Et porque los omnes non pueden tan bien [entender] las cosas por otra manera commo por algunas semejanças,[2] conpus este libro en manera de preguntas et repuestas que fazían entre sí un rrey et un infante su fijo, et un cavallero que crió al infante, et un philósofo. Et pus nonbre al rrey Morabán, et al infante Johas, et al cavallero Turín, et [al] philósofo Julio.

Et porque entiendo que la salvación de las almas a de ser en ley et en estado, por ende convino—et non [se] puede escusar—de fablar algu[n]a cosa en las leys et en los estados. Et porque yo entiendo que segunt la mengua del mío entendimiento et del mío saber,[3] que es grant atrevimiento o mengua de seso de en[t]remeterme yo a fablar en tan altas cosas, por ende non me atreví yo a publicar este libro fasta que lo vós viésedes.

Et por esta rrazón vos lo envío; ca só cierto que tan buen entendimiento vos Dios dio et tan grant letradura avedes, que entendredes muy bien todas las cosas aprovechosas et bien dichas et todas las menguas que [en] este libro fueren. Ca por vuestras buenas obras et quán alongado sodes de los malos fechos et de mal et pecado, vos quiere Dios alunbrar el entendimiento para el su serviçio más por graçia que por estudio, segund dize en la Sancta Scriptura: 'in malino libera animam etc.'[4]

47a Et pues Dios non sin rrazón tanta graçia / puso en vós, rruégovos que leades et estudiedes bien este libro curosamente. Et [si] por aventura fallaredes ý alguna cosa que entendades que ha en ella provecho, tenet por çierto que Dios por la su piadat consintió que omne tan pecador et tan sin buenas obras commo yo lo dixiese, et fazetle graçias porque quiso dar passada a los míos yerros et quiso sofrir que fuesse dicho por mí.

Et muchas cosas que só cierto que fallaredes ý que non son

3 doloroso] deloroso 24 et de mal] en a mal 33 lo] le

tan bien puestas nin tan aprovechosas commo eran mester, tenet por bien de las emendar. Et non vos marabilledes en poner yo en tan grant libro commo éste más palabras et rrazones non tan conplidas commo eran mester que muy aprovechosas fuesen, pero cred por çierto que todo quanto yo aquí digo lo entiendo de dezir a serviçio de Dios et a onrra et a ensalçamiento de la sancta fe católica, et ent[end]iendo et creyendo firmemente todo lo que tiene et cree la Sancta Eglesia de Roma.

Et este libro conmiençé luego que ove acabado el otro que vos envié, que llaman *Del cavallero et del escudero.* Et tengo a grant tienpo que lo oviera acabado, si otros enbargos non oviera. Mas Dios, [que] por la su piadat perdona en [e]l otro mundo a las almas, aquí me enbargó que lo non pudiese fazer tan aína.

Et pues el prólogo es fecho, de aquí adelante començará la rrazón del libro.

[THE CONVERSION OF THE PAGAN KING MORAVÁN AND HIS SON JOAS BY JULIO THE PRIEST]

El terçio capítulo fabla de cómmo depués de la muerte de Jhesu iii
Christo fincaron los apóstolos et los discípulos muy tristes et quebrantados, commo aquellos que perdían todo el bien que avían; et que desde la ora que Jhesu Christo finó según omne, fasta que resusçitó, que toda la fe fincó en santa María; et por esto cantan el sábbado las ⟨oras⟩ de sancta María.

Depués quel nuestro salvador Jhesu Christo et nuestro maestro, verdadero Dios et verdadero omne, fue puesto en la cruz et muerto el su cuerpo en ella, rreçibi/endo ante et después 47b
muchas penas por rredemir los pecadores, fincaron sancta María et los apóstoles et los discípulos muy tristes et muy quebrantados, commo aquellos que perdían todo el bien que avían en este mundo.

Et non eran bien çiertos de la su salvaçión para las almas, ca en toda la ley que Moisén dio a los judíos de parte de Dios,

8 cree] crer 12 perdona] pdone

nunca les prometió sinon bienes tenporales. Et este salvador del mundo que les prometiera salvamiento de las almas, viéronlo açotar et desonrar muy cruelmente et después morir en la cruz. Et por ende fincaron algunos en sospecha et en dubda si la salud de las almas que les Él prometió era cosa çierta, et por ende eran en grant coita.

Pero Él, así commo Dios Padre poderoso et Spíritu Sancto muy de buen talante, et Omne et Fijo muy sabidor, quiso poner cobro a ellos et a todos los que después dellos creyesen et mantoviesen la su ley et la su creençia. Et por ende rresoçitó al terçer día, así commo gelo dixiera quando Él era vivo. Et segund dizen muchos sanctos, desde la ora que Él fue puesto en la cruz, et senna[la]damente desque bieron que la su carne, que era de omne, muriera así commo otro omne, todos o los más de los apóstoles et de los discípulos dubdaron.

Mas la vienaventurada sancta María su madre, commo aquella que sabía verdaderamente quánto vien avía guardado el noble tesoro, que era el Fijo de Dios que el Spíritu Sancto en ella pusiera, ésta nunca dubdó; ante era muy çierta et muy segura de todo lo que avía a conteçer. Et porque fincó en ella solamente toda la fe, desde la ora que Jhesu Christo finó—el viernes—fasta el domingo que resusçitó, por ende ordenó la Sancta Eglesia que por remenbrança desto cantassen todos los sábbados las oras de sancta María.

Et otrosí Nuestro Sennor Jhesu Christo, por sacarlos de
47c dub/da en que estavan, aparesçióles et comió con ellos et fabló con ellos, et después manifiestamente subió a los çielos en cuerpo et en alma, et a cabo de pocos días envió el Spíritu Sancto sobre los apóstoles que los confirmó et les alunbró los entendimientos et les fizo saber todas las Scripturas, tanbién a los que avían leído commo a los que nunca leyeron, muy mejor que si ellos por sí lo oviesen leído.

Et desque ellos fueron alunbrados por el Spíritu Sancto commo es dicho, partiéronse por todo el mundo, así que non fincó tierra ninguna poblada en que alguno dellos non fuesse.

23 remenbrança] rebenbrãça   29 confirmó] cõfirme

Et por esta rrazón ninguna gente non se puede escusar por dezir que non sopieron la ley et la creençia de Nuestro Sennor Jhesu Christo. Ca en todas las tierras del mundo et a todas las gentes fue pedricado el su evangelio por los apóstoles. Et después que ellos fin(c)aron, fincaron sus discípulos et andudieron pedricando por el mundo. Et destonçe fasta el tienpo de agora sienpre fincó así acostunbrado, ca los clérigos et los freires et los omnes de buena vida que fincaron en lugar de aquellos discípulos, fazen agora segunt fazían los discípulos en aquel tienpo.

El quarto capítulo fabla que depués muy grant tienpo que los **iv**
apóstoles fin(c)aron, de commo andava(n) por el mundo pedricando (por el mundo) a las gentes un omne bueno que avía no[n]bre Julio.

Así acaesció que mucho después que los apóstoles finaron, et en este nuestro tienpo, andava por el mundo predicando a las gentes un buen omne et muy letrado que avía nonbre Julio. Et llegó a una tierra de un rrey pagano que avía nonbre Morabán. Et porque los paganos non an todos una secta, sinon cada uno toma la que quiere, por ende consienten et plaze[n] de oír
pedricar manifiestamente qualquier / ley o qualquier secta. Et **47d**
esto fazen porque, pues ellos non an ley nin regla çierta, pueden tomar de las que oyeren aquella que más se pagaren. Et esto [es] tan acostunbrado en el pueblo de los paganos que ningún omne non osa defender la pedricaçión públicamente a ningún omne de ninguna ley o de ninguna secta que quiera pedricar.

Et este rrey avía un fijo que devía rregnar después dél, et avía nonbre Joas. Et non avía otro fijo sinon a él. Et lo uno por⟨que⟩ era su fijo heredero, et lo ál porque non avía otro, amávalo mucho; tanto que era marabillosa cosa de dezir. Ca la cosa muy preçiada, quanto omne a menos della, tanto es más cara et más amada. Et sin dubda si pudiese ser, sienpre devíe omne más guardar de poner mucho su amar en ninguna cosa; ca pocos o ninguno fueron que se non partieron con grant pesar de las cosas con que ovieron grant amor.

Este rrey Morabán, por el grant amor que avía [a] Joas su fijo el infante, rreçeló que si sopiese qué cosa era la muerte o qué cosa era pesar, que por fuerça avría a tomar cuidado et despagamiento del mundo; et que esto seríe rrazón por que non biviese tanto nin tan sano. Et por ende fabló con un cavallero que él criara que avía no[n]bre Turín que él amava mucho; et por el grant entendimiento que avía et por la criança que en él fiziera, fiava mucho dél. Et por estas cosas que en él avía, acomendól que criase al infante Joas su fijo et rrogól et mandól quel mostrase las maneras et costunbres que él pudiese.

v El quinto capítulo fabla qué diferençia ha en[tre] maneras et costunbres.[5]

Et devedes saber que la diferençia que a entre maneras et costunbres es ésta: las maneras son toda cosa que ayuda al omne por que pueda fazer por manera lo que non podría fazer
48a tan ligeramente por / fuerça. Non las puede aver omne si de otrie non las aprende. Et estas maneras son así commo cavalgar et bofordar et fazer de cavallo et con las armas todas las cosas que pertenesçen a la cavallería. Et otrosí son maneras nadar et esgremir et jugar los juegos apuestos et buenos sin tafurería que pertenesçen a los cavalleros; et caçar et correr monte en la manera que les pertenesçe, et andar lo más apostadamente que pudieren en sus guisamientos et en sus vestiduras.

Et algunos tienen por maneras el cantar et el luchar et el lançar a tablado. Mas la verdad es ésta: que estas cosas et otras qualesquier en que aya mester fuerça o valentía non las pueden tener del todo por maneras nin del todo por cosas naturales. Ca en quanto las faze omne mejor aprendiéndolas, son maneras; et en quanto la fuerça et la valentía grande [es] mester, son naturales. Ca por muy grande fuerça que el omne aya, sinon la aprendiere non lançará bien nin fará las otras cosas que se non pueden saber sin las aprender; nin otrosí por mucho que aprenda, si en las cosas que ha mester grant fuerça non la oviere, non la podrá fazer tan conplidamente commo era mester.

24 algunos] algũas

Otrosí el cantar por mucho que aprenda, si buena voz non oviere, nunca cantará tan bien; et por (que) buena voz que aya, si non aprendiere cantar non lo podrá fazer commo deve.

Et así todas las maneras, quier que sean en algunas cosas naturales o quier que lo sean del todo, non las puede ninguno aver sin las aprender. Et por ende las buenas maneras son cosas muy buenas et muy aprovechosas que se ganan aprendiéndolas et non las puede omne aver si otri non gelas muestra.

El vi° capítulo fabla de cómmo costunbres buenas o contrarias vi
son cosas que gana omne por luengo uso.

Las costumbres buenas o contrarias son cosas que gana omne
por luengo uso, ca usando omne la cosa luengo / tienpo tórnase 48b
en costunbre. Et desque omne ha la cosa acostunbrada mucho, fázese muy grave de se partir della. Et por ende a muy mester omne que sea muy bien acostunbrado en comer et en vever et en fablar et en fazer todas sus cosas segund conviene para guardar lo que deve a Dios et al mundo. Ca tanto quanto enpeçe, si a por costunbre de fazer sus fechos en guisa que sean con deserviçio de Dios et a mala fama del mundo, tanto aprovecha si las acostunbra(n) a fazer en guisa que sea a serviçio de Dios et a buena fama del mundo.

Todo esto le mandó que mostrase al infante lo mejor que pudiese. Et entre todas las cosas le mandó que guardase que por ninguna manera que el infante non tomase pesar nin sopiese qué cosa era muerte.

Turín crió al infante muy bien; así que en poco tienpo fue atan grande et atan puesto et atan conplido de todas vondades que el rrey Morabán su padre tovo por bien quel infante andudiese por la tierra por quel conosciessen las gentes et por que fuese aprendiendo él en quál manera mantoviese el rreino después de los días de su padre. Ca las cosas que se aprenden en moçedat mejor las sabe et retiene omne después en toda su vida. Así que si en mocedat comiença omne en vondades, et después

3 non lo] nō le 16 conviene] cōtiene 32 moçedat] moçēdat *as in* 22. 5, 9 33 mocedat] mocēdat

que llega a mançebía por malos consejeros o por alguna ocasión o desaventura se parte del bien que solía fazer, por muchos yerros que faga, si después le faze Dios tanta merçed que torne a las vondades primeras, mucho las manterná mejor et se guardará de los yerros que fizo, que si en su moçedat non fuera criado en buena vida et en buenas costunbres. Et aun en el tienpo que non fiziere tan buenos fechos commo le convenía, non los fará tan malos nin tan desvergonçados commo si en tienpo de la su moçedat fuere criado et acostunbrado de fazer sienpre mal et desaguisado./

48c **vii** El vii° capítulo fabla de cómmo el infante Joas, andando por la tierra así commo el rrey su padre le mandara, acaesçió que en una calle por do él passava tenían un cuerpo de un omne muy onrado que finara.

Et andando el infante Joas por la tierra así commo el rrey su padre mandara, acaesçió que en una calle por do él passava tenían un cuerpo de un omne muy onrado que finara un día ante. Et sus parientes et sus amigos et muchas gentes que estavan ý ayuntados fazían muy grant duelo por él.

Quando Turín, el cavallero que criava al infante, oyó de luenne las vozes et entendió que fazían duelo, acordóse de lo que el rrey Morabán su padre del infante le mandara. Por ende quisiera muy de grado desviar el infante por otra calle do non oyese aquel llanto porque oviese a saber que lo fazían por aquel omne ⟨que⟩ muriera. Mas, porque el lugar por do el infante queríe ir era más derecho [que] el camino por aquella calle, non lo quiso dexar et fue yendo fasta que llegó al lugar do fazían el duelo. Et vio el cuerpo del omne finado que estava en la calle. Et quando le vio así yazer et bio que avía façiones et figura de omne, et entendió que se non movía nin fazía ninguna cosa de lo que fazen los omnes buenos, marabillóse ende mucho. Ca çierto es que por muy entendido que omne sea, que la cosa que nunca a visto nin oído non puede saber tanto della commo

27 lo] le

los otros que lo saben, aunque non ayan tan grant entendimiento commo él.

Et porque el infante nunca viera tal cosa nin lo oyera, quisiera luego preguntar a los que ý estavan qué cosa era. Mas el grant entendimiento que avía le retovo que lo non fiziese. Ca entendió que era mejor de lo preguntar más en poridat a Turín, el cavallero que lo criara. Ca por las preguntas que omne faze se muestra / de buen entendimiento o non tanto. 48d

Et por ende quando fue tornado a su posada, llamó a Turín et preguntól que qué marabilla fuera aquella que viera aquel día. Ca viera aquel día un cuerpo que avía façiones et figura de omne et que era de carne et avía todas las cosas así commo omne, et que non fablava nin se movía nin fazía ninguna cosa que omne pudiese fazer. Otrosí que viera que todos los que estavan en deredor dél lloravan et fazían muy grandes sennales que avían grant pesar; otrosí que en veyéndolo hél que todo le talante se le mudara et oviera ende commo manera de espanto.

A Turín pesó mucho de aquellas cosas que el infante viera et aún más de lo que él le preguntara. Et fizo todo su poder por le meter en otras rrazones et le sacar de aquella entençión. Pero al cabo tanto le afincó el infante que non pudo escusar del dezir alguna cosa ende. Et por ende le dixo: 'Sennor, aquel cuerpo que vós allí viestes era omne muerto et aquellos que estavan en deredor dél que lloravan eran gentes quel amavan en quanto era vivo, et avían grant pesar porque era ya partido dellos et de allí adelante non se aprovechar[ían] dél. Et la rrazón por que vós tomastes enojo et commo espanto ende fue por[que] naturalmente toda cosa viva toma enojo et espanto de la muerte porque es su contrario et otrosí (de la muerte) porque es contrario de la vida.'

El viii° capítulo fabla en cómmo el infante fue marabillado de lo quel dixo Turín su consegero. **viii**

Quando el infante estas rrazones oyó fue ya más marabillado desto quel dixo que de lo que ante viera. Et por ende dixo:

7–8 Ca por las p. q. o. f. se muestra] Ca las p. q. o. f. se muestra por

'Turín, pues si aquél es cuerpo de omne et non faze ninguna cosa que omne deve fazer, ¿qué mengua a en sí por que lo non puede fazer?'

'Sennor,' dixo Turín, 'mucho querría que dexásedes de
49a fablar en esta rrazón, ca esto non / vos tiene pro nin vos cunple de cuidar en ello.'

'Turín,' dixo el infante, 'mucho me marabillo desto que dizedes, ca pues me criastes me mostrastes quanto yo sé. Et en las cosas ⟨que⟩ yo de vós aprendí ay muchas que non son marabillosas nin tan estrannas commo ésta. Et pues las otras me mostrastes [ ] et non me querer mostrar ésta que lo es tanto? Por ende vos ruego que me digades toda la verdat desto. Et bien cred que si me dizides otras palabras o rrazones encubiertas, que vos las entendré et avré de vós querella. Ca si el amo, servidor o el consegero del sennor [es] entendido et dize palabras encubiertas o maestradas por encobrir la verdat, rrazón es que tarde o aína non ⟨se⟩ falle ende bien.'

ix El ix° capítulo fabla de [cómmo] Turín se vio afincado del infante et non [osó] encubrirle la verdat de lo que el infante le avía preguntado.

Quando Turín se vio afincado del infante non osó encubrirle la verdat, et por ende le dixo: 'Sennor, ya vos dixe que aquel que era cuerpo de omne muerto, et la rrazón por que non puede fazer lo que los otros fazen es porque se partió dé[l] el alma quel fazía mover et fazer todas las otras cosas que los omnes vivos fazen.'

'Turín,' dixo el infante, 'pues dizides que el alma se partió dél et non puede fazer lo que los otros fazen, quiero que me digades, pues tan grant danno et tan grant mengua le vino en partirse el alma dél, ¿por qué la dexó partir de sí?'

'[ ] Mas esto non puede ser. Ca lo(s) más que ella puede fincar en el cuerpo es en quanto en él dura la calentura et la humidat natural. Et esta calentura et humidat natural, del día que nasçe el omne fasta que muere, cada día mengua et non ha cosa en el mundo que la pueda acresçentar. Ca el comer nin

10 las otras] los otros 24 es porque] Et por q̃

el vever non acresçenta en la calentura nin en la humidat natural, mas emiéndal et mantiénello que se desfaze del cuerpo por los/ trabajos et por los vaziamientos quel acaesçen. Mas ay 49b
otras rrazones por que esta calentura et humidat natural se desfaze más aína, así commo por dolençias o por feridas o por vaziamientos que desfazen más de la calentura et de la humidat natural de quanto es ⟨lo⟩ que se mantiene por el comer et por el vever. Et aún ay otra cosa por que el alma non puede fincar en el cuerpo para sienpre, ca el alma es criatura de Dios, spiritual, et por voluntat de Dios ayuntóse al cuerpo et fázel bevir. Et porque el cuerpo es conpuesto de los elementos et de los umores, conviene que se desfaga. Et otrosí porque es [con]puesto el omne del alma et del cuerpo, conviene que se desfaga quando es voluntad de Dios. Ca el alma Él la puso en el cuerpo, et desque la parte dél finca el cuerpo muerto et desfázese porque es corporal et conpuesto. Et fincará así [fasta] la rresurrectión que serán ayuntados el alma et el cuerpo. Et el alma, que es spiritual [et] sinple, dura sienpre, que non se puede desfazer.'

'Turín,' dixo el infante, 'mucho me maravillo porque desta rrazón nunca vos oí fablar fasta agora, et tengo que me fiziestes muy grant tuerto. Et pues vós me mostrastes otras cosas que non eran tan aprovechosas nin tan marabillosas nin tan estrannas, bien me diviérades mostrar esto. Por ende vos mando que me digades verdaderamente qué fue la rrazón por que nunca me mostrastes esto fasta agora.'

Quando Turín se vio tan afincado del infante non pudo escusar del dezir la rrazón por que fasta entonçe non le fablara deste fecho. Et por ende le dixo: 'Sennor, yo escusara de muy buena voluntat esta rrazón si pudiera. Ca, sennor, vós devedes saber que el pesar es una de las cosas del mundo que más danno trae al cuerpo. Otrosí la muerte es tan espantosa / cosa que el omne 49c
que cuidare en ella desfaze todos los plazeres. Et por ende quando el rrey vuestro padre tovo por bien que vos yo criasse, mandóme que vos guardase en tal manera por que non tomásedes

3 vaziamientos] vaizimiētos 16 conpuesto] enpuesto

pesar, et otrosí que non fablasen ante vós ninguna cosa por que oviésedes a saber qué cosa era la muerte. Et esto fizo el rrey por grant amor que vos ha(n).'

x [El] capítulo dezeno fabla en cómmo el infante, quando oyó las rrazones que Turín le dixiera, tóvolo por escusado de la pregunta que él le avía fecha.

Quando el infante oyó aquellas rrazones que Turín le dixiera, bien lo tovo por escusado. Et otrosí tovo que aquello fiziera su padre por amor quel avía, pero entendió que convenía a él de saber más destas rrazones que pasara con Turín de quanto sopiera fasta entonçe.

Por ende dixo el infante: 'Bien vos digo que yo he entendido estas rrazones que vós me dezides que son verdaderas, et días ha que por algunas cosas que yo beía de que me marabillava, vos querría preguntar por qué se siguen así. Mas pasando el tienpo de día en día non se me acaesçió de vos lo preguntar. Mas, pues en esta rrazón somos entrados, quiero vos lo preguntar agora.

Yo vos beo que quando me començastes a criar que era yo muy pequennuelo así que abés podía andar nin fablar. Et después só criado así que só tan grande et tan reçio commo otro omne qualquier. Et acuérdome que quando yo vos conosçí primero que pareciésedes tan mançebo poco menos que yo só agora; et agora beo que vós sodes mudado mucho de aquella manera de quando vos yo conosçí primero. Et otrosí beo que el rrey mío padre, que paresçía entonçe de la hedat
49d que vós sodes agora, que es ya demudado en / tal manera que sus cabellos et sus barvas que eran entonçe prietas que son mudadas agora blancas; et tanbién los ojos commo los dientes son demudados et non parescen tales commo solíen. Et semějame que cada día va falliciendo en él toda la su fuerça et el poder et las obras de sus mienbros. Et eso mismo beo que fazen todos los otros que yo conosçí de la (mi) hedat de mi padre el rrey.

7 aquellas rrazones] aquellas *repeated and scored through* 15–16 Mas . . . preguntar *repeated in* MS. 19 començastes] comēdastes

Et otrosí entendía que así commo el rrey [es] mío padre et yo su fijo [ ]; et óyovos dezir que vós (eso) que oviestes padre et beo agora que después que me vós començastes a criar, que beo unos moçuellos aquí en mi casa que dezides que son vuestros fijos.

Et veyendo todas estas cosas, la rrazón me da que commo quier que el rrey mío padre et yo ayamos mayor poder et nos fagan las gentes mayor onra que a los otros, que quanto en el naçer et creçer et enbejeçer, que eguales somos de los otros omnes et que bien así contesce a nós commo a ellos; et aun tengo que eso mismo es en la muerte. Que pues el rrey mi padre egendró a mí, çierto es que otro egendró a él. Et pues aquel que egendró a él es muerto, çierto es que mi padre así abrá de morir, [et] que la mi muerte [non] se puede escusar. Et por ende vos ruego que estas preguntas que vos yo quisiera fazer tienpo ha, et vos fago agora, que me digades verdaderamente si son así commo las yo entiendo, et qué es la rrazón por que se faze así.'

El onzeno capítulo fabla en cómmo Turín dixo al infante que xi
así acaesçiera el fecho que forçadamente convino que oviesse a
fablar en todas estas rrazones.

'Sennor,' dixo Turín, 'así acaesçió el fecho que forçadamente
convino que oviésemos a fablar en todas estas rrazones que
el rrey vuestro padre me avía mandado que guisase que vós non
sopiésedes. Et seed çierto que me tengo en/de por muy ocasio- 50b
nado, ca mi bentura et míos pecados me an aguisado que yo
mismo vos aya a mostrar todo aquello que el rrey vuestro padre
me a mandado que guisase que vós non sopiésedes por ninguno.
Et pues yo e fecho todo lo contrario de lo que me él mandó,
muy grant derecho es que pierda la su merçed et me faga mal
en el cuerpo et en lo que he.'

'Turín,' dixo el infante, 'desto non ayades cuidado, ca segunt derecho et rrazón non caye el omne en culpa por que deva aver pena si él de su grado non faze cosa que naturalmente sea mala.

10 contesce] conosce 19 El] Et

Ca aunque omne faga mal, si lo faze por ocasión et non de su grado, non deve aver pena por aquel mal; et aun podría ser que tan forçadamente faría omne algún mal et tan grant pesar tomaría en lo fazer que non meresca por ende reçebir ningún danno. Et [por] todas estas rrazones non devedes aver rreçelo de todas estas cosas que son pasadas entre mí et vós, porque vós rreçelades que tomará pesar el rrey mío padre. Ca todas estas cosas que me vos avedes dicho non son malas; ante son muy buenas. Et pues ellas buenas son, non fiziestes vós mal en me las mostrar, et demás que vós non moviestes de vuestro grado sinon por acaescimiento a fablar en estas cosas. Et lo uno porque el fecho non es malo en sí, et lo ál porque non fue de vuestro grado sinon por acaescimiento, por ende non devedes aver ningún rreçelo, et demás que en tal guisa fablaré yo con el rrey mío padre que non vos faga ni[n]gún enojo; ante vos fará merçed por ello. Mas rruégovos que me respondades a esto que vos yo pregunto.'

'Sennor,' dixo Turín, 'commo quier que non puedo perder el rreçelo tan ligeramente, pero lo uno porque me lo mandades, lo ál pues tantas cosas vos he dicho, dezirvos he lo que entiendo en esto que me preguntades. Et pídovos por merçed que pues
58b yo só sin / culpa, que fagades en guisa que el rrey vuestro padre non aya de mí querella.'

xii El dozeno capítulo fabla en cómmo Turín dixo al infante que él le dixiera muchas razones por que entendía que el nasçer et el cresçer et el envegeçer et depués la muerte que en todos los omnes era egual.

'Sennor, vós me dixiestes muchas rrazones por que entendíades que el nasçer et cresçer et el envegeçer et depués la muerte que en todos los omnes era egual, et mandástesme vós que vos dixiese si era verdat esto que vós entendíedes. Otrosí me mandastes que vos dixiese que si esto así fuera, que por quál rrazón non avía ninguna avantaja entre los rreys et los grandes sennores et las otras gentes. Et çiertamente, sennor, tanbién en esto commo en todas las otras rrazones que vos yo he fablado, en esta rrazón escusara yo muy de buena mente, si pudiera. Mas pues me conviene que vos la diga, sabet que así commo vós lo cuidastes que así es. Et la rrazón por que es así es por dos rrazones: la una, por rrazón que los omnes son conpuestos de los quatro humores, que se fazen de los quatro elementos; et porque los helementos obran así en los unos commo en los otros, por ende estas cosas son egualmente así en los unos commo en los otros. Et la otra rrazón mayor es porque tan grant es el poder de Dios et tan grant es la su nobleza que a conparación dÉl non vale más un omne que otro. Et por ende en estas cosas obran en todo egualmente.'

El xiiiº capítulo fabla en cómmo Turín dixo al infante que xiii
agora le avía dicho toda la verdat en estos fechos, et por su pecado que avía fecho todo lo contrario de lo que le fuera mandado.

'Sennor, agora vos he dicho toda la verdat en estos fechos.
Et por mi pecado he fecho / todo lo contrario de lo que me fue 50c
mandado. Mas pues non fue por mi culpa, pídovos por merçed que non olvidedes de me guardar de danno.'

'Turín,' dixo el infante, 'mucho vos gradesco todo esto que me avedes dicho. Et otrosí me plaze mucho porque es verdat lo que yo cuidava. Et del reçelo que vós avedes non ayades ningún cuidado, ca yo me iré luego para el rrey mío padre et faré en mi guisa por que vós seades guardado et yo faga por su mandado lo que me fuere más aprovechoso para el alma et para el cuerpo, si Dios por la su merçed lo quisiere endereçar.'

Luego que estas rrazones fueron pasadas entre el infante Joas et Turín, fuese el infante paral rrey su padre et mandó a Turín que fuese con él. Quando el infante llegó al rrey, besól la mano con muy grant reverençia et humildat así commo devía fazer a padre et a sennor, et el rrey reçibiólo muy bien et mostról muy buen talante como a fijo que amava más que a todas las cosas del mundo. Et díxol, estando los inojos fincados antél: 'Sennor, si la vuestra merçed fuese, yo quería fablar convusco et pídovos por merçed que vos plega et que paredes bien mientes en lo que vos diré. Et que querades que así commo vos fizo Dios muy buen rrey et muy onrado, et rreinastes muy bien et vos apoderastes de todas gentes de la vuestra tierra que querades agora rreinar et apoderarvos de vós mismo et de vuestra voluntad, et que non querades que la voluntad rreine et se apodere de vós nin de la rrazón que es en vós, et por la voluntat que es cosa engannosa, que non dexedes la rrazón que es cosa derechudera.'

xiv El xiiii° capítulo fabla en cómmo el rrey Morabán se marabilló mucho de aquellas rrazones que el infante Joas su fijo le diz[ía]./

50d El rrey se maravilló mucho de aquellas rrazones que el infante su fijo le dizía. Pero plógol mucho porque entendía por ellas el entendimiento del infante. Et por ende le dixo: 'Fijo infante, destas rrazones que me vós dizides me marabillo; et me plaze que me digades lo que quisiéredes, et bien cred que lo oiré muy de grado et faré quanto pudiere(n) por conplir vuestra voluntad en toda cosa que sea pro et onra de mí et de vós. Porque ayuntadas cosas somos que non puede ser ninguna cosa pro et onra del uno que non sea del otro.'

'Sennor,' dixo el infante, 'yo agradesco a Dios et a vós esto que me dizides. Et pues tanta merçed me prometedes tened por bien de me fazer otra, que querades fazer merçed et galardonar a Turín por la criança que en mí ha fecho et por el trabajo que tomó en mío serviçio, et non tomedes enojo nin sospechedes que él nunca fizo cosa que fuese contra el vuestro mandado.'

El rrey le dixo que así lo creía, et quel aseguraba que así lo faría commo el infante gelo pidía.

xv El xv° capítulo fabla en cómmo el infante dixo al rrey su padre que pues esto le prometía et era çierto que era él tal que non faría ninguna cosa contra lo que una vegada prometiese, quel contaría toda su voluntad.

'Sennor', dixo el infante, 'pues esto me prometedes et só

çierto que vós sodes tal que non faredes ninguna cosa contra lo que una vegada prometedes, agora vos contaré toda mi voluntad et todo lo que me acaesçió.'

Entonçe le contó todo lo quel acaesçiera con Turín quando falló el cuerpo del omne finado en la calle, et preguntól quel dixiese si era verdat aquello así commo Turín gelo avía dicho et commo lo él entendía.

El rrey se marabilló mucho daquellas rrazones tan buenas et tan sotiles que dixiera el infante a Turín. De otra parte reçeló que era caído en aquello que él quisiera guardar que el infan/te non sopiese. Et por ende le dixo: 'Fijo infante, vós 51a
sodes aún muy macebo. Et estas cosas, que son rrazón para [poner] omne en grant cuidado, non querría que cuidásedes en ellas; que vos podrían enpesçer a la salud del cuerpo. Mas pensat et fablat en las cosas que son de cavallería en que podredes tomar plazer con vuestros grandes omnes — que avedes, loado a Dios, asaz dellos por vasallos — así commo cavalgar et caçar et trebejar con ellos, et seredes por ende más amado dellos.'

'Sennor', dixo el infante, 'todas estas cosas que me dizides que yo faga, bien entiendo que son buenas et que cunplen mucho para el estado [de cavallería] et fío por Dios que yo trabajaré quanto pudiere por conplir lo que vós me mandades. Pero pídovos por merçed que me respondades a lo que yo vos dixe.'

Pues el rrey vio que el infante le demandava respuesta tan con rrazón, non le quiso encobrir la verdat. Et por ende le dixo que todo lo que Turín le dixiera que todo era verdat, et eso mismo lo que él pensara.

El xvi° capítulo fabla de cómmo el infante ovo respuesta del **xvi**
rrey su padre, cómmol plogo mucho, et díxole luego: 'Pues vós sabedes que la cosa que vale más deve ser más preçiada, et quanto es más preçiada deve fazer más por la guardar.'

Quando el infante esta rrepuesta ovo del rrey su padre,

4 le] lo 9 parte] patre 12 macebo *Comp.* 121. 2, 158. 15
21 [de cavallería] *Comp.* 31. 15

plógol ende mucho et díxole luego: ‘Sennor, vós sabedes que la cosa que vale más, deve ser más preçiada; et quanto es más preçiada tanto deve omne fazer más por la guardar; por ende tengo que pues el alma es cosa que da la vida et el entendimiento et el movimiento et el sentimiento, et da rrazón al cuerpo, et que es cosa que nunca se puede desfazer et cosa spiritual, por todas [estas] rrazones tengo que vale más que el cuerpo; et pues vale más, deve ser más preçiada et más guardada. Et pues así es, pídovos por merçed que pues vós tanto fazedes
51b por guardar / este mi cuerpo, que es cosa fallecedera, que fagades vós et querades que yo faga quanto pudiere por guardar el alma, que ha tantas avantajas del cuerpo quantas vós sabedes. Et queredes que sepa yo tantas maneras pudiere en quál guisa la podré mejor guardar. Et que me digades de quién podré mejor saber todas estas cosas. Et non cuidedes que vos digo yo esto por que aya talante de dexar el mundo nin mudar el estado en que me Dios puso, mas querría catar manera commo en este estado pudiese fazer en guisa por que mi alma fuesse guardada. Ca çierto es que pues Dios tovo por bien que uviese enperadores et rreys en la tierra, que non querría Él non oviese manera para poder guardar sus almas. Demás que de muchos enperadores et rreys dizen que fueron sanctos.’

Quando el rrey vio tantas buenas rrazones que el infante le dizía, commo quier que oviese ende algún reçelo, ovo muy grant plazer, porque veía el su buen entendimiento et la su buena voluntad. Et dixo: ‘Fijo infante, a mí plaze mucho con todas estas cosas que avedes dicho. Mas por que vos pueda rresponder commo devo, quiero que me dedes tres días de plazo. Et entonçe, con la merçed de Dios, yo vos respondré conplidamente en guisa ⟨que⟩ cunpla vuestra voluntat et se faga commo cunple a mí et a vós.’

Desto fue el infante muy plazentero. Et luego que se partió del rrey, apartóse el rrey con Turín para acordar con él en quál manera rrespondríe al infante.

‘Turín,’ dixo el rrey, ‘ya oyestes las rrazones que me el

14 la] lo 25 veía] vaya

infante dixo, et otrosí lo que dixo a vós. Et pues todo lo sabedes, rruégovos et mándovos que me consejedes sobre ello lo mejor et lo más lealmente que pudiéredes. Et tengo que ay muchas rrazones por que lo devedes fazer. Lo uno, porque sabedes que vos crié et fiz mucho bien et de muy / grant tienpo acá sabedes 51c toda mi fazienda; lo ál porque avedes muy buen entendimiento et sodes de muy buena poridat; lo ál, porque avedes muy gran parte en este fecho, si yo et el infante mío fijo, que vós criastes, acertaremos en este fecho en lo mejor et [non] en contrario, ca en todo consejo granado que el sennor demanda al vasallo a mester ý seis cosas. La una es que el consejero que aya reçebido tantos bienes del sennor por que sea tenudo del amar et de aver grant cuidado de los sus fechos. La segunda, que sepa mucho de su fazienda. La terçera, que sea de muy buen entendimiento. La quarta, que sea de muy grant poridat. Et la quinta, que sepa todo aquel fecho et non le encubra ende nada. La sesta, que siga al consejero mesmo pro o danno, si el consejero se errare o se açertare.'

Et porque el rrey entendió que todas estas cosas avía en Turín, por ende se consejó con él. Et le rrogó et le mandó que le consejase lo mejor que entendiese en aquel fecho, por todas estas rrazones. Porque es leatad et derecho o grant mengua dello si el consejero, por ninguna voluntad nin por su pro nin por su danno nin por otra rrazón ninguna, dexa de consejar a su sennor lo mejor que entendiese.

El xvii° capítulo fabla en cómmo dixo Turín al rrey que bien çierto fuese de que eso poco que él sabía que gelo diría bien et lealmente. **xvii**

Por ende dixo Turín al rrey: 'Sennor, bien çierto sed que aquello poco que yo entendiere, que vos lo diré lo más lealmente que pudiere. Pero si la vuestra merçed fuese, paresçerme ía que sería bien que llamásedes aquellos en que vos fiades, por

3 lo más] la mas 9 este] esto en lo mejor et [non] en contrario. *The text is corrupt, with a lacuna either after* contrario *or between* mejor *and* et 10 al] el 23–4 nin por su danno] que por su danno

que fuesen más et mejores et de mejores entendimientos en
51d este consejo. Ca, / sennor, como quier que vós avedes tan buen entendimiento que vos non faze mengua consejo de ninguno, et yo de lo poco que sé vos consejaría lo mejor que entendiese, con todo esto algunas rrazones ay por que vós et yo nos podríemos engannar.[6] Lo uno es que este fecho del infante vuestro fijo, que es mío sennor et mío criado, et tanne mucho a vós et a mí; et (en) las cosas que mucho tannen al omne, non las entiende tan bien él mismo commo (a) otro a quien non tannen tanto, porque la voluntad enbarga mucho en los fechos que mucho tannen al omne, et por ende non lo puede tan bien entender. Lo ál es porque quando muchos omnes de buen entendimiento fablan en un fecho, mejor et más aína fablan et acuerdan en lo que conviene en aquel pleito. Et aun acaesçe que fablando sobre un fecho, dirá alguno dellos alguna palabra que acordará a los entendimientos de aquellos que están en aquel consejo a otra cosa en que non cuidavan fablar, de que se puede seguir muy grant aprovechamiento. Et por estas rrazones tengo, sennor, que si la vuestra merçet fuere, que es vuestro serviçio et cunple que para esto que sean en este consejo aquellos en que vos fiades.'

xviii El xviii° capítulo fabla en cómmo el rrey Morabán dixo a Turín que dizía muy bien, et entendía que lo dizía a buena entençión; pero en fecho de los consejeros quel diría lo que ende cuidava et aun lo que avía provado muchas vezes.

'Turín,' dixo el rrey, 'vós dizides muy bien et entiendo que lo dezides a buena entençión. Pero en fecho de los consejeros dezirvos he lo que yo ende cuido, et aun lo que he provado muchas vezes: quando el sennor llama a su consejo tantos que pasan de dos o tres, por fuerça a de llamar a muchos [a] aquel
52a consejo. Ca los omnes, tanbién en estados et en on/ras commo en privanças, son llegados los unos a los otros. Et quando el sennor llama a quatro o çinco a su consejo, los que se tienen por

10 que] ⁊ *Comp. line* 8 *above*

22 en cómmo el r. M d. a Turín] en cōmo turī dixo al Rey moraban *Comp.* 35. 12

30 pasan de dos o tres] pasando dos atres

eguales de alguno de aquellos tiénense por agraviados si non llaman a ellos. Et el sennor, por guardar esto, alos a llamar. Et los otros que non son llamados et se tienen por eguales de aquéllos, agrávianse ende. Et por fuerça abrán a seer llamados, o fincan despagados. Et muchas vezes me acaesçió que por guardar esto ove a llamar a mío consejo muchos omnes que sabía yo que non eran para me consejar en aquel fecho, et aun que era vergüença de los llamar ý. Et demás que es çierto que deque los consejos vinién a tantos que non puede ser poridat. Et por ende tengo que entiendo consejo granado en que aya mester grant poridat, que nunca deve el sennor llamar a él sinon dos o tres a lo más. Ca lo que tres omnes de buen entendimiento non fallaren o acordaren, non lo fallarán por muchos que ý sean. Et demás que si la poridat se descubre es çierto que otro dellos lo descubrió. Et por ende an mayor talante de la guardar — lo que non avrién tanto si muchos fuesen en ello. Et aun quando muchos son en el consejo, dizen tantas cosas que abés se pueden entender, et aun a vozes non se oyen los unos a los otros. Et por todas estas rrazones et otras muchas tengo que para este consejo en que ha mester poridat que non cunple llamar ý muchos. Mas fablemos vós et yo et después, si viéremos que cunple o que se non puede escusar, llamaremos uno o dos a ello.'

'Sennor,' dixo Turín, 'pues lo tenedes así por bien, si la vuestra merçed fuere, dezid lo que vos paresçe en este fecho. Ca en verdat vos digo que de una parte tanto rreçelo destas cosas
que el infante di/ze, et de otra parte [he] muy grant plazer por 52b
el buen entendimiento que en él beo.'

'Turín,' dixo el rrey, 'bien así me conteçe a mí commo vós dezides. Et por ende quiero que departamos entre mí et vós qué vos semeja que fagamos en esto. Et mándovos que me digades lo que entendedes en ello.'

'Sennor,' dixo Turín, 'si la vuestra merçed fuese, a mí ploguiera mucho, et aun tengo que sería rrazón que dixiésedes vós primero vuestra voluntat.'

'Turín,' dixo el rrey, 'por dos rrazones en los consejos de pocos o de muchos deve el sennor oír ante lo que los otros dizen: la una es porque desque oyó a los otros, mejor entiende lo que cunple en aquel consejo; la otra es, si el sennor dize primeramente quál es su voluntad, por aventura los consejeros quererán ante seguir[la] et non se atreverán a dezir contra ello. Et así podría fincar el consejo errado. Por ende vos mando que digades vós primero vuestro entendimiento, ca ý se me finca a mí para dezir después lo que yo entendiere por mejor.'

'Sennor,' dixo Turín, 'vós dezides rrazón. Et pues lo tenedes por bien, dezirvos he mi entendimiento. Sennor, ya vistes quánto yo fiz por sacar al infante de voluntad por que non oviese a fablar en aquellas rrazones; et él vençióme sienpre tan con rrazón que por fuerça le ove a dezir lo que él quería saber. Et después que fabló conbusco viestes que non pudiestes escusar que él non sopiese de vós toda la verdat. Et pues el pleito en esto está, segund el mío entendimiento, non cunple que fabledes con él ninguna maestría, [ca] entiéndela et por ende caye en dubda et en sospecha de lo quel dizen, et otra vez, quando le dizen verdat, non la creye. Et por ende al omne entendido
52c non le deven sinon dezir verdat. Et por tanto me se/meja que non avedes por qué fablar con él sinon verdaderamente. Et tengo que non avedes por qué vos reçelar, pues veedes que él vos dize que non es su entençión de dexar el mundo nin mudar su estado. Ca él entiende muy bien que [en] el estado que Dios le puso puede salvar muy bien su alma. Et lo que a mí paresçe que devíades fazer [es] que catásedes algún omne muy letrado et muy entendido, et [que] fuese omne de buena entençión et derechurero, et sin maliçia. Et que vós o otro por vuestro mandado fablase con aquel omne bueno et le contase esto en que sodes con el infante vuestro fijo. Et que guisase con él que diese a entender al infante cómmo es muy bueno para serviçio de Dios el estado de los enperadores et de los rreys, et cómmo en ninguno otro non puede mejor salvar las almas. Et aun, sennor, por non vos detener más vos diré lo que he pensado. Aquí en la tierra vuestra anda pedricando un omne que es de

4 quererán] $\overline{\text{qrea}}$ 17 [ca] (G) *But more than one word may be missing*

la ley de los christianos. Et paresçe muy buen omne et muy conplido para esto, et yo e con él muy grant amor et muy grant fazimiento. Et si viéredes que es bueno, yo iré por él et fazérvoslo he venir aquí, et pod[r]edes fablar con él en la manera que quisiéredes.'

Mucho plogo al rrey de todas las razones que Turín le dixo. Et por ende respondió en esta manera: 'Turín, mucho me plaze de todo esto que me avedes dicho, et plazme que fagades que venga a mí ese omne bueno que dezides. Et desque comigo fuere fablaremos entre mí et vós con él en tal manera que enformará al infante en aquello que cunple a mí et a él.'

El xviiii° capítulo fabla en có[mmo] Turín se partió del rrey xix
Morabán et fue buscar a Julio, el omne bueno que andava pedricando por la tierra.

Turín se partió del rrey et fue buscar a Julio, el omne bueno que / andava pedricando por la tierra. Ca commo quier que 52d
avía con él grant afaçimiento, non sabíe çierto do lo podríe fallar, porque Julio non estava sienpre en un lugar; ante andava por las tierras do entendía que podría fazer más serviçio a Dios, et por tornar las gentes a la su ley et a la crençia [de los christianos].

Tanto andudo Turín buscando a Julio fasta que lo falló. Et desque fue con él díxol en cómmo el rrey le enviara a él a le rrogar et mandar que fuese a él por cosas que teníen de fablar con él. Quando Julio oyó el mandado del rrey et lo que su amigo le dezía, non tovo por rrazón de se detener más; ante se fue luego con Turín para el rrey. Ca tovo que commo quiera que el rrey non era christiano que con todo eso, pues Dios en estado de rrey le pusiera, que tenido era del fazer onra et rreverençia en tanto que non fuese contra la ley et la creençia de los christianos que él tenía.

Quando fue antel rrey, díxol: 'Sennor rrey Morabán, Turín me dixo de vuestra parte que me rrogávades et me mandábades

17 sabíe] sabre 20 tornar] tosuar 20–1 [de los christianos] *Comp. line* 31 *below*

que viniese a vós. Et por[que] el vuestro ruego me es a mí mandamiento, yo conplí vuestro mandado. Ca Jhesu Christo, que es verdadero Dios et verdadero omne, fue nuestro maestro et nos dio ensennamiento en cómmo visquiésemos. Él nos mandó que por todas las tierras do fuésemos, onrásemos [et] obedeçiéssemos a los rreys et a los grandes sennores, et que pedricásemos ante ellos sin miedo la palabra de Dios, et sin vergüença el su evangelio, que es palabra et consejo verdadero para salvamiento de las almas.[7] Et mandó en su ley que ningún omne de otra ley non fuese engannado nin apremiado por fuerça para la crer. Ca los serviçios apremiados o forçados non plaze[n] a Dios. Et nós los christianos somos tenidos de morir por la fe et por la crençia de la ley que Jhesu Christo nos dio. Et los que son letrados dévenla pedricar, et fazer quanto
53a pudieren por la acresçentar di/ziendo verdat sin premia et sin enganno. Et por esta rrazón ando yo pedricando por la tierra. Et pues só aquí ante vós, non puedo escusar de vos dezir algo de mi fazienda.'

xx El xx° capítulo fabla en cómmo Julio dixo al rrey que a él acaesçiera así que era natural de una tierra que era muy alongada désta et aquella tierra avía nonbre Castiella.

'Sennor rrey, a mí acaesçió así: Yo só natural de una tierra que es muy alongada desta vuestra, et aquella tierra a nonbre Castiella. Et seyendo yo ý más mançebo que agora, acaesçió que nasçió un fijo a un infante que avía no[n]bre don Manuel, et fue su madre donna Beatriz,[8] condesa de Saboya, muger del dicho infante, [et le] pusieron no[n]bre don Johan.[9] Et luego que el ninno nasçió tọméle por criado et en mi guarda.[10] Et desque fue entendudo alguna cosa punné yo en le mostrar et le acostunbrar lo más et lo mejor que yo pude. Et desque moré con él grant tienpo et entendí que me podía escusar, fui pedricando por las tierras la ley et fe católica. Et después torné a él algunas vezes, et sienpre le fallé en grandes guerras,[11] a vezes con grandes omnes de la tierra et a vezes con el rrey de Aragón,

17 só] se 30 pude] puede

et a vezes con el rrey de Granada, et a vezes con amos. Et agora, quando de allá partí, estava en muy grant guerra con el rrey de Castiella, que solía ser su sennor. Et por las grandes guerras quel acaesçieron et por muchas cosas que vio et que pasó despartiendo entre él et mí, sope yo por él muchas cosas que pertenesçen a la cavallería, de que yo non sabía tanto, porque só clérigo et el mío ofiçio es más de pedricar que usar de cavallería. Et agora, sennor, que só en vuestra tierra, si vós veedes que puedo fazer alguna cosa que sea vuestro serviçio, guardando mi ley, aparejado só para lo fazer muy de buen talante.'

El xxiº capítulo fabla en cómmo el rrey Morabán le gradesçió xxi
mucho a Julio / lo que él le dizía. 53b

El rrey le gradesçió mucho lo quel dizía [et] díxol así: 'Julio, todas las rrazones que yo cuidava dezir me avedes vós dicho porque vós [sodes] tenido de me fazer serviçio. Por ende non cunple que vos diga ende ál, sinon que fable conbusco la rrazón por que por vós enbié. Vós sabedes que el infante Joas que es mío fijo heredero, et non he otro fijo sinon a él. Et por algunas cosas quel acaesçiero[n], esle venido a voluntad de saber en quál manera o en quál estado podríe salvar el alma. Et afincóme quel dixiese cómmo podría él saber esto mejor, et quel mostrasse el omne de toda la tierra que mejor rrecabdo le podríe dar en ello. Et porque yo sé que en todos los mis rregnos non ha omne de mejor entendimiento nin más letrado que vós, acordé de fablar conbusco. Et vos ruego quel mostredes esto que él querría saber, et sennaladamente quel dedes a entender que en ningún estado non puede mejor servir a Dios nin más salvar el alma que en estado de enperador et de rrey en que Dios le puso. Et tengo que non he por qué vos dezir en quántas maneras pueden servir a Dios los enperadores et los rreys, ca só çierto que vós lo sabedes mejor que yo.'

'Sennor,' dixo Julio, 'por aventura vós cuidades que ha [en] mí mayor entendimiento et mayor letradura de quanta es la

21 o en] o el

verdat, et para tal fecho commo éste devedes catar otro que lo pudiese mejor fazer. Pero pues vós mandades que vos sirva en ello, yo faré ý todo mío poder et Dios lo endereçe a lo que fuere más su serviçio.'

Et el rrey et Turín fueron muy pagados de las rrazones que Julio dixiera. Et levólo el rrey consigo et fízol mucha onra et mucho bien, et mucho más le fiziera si lo quisiera tomar. Mas
53c segund la manera que Julio / avía tomado a serviçio de Dios, non fazía mengua lo que el rrey le prometiera dar. Et por ende non le quiso tomar ninguna cosa de lo suyo, sinon la vianda que avía de comer, segund los ayunos et las abstinencias que fazia.

xxii El xxii° capítulo fabla de cómmo el rrey Morabán avía a dar rrespuesta al infante Joas su fijo de las cosas que preguntara.

Et quando el terçer día que el rrey Morabán avía a dar repuesta al infante Joas su fijo de las cosas quel preguntara, fue llegado, vino el infante al rrey, et pidiól merçed quel cunpliese lo quel prometiera.

'Fijo infante,' dixo el rrey, 'vós me pidiestes dos cosas: la una, que quisiese catarvos un omne que vos pudiese dar mejor consejo cómmo pudiésedes guardar el alma; la otra, que fiziese merçed a Turín por la criança que fizo en vós et por la lazería que levó en vuestro serviçio. Para vos rresponder retove acuerdo fasta terçer día. Et agora aquestas cosas vos respondo: que por conplir vuestra voluntad avemos trabajado asaz, yo que só vuestro padre et Turín que vos crió; et fallamos un omne bueno muy entendido, que es çierto que vos dará rrecabdo a lo que vós queredes saber. Et rruégovos et conséjovos quel creades de lo que vos dixiere. Et a lo que pidiestes en rrazón de Turín, vos digo que lo uno por las muchas rrazones que yo he del fazer bien, et lo ál por el vuestro rruego et porque vos lo prometí, quiero que seades bien çierto que yo le faré tanto bien que él et los que bien le quieren tomen ende plazer, et los que non le amaren tomen ende enbidia. Et pues esto finca commo cunple, libremos lo ál que avemos de fazer.'

5 fueron] fuerē

Entonçe fizo venir a Julio, et mostról el infante et dí/xol así: 53d
'Fijo infante, éste es el omne bueno de que vos yo fablé; et él es christiano et muy letrado et de muy buen entendimiento. Et él vos dará recabdo a todo lo que queredes saber, mejor que ninguno otro omne de quantos son en la tierra. Et ruégovos et mándovos quel creades. Et catad un lugar do estedes en uno qual quisiéredes, fasta que vos aya dado el recabdo de lo que queredes saber.'

'Sennor', dixo el infante, 'yo gradesco mucho a Dios et a vós esto que por mí avedes fecho, et avría muy grant plazer si pudiésedes estar vós do nós estaremos, fasta que yo aya sabido deste omne bueno lo que yo quiero saber. Mas porque he reçelo que sería muy grant mengua para el rreino si vós et yo et Turín estudiésemos apartados en guisa que non pudiesen aver recabdo et consejo las gentes de las cosas que acaesçiesen de cadaldía por el rreino. Et por ende, si la vuestra merçet fuere, mandat a Turín, que tengo yo por padre en lugar de vós, que se non parta de mí, ca muy mejor departiremos todos tres en uno et fallaremos toda la verdat. Et mandat que nos den una posada muy buena en el vuestro alcáçar, do non nos fagan ningún enbargo en quanto ý oviéremos a morar.'

Al rrey plogo mucho de quanto el infante le dizía, et mandólo fazer todo así commo el infante quería.

Después que le infante et Julio et Turín fueron en uno apartados, començó el infante su rrazón en esta guisa: 'Julio et Turín, vós sodes dos omnes en que yo devo mucho fiar. Ca vós, Turín, me criastes; a vós, Julio, me acomendó el rrey mi padre. Por ende vos ruego que cada uno de vós en [lo] que vos pertenesçe me consegedes lo mejor que entendedes.' Et cada uno dellos le dixi/eron que farían todo su poder muy de grado. 54a

Mas Turín le dixo que esto que quería saber, que a Julio devía preguntar. Después que estas rrazones fueron pasadas començó el infante a fablar con Julio en esta guisa: 'Julio, bien sabedes que una de las cosas [por] que omne puede llamar padre a otro que non lo engendró es [porque es] aquel de quien

30 dixieron] dixiorē

a de (de) aprender. Et por [ende] en quanto aquí estudiéremos, tengo que con rrazón vos puedo preguntar commo a padre. Por ende vos ruego que, pues vós sabedes que la más cara cosa que (en) el omne a en sí es el alma, que me mostredes en quál estado o en quál manera yo pueda mejor salvar el alma.'

xxiii El xxiii° capítulo fabla en cómmo Julio dixo al infante Joas que era muy tenudo de fazer lo quel rrogava.

'Sennor infante,' dixo Julio, 'yo só muy tenudo de fazer esto que me vós rogades: lo primero que segund la nuestra ley de los christianos la cosa de [que] nós mayor cuidado devemos aver es de las almas et por esto vos devo consejar lo mejor que yo entendiere. Otrosí lo devo fazer porque el rrey vuestro padre me lo encomendó muy caramente. Et sennaladamente lo devo fazer por en quán buena manera vós me lo rogades.

Et por ende vos digo que la primera cosa que yo entiendo que vós devedes fazer para salvar el alma et ponerla en buen estado es que ayades ley en que creades. Ca así commo ninguna buena obra non se puede fazer sin ser el cimiento bien firme, así ninguna alma non se puede salvar si non fuere en ley de salvaçión.'

'Padre et maestro,' dixo el infante, 'bien me paresçe que el omne que bive sin ley que tanbién el alma commo el cuerpo trae muy errado. Et yo tengo que el rrey mío padre et yo que en
54b ley estávamos et / ley avemos, et yo non sé qué otra ley ay en el mundo. Pero si vós savedes qué otras leys ay entre las gentes, mostrádmelas. Et cataremos quál es la ley en que mejor puedo salvar el alma, et tomarla he muy de grado.'

'Sennor infante,' dixo Julio, 'vós non sodes aún muy culpado en esto que dezides, por rrazón de la vuestra mançebía. Mas el rrey vuestro padre, et Turín que vos crió, que está aquí delante, non se podrían salvar de culpa por no[n] dar a vós a entender cómmo non vevides en ley. Et aún son muy más culpados por[que] ellos non biven en ley ca Turín, que está aquí, sabe muy bien que el rrey et él et todos los que [en] esta tierra biven

8 Sennor] El   32 vevides *Comp.* 43. 5 MS. *could read* venides

non an ninguna ley nin crençia çierta; ante tienen et crent en un tienpo et en una, et en otro tienpo en otra. Et aun el padre et la madre et los fijos que biven todos en una casa, en muchos acaesçe que non an todos una ley; ante cren los unos en una et los otros en otra. Et así todas las gentes desta tierra non bevides en estado de salvación. Et pues non avedes ley nin crençia çierta et por ende ando yo en esta tierra muy grant tienpo ha, pedricando a las gentes la fe et la crençia de Jhesu Christo, que fue verdadero Dios et verdadero omne. Et loado sea Él por ello, que son muchos convertidos a la su sancta fe et creençia. Et plázeme mucho porque está aquí Turín delante, que vos puede dezir si es verdat todo esto que vos digo.'

Quando el infante estas rrazones oyó fue muy marabillado, et començó a fablar con Turín en esta manera: 'Turín, vós me criastes fasta agora, et sabedes muy bien que destas rrazones nunca me dixiestes cosa del mundo. Por ende vos mando que me digades si es verdat que el rrey mío padre, et yo et vós / et 54c
los otros que biven en esta tierra, bevimos sin ley çierta, et cada uno toma qualquier ley que quiere; et otrosí si es verdat que este omne bueno Julio pedrica aquella ley que él dize et a convertido algunas gentes a ella.'

El xxiiii° capítulo fabla en cómmo Turín dixo al infante que nunca se acordavan los omnes fasta aquí que oviese omne que mostrase ninguna ley çierta. **xxiv**

'Sennor,' dixo Turín, 'nunca fasta aquí se acuerdan los omnes que en esta tierra oviese omne que mostrase ninguna ley çierta.[12] Et por ende non bevimos en otra ley sinon en justicia— así que al que faze mal o danno o aventura a otro, el rrey et sus ofiçiales fázenlo por elo escarmiento, segund el yerro en que cayó; et al que sirve bien et anda et bive derechamente, da[n]le galardón segunt su mereçimiento. Et guardando el rrey su sennorío et sus derechos et sus mandamientos, et non faziendo tuerto ninguno a ninguno, tenemos que non ha menester otra

3 casa] cosa 20 pedrica] pod^{i}a *Comp.* 44. 2 28 aventura] auẽtira *corrected to* auẽtura *in the hand of the scribe* 29 elo] el o 30 al] el

ley. Otrosí, esto que vos dize este omne bueno Julio, que él pedrica a las gentes et que a convertido grant pieça dellos a la su ley, dízevos verdat: ca nós non fazemos fuerça que tome cada uno qual ley quisiere, solamente guarden al rey et a los sennores et a las otras gentes lo que deven, commo dicho es.'

Et [des]que el infante oyó estas rrazones que Turín dixo, preguntó a Julio que por quál rrazón dizíe él que tanbién el rey, commo todos los otros que en aquella tierra bivían, que non avíen ley: que le paresçía a él que pues guardavan lo que devían a los sennores et a las otras gentes, et non fazían tuerto nin mal a ninguno, que asaz avían buena ley.

'Sennor infante,' dixo Julio, 'todas las leys del mundo son en
54d dos maneras:[13] la / una es ley de natura; la otra ley es dada por alguno. La ley de natura es non fazer tuerto nin mal a ninguno. Et esta ley tanbién la an las animalias commo los omnes, et aun mejor: ca las animalias nunca fazen mal las unas a las otras que son de su linage nin a otras, sinon con grant mester. Et por que lo entendades mejor, mostrárvoslo he declaradamente. El león es sennor de todas las animalias; por fanbre nin por cuita que aya, nunca matará nin comerá otro león; nin el oso a otro oso, nin el lobo a otro lobo, et así todas las otras animalias. Mas quando an fanbre et non lo puede[n] escusar, comen de las otras bestias que non son de su linage, solamente aquello que an mester para su mantenimiento. Et quando non lo an mester et lo pueden escusar, non matan nin fazen mal a ninguna otra animalia. Et los ma[r]files, et los cavallos, et los camellos, et las otras animalias que non comen carne et se mantienen de las yerbas, después que an comido quanto les avonda, por buena yerba que fallen non conbrán más nin bebrán desque ovieren comido et bevido lo que les cunple; nin se llegan los maslos a las fenbras, sinon en tienpo que an de e[n]gendrar, segund su naturaleza. Et eso mismo fazen las aves, tanbién las que caçan commo las otras.'

xxv El xxv° capítulo fabla en cómmo Julio dixo al infante que bien

2 pedrica] pod^{i}a *Comp.* 43. 20   16 ca las] enlas

devía él entender que por fazer los omnes lo que fazen las (a)animalias, que non avían avantaja ninguna dellas.

'Et así, sennor infante, bien devedes vós entender que por fazer los omnes lo que fazen las animalias que non avían avantaja. Que aun fallaredes vós que las cosas naturales non lo guardan tan bien los omnes commo las animalias. Ca las animalias, commo es dicho, nunca matan nin fazen mal ninguno a otro de su linage, et [los omnes] beemos que lo non fazen así: ca veemos que de cadaldía que unos / ⟨omnes⟩ matan et fazen mal 55a
a otros que son omnes así commo ellos, et aun a los que son de su linage mismo. Otrosí las animalias, quando comen a otras que non son de su linage, non matan sinon lo que an mester. Et eso mismo las que comen yervas. Mas los omnes non son así nin fazen así: ca non tan solamente se tienen por pagados de lo que an mester, ante toman et fazen mucho danno en cosas que podrián escusar muy bien si quisiesen. Et eso mismo en comer et en bever et en el engendrar, depués que an ende tomado quanto les cunple, non se tienen por pagados, et guárdanse muy peor que las animalias de usar dello quanto les era mester et non más.

Et así, pues es çierto que de la ley de natura muy mejor usan dello las animalias que los omnes, de valde ovieron los omnes entendimiento et rrazón, lo que non an las animalias. Demás los omnes que an alma, que es cosa spiritual que nunca a de fallesçer, et que avrá galardón et pena desque se partiere del cuerpo segund las obras que oviere fecho en quanto fueron en uno. Et esta alma non se puede salvar sinon guardando la ley quel fuere acomendada.'

[THE NATURE OF THE CHRISTIAN FAITH]

El xxvi° capítulo fabla en cómmo Julio dixo al infante que bien **xxvi**
debía él entender que pues los omnes non guardavan la ley natural tan conplidamente commo devían, forçadamente et de neçessidat convinía que oviesen ley en que se pudiesen salvar.

'Et por ende, sennor infante, devedes entender que pues los omnes non guardan la ley natural tan conplidamente commo deven, et esto es por el entendimiento et por el albidrío, que an demás que las animalias. Et forçadamente et de neçesidad conviene que ayan ley en que puedan salvar las almas, et que sea fundada sobre rrazón et sobre entendimiento por que salven las almas, que son cosas spirituales, que an rrazón et entendimiento.'

Quando el infante oyó las rrazones que Julio dixo en rrazón
55b de la ley, bien / entendió que non se podría el alma salvar solamente por la ley natural; ante convinía que se salve por la ley quel fuese dada. Et eso mismo entendió Turín. Et por ende rrogó el infante a Julio, et Turín eso mismo, que les mostrase la ley en que las almas se pudiesen salvar.

'Sennor,' dixo Julio, 'en ninguna ley, que sea dada nin sea natural, non se pueden salvar las almas al tienpo de agora sinon en la ley de los christianos. Ca commo quier que las patriarchas et las prophetas que fueron ante que Jhesu Christo viniese en sancta María et tomase muerte en la cruz por salvar los pecadores, todos merescieran ser salvos, pero que la ley que los judíos avían era figura desta que an agora los christianos, et non era del todo conplida. Por ende nunca ellos pudieron ir a paraíso fasta que Jhesu Christo dio esta ley. Et después que murió segund omne, descendió a los infiernos et los sacó del peligro en que estavan sperando a su venida. Et porque éstos guardaron la ley natural et la que les fue dada por Moisén, de parte de Dios, meresçieron non ser perdidos. Mas por la ley de natura non pudieran ser salvos, nin lo fueron fasta que Jhesu Christo vino et dio esta ley de graçia. Et luego que esta ley dio, fue la otra conplida, ca Jhesu Christo non beno en el mundo por menguar nin por desfazer la ley que Moisén diera, mas bino por conplirla. Et luego que la ovo conplida, por las cosas que a Él fueron fechas et en Él fueron acabadas cunplióse la ley, et fueron a paraíso los que finaron guardando la ley de natura et la ley de Moisén. Et pues todo los que mueren guardando

28 fueron] fizierō   35 mueren] muriā *Comp.* 47. 2

esta ley, commo Jhesu Christo mandó, son salvos et las almas dellos van a paraíso. Et los que mueren non seyendo en esta ley en ninguna manera non pueden ser salvos. Et non cuidedes que vos digo yo esto porque só christiano et tengo esta ley, mas dígovoslo por que creades sin dubda ninguna que es así verdat.'

'Julio,' dixo el infante, 'segund estas razones que vós dezides,
pares/çe que sin la ley que vós los christianos dezides que vos es 55c
dada et sin la que nós tenemos, que es commo [de] naturaleza, que otras leys ay que fueron dadas. Por ende vos ruego que me digades et me mostredes quántas son las leys que fueron dadas et las de naturaleza, et qué tales son en sí et cómmo et por quál rrazón fueron dadas.'

El xxvii° capítulo fabla en cómmo Julio dixo al infante que esta xxvii
pregunta que él le fazía era muy grave, pero que lo que él ende sabía et fállasse en las escripturas, que gelo diría en manera que lo entendiese muy bien.

'Sennor,' dixo Julio, 'esta pregunta que me vós fazedes es muy grave. Pero aquello que yo sé ende, et lo fallé por las scripturas, dezírvoslo he.

Sennor, quando Dios crió el mundo fízolo todo en seis días. Et en aquel poco tienpo crió los çielos et la tierra et la mar. Et en estas tres criaturas crió todas las otras cosas. Ca en el çielo puso el sol et la luna et las planetas et las otras estrellas, et a éstas dio tan grant virtud, por la su merçed, que por ellas se fazen muchas cosas. Et sennaladamente por ellas se fazen el día et la noche. Ca el día non es ál sinon la claridat del sol, que anda sobre la tierra, et la noche non es ál sinon escuridat quel dura en quanto el sol pasa deyuso de la tierra. Et por que esta escuridat non fuese tan grande, paresçe de noche la luna et las estrellas et fázenla yaquanto que non sea tan escura. Otrosí, por el movimiento de las planetas se salen los tienpos; ca el anno non es sinon quanto anda el sol desque sale de un lugar fasta que torna [a] aquel lugar mismo; et el mes non es otra cosa sinon deque sale la luna de un lugar et torna [a] aquel lugar mismo;

1–2 et las almas dellos van] las almas dellos ⁊ van 16 entendiese] contendiese *Comp*. 5. 18

et las oras non son ál sinon lo que anda el sol en un día et en una
noche, que son veinte et quatro oras. Et todas estas cosas commo
55d son conplidamente / fasta que descenden a grados, et a puntos,
et [a] átomos et a menudos; et commo cada una de las planetas
cunple(n) sus meses et cada una en quanto tienpo, porque
tanne a la sciençia de la estroligía et sería luenga cosa de vos
lo dezir todo, non vos quiero más departir en ello.

Mas tornaré a la pregunta que me feziestes. Ya vos dixe que en los çielos pusiera Dios todas estas cosas et otras muchas en muchas maneras — et non faze ninguna [mengua] de vos lo dezir para esto que avemos de fablar. Pero dezirvos he, tanbién de la mar commo de la tierra, lo que se non puede escusar para esto que queredes de mí saber. Bien así commo Dios crió estas dichas cosas en el çielo, así quiso que se ayuntasen las aguas en un lugar et aquel ayuntamiento de las aguas llamó mares [et] lo que fincó seco llamó la tierra. Et de las mares sallen todas las aguas et a ella[s] se tornan. Et en las mares et aguas, todas las cosas vivas que en ellas viven [et] guaresçen nadando llaman los pescados. Et en la tierra crió todas las yervas et las piedras et los árboles et los metales, et las animalias, tanbién las que son linpias et andan — a que llaman animalias — commo las que andan rrastrando — a que llamen reptilias — commo las aves que guaresçen en la tierra et en el aire.

Et entre todas las otras cosas crió Dios el omne en la tierra,
et éste fizo a su imagem et a su semejança. Et en quanto lo fizo
a su imagen [. . .] sienpre crea en Él firmemente que Dios que
es cosa spiritual [. . .] quedara a ser corporal — et así lo fue
quando Jhesu Christo fue conçebido por el Spíritu Sancto en el
cuerpo de la vienaventurada virgen sancta María. Et ante que
fuese conçebido, et después que nasció et quando visco en el
mundo, [et] agora que está et estará para sienpre sin fin en
56a cuerpo et en (et en) alma en paraíso; sienpre fue / Dios et

4 a menudos] amenudo es   5 una] vno   14 quiso] q̄lo   17 en] el   22 reptilias] repulias   25–9 *This passage, which is hopelessly corrupt, is rewritten by* G (293a). *Two sentences, one after* a su imagen, *another after* spiritual, *of perhaps a line each, appear to be missing.* Ben. (469. 24) *prints the* MS. *reading as it stands.*

sienpre fue omne en el ordenamiento de Dios — mas non fue omne que paresçiese a los omnes en cuerpo fasta que nasçió de sancta María, commo dicho es. Et así non puede ninguno contradezir que, pues dixo que faría el omne a su imagen, que forçadamente non conviniese que Dios oviese aver cuerpo: que imagen non es ál sinon un cuerpo que semeja a otro.

Otrosí fizo el omne a su semejança. Et esta semejança que el omne a con Dios ⟨es⟩ en el alma: que así commo Dios es cosa spiritual et dura para sienpre, así el alma es cosa spiritual et dura para siempre. Pero entre Dios et el alma a dos departimientos: el uno, que Dios es Criador et el alma criatura; et el otro que Dios nunca ovo comienço, mas sienpre fue, et Él fue comienço et Criador de todas las cosas, et el alma a comienço quando Dios la cría et la pone en el cuerpo del omne desque es vivo et formado en el cuerpo de su madre. Et [des]que una vez es criada, nunca después puede aver fin. Et a comienço, mas non fin. Et así a este segundo departimiento entre Dios et el alma. Et semeja el omne en la rrazón a Dios, et en el entendimiento, et en el libre albedrío.

Por estas cosas que puso Dios en el omne dixo quel queríe fazer a su imagen et a su semejança. Por estos conplimientos et mejorías quel dio más que a todas las otras cosas, por ende quiso que se apoderase et se serviese et se aprovechase de todas criaturas que son en el çielo et en la mar et en la tierra.

Et todas estas cosas crió Dios en los seis días dichos. Et el seteno folgó. Et quando crió el omne, criólo solo. Et púsol nonbre Adám, que quiere dezir omne (e)terrenal, buscador de tierras. Et desque Adám fue criado, veyendo Nuestro Sennor Dios que era mester [ ] por que oviese(n) qui pudiese(n) engendrar, fízol adormeçer et sacó dél una costiella. Et sobre aquella costiella / puso carne et todas las cosas que conplían, 56b
fasta que fizo mugier conplida, et diógela por muger en que pudiese aver fijos, sin pecado. Et bien la pudiera Dios criar et si quisiera, así commo Adám; mas quísola criar de una

19 libre] lib° 29 *A noun and its determiner are missing after* mester qui] q̄ *Comp.* 156. 28 34 quisiera] q̄siera

partida de la carne et de los uesos del omne por dar a entender que la muger que es parte del cuerpo del omne. Et que así la deve omne tener et amar a su muger commo a su cuerpo mismo.[14] Et desque los ovo criado, bendíxolos. Et mandóles que engendrasen et cresçiesen et amucheguasen et finchiesen la tierra. Et púsol no[n]bre Adám, et a la muger Eva — que quiere dezir "vida", o "escuredunbre", o "madre de los vivos". Et Adám conosçió a su muger et e[n]gendró a Caín et [a] Avel, et con cada uno dellos nasció una muger. Et tienen los sabios que naturalmente sienpre las mugeres devían encaesçer un fijo et una fija. Et por ende sennaladamente an las mugeres dos tetas, por dar a entender que deven criar un fijo et una fija. Et cada uno de los fijos de Adám ovo por muger a su hermana.

[Et] así fueron cresçiendo los omnes en el mundo [et fue] tan lleno dellos que olbidaron las merçedes que Dios les fiziera, et començaron a fazer tantas malas obras fasta que Dios se enojó dellas et envió el delluvio sobre la tierra et murieron todas las gentes. Et estruyó todo el mundo, así que non fincaron sinon solamente Noé et su muger et tres sus fijos et las mugeres de sus fijos, et [dos] de todas las naturas de las animalias et de las aves que tovo consigo Noé por mandado de Dios. Et éstas escaparon et guaresçieron en un arca que Dios mandó fazer a Noé ante que el deluvio viniese.

Et después que el deluvio fue pasado mandó Dios a Noé et a sus fijos et a sus mugeres que engendrasen et poblasen el
56c mundo. Et tienen que fasta que los omnes et las / mugeres fueron muchos, que non guardavan a otras mugeres sinon a sus madres et sus fijas. Et todos estos vivían en ley de natura.

Et así se mantovieron fasta el tienpo de Abraán, que fue patriarcha. Et a éste dio Dios la ley cierta, así commo la çircu[n]çisión, et otras cosas que le mandó guardar.

Et en esta ley que Dios lis dio se mantovieron fasta el tienpo de Moisén. Et a este Moisén dio Dios la ley escripta en que son los dies mandamientos, et en que mandan cómmo deven

1 uesos] vsos   8 con] en   15 dellos] dellas   31 çircu[n]çisión] circuşisiō

fazer sacrifiçios et cómmo (se) deven usar los sacerdotes, et cómmo se deven alinpiar las gentes de los pecados, et cómmo deven bevir et mantenerse las gentes unos con otros, et otras cosas muchas que serían muy buenas de poner en este libro. Pero en cada ley nunca les prometió sinon bienes tenporales, tanbién de galardón de los vienes si los fiziesen, commo de pena si fiziesen el contrario.

Et en esta ley se mantovieron fasta el tienpo de Jhesu Christo, que fue conçebido por [el] Spíritu Sancto en el vientre de la virgen sancta María, et fue, et es, et será verdadero omne et verdadero Dios. Et la ley que Jhesu Christo dio, commo quier que en algunas pocas cosas fabla en los bienes tenporales — así commo en los sacramentos, et en (algunos) algunas pocas otras — pero en todo lo más que Él dixo fue para salvamiento de las almas, et dio maneras çiertas en la ley que dio en que se pudiesen salvar.'

El xxviii° capítulo fabla de cómmo Julio dixo al infante que **xxviii**
después que Jhesu Christo fue puesto en la cruz por rredemir los pecados de los omnes que fincara sant ⟨Pedro⟩ por su vicario.

'Después que Jhesu Christo fue puesto en la cruz, tomó ý muerte por nós los pecadores, et fincó sant Pedro por su vicario en Roma. Et a este sant Pedro et a los que vinieron después dél que to/vieron aquel lugar, dio Dios tamanno poder que pueden **56d**
absolver los omnes de los pecados. Et los que ellos asuelven en la(s) tierra(s) son asueltos en los çielos. Et este ordenamiento fizo Jhesu Christo el Jueves de la Çena, sabiendo la pasión que avía de sofrir otro día el viernes. Et por ende ante que la reçibiese ordenó el sacramento de la missa, et puso a sant Pedro por su vicario, commo dicho es. Et después de sant Pedro fue puesto en esse lugar mismo et uvo ese mismo poder sant Silvestre por papa en su lugar. Et después fasta el día de oy sienpre así se fizo que cada que muere el papa, los cardenales, que [son en]

5 bienes] buenos (B)   22 vinieron] vinierē   29–30 B *suggests* fue puesto en ese lugar mismo sant siluestre por papa en su lugar e ouo ese mismo poder (p. 179, n. to G 294a. 3)

lugar de los apóstoles, esleen uno por papa. Et aquél es cabeça dellos et de lla Eglesia, así commo sant Pedro fue cabeça de los apóstoles et de la ley, que es la Eglesia. Et éste a poder en todo lo spiritual, así commo Jhesu Christo lo acomendó a san Pedro et a los que toviesen su lugar después dél.'

xxix El xxix[°] capítulo fabla en cómmo Julio dixo al infante de aquel enperador que fue en Roma que ovo nonbre Consta[n]tino, et del poder que dio al papa en lo temporal.

'Et después, un enperador que fue en Roma, que ovo nonbre Constantino, dio grant poder al papa en lo tenporal et todos los enperadores que fueron después guardárongelo(s) sienpre. Et así que los papas que an poder conplido en lo spiritual, et en lo tenporal anlo muy grande.

Et porque el mundo es muy grande et cunple que aya ý quien muestre et quien guarde la ley por poder et por actoridad del papa, son los cardenales et las patriarchas et los arçobispos et los obispos et dende ayuso toda la clerizía, tanbién religiosos commo seglares, para pedricar et mantener la ley et para absolver los omnes de los pecados que fazen para que puedan salvar las almas. Et commo quier que la ley de los christianos a muchas
57a cosas, en speçial quanto en general, es/to que vos he dicho es lo más de la ley.'

xxx El xxx° capítulo fabla en cómmo Julio dixo al infante que depués muy grant tienpo que Jhesu Christo fuera puesto en la cruz, que viniera un falso omne que avía nonbre Mahomat, et que pedricara en Aravia et fiziera crer [a] algunas gentes nesçias que era propheta enviado de Dios.

'Otrosí a muy grant tienpo después que Jhesu Christo fue puesto en la cruz, vino un falso omne que avía nonbre Mahomad. Et pedricó en Aravia, et fizo crer [a] algunas gentes nesçias que era propheta enviado de Dios. Et dio en manera de ley muy grant soltura a las gentes para conplir su voluntad muy lixosamente et muy sin rrazón. Et por ende las gentes mesquinas, cuidando que cunpliendo su voluntad podían salvar las almas, creyéndole, tomaron por ley aquellas vanidades que les él dixo. Et tantas fueron las gentes quel creyeron que se apoderaron de muchas tierras, et aun tomaron muchas — et tiénenlas oy en día — de las que eran de los christianos que fueron convertidos por los apóstoles a la fe de Jhesu Christo. Et por esto a guerra entre los christianos et los moros, et abrá fasta que ayan cobrado los christianos las tierras que los moros les tienen forçadas; ca, quanto por la ley nin por la secta que ellos tienen, non avrían guerra entre ellos. Ca Jhesu Christo nunca mandó que matasen nin apremiasen a ninguno por que tomasen la su ley, ca Él non quiere serviçio forçado sinon el que faze de buen talante et de grado.[15] Et tienen los buenos christianos que la rrazón por que Dios consintió que los christianos oviesen reçebido de los moros tanto mal es por que ayan rrazón de aver con ellos guerra derechureramente et por que los que en ella murieren, aviendo conplido los mandamientos de Sancta Eglesia, sean mártires, et sean las sus ánimas por el martirio quitas del pecado que fizieren.

El la secta de los moros, en tantas / cosas et en tantas maneras 57b
es desvariada et sin rrazón que todo omne que entendimiento aya entendrá que ningún omne non se podría salvar en ella. Et lo uno por esto, et lo ál por[que] non fue dada por Dios nin por ninguno de llas sus prophetas, por ende non es ley, mas ⟨es⟩ secta errada en que los metió aquel mal omne Mahomat que los engannó.

Otrosí, todos los paganos non tienen ley, ca non les fue dada por Dios nin por ningún propheta, nin tienen secta çierta, ca por ninguno nunca tomaron ninguna carrera nin ninguna entençión çierta; ante toma cada uno quanto tienpo quiere aquella entençión et aquella secta de que cada uno más se paga. Et así éstos andan tan fuera de la carrera de salvaçión commo las animalias, que non an almas nin entendimientos de rrazón [et] usan más derechamente de la vida, según naturaleza, que los omnes. Bien devedes entender quán menguadso son los omnes, que biven más sin rrazón que las animalias que non han rrazón.

Agora, sennor infante, vos he dicho todas las leys o sectas

en que biven las gentes, et tengo — si vós quisiéredes usar derechamente del entendimiento que Dios les dio et yo sé que avedes — [et] bien çierto só que tomaredes la ley de los christianos.'

xxxi El xxxi° capítulo dize de cómmo el infante dixo a Julio que bien avía parado mientes en las rrazones quel avía dichas et, segund le parescía, que él que quería que se tornase a la ley de los christianos.

'Julio,' dixo el infante, 'bien he parado mientes en las rrazones que me avedes dicho. Et segund pareșçe, vós querríades que tomase la ley de los christianos. Et bien vos digo que segund las rrazones que vós avedes dicho, que me pareșçe que entre las otras leys que es ésta la mejor. Pero tengo que por dos rrazones
57c non me devo a esto arebatar fasta que sea / ende mas çierto: la una es que toda grande cosa que omne aya a fazer o a cometer, ante deve catar todos los contrarios que ý pueden acaeçer: porque después que la començare, sil acaeșçiere algún contrario, non ha por qué se arepentir, pues ende era aperçebido ante que lo acomençase. Et (a)si omne deve fazer esto en qualquier fecho granado, mucho más lo deve fazer en tomar ley; ca por la ley puede omne salvar o perder el alma, que es la más cara cosa que omne a; et aun el cuerpo puede ser onrado o sin grant onra. Et la otra es porque todas estas rrazones que me vós dezides son pruevas de omnes que dezides fueron sanctos et profetas; et commo quier que tengo que vós non diríedes sinon lo que cuidásedes que era verdat, pero bien podría ser que estos que dezides que fueron sanctos et profetas, que non escrivieron ellos todas las cosas que dizen que ellos dixieron, et por aventura que dizen que fueron sanctos et prophetas, et non [lo fueron]. Et si yo, por dicho de omnes, obiesse de aventurar una villa o un castillo o dineros o otra cosa que, si se perdiese, que pudiese poner omne cobro a ello, bien aventuraría yo atal cosa. Mas el alma, que se pierde o se gana por la ley, et si una vez se pierde nunca podría aver rremedio para se cobrar,

30 et non [lo fueron]] o nõ (G)

bien devedes entender que non es cosa que omne deve aventurar por palabras que vós me digades que otros dixieron. Mas si vós queredes que yo que tome la ley de los christianos, mostradme rrazón manifiesta que entienda yo por mi entendimiento que es mejor ley que qualquier de las otras, et tomarla he.'

El xxxii° capítulo fabla en cómmo Julio dixo al infante que bien xxxii
entendía quel fablava muy con razón, pero que en las leys, para
salvar el alma, la primera cosa que omne ha / mester era que 57d
oviese fe, que quiere dezir que crea omne lo que non puede
acançar por rrazón.

'Sennor infante,' dixo Julio, 'bien entiendo que vós fablades muy con rrazón. Pero en las leys para salvar el alma, la primera cosa que a mester en ella es fe, et fe que quiere dezir que crea el omne lo que non vee nin puede alcançar por rrazón.

Ca, sennor infante, bien entendedes vós que en la cosa que el omne veye o entiende, non ha por qué aver galardón ninguno en creerla. Et fazervos he una pregunta, et só çierto que tal entendimiento avedes que por la repuesta vuestra misma entendredes declaradamente qué cosa es fe. Si un rrey o un sennor que está en una grant guerra enbía sus mandados por las tierras por quel traya[n] gentes para su serviçio, et los que son de tierras mucho alongadas et nunca bieron aquel rrey, nin oyeron fablar dél sinon tan solamente por aquello que oyen [a] aquellos mensajeros, et porque les prometí⟨en⟩ de parte de aquel rrey que les dará buen galardón por los peligros et trabajos que tomen en su serviçio los que esto cren, et se aventuran a dexar sus tierras et quanto an et non se duelen de aventurar los cuerpos a los peligros que les puede acaesçer, et se van para él por esperança de galardón que los sos mensageros les dixieron; [et] otros [que] aquel rrey mismo prometíe villas et castiellos et otras muchas rriquezas et onras, et prometíe de gelas dar por tal quel sirvan, et ellos, aunque lo veen, non lo quieren crer nin quieren seer a su serviçio fasta que primeramente rreciban el galardón; ¿a quáles déstos vos paresçe a

19 entendredes] entēdiestes (B)

vós que es aquel rrey más tenido de fazer bien et de aver buen talante?'

'Sin dubda,' dixo el infante, 'segund yo tengo, a esto es muy ligero de responder. Et por ende vos digo que commo quier
58a que los que ante quisieron tomar el galardón, que / fiziesen el serviçio, fueron cuerdos et pleiteses, mas los que por esperança se aventura[ro]n, a éstos tengo que es el rrey más tenido de les dar mejor galardón et de les amar más.'

'Sennor infante,' dixo Julio, 'agora me avedes respondido a lo que yo vos dixe de la fe. Ca quanto vós más apremiades vuestro entendimiento para crer las cosas que vos dixieren de la ley que el entendimiento non puede alcançar et pusiéredes ende fe, tanto av[r]edes mayor galardón. Et así convienen que la primera cosa que vós fagades para tomar la ley [es] que ayades fe, et que apremiedes vuestro entendimiento para creer las cosas que son de la ley.'

xxxiii El xxxiii° capítulo fabla en cómmo el infante dixo a Julio que bien entendía que para tomar omne la ley commo deve, que en toda guisa devía aver fe en ella.

'Julio,' dixo el infante, 'bien entiendo que para tomar la ley que en toda guisa deve aver omne fe en ella. Et eso mismo pueden dezir todos los que tienen qualquier ley o secta [que] se salvarán. Et así tengo que la fe solamente non cunple para tomar omne la ley, mas tengo que primeramente deve omne entender por quál razón es la mejor ley, et en la que fallare más rrazón para salvar el alma, que la deve tomar. Et después que la tomare deve aver fe que se salvará en ella. Et por todas estas rrazones — pues vós me dezides que tome la ley de los christianos et dexe aquella en que visquieron todos aquellos onde yo vengo, et aun yo fasta aquí — conviene que me mostredes rrazón por que pueda mejor salvar el alma en esta ley que vós dezides que en otra ninguna.'

1 buen] bien 7 se aventura[ro]n] se auentãn 13 ende] en la 22–3 [que] se salvarán (G). B *suggests that* se salvarán *may be due to attraction by* que se salvará en ella, *line* 27 *below, and should be omitted* (p. 179, n. to G 295b. 8)

'Sennor infante,' dixo Julio, 'commo quier que yo querría que oviésedes fe en esto que yo digo et que de grado viniésedes a tomar nuestra ley, mucho me / plaze ⟨por⟩que beo que lo 58b
queredes fazer con rrazón et con madureza, et sin rebato et sin liviandat. Ca só çierto que así commo con grant entendimiento lo queredes fazer, que así con grant entendimiento lo sabredes (así) guardar.

Et pues así lo queredes, de lo que yo entendiere, dezirvos he algunas cosas por que con rrazón entendredes vós que la ley de los christianos es mejor que todas las otras. Et non creades que todas quantas mejorías la ley de los christianos ha de las otras, yo nin otro omne ninguno vos las pudiese dezir todas. Mas dezirvos he yo tantas que entendredes vós que sin dubda es ésta la mejor ley.

Sennor infante, todas las leys o sectas en que agora los omnes biven, de que sabemos nós, son quatro: la ley de los christianos, que dio Jhesu Christo; et la ley de los judíos, que dio Moisén; et la secta de los moros, que dio (a) Mahomad; et todas las otras sectas que tienen los paganos. Et entre estas leys et sectas ay muchos desvaríos et departimientos; pero quanto las tres, que son la de los christianos et la de los judíos et la de los moros, todos acuerdan et cren que a un Dios, criador de todas las cosas, que por el su poder et por la su voluntad se fizieron todas las cosas, et se fazen et se farán, et que obra en todas las cosas, et ninguna cosa non obra en Él. Et de los paganos, algunos ay que creyen algo desto et algunos que non. Et porque vós, sennor, sodes de la manera de los paganos, si vós tenedes que en Dios ha estas cosas que vos he dicho, non he por qué vos fablar en vos mostrar con rrazón que forçadamente conviene que creades que non se puede escusar de aver Dios en el mundo. Pero si vós non lo credes, o credes que en el mundo se faze o se mantiene [cosa] por natura, et non / por poder nin por voluntad de Dios, con- 58c
venría que vos lo muestre, porque non podedes vós nin omne del mundo poner rrazón contra ello.'

5 liviandat] humanidad (G) 20 quanto las tres *Comp.* 117. 5, 128. 17, 197. 33 32–3 convenría] conũria

xxxiv El xxxiiii° capítulo fabla en cómmo el infante dixo a Julio que commo quier que rrazón le dava de crer que Dios [es] tal como le dizía, que mucho le plazía quél dixiese esta rrazón.

'Julio,' dixo el infante, 'commo quier que razón me da a mí de crer que Dios es tal commo vós dezides, mucho me plaze que digades vós esta rrazón.'

'Sennor infante,' dixo Julio, 'yo vos lo diré en guisa que entendredes que vos digo verdad. Vós sabedes que ninguna cosa non se mueve si otrie non la muebe. Et aquel movimiento dura et va de movimiento en movimiento fasta que llega a un movedor que faze todos aquellos movimientos Et non ay movedor que pueda mover a él.[16] Et ponervos he algunos enxienplos por que lo entendades. Si omne quiere mover el dedo conviene que mueba aquellos nervios que mueven aquel dedo; et si quiere mover la mano conviene que faga eso mismo en los nervios que la mueben, et dende ariba eso mismo el braço, fasta que llegue al meollo, donde se mueven todos los movimientos de los nervios. Et en este meollo ha entendimiento et movimiento et voluntad. Et esta voluntad faze entender al entendimiento que cunple que se mueba aquel dedo. Et el entendimiento faze al movimiento que mueva aquellos nervios por que se mueva el dedo. Et así en el cuerpo del omne todas las cosas que se fazen et se mueven son por esta natura. Et la voluntad, que faze todas cosas, está en el alma, que da al cuerpo vida et que ha rrazón. Et esta alma críala Dios. Et ha departimiento entre el alma de los omnes et el alma de las animalias; ca el alma de los
58d omnes / da vida al cuerpo — así commo el alma de las animalias — et demás ha rrazón et libre albedrío, et por esto meresçe aver gloria o pena segund sus obras. Et esta alma que ha esta avantaja de las almas de las animalias es criatura de Dios spiritual, et muébese por el libre alvedrío que Dios en ella puso.

Et así Dios es el primer movedor de todas las cosas que son en el cuerpo del omne, et a Él non le mueve ninguna cosa. Et si queredes dezir que a Dios mueve ninguna cosa et ha poder de lo fazer, así podríemos fablar sin fin, ca por fuerça conviene que

15 nervios] neruerios   21 mueva] māda (B)

aya un movedor que mueba todas las cosas et ninguna cosa non aya poder de mover a Él. Otrosí, quando an de nasçer el pan o las fructas de la tierra, esto a de ser por virtud del sol et de los elementos, et estos muébense segund natura, et la natura muévese por la voluntad de Dios. [Et] de allí adellante, segund dicho es, non puede aver otro movedor.

Et por estos exemplos que vos he mostrado, podedes entender todas las otras cosas que se fazen en el mundo. Et así forçadamente a omne a entender que ha un movedor por cuya voluntad se mueve[n] et se faze[n] todas las cosas et ninguna cosa non puede mover a Él. Et aquel que todo esto faze et ha este poder, aquél es Dios.'

El xxxvº capítulo fabla en cómmo el infante dixo a Julio que **xxxv**
commo quier que fasta aquí tenía que un movedor era que fazía todas las cosas, et esto tenía porque es segund rrazón, pero quel plazía mucho porque gelo avía mostrado tan llanamente.

'Julio,' dixo el infante, 'commo quier que fasta aquí yo tenía que un movedor era que fazía todas las cosas — et esto tenía yo porque esto es segund rrazón — pero plázeme mucho porque me lo agora avedes mostrado tan llanamente, que bien entiendo que un Dios es el que muebe et faze et obra en todas las cosas, et / ninguna non obra en Él. Mas, commo quier que llanamente 59a
me diestes a entender esto, aún non me avedes mostrado ninguna rrazón por que yo manifiestamente entienda que la ley de los christianos, que vós dezides que es mejor que todas las otras, lo sea. Et por ende vos rruego que si alguna cosa vós sabedes ende, que me la digades; ca yo por ninguna manera non [la] tomaré fasta que por mío entendimiento entendiese quál es la mejor.'

'Sennor infante,' dixo Julio, 'yo entiendo et tengo que asaz rrazones vos he dicho por que lo devedes por entendimiento entender. Pero, pues que vós aún non vos tenedes por pagado, dezirvos he otras cosas que creo que vós nin omne del mundo con rrazón non puede contradezir que la ley de los christianos

21 es] τ (G)

non sea la mejor, et más con rrazón, más a serviçio de Dios et más limpia; et aunque es cosa forçada que convino — et non se puede escusar — que fuese esta ley para que fuesen las almas salvas en ella et que vós mismo entendades que en otra non se pueden salvar.'

xxxvi El xxxvi° capítulo fabla en cómmo Julio dixo al infante que pues él creía que un Dios era criador et movedor de todas las cosas, con rrazón devía crer que este mundo se mantiene por el su poder et por la su voluntad.

'Sennor infante, pues creedes vós que un Dios es criador et movedor de todas las cosas, con rrazón (et) devedes entender et crer que este mundo — que son los çielos et la tierra et la mar et todas las cosas que en ella se crían — que todo se fizo et se mantiene por el poder et por la voluntad de Dios. Et si vós creedes que esto que es así, dende adelante vos mostraré muchas rrazones por que por el vuestro entendimiento con rrazón entendades que la nuestra ley de los christianos es mejor que las otras. Et si por aventura esto non creedes, avervos [he] ante
59b a mos/trar qué fue la rrazón por que convino que Nuestro Sennor Dios criase el mundo.'

xxxvii El xxxvii° capítulo fabla en cómmo el infante dixo a Julio que tan grant era el talante que avía de oír las razones por que la ley de los christianos era mejor que ninguna de las otras [que non querría] dexar [de saber] la rrazón por que las [almas] se an de salvar.

'Julio,' dixo el infante, 'tan grande es el talante que vos he yo de oír las rrazones por que la ley de los christianos es mejor que ninguna de las otras, que non querría andar fablando en estas rrazones et dexar de saber la rrazón et la ley por que las almas se an de salvar. Et por ende vos ruego que me digades et me mostredes las rrazones que vós sopiéredes por que la

17 la nuestra ley *The scribe wrote* la sr̄a, *and then corrected to* la vr̄a, *perhaps by contamination with* el vuestro entendimiento *in line* 16 *above. The sense requires* nuestra   23–5 *Comp. lines* 29–30 *below and* 6. 19–20

ley de los christianos es mejor que las otras. Que quanto en crer que fizo Dios el mundo, bien sabedes vós que mío padre et yo et Turín, que está aquí connusco, et todos los de nuestra tierra, lo creemos. Et siquier bien pudiestes oír en las rrazones que pasaron entre mí et Turín, que aquí está, quando departíemos sobre el cuerpo del omne que fallamos muerto, que muchas vegadas et sobre muchas cosas fue ý dicho que aquellas cosas todas se fazen por poder et por voluntad et por ordenamiento de Dios. Et así devedes entender que pues esto nós creemos et tenemos sin dubda, que el mundo et todas las que en él son se criaron et se movieron por mandado de Dios, et duran quanto fuere(n) su voluntad.'

El xxxviiiº capítulo fabla en cómmo Julio dixo al infante que **xxxviii** mucho gradesçía a Dios porque todas estas cosas creía.

'Mucho gradesco a Dios, sennor infante,' dixo Julio, 'pues todas estas cosas creedes, desde aquí adelante vos diré lo que entendiere que cunple para las rrazones que me avedes / preguntado. Vós, sennor infante, devedes saber que quando 59c Nuestro Sennor Dios crió el mundo et fizo [a] Adám et ⟨a⟩ Eva — quel dio por conpanna et por muger para que engendrase et que ⟨se⟩ poblase el mundo — que lo fizo muy conplido; así que ninguna de las pasiones et menguas que los omnes oy avemos non avíen ellos a sentir ninguna, mas ellos et todos los que dellos viniesen avíen a bevir en el paraíso terrenal sin pesar et sin mengua. Et quando fuese voluntad de Dios que se partiesen deste mundo, avían de aver gloria del paraíso en el cuerpo et en el alma. Et avían de conplir los lugares que fincaron vazíos de aquellos spíritus malos que cayeron de los çielos et se perdieron por sus mereçimientos, quando Luçifer era su mayoral et ellos se desconosçieron contra Nuestro Sennor Dios.

Et quando Adám et Eva su muger fueron ý puestos por mandado de Dios, díxoles que de todas aquellas fructas que avía en el paraíso et todas las otras cosas que avía en él se

29 çielos] çelos *corrected to* çielos *by the scribe*

mantoviesen et se serviesen. Mas defendióles que de un árbol que era en medio del paraíso et llamavan árbol de vida, que quiere dezir 'saber bien et mal', que de aquél non comiesen; ca luego a la ora que dél comiesen, que luego morrían. Et aquel árbol era muy fermoso, et el su fructo paresçía bien et era muy apuesto et muy plazentero para comer. Et andando Adám et Eva por el paraíso desnudos quales nasçieron, non avían vergüença de Dios nin de sí mismos nin de ninguna otra cosa, et esto era porque eran sin pecado. Et andando ellos tan bienandantes, la culuebra, que era [la] más artera de todas las otras animalias, dixo a la muger que por qué non comía de aquel fructo de aquel árbol. Et dixo la muger que Dios les defendiera que non comiesen nin se llegasen [a] aquel árbol, ca si lo
59d fiziesen, por / aventura morrían. Et ya en este lugar començó a mentir la muger en dos maneras: la una, que dixo que Dios le[s] mandara que non tanxiesen aquel árbol (que Dios les mandara); et la otra, que puso en dubda lo que Dios les mandara por çierto. Ca Dios non les defendiera de llegal [a] aquel árbol, sinon el comer dél. Et díxoles que qualquier ora que dél comiesen, que luego morrían. Et esto puso ella en dubda. Et dizen los sabios, algunos dellos, que la culuebra, quando entendió que la muger dezía más de quanto Dios les defendiera, et que ponía en dubda lo que Dios le[s] defendiera por çierto, dizen que la enpuxo et que l[a] fizo tanner al árbol, et desquel tanxo que non murió. Et entendi[end]o que iva consentiendo en el su mal consejo, dizen quel dixo: "Tan poco commo moriste agora, maguer que tanxiste al árbol, tan poco morrás si comieres de su fructo."

Et commo quier que estas rrazones passasen entre ellos, lo çierto es que la culuebra tomó del fructo del árbol et diolo a Eva. Et ella comiólo, et dio dello [a] Adám et otrosí comiólo. Et a la ora que lo ovieron comido entendieron qué era bien et mal et que avían caído en pecado. [Et] obieron vergüença porque estavan desnudos, lo que ante non avían. Et tomaron de

18 llegal *Comp.* maltrael 161. 19, conpral 203. 7 24 que l[a]] q̄l (G)
30 culuebra] culieb~ diolo] diola 32 ovieron] comierō

las fojas de las figueras, porque eran más anchas que [las] de los otros árboles, et cubrieron con ellas los lazares de sus cuerpos que eran más vergonçosos de paresçer descubiertos. Et estando ellos así, entró Nuestro Sennor Dios por el paraíso terrenal a do los pusiera. Et quando ellos lo entendieron, por el grant miedo et por la grant vergüença que ovieron del yerro que avían fecho contra quien tanto bien les fiziera, escondiéronse. Et Nuestro Sennor llamó [a] Adám et preguntól a dó estava. Et Adám respondió et dixo: "Sennor, oí la tu voz et ovi miedo porque estava desnuyo." Et preguntól Nuestro Se/nnor que por ⟨qué⟩ lo fiziera. Et respondiól que la muger 60a
quel diera por conpanna lo engannara et le diera del fructo et él que lo comiera. Et preguntó a la muger que por qué lo fiziera, et ella dixo que la culuebra la engannara. Luego entonçe maldixo Dios a la culuebra de muy fuertes maldiçiones. Otrosí maldixo a la muger, et aun maldixo [a] Adám. Et tiróles quanto bien avían; ca Nuestro Sennor Dios criara [a] Adám et a Eva et conplidos de todo bien, así que ellos et todos los ⟨que⟩ dellos viniesen nunca oviesen pesar nin dolor, nin sintiesen ninguna mengua, nin envegeçiesen nin oviesen fambre nin sed nin frío nin calentura; mas que sienpre estudiesen en alegría et en plazer. Et algunos sabios dizen que nunca avían de morir, mas que sienpre avían de fincar en aquella gloria.[17] Et otros dizen que porque eran conpuestos de cuerpo et de alma et de los elementos, que non se podría escusar de se partir el alma del cuerpo; mas quando fuese este partimiento sería sin ningún dolor et sin pesar, et que en cuerpo et en alma serían en paraíso, et que sería el cuerpo glorificado.

Et commo quier que esto digan los unos sabios et los otros, lo çierto es que por el pecado que Adám et Eva fizieron que los maldixo Dios et que perdieron quanto bien avían. Ca por vida cobraron muerte, et por plazer cobraron pesar, et por salud cobraron enfermedat. ¿Qué vos diré mas? De todos quantos vienes Dios en ellos pusiera, de todos cayeron en el contrario. Et desque este pecado ovieron fecho et Dios los maldixo,

3 descubiertos] descubiertas 7–8 escondiéronse] escondierēse

segund dicho es, sacólos del paraíso, et mandólos que labrasen en la tierra et biviesen et se mantobiesen de su lazerío et por su trabajo.

Et de allí adelante, por el pecado que Adám fizo, fincaron
60b él et su linage jubgados / de Nuestro Sennor que muriesen con dolor, et en quanto visquiesen que fuese la su vida con pesar et con trabajo, tanbién del cuerpo commo de la voluntad. Pero fue la su merçed del dar entendimiento et rrazón natural, et por ende pueden los omnes mereçer o desmereçer. Ca pues an entendimiento et poder para bien et mal, si dexan el bien et fazen el mal an desmeresçimiento et pena en este mundo et en el otro; et si dexan el mal et fazen el bien an meresçimiento et galardón en este mundo et en el otro.

Et porque el omne es conpuesto de cuerpo et de alma, del bien o del mal que fazen entramos an gloria et pena. Ca en este mundo por el bien que fazen seyendo ayuntados en uno, an gloria en los buenos plazeres et sin pecado que ha en los bienes tenporales que Dios les faze; et en el otro mundo abrán gloria spiritual, el alma en el paraíso do es Dios, que es gloria spiritual de las almas et sin fin.

Pues, sennor infante, vós me podedes agora preguntar que pues yo digo que por los vienes et por los males que el cuerpo et el alma fazen seyendo ayuntados en uno en este mundo, que an galardón et pena en este mundo mismo, et vos digo que por los vienes et por los males que el cuerpo et el alma fazen en este mundo que avrá el alma galardón et pena spiritual en el otro mundo; et non vos digo ninguna cosa que será del cuerpo estonçe, ca pues el cuerpo fue en este mundo parçionero et obrador en las buenas obras et en las malas que el alma et el cuerpo fizieron seyendo ayuntados en uno, la justiçia de Dios non sería conplida si en el otro mundo el cuerpo non oviese gloria o pena. Et çiertamente, sennor infante, esta pregunta sería muy derecha et muy con rrazón. Et ésta es una de las cosas que mucho ayudan a lo que vós queredes saber de mí, que es la avantaja que ha la ley de los christianos de las otras

16 an] en

leys. / Mas, con la merced de Dios, yo vos rrespondré adelante 60c
do bienen todas estas rrazones en su lugar, et las podredes
mejor entender.'

El xxxixº capítulo fabla en cómmo Julio dixo al infante que xxxix
yal avía dicho quántos vienes Nuestro Sennor Dios fiziera [a]
Adám et a Eva, su muger.

'Sennor infante, ya vos dixe desuso quántos vienes Nuestro Sennor Dios fizo [a] Adám et a Eva, su muger, et su conpanna, para ellos et a los que dellos viniesen, quando los crió et los puso en el paraíso terrenal, et quánto mal les vino et quántas maldiçiones puso Dios en ellos por el pecado que fizieron. Et si bien parades mientes el pecado et el yerro que entonçe acaesçió vino por esta manera:

La culebra, que tienen que fue el diablo, fue mensagera, et fabló con la muger por engannarla et fazerle pasar el mandamiento de Dios. La muger mintió en quanto dixo que Dios le defendiera que non tanxiese al árbol, et puso en dubda lo que Dios le defendiera por çierto; pero fue consintiendo en el mal consejo que la culebra le dava. Et deque la culebra entendió que la muger mentiera de una parte, et iva consintiendo en su mal consejo, afincóla más, en guisa quel fizo conplir el pecado. Et la muger engannó al omne, et el omne erró et pecó contra Dios que tanto bien le fiziera. Et así este mal ovo comienço de la culebra que engannó a la muger, que mintió et puso lo çierto por dubdoso, et consintió en el mal consejo quel dio la culebra [. . .] et commo engannó a su marido et pecó contra Dios, et después Adám commo pasó el mandamiento de Dios et erró contra Él.

Et, sennor infante, todos estos yerros et estos pecados çiertamente los pudiera Nuestro Sennor Dios desfazer et alinpiar
muy ligeramente si quisiera. Ca todas las cosas son / en el su 60d
poder, et a Dios non a cosa en el mundo grave ca todo es en su voluntad: así commo lo quiere, así es fecho. Et si quiere,

2 et] en 19 la culebra le dava] la culieb~ le daua *Comp. line* 14 *above, lines* 19, 24, 25 *below etc.* 25 dubdoso] dubdose

bien podedes entender que pues Él fizo todo el mundo de nada, et non puso ý sinon tan solamente la voluntad, que si por voluntad lo oviera a fazer ligeramente pudiera desfazer este pecado. Mas Él non lo quiso fazer sinon con rrazón.

Et pues quiso que este pecado se desfiziese con rrazón, convino que en tantas et tales maneras et tales personas biniera el pecado que por tantas et tales maneras et tales personas vinies el desfa[zi]miento del pecado et la emienda. Et por ende, así commo la culebra — que era el diablo — fue a engannar a la muger, et así convino que el ángel — que es contrario del diablo — fuese mesagero a la muger. Et así commo la muger mintió a la culebra que así la muger dixiese verdad al ángel. Et así commo la muger puso en dubda lo çierto que así la muger pusiese lo dubdoso por çierto. Et así commo la muger consintió et conçibió en el pecado contra Dios et contra su palabra, que así la muger consintiese et conçiviese de la palabra de Dios. Et así commo la muger, por sobervia et desobedençia, se sopo alongar de Dios, que así la muger, por omildat et por obediençia, se sopiese llegar a Dios. Et así commo la muger engannó [a] Adám, que era su marido et su conpannero, que así por la muger fuesse desengannado su esposo et el linage de los omnes, que eran sus conpanneros. Otrosí, commo Adám, que era omne, erró contra Dios, et él en quanto era omne non podría fazer emienda a Dios. Et bien sabedes vós, sennor infante, que si un omne de pequenna guisa faze grant tuerto con grant desonra a un grant sennor, que por mal que venga [a] aquel omne, que aquel
61a sennor le faga, non puede aver / emienda dél conplida; mas para seer la emienda quel deve [conplida], conviene que otro omne tan bueno commo él faga emienda por el omne de pequenna guisa que erró. Et por(que) Adám, que era omne et criatura de Dios, bien devedes entender vós, sennor infante, que pues él tanto errara contra Dios, que era su criador, que él non podría fazer emienda por sí conplida.

Otrosí, non avía otro tan bueno commo Dios que fiziese

14 lo dubdoso por çierto] lo çierto por dubdoso *Comp.* 65. 24–5, 68. 6–7, 26–7 que aquel sennor] cō aq̄l señor (Ben. 479. 22)

emienda a Dios por el omne. Mas para que la emienda fuesse tan conplida commo devía, convino que fuese Dios et omne; [Dios] que fizies⟨e⟩ emienda a Dios, et omne que fizies emienda por el omne. Otrosí, pues Dios fizo el omne conpuesto de alma et de cuerpo, et en quanto el cuerpo et el alma son ayuntados en uno, en este mundo an gloria o pena tenporal por los vienes et males que fazen, et el alma a gloria o pena en el otro mundo spiritual, así commo ella es spiritual; bien entendedes vós, sennor infante, que la justiçia de Dios [non] sería conplida si el cuerpo — que es cosa corporal — non oviese gloria o pena por los males o por los vienes que fizo quando era ayuntado con el alma, segund so mereçimiento. Mas para que esto se faga commo deve, conviene que segund fueron ayuntados en este mundo, que así lo sean en el otro. Et para que amos ayan gloria spiritual et corporal, o pena spiritual et corporal, convino que Dios que fuese Dios et omne: que fuese Dios, que es cosa spiritual et sinple, por que oviese gloria con el alma, que es cosa spiritual et sinple, et que fuese omne corporal, por que oviese gloria con el cuerpo del omne, que es cosa corporal et conpuesta. Et si meresçieren aver pena, que así commo las almas et los cuerpos glorificados an gloria, spiritual et corporalmente, en veyendo a Dios et al su buen talante spiritual et corporalmente; que así los que meresçen aver pena, que la ayan, biyendo et sintiendo spiritual et corporalmente / la ira de Dios, que ellos 61b
meresçieron aver por sus malas obras.'

El xl° capítulo fabla en cómmo Julio dixo al infante que ya le xl
avía respondido a la pregunta quel podía fazer.

'Agora, sennor infante, vos he respondido a la pregunta que dixe desuso que me podíades fazer. Otrosí vos digo que todas estas cosas acaesçieron en nuestra ley de los christianos et non en otra ninguna. Et se cunplió por la bienaventurada virgen sancta María, que conçibió el Fijo de Dios, que fue verdadero Dios et verdadero omne.

Et por que lo entendades, dezírvoslo he bien declaradamente. Así commo la culebra, que era diablo, fue mensagera a Eva, que

era muger; así convino que el ángel, que es contrario del diablo, fuese mensagero a la virgen sancta María. Et así commo la muger mintió al diablo, que así sancta María dixiese verdad al ángel — ca le dixo: "He aquí la sierva de Mío Sennor Dios. Así se cunpla commo dize la tu palabra." Así commo la muger puso en dubda lo çierto, que así sancta María pusiese lo dubdoso por çierto — ca commo quier que muy dubdosa cosa era en crer que podría seer madre et virgen, pero a la ora que entendió que esta mandadería era de Dios et por el Spíritu Sancto, luego lo creó. Et por ende dixo el ángel: "Bienaventurada eres porque creíste. Ca todo lo que te fue dicho de parte de Dios se cunplirá en tí." Et así commo la muger se marabilló quando la culebra le dixo que por qué non comía de aquel fructo, así se marabilló sancta María quando el ángel le dixo que conçibría del Spíritu Sancto. Et así commo la muger Eva consintió et conçibió en el pecado, contra Dios et contra la su palabra, así sancta María consintió lo que el ángel le dixo de parte [de] Dios et conçibió
61c por la palabra ⟨de⟩ Dios, segund / dize sant Johan Evangelista: "Et la palabra se fizo carne." Et así como Eva, por sobervia et desobe[de]nçia, se sopo alongar de Dios et perder la su graçia, así sancta María, por humildad et obediençia, se sopo tanto allegar a Dios fasta que se fizo su madre.

Et commo quier que quantas rrazones la vondad de Dios falló en sancta María por que la quiso escoger para esto, fueron tantas que omne del mundo non las podría contar nin dezir, pero entre las otras entienden los sanctos que una de las sennaladas fue la su grant virginidad: sancta María fue la primera muger que prometió virginidat. Ca enante todas las mugeres que non avían fructo se tenían por maldichas, et por esta rrazón casavan todas, et non sabían qué se era virginidat. Mas la bienaventurada sennora Reina de los çielos, poniendo todo su talante en Dios, olvidó todo el bien et la onra del mundo por Dios, et por aver en sí linpieza escogió vida de virginidad et guardóla de fecho et de voluntad; ca non tan solamente la

24–5 fueron tantas] fuerē tantas 26 entienden] ⁊ entre 30 todas] todos (G) 34 la] lo (G)

guardó ella en sí, ante dizen los sanctos que non avía en el mundo omne, por de mala vida que fuese, que a la ora que ⟨ser⟩viese a sancta María que luego non fuese partido para sienpre de aquella vida suzia et mala que solía fazer.

Et pues ella fue la primera muger que tan buena cosa sopo escoger, et Dios avía ordenado que Jhesu Christo fuese Dios et omne et nasçiese de muger, rrazón era que la que despreçió la onra de las mugeres en aver fijo por guarda[r] la virginidat, que oviese tanta onra sobre quantas fueron nin serán en seer madre del Fijo de Dios et fincase virgen commo lo prometiera. Et así commo Eva engannó [a] Adám, que era su marido et su conpannero, así por sancta María fue desengannado Joseph, su sposo; ca el ángel le dixo que sancta María era prennada del Spíritu Sancto. Et fue/ron sallidos del poder et enganno del 61d
diablo los omnes, que eran sus conpanneros.

Et otrosí commo Adám, que era omne, et él en quanto era omne non podía fazer emienda conplida a Dios contra quien tanto errara, por ende fue tan grande la piadat de Dios, que quiso que Jhesu Christo fuese conçebido en el vientre de sancta María et que nasçiesse della verdadero Dios et verdadero omne por [que] el omne fiziese emienda por el omne et Dios fiziese emienda a Dios et porque al omne fue dada sentençia que muriese, que por la muerte que Jhesu Christo tomó en la cruz [por] rredemir los pecadores, fuesen librados de la muerte. Et pues los omnes, que son conpuestos del alma et del cuerpo, an de seer ayuntados et aver gloria o pena spiritual et corporal segund sus meresçimientos, que la ayan las almas, que son spirituales, con Dios, que es spiritual; et la ayan los cuerpos, que son corporales, con Jhesu Christo, que fue et es verdadero Dios et verdadero omne corporal.'

El xxxxi° capítulo fabla en cómmo Julio dixo al infante que ya **xli**
le avíe dicho la rrazón por que forçadamente conbino que para

3 ⟨ser⟩viese] uiese *with* ser *interlineated in a later hand* 4 suzia] fazia (G) 23 tomó] tanto (G) 28 la ayan] loan (G) *Comp. line* 27 *above*

querer Dios que la su justiçia [fuese] conplida et los omnes oviessen galardón o pena spiritual o corporal.

'Agora, sennor infante, vos he dicho la rrazón por que forçadamente convino que para querer Dios que la su justiçia fuese conplida et los omnes oviesem gualardón o pena spiritual et corporal, segund sus merecimientos, et Dios oviese emienda conplida del yerro que contra Él fue fecho, que Dios fizies emienda a Dios, et por el omne que erró que [el] omne emendase por él. Et en todas las maneras que erró Eva, que era muger, que en aquellas maneras mismas lo açertase sancta María, que era muger en lo mejor. Et todo contrario que fuese así para que
62a estas cosas / se conpliesen et la justiçia de Dios fuese conplida et non fallesciese ý nada.

Et porque esta ley avemos los christianos, tengo que pues vós non queredes crer sinon lo que alcança vuestro entendimiento por rrazón que pues tan grant rrazón ha nuestra ley et ninguna otra non ha, tengo que si vós de rrazón queredes usar, que non podedes nin devedes escusar de tomar la nuestra ley de los christianos.

Et commo quier que tengo que esta rrazón et las otras que vos he dicho cunplen asaz para tomar vós nuestra ley; aún, si quisiéredes, puedo dezir algunas rrazones de linpieza et de buenos ordenamientos et muy apuestos et muy con rrazón, et de muchas cosas que oy en día acaesçen et se fazen en la nuestra ley et non son nin se fazen, nin acaesçen en ninguna otra ley por que vós por rrazón et por vuestro entendimiento creades que la nuestra ley de los christianos es muy mejor et ha muy más avantajas que todas las otras leys, et por que vós et todos los del mundo que quisieren usar de rrazón et de entendimiento deven tomar esta ley et dexar todas las otras.'

'Julio, padre et maestro', dixo el infante, 'bien vos digo que tantas rrazones et tan buenas [me avedes dicho] et tan declaradamente me avedes mostrado las rrazones et las avantajas que la ley de los christianos ha de las otras, que el mi entendimiento

1 [fuese] *Comp.* 6. 30 8 emendase] entendiese (B) 16 nuestra] brā (B) 20 et] o 20–1 que vos he dicho cunplen] cūplē q̄ vos he dicho

et la rrazón me da a entender que ésta es la mejor ley, ⟨et⟩ que en ésta puedo salvar mejor el cuerpo et el alma. Et otrosí tengo et creo firmemente que en ninguna otra non pueden nin se deven salvar las almas. Et por ende vos digo que non quiero más esperar a otras rrazones, mas luego reçebir esta sancta ley en que só çierto que puedo salvar el alma et el cuerpo, guardándolo commo devo. Et gradesco mucho a Dios porque se me açerta de tomar esta ley oy sábado, que es en / día que Sancta 62b
Eglesia escogió para fazer remenbrança de sancta María, que es conplimiento del bien et de la ley de los christianos. Mas ruégovos que me batiedes luego, et otrosí ruego et consejo a Turín que faga luego eso mismo.' Et a Turín plogo mucho de [lo] que el infante le dizía.

[ ] 'Otrosí vos ruego que desque yo oviere tomado la vuestra ley, que me mostredes estas otras rrazones que dezides de linpieza et de apostura que ha en la ley de los christianos más que en otras leys.'

El xxxxii° capítulo fabla en cómmo el infante dixo a Julio que **xlii**
nunca tanto serviçio fiziera a Dios por que Él tanta merçed le quisiese fazer, que por cosa que él dixiese viniese a tan grant onra et [a] tan grant acrescentamiento en la [ley] de los christianos.

'Sennor infante', dixo Julio, 'nunca yo tanto serviçio fiz a Dios por que Él tanta merçed me deviese fazer que por cosa que yo dixiese viniese a tan grant acresçentamiento et a tan grant onra en la ley de los christianos. Mas tengo que este bien vino a la ley et a vós porque Dios entendió la vuestra vondat, et non quiso que tan buen omne commo vós fuese engannado non viviendo en estado de salvación, mas quiere vos dar galardón por las vuestras vondades, por que salvedes el alma et el cuerpo (et el cuerpo). Et pues Dios lo tovo así por bien, yo vos batearé et vos faré christianos et vos mostraré las otras rrazones que desuso vos dixe.'

8 açerta] açerca B *suggests* açierta 14 *The lacuna is obvious.* B *suggests that the whole passage* otrosí . . . leys *is misplaced here* 19 fiziera] faziera *Comp.* 6. 33 21 [ley] *Comp.* 7. 2 *and line* 26 *below* 29 viviendo] viniēdo

Estonçe bateólo Julio al infante et a Turín en el nonbre del Padre, et del Fijo, et del Spíritu Sancto. Et fue en sábado, día de sancta María, dies días del mes de octubre, era del mill et trezientos et sesenta et seis annos.[18] Et porque Johan quiere dezir 'Graçia de Dios' et esto vino por graçia de Dios, púsol nonbre Johan. Et porque Turín fue sienpre muy firme en /
62c serviçio del rrey Morabán su sennor, et en la criança et amostramiento del infante su fijo, et porque otrosí sant Pedro fue muy firme en el serviçio de Jhesu Christo, que fue et es et será para siempre sin fin rrey de los rreys, et fue mayoral e mostrador de los apóstoles et de la ley, por estas rrazones, a onra del dicho apóstol, púsol nonbre Pedro.

Después que el infante et su ayo fueron christianos, el infante dixo su rrazón a Julio en esta manera: 'Julio, pues Dios tanta merçed me fizo et me quiso tr⟨a⟩er a la su sancta fe et santa crençia, yo querría, si pudiese, fazerle luego algún serviçio. Et por ende querría que fablásemos luego con el rrey mío padre, et le diésemos a entender el yerro et el peligro en que está, tanbién del alma commo del cuerpo, et quel mostrásemos quantas maneras ay por que deve él tomar — et todos los de su tierra — esta ley de los christianos que nós avemos tomado. Et tengo que en esto faremos muy buenas dos obras: la una que serviremos mucho a Dios; la otra que sacaremos de muy grant yerro et traeremos a muy buena carrera et derecha al rrey, mío padre, et a todos los de la tierra. Pero porque después que en esto fablaremos seremos metidos en tan grandes priesas que non podremos fablar en esto así commo nos cunplía, rruégovos que me mostredes enante aquellas maneras que me vós dixestes por que la ley de los christianos es más buena et mejor ordenada et ha en ella(s) otras avantajas más que otra ley.'

xliii El xxxxiii° capítulo fabla en cómmo Julio dixo al infante que la piadat de Dios et la su vondat era tan grande, [et] que tan largamente faze merçed, que por un vien que faga non dexa de fazer otro.

10 mayoral] moyoral (G)   26 en] τ

'Sennor infante,' dixo Julio, 'la vondat et la piadat de Dios es tan grande, et / tan largamente faze merçed que sobre un 62d bien que faga non dexa de fazer otro; ante, si el omne non yerra nin se enoja del su serviçio, a todos quantos vienes se apareja para reçebir todos los pone Dios en el de muy (de) buen talante. Et esto paresçe bien en vós: non tan solamente puso Dios en vós graçia de saber llegar [a] la vuestra salvaçió[n], ante quiere que vuestro padre et todas las gentes de su tierra et vuestra, que son sin cuenta, sean sabios et alunbrados por vós. Et así tengo que es muy bien que se faga esto que vós dezides luego et sin ningún vagar; ca las cosas en que ⟨a⟩ peligro en la tardança, non las deve omne alongar. Et porque el rrey vuestro padre es omne de días — commo quier que la muerte de los ançianos et de los mançebos sea en la merçed de Dios, con todo eso, segund rrazón et segund naturaleza, tanto quanto el omne es más ançiano, tanto es [más] llegado a la muerte — por ende tengo que es bien quanto más aína salliere deste yerro en que está et viniere a la carrera derecha et a la ley de salvación. Et otrosí, porque vós entendedes quám grant danno es et quánto deserviçio toma Dios de las almas que se pierden non estando en la ley que se pueden salvar, et porque non cunple de dar espaçio nin vagar a esto, darvos he a entender et respondervos he a las otras cosas que me preguntastes lo más en pocas palabras que yo pudiere.

Sennor infante, Habraán, que fue patriarca, por voluntad de Dios ordenó que todos los que fuesen de la su ley fuese[n] circunçidados. Et esto fue por dos cosas: la una fue por que en la circunçisión se alinpiase el pecado original, et la otra por que fuesen estremados entre todas las gentes que non toviesen aquella ley. Otrosí les dio et les ordenó maneras de sacrifiçios et otras cosas en que pudiesen servir a Dios. Et esto / duró fasta 63a que vino Moisén: et él mandó guardar aquello que Abraán ordenara, et demás dio⟨l⟩ Dios las tablas de la ley en que son los diez mandamientos, [et] an[n]adiól otras cosas muchas que

2 et] q̄ *supplies* ca   6 vós: non tan solamente *A conjunction probably omitted.* G
14–15 todo eso] toda esa (G)

mandó guardar al pueblo. Pero que las cosas que Habrahán et Moisén fizieron, todo fue prometido a las gentes de parte de Dios, ca quanto mejor guardasen ⟨a⟩quellas cosas, tanto más bien les faría Dios en las cosas (cosas) corporales. Et estos ordenamientos duraron fasta el tienpo de Jhesu Christo: et Él quiso que toda la ley se cunpliese en Él. Et, por ende fue circunçidado et cunplió et fizo todas las cosas que mandava la ley, así commo Habraán et Moisén mandaron por mandado et voluntad de Dios. Mas después que cunplió treinta annos et començó a pedricar, que Él non viniera en el mundo por desfazer la ley nin por menguarla, mas por conplirla. Et mandó fazer a los omnes todas las cosas que cunplen para salvar las almas et aver la gloria de paraíso et menospreçiar las cosas deste mundo, que son falleçederas — segund paresçe por el Evangelio de sant Matheo, de la pedricaçión et amonestamiento et mandamiento que él fizo a las gentes — et desplanó las scripturas et amostró por ellas abiertamente que las palabras de la ley que entendían las gentes por los vienes tenporales, que tanbién se entendían por ellas los bienes spirituales. Ca, segund dizen los sanctos et los sabios, la letra mata, mas el entendimiento [da vida], que el Spiritu Sancto puso en él la vida. Et Jhesu Christo reçebió baptismo. Et mandó que de allí adelante fuese el baptismo para alinpiar el pecado original, en lugar de çircunçisión[19] — et ya en esto podedes entender si era más linpia cosa el baptismo que la circu[n]çisión. Otrosí los sacrifiçios et ofrendas que fazían de bestias et de aves ordenó Él que se
63b fizies del [su] / cuerpo mismo et de la [su] sangre — et esto ordenó el Juebes de la Çena, segund se dize desuso en este libro.[20] Pues ya veedes si ay mejoría entre el un sacrifiçio et el otro, ca el primero sacrifiçio se fazía de bestias et de aves, et el que Jhesu [Christo] ordenó se faze del su cuerpo et de la su sa[n]gre.'

xliv El xliiii° capítulo fabla en cómmo Julio dixo al infante que en

5 duraron] durarē 20–1 [da vida] *Comp.* 2 Cor. 3:6. B *proposes* el entendimiento que el spiritu sancto puso en [ella da]la vida 27 [su] *Comp. line* 31 *below* 29 ca] ⁊ (G)

los casamientos, segund ley podían casar et casavan los judíos quantas mugeres podían tener, et bien así las podían dexar por qualquier achaque.

'Otrosí, en los casamientos, segund ley, podían casar et casavan los judíos con quantas mugeres podían tener, et bien así las podían tener et dexar por qualquier achaque. Et esto mismo fazen oy en día los judíos que tienen aquella ley, non parando mientes commo es ya conplida et acabada et que fue toda por figura desta ley que nós los christianos tenemos. Et en rrazón del casamiento mandó Nuestro Sennor Jhesu Christo que non casase omne sinon con una muger solamente, et que non la pudiese dexar sinon por muy pocas cosas, que son sennaladas et ordenadas de Sancta Eglesia — porque sería pecado si la toviese contra aquellas cosas que son defendidas por el pecado que ha en ellas. Et así bien podedes entender si es más linpia cosa; ca ponen los omnes mayor fe et se aventuran más — fiando en la merçed de Dios — en tomar una muger et non la dexar por ninguna cosa que acaesca nin pueda[n] tomar otra, por guardar el sacramento del casamiento, que tomar quantas mugeres pudieren et dexarlas quando quisiere[n], así commo fazen todas las gentes otras que tienen la ley de los judíos, et todas las otras sectas, que semejan más carrera de conplir su deleite que de sacramento.

Otrosí en el comer et en el vever et en los ayunos es muy / más linpia et muy más con rrazón. Ca en la ley primera, et aun 63c
en las otras sectas, dexan de comer muchas de las animalias et aun de las aves que se crían en la tierra, et de los pescados que se crían en las aguas; et en algunas sectas, así commo de moros, es defendido que non bevan vino. Et bien entendedes vós que pues Dios fizo todas las animalias et todas las aves et todos los pescados et todos los beveres, por que los omnes se aprovechasen dellos, et para su serviçio et para su mantenimiento; que [si] estas cosas son defendidas en aquellas leys de que los omnes non usen, que de valde fueran fechas en el mundo. Mas en la nuestra ley de los christianos ninguna cosa déstas non son

16 ca] τ

defendidas; ante nos es mandado que las comamos et usemos dellas con rrazón et con tenpramiento, en guisa que non nos puedan enpesçer a las almas et a los cuerpos. Et por ende es más con rrazón en la manera que es dicho que dexar algunas dellas, commo dando a entender que aquellas cosas fueron amadas o despreçiadas de Dios. Otrosí en los ayunos es muy [más] con rrazón que en ninguna otra ley nin secta: ca los judíos, segund su ley, non han más de un día de ayuno, et este día fasta la noche non an de comer nin de bever; otrosí los moros ayunan treinta días — et este ayuno es muy sin rrazón, ca levánta[n]se a comer ante del alva et comen fasta que quiere amanesçer, et después non comen nin beven fasta que paresçen las estrellas — et en todo el anno non ayunan más. Et en la ley de los christianos non se faze así, mas todos los días que ayunan non comen carne nin uevos nin ninguna cosa que sea de leche,
63d sinon pescado, o verças, o fructa. Et todos los / ayunos que Sancta Eglesia manda son que damos déçimas et primiçias del tienpo, commo somos tenidos de lo dar a Dios de las otras cosas que cogemos et sacamos de la tierra.'

xlv El xlv° capítulo fabla en cómmo Julio dixo al infante que (en) la penitençia se faze mejor en la ley de los christianos, ca los judíos non se confiesan [a] ninguno nin toman penitençia de ninguno.

'Otrosí la penitençia se faze más con rrazón et mejor en la ley de los christianos. Ca los judíos non se confiesan por palabra a ninguno, nin toman penitençia nin absolvimiento de ninguno; [et] en la ley de los christianos es mandado que se confiesen a un sacerdote, que aya poder de lo absolver et del dar penitençia segund su pecado — et la vergüença de manifestar por la voca el mal que fizo al cura [ ] mucha de la pena que meresçía. Et así podedes entender, sennor infante, que tanbién [en] el baptismo commo [en] el sacrifiçio commo en el casamiento commo en el comer commo en el bever commo

6 o] ⁊ 7 ca] en (B) 24 Ca los] ⁊ delos 29 al cura [ ] mucha de *A verb at least is missing.* B *suggests* aliuia *for* MS. alcura

en los ayunos commo en la penitençia, quando baptiza (et), quánt grant apostura, et quánt grant fe, et quánt grant rrazón, et quántas avantajas ha en la ley de los christianos de todas las otras leys [et] sectas que las gentes han.

Otrosí ay en la ley de los christianos una graçia muy grande et muy sennalada; ca tovo Nuestro Sennor Dios por bien de fazer miraglos muy estrannos et muy marabillosos por los sus amigos et siervos. Et esto se fizo tanbién al comienço que Jhesu Christo nos dio esta ley commo después, commo agora se faze en el tienpo en que estamos.

Et, sennor infante, pues vos he dado a entender que la nascençia de Jhesu Christo, et la su passión, et todas las cosas que dÉl acaesçieron, forçadamen/te convino que se fiziesen así 64a
commo se fizo; et beedes quántas avantajas ay en la ley de los christianos de todas las otras, tanbién en el baptismo commo en todo lo ál — segund vos dixe desuso — et otrosí en los miraglos; tengo que bien devedes entender que es verdat lo que vos yo dixe, et vós devedes tener por de buena bentura porque Dios vos quiso alunbrar el entendimiento por que viniésedes a la carrera derecha et a ley et a estado de salvaçión. Et aun tengo que sería muy bien, que pues ya esto sabedes, que guisedes de sacar al rrey vuestro padre, et a todos los de la tierra, del yerro en que están, et traerlos a la ley et a la carrera derecha que vós avedes tomado, et que lo fiziésedes segund que lo vós acordastes et dixiestes.'

'Julio,' dixo el infante, 'tan grant plazer he en mío coraçón de todas las cosas que me avedes mostrado que non podría ser mayor. Porque ciertamente entiendo que todas estas cosas son muy más conplidas en la nuestra ley de los christianos que en otra ley ninguna. Et commo quier que asaz conplía para lo entender lo que ante que yo rrecebiese el baptismo me avedes mostrado, muy buenas rrazones et muy acabadas son éstas que me agora mostrastes después que fui bateado et tomé esta ley de los christianos.

1, 2 quánt] q̄ndo (3 *times*) *Attraction by* quando baptiza *line* 1
14 beedes] beades

Et pues, loado a Dios, tenemos esto en salvo, tengo que es muy bien que vayamos al rrey mi padre et guisemos, con la merçed de Dios, que nos lo endereçe por que él sea partido de yerro et venga a la ley [en] que se él puede salvar.'

Entonçe se fueron el infante et so ayo, que eran ya christianos, et Julio con ellos, para el rrey. [Et] plógol mucho con ellos. Et preguntó al infante su fijo si avía ya sabido de Julio
64b todas aquellas cosas que dél quería / saber.

'Sennor,' dixo el infante, 'tantas son las cosas que yo avía mester de saber et de aprender de Julio que non oviemos tienpo de fablar en todas conplidamente. Mas quanto para salvamiento de las almas, avemos aprendido de la carrera et la ley çierta en que se pueden salvar. Et por nuestros entendimientos avemos entendido et ma[n]tenido [que en] esta ley de los christianos que nós avemos tomado podemos salvar las almas. Et entendiemos, sin dubda ninguna, que en otras non se podrían salvar. Et cred, sennor, que non quisiemos venir tomar esta ley muy de ligeramente; ante departiemos mucho sobre ello et muy grant tienpo. Mas deque lo aprendiemos todo conplidamente, tomamos la derecha ley de los christianos, et gradeçemos mucho a Dios porque somos en ella. Et benimos a vos pedir merçed et vos consejar que, pues Dios tanta merçed vos fizo de vos querer esperar et vos dar tienpo por que non [vos] perdiésedes, vós et todos los de vuestra tierra; que gelo gradeçiésedes et gelo conosçiésedes et dexedes este yerro en que avedes estado fasta aquí — porque nunca fuestes aperçebido por ninguno cómmo pudiésedes venir a la carrera derecha — et que tomásedes la ley de los christianos en que podedes salvar las almas, ca çierto es que en ninguna otra non pueden ser salvos.'

xlvi El xlvi° capítulo fabla en cómmo el rrey dixo al infante Joas que él le dizía una rrazón tan estranna que no sabía [cómmo] tan ligeramente le pudiese rresponder.

4 [en] (B) 23 non [vos] perdiésedes] non pudiesedŝ (G) 24 que gelo] ⁊ q̄lo (B) 31 estranna] espantada *Comp.* 7. 15, 79. 2 [cómmo] *Comp.* 7. 15, 79. 2

'Fijo infante,' ⟨dixo⟩ el rrey, 'vós me dezides una rrazón tan estranna que non sé cómmo tan ligeramente vos pueda responder a ella. Ca yo vos oí agora dezir / que non quisiérades vós tomar 64c la dicha ley fasta que por muchos entendimientos vós entendiérades que en aquella ley vos pudi[ér]ades salvar, et non en otra ninguna. Et pues vós, ⟨que⟩ sodes tan mançebo, non quisiestes fazer tan arebatadamente, non seyendo tan grant marabilla de vos arebatar, por rrazón de la vuestra mançebía, ¿cómmo consejades a mí, que só rrey tan ançiano, que faga tan grant fecho tan arebatadamente? Mas, si vós enten[de]des que ésta es la mejor ley para salvar las almas, mostradme las rrazones derechas por que en esta ley se puedan salvar las almas más que en otra, et yo fazerlo he muy de grado.'

'Sennor,' dixo el infante, 'mucho gradesco a Dios porque tan bien lo dezides. Yo non quería por quanto a en el mundo que vós fiziésedes ninguna cosa en manera que las gentes vos pudiese[n] tratar en ella [ ] con rrazón. Mas Julio et nós vos mostraremos et vos daremos a entender todas las rrazones que vós queredes saber por que devedes fazer esto que nós vos dezimos.'

Entonçe le(s) mostraron todas las cosas que pertenesçían et eran de la ley de los christianos et de todas las otras leys et sectas lo más conplidamente que pudieron, segund que es dicho desuso. Et el rrey les preguntó en todas las otras cosas en que tovo alguna dubda, et ellos declarárongelas en guisa que el rrey entendió que era muy conplida la su declaración. Et esto duró entre ellos algunos días. Pero al cabo, por voluntad de Dios et por las muchas buenas razones que el infante et su ayo et Julio dixieron, el rrey entendió que todo lo que ellos dizían era verdat et que en la ley de los christianos se pueden salvar las almas et non en otra ninguna. Por ende los dixo que gradesçía mu/cho a Dios porquel qui[si]era tanto sperar et le traer a 64d estado de salvaçión; et quel plazía mucho porque se açertava a tomar la ley de Nuestro Sennor Jhesu Christo en viernes, que era tal día commo en que Él fuera puesto en la cruz por redemir

4 vos] vr̃os (G) 25 tovo] tanto (G) 29 el] al

et salvar los pecadores. Et que pidía merçed a Dios, que pues él en tal día et en tal devoçión tomava la ley de los christianos, que Él por la su merçed lo guisase que tomase él muerte de martirio en su serviçio, en onra et ensalçamiento de la sancta fe católica, [et] que rogava a Julio que luego en aquel viernes lo batease. [Et] Julio lo fizo así. [Et] danle muchas graçias a Dios por ello.

Et fue bateado el rrey diez siete días de octubre, era de mil et trezientos et sesenta et seis annos, et siete días después que el infante su fijo et su ayo fueron bateados. Et por ende Dios fizo esta merçed al rrey et a todos los de la su tierra. [Et] entendiendo la buena andança que les era venida en seer en la ley et en estado de salvaçión, dizían todas las gentes las unas a las otras: 'Por este bien que nos vino, Dios es conusco.' Et por esta rrazón, quando Julio bateó al rrey, mudól el nonbre quel dizían, Morabán, et púsol nonbre Manuel, que quiere dezir 'Dios es conusco.'[21] Et así ovieron muy buenos tres nonbres el rrey et el infante su fijo et el ayo del infante; ca el rrey ovo uno de llos nonbres de Dios et el infante ⟨ovo nonbre⟩ de sant Johan, apóstol et evangelista, et el ayo ovo nonbre del apóstol sant Pedro. Et el nonbre del rrey quiere dezir 'Dios es conusco', et el del infante 'graçia de Dios', et el del ayo del infante 'firmeza'—así se entiende que con Dios et con la su graçia deve sienpre venir firmeza en todo bien.

[THE EMPEROR, HIS ELECTION, AND PERSONAL RESPONSIBILITIES]

xlvii El xlvii° capítulo fabla de cómmo después que el rrey fue
65a bateado que envió por todos los mayorales de su tierra, / et que les dio a entender el grant peligro de las almas et la grant escuridat [en] que fasta entonçe avían estado.

Desque el rrey fue bateado, envió por todos los mayorales de su tierra et dióles a entender el grant peligro de las almas et

15 mudól] mandol (Ben. 486. 38)

la grant escuredunbre en que fasta entonçe ellos avían estado, et las rrazones por que en la ley de los christianos se podían salvar et non en otra ninguna. Et rogóles et consejóles, sin premia ninguna, que tomasen la ley de los christianos. Et desque ellos por su entendimiento entendieron que era la mejor, fiziéronlo et bateáronse todos los grandes omnes de la tierra, et en pos ellos todas las otras gentes. Así que, por la merçed de Dios, el rrey, et el infante su fijo et todas las gentes del su inperio, fueron convertidos a la ley de Jhesu Christo. Et por este bien que les Dios fiziera teníense todas las gentes por muy bienaventuradas et andavan faziendo muchas alegrías, commo si fuesen vodas.

Después que las alegrías fueron pasadas, el infante dixo a Julio que commo quier que, loado a Dios, ya entendía él que era en la ley et en la carrera de salvaçión, pero que aún non le avía mostrado él [en] quál estado podría mejor salvar el alma, et por ende quel rrogava que pues gelo prometiera quel mostrase en quál de los estados en que los omnes biven se puede mejor salvar.

'Sennor infante,' dixo Julio, 'yo tengo que tanta merçed a fecho Dios a todos los desta tierra por vós, et otrosí, aun pues vós et ellos avedes tomado la ley de Jhesu Christo, por que sodes en estado de salvación, que me paresçe que pues en esta carrera sodes que vos non faze mengua de saber en quál estado vos salvaredes mejor. Ca çierto es que vós en estado de salvaçión / sodes. Siquier vós sabedes quántos enperadores et rreys 65b
vos he mostrado que fueron sanctos. Pues non serían sanctos si salvos non fuesen; que çierto es que más es seer sancto que salvo. Ca todo christiano que muere en verdadera penitençia, por muchos pecados que aya fecho, que non dexará de ser salvo, mas el alma que en este mundo fizo ⟨mal⟩, purgarlo ha en purgatorio; et después que fuere purgado irá a paraíso, do será salvo; mas aunque sea en paraíso non será sancto nin fará Dios

6 bateáronse] batearēse (G) 7 todas] todos 9 convertidos] cometidos (B) 13 pasadas] posadas (G) 21 Dios] anos 33 sea] son (G)

por él miraglos; mas los que fizieron en este mundo tales obras en serviçio de Dios, que meresçieron que Dios feziese miraglos por ellos, bien entendedes que grant avantaja ha[n] de los que son salvos solamente. Et porque de muchos rreys et enperadores vos he mostrado que fueron sanctos, et vós sodes en aquel estado, tengo que vós non podedes fallar ninguno otro en que vos mejor salvedes.'

'Julio,' dixo el infante, 'bien entiendo yo que muchas rrazones ay por que devo crer que los enperadores christianos se pueden bien salvar. Et téngolo sennaladamente por dos cosas: la primera, porque es çierto que tanto ama Dios la ley de los christianos et tantas graçias fizo en ello[s], et tan caramente los compró et los redemió que en qualquier estado que qualquier christiano sea se puede bien salvar si quisiere. La otra es, porque yo entiendo et tengo que la vondat de Dios es tan conplida que en quanto en mayor onra et en mayor estado pone a los omnes en este mundo, tanto más [es] en su voluntad de gelo mantener et cresçentar en el otro, si ellos gelo sopieren conosçer et obraren commo deven. Et porque el estado de los enperadores es mayor et más onrado entre los christianos, bien
65c tengo que es muy buen estado / para se salvar en él. Pero algunos peligros que yo en él entiendo, tanbién para el alma commo para el cuerpo commo para la onra et para la fama del mundo, dezírvoslo[s] he. Et rruégovos que departamos en ello, et que así commo en tomar de las leys me feziestes entender con rrazón — que forçadamente ove a entender — que la ley de los christianos es mejor, que me querades así mostrar, por que el mío entendimiento entienda en quál estado pueda mejor salvar el alma, mas sin peligro. Ca como quier que los estados de los enperadores son muy buenos, en manera que se pueden muy bien salvar en ellos, çierto es que pues es estado deste mundo que es estado falleçedero et que a de durar poco a conparación del duramiento del alma, que a de seer para sienpre. Por ende conviene que ante que yo este estado tome

12 [ello]s] ello (B) 12–13 caramente] çierta mēte (B) 13 redemió] remedio *Comp.* 100. 1, 109. 31

me declaredes vós todas las dubdas que en él tomare, porque la mi alma podría seer en peligro si yo este estado tomase.'

El xlviii° capítulo fabla en cómmo Julio dixo al infante que de xlviii
una parte le plazía de todas estas cosas que le dizía, porque le dio a entender que entendía verdaderamente et que deseava mucho fazer por que salvase el alma.

'Sennor infante,' dixo Julio, 'de una parte me plaze de todas estas cosas que me dezides, porque me dades a entender, et entiendo yo verdaderamente, que deseades mucho fazer por que salvedes el alma et fazer todos vuestros fechos con rrazón et con entendimiento; et de otra parte he muy grant reçelo que atantas rrazones et atan sotiles me dizides que me sería muy grave de vos rresponder a ellas conplidamente. Pero, fiando yo
en la merçed de Dios et en su vondat, non dexa/ré de ⟨dezir⟩ vos 65d
lo que en ello entendiere. Et Dios por la su merçed quiera que vos diga tales cosas que sean su serviçio et salvamiento de la vuestra alma, et pro et onra del vuestro cuerpo et del vuestro estado; et que vos diga en ellas verdat et finque yo sin vergüença de vós et de los que lo oyeren.

Sennor infante, ya vós dixiestes tantas razones et tan buenas por que en el estado de los enperadores se pueden muy bien salvar las almas, que non faze mengua de vos dezir omne más en ello. Pero, ayudando a la vuestra razón vos puedo dezir tanto: que segund vós dixiestes, et es verdat, que en qualquier estado que el christiano biva se puede salvar si quisiere fazer aquellas obras que son carera de salvaçión. Pues si en qualquier estado se puede salvar, mucho más en estado de enperador en que puede fazer más buenas obras et más vienes que otro omne. Et quanto de los peligros que dezides, en que tomades dubda en el estado de los enperadores, çierto cred, sennor infante, así commo non ha estado en la ley de los christianos en que se omne non puede salvar, si quisiere fazer buenas obras; bien así non ay ningún estado en que non puede perder el alma, si las fiziere(n) malas. Et aun en las cosas del mundo, en aquellas cosas mismas que

19 oyeren] oyerō (B) 20 dixiestes] dixi estas (B)

puede fazer su pro et lo que deve, en aquellas mismas puede fazer su danno para el cuerpo et para el alma. Ca vós savedes muy bien que non puede omne bevir sin comer et sin bever et sin dinero; pero en tal guisa puede usar de cada una destas cosas, o de qualquier delas, quel sería muy grant danno para el cuerpo et para(l) el alma. [Et] ende en todas las cosas que se fazen, tanbién para [se] mantener en el mundo como para salvar las almas, en aquellos estados et en aquellas maneras que el omne /
66a puede salvar el alma et guardar el cuerpo et la fama, en esas mismas puede fazer, si quiere, en guisa que lo pierda todo.

Pero, pues muchas rrazones ay por que el omne puede salvar el alma et onrar el cuerpo en qualquier estado de los christianos, tengo que deve fazer quanto pudiere con derecho et con buena entençión et non faziendo tuerto nin pecado por llegar a mayor estado. Ca, segund dizen los sabios, que non deve el omne desear aver grant estado por pro nin por onra de sí mismo, mas que lo deve desear por fazer en él mucho bien. Et por todas estas rrazones tengo que el estado del enperador vos caye mucho et sennaladamente, pues Dios en él vos puso. Pero si vós alguna dubda tomades, dezidme en qué cosa dubdades, et yo respondervos he a ello lo mejor que entendiere.'

'Julio,' dixo el infante, 'todas estas cosas que me avedes dicho entiendo que son muy buenas et muy verdaderas. Et non cunple que departamos más sobre ello, et non faze al fecho. Mas dezirvos he yo los peligros que yo entiendo en este estado, et vós responderme hedes a ello segund que avedes dicho.'

xlix El xlviiii° capítulo fabla en cómmo dixo el infante a Julio que sabía muy bien que los enperadores primeros que se fazen en Roma, que siempre se fazen por esleiçión et son sienpre los esledores un rrey et tres duques et tres arçobispos.

'Vós sabedes muy bien que los enperadores de los christianos, que se llaman enperadores de Roma, que se fazen por eslecçión. Et son sienpre los esleedores un rrey et tres duques et tres

4 puede] deue (B) 5 el cuerpo] al cuerpo 7 B *suggests* para mantener[se] en el mundo 18 vos] los (G) 24 al fecho] el fecho (G)

arçobispos. Et eslenlo primeramente por rrey de Alimania. Et luego que lo an esleído a de ir çercar un lugar, et alo de tener quarenta días çercado. Et / si en aquellos quarenta días viniere 66b
alguno que lo pueda fazer desçercar aquel lugar, non vale la esleiçión. Et si non lo puede levantar de aquel lugar, entréganle luego aquel lugar. Et a de ir a otro castillo do está la corona con que lo an a coronar por rrey de Alimania. Et si non le puede ninguno enbargar el coronamiento, luego que es coronado et es rrey de Alimania, (es) es electo para enperador.[22]

Pero non puede nin deve usar del enperio fasta que sea confirmado del papa et aya reçebido las coronas, que son tres. Pero si la esleiçión fuere fecha commo deve, dévelo el papa confirmar et non destorvarlo en ninguna manera; ante deve fazer quanto pudiere con derecho por que el electo sea confirmado. Et después deven seer muy bien avenidos; ca lo demás, entre ellos está el mantenimiento del mundo. Que así commo Dios fizo en el çielo dos lumbres grandes — la una es el sol, para que alumbrase el día et la luna, que alunbrase la noche — et bien así tovo por bien que fuese[n] en la tierra estos dos estados: el estado del papa, que deve mantener la eglesia, que es mantinimiento de los christianos et la clerezía et todos los estados de religión et aun los legos en lo spiritual, et el enperador, [que] deve mantener en justiçia et en derecho todos los christianos, sennaladamente a los que obedeçen al enperio de Roma.

Et algunos rreys son agora que tienen que non deven obedesçer a los enperadores. Mas çierto es que en los tienpos antigos todas las gentes et los rreys del mundo obediçieron a los enperadores de Roma. Et después que fue la ley de los christianos, et ordenaron que el enperador fuese electo et coronado et con/firmado por la maneras que avedes oído, tovieron las 66c
gentes que así commo por el sol et la luna[23] — que son dos cosas que alunbran el día et la noche — que bien así el papa et el enperador devían mantener el mundo en lo spiritual et en lo

1 Alimania] avantaja (B) Alimania *may have been severely abbreviated in the scribe's exemplar. Comp.* Alimania *lines* 7, 9 *below*

tenporal; que así commo el sol, que es cuerpo muy claro, alumbra el día et le da muy grant claridat, así que los omnes pueden veer muy claramente, así el papa deve mantener muy linpiamente todos los fechos spirituales por que muy claramente puedan los christianos entender et usar de la sancta fe católica para salvar las almas, que es la prinçipal cosa para que Nuestro Sennor Dios crió los omnes. Otrosí, commo el sol da claridat a la luna, que es cuerpo escuro, et la faze clara por que pueda alunbrar a la noche, que es cosa muy escur(i)a, bien así el papa, que es governado⟨r⟩ et mantenedor de las cosas spirituales, deve dar exienplo et ayudar al enperador por que pueda mantener et governar las cosas tenporales, que son muy escuras et muy tenebrosas et muy dubdosas et espantosas. Mas ayuntándose bien los fechos spirituales et tenporales, que son los estados del papa et del enperador, serán todos los fechos del mundo bien ordenados et bien mantenidos.

Mas bien así commo a las vegadas acaesçe que por alguna cosa que se mete entre el sol et la luna non envía el sol su claridat a la luna tan conplidamente commo deve, et por ende recibe la luna una grant mengua en sí — a que llaman en la astrología "eclipsi" — et a las vegadas la luna faze eclipsi al sol; pero veemos que más vegadas paresçe eclipsi en la luna que en el sol. Et esto es porque el sol es cuerpo más noble et mayor
66d et más / claro et más alto, et puede más vezes et más ligeramente enbargar a la luna que la luna al sol, porque de todas estas cosas non es tan conplida, ca la luna non es cuerpo tan noble et es más pequenna et escura, et es más vaxa que el sol. Et otrosí veemos que cada que estos eclipsis acaescen que sienpre son danpnosos et nasçe dellos grant mal; pero commo quier que nasçe g[r]ant danno et mal quando en la luna acaesçe eclipsi, es muy mayor mal et mayor danno quando acaesçe (en) el eclipsi en el sol; todas estas cosas acaescen en los estados del papa et del enperador. Ca quando por pecados et por la ira de Dios acaesçe alguna descordia entre el papa et el emperador, reçibe el enperio muy grant mengua et muy grant danno porque non reçibe del papa aquel consejo et aquella ayuda que devía, así commo quando la

luna es menguada de la claridat del sol. Otrosí, quando el enperador faze alguna cosa contra el papa por que se enbargue alguna cosa porque non puede fazer sus fechos commo devía, es muy grant mengua et muy grant danno para toda la eglesia, que son los fieles christianos, que fincan todos en tiniebra et en escuredunbre porque el sol non puede dar su claridat commo deve.

Et así tengo, Julio, que pues todos estos peligros a en la elecçión et en el confirmamiento de los enperadores, que es ante que solamente obre ninguna cosa en el inperio, que es muy peligrosa cosa de tomar omne tal estado. Demás que entiendo que ay muchos peligros en las obras que a de fazer después. Mas, porque se faría muy luengo si vos oviese a dezir ayuntando todos los peligros que yo entiendo en el estado de los enperadores, para el alma et para el cuerpo, desde el comienço de la eslecçión fasta el acabamiento de la confirmaçión et los que ay después en / sus obras, quiero que departamos sobre los 67a
peligros que yo entiendo que son desde el comienço de la eslecçión fasta el acabamiento de la confirmación. Et desque sobre esto ayamos departido, et me oviéredes rrespondido a ello con rrazón, después fablaremos en los otros peligros que yo entiendo que puede aver en las sus obras para el alma.'

El l° capítulo fabla en cómmo Julio dixo al infante que muy 1
bien dizía en esto que quería que fablasen en el estado de los enperadores.

'Sennor infante,' dixo Julio, 'muy bien dezides en esto que queredes [que] fablemos en el estado de los enperadores. Et pues queredes que vos responda a todas las dubdas que ý tomades, parad bien mientes si entendedes más peligros ý destos que avedes dicho, et yo respondervos he a ellos lo mejor que yo entendiere sin dubda.'

'Julio,' dixo el infante, 'estos peligros que vós dezides et las dubdas que yo tomo en los estados de los enperadores [son]

15 desde] deste 18 desde] deste 20 oviéredes] oyeredes

desde el comienço de la esleççión fasta en la confirmaçión que el papa le a de fazer. Mas aun de los peligros que a desde el comienço de la esleççión fasta el acabamiento de la confirmación, non vos he dicho nada. Et por ende dezirvos he lo que ende entendiere.

Ya vos dixe quántas cosas peligrosas et dannosas yo entendía que ha en la esleççión de los enperadores. Et olvidévos de dezir otra que es de muy grant danno et peligro. Et es ésta: quando todos los esleedores non se acuerdan en uno para esleer un enperador en concordia et esleen unos uno et otros otro, entonçe acaescen tantas guerras et tantas muertes et tantos males que es muy marabillosa cosa, et espantosa de dezir. Demás desto et de todo lo ál que desuso es dicho, ha muy grandes reçelos et muy grandes peligros en la confirmaçión que el papa
67b a de fazer; ca muchas / vegadas acaesçe(n) que aunque el electo sea esleído en concordia et aya pasado todo lo que desuso es dicho, muchas vegadas, et en las demás, acaesçe que el papa falla algunas rrazones, o en los esleedores o en el electo o en la manera de la esleççión, por que lo non deve(n) confirmar, et enbárgase la confirmaçión. Et por ende el electo tiene que a reçebido tuerto del papa et muévese a fazer algunas cosas contra voluntad del papa.

Et así moviéndose de poco en poco, bienen ende muchas guerras et muchos males. Et por esta rrazón fueron començadas las partes que llaman güelfes et guelbellines. Et aun ál que es muy peor: que por esta desabenençia acaesçe — et ya lo viemos en nuestro tienpo — que contra voluntad del papa fue el electo cogido en Roma et fue ý coronado por enperador.[24] Et desque los rromanos et muy grant partida del inperio le tovieron por enperador et fizo leys contra el papa, et aun después fizieron llamar a otro antipapa en Roma. Et así non tan solamente acaesçieron gueras nin males por rrazón del estado de los enperadores, mas ante acaesçieron aún, et pueden acaesçer, tales descordias et tales departimientos por que podría acaesçer en la Eglesia muy grant danno et muy grant mengua. Et así,

21 muévese] muuiese (G) *Comp.* moviéndose *line* 23 *below*

por todas estas rrazones, tengo que es muy dubdoso et muy peligroso para salvar las almas (en) el estado de los enperadores.

Et agora, vós, Julio, rrespondetme a esto. Et desque ayamos fablado quanto nos cunple, después vos diré los peligros que yo entiendo en los estados de los enperadores después que son electos et confirmados en las cosas que an de fazer, tanbién para las almas commo para los cuerpos, por mantener sus estados.'

'Sennor infante,' / dixo Julio, 'bien he parado mientes en 67c
[lo] que me avedes dicho, et vós contades los peligros que ha para salvamiento del alma en la eslección de los enperadores. Et segund lo yo entiendo ponedes ý quatro cosas: la una es la discordia de los esleedores, la segunda es la de los quarenta días que ha de tener cercado tal lugar, la terçera es del castiello do está la corona, la quarta [es de la] discordia que puede acaesçer entre el papa et el electo. Et, sennor infante, porque omne responde a muchas cosas [que] ayuntadas en uno non las puede tan bien entender, rrespondervos he yo a cada una destas cosas por sí.'

El li° capítulo fabla en cómmo Julio dixo al infante que a la li
primera dubda que tomava [de la discordia] de los esleedores le rrespondió que los primeros que esto ordenaron, que lo fizieron muy bien et muy con rrazón.[25]

'Sennor infante, a la primera dubda que tomades, de la discordia de los esleedores, vos respondo que los primeros que esto ordenaron fiziéronlo muy bien et muy con rrazón. Ca bien era acomendarlo a muy grandes omnes. Ca çierto seed que uno de los mayores yerros del mundo es acomendar los grandes fechos a omnes de vaxo linage, et acomendar los pequennos a omnes de grant sangre. Ca commo quier que el uso o el mester faga a los omnes obrar en los fechos que son contrarios de lo que devía obrar segund su sangre, çierto seed que comunalmente mejor usan los omnes obrando cada uno segund su naturaleza. Por ende lo fizieron muy bien los que lo ordenaron:

14 la terçera] la çierta   17 muchas] muclas (G)   21 [de la discordia]

[25] *Comp. lines 24–5 below*

que así commo la mayor cosa que puede acaesçer en el enperio
67d es la eslecçión del enperador, así lo acomen/daron ellos a los más altos et maores omnes que ha en el enperio. Otrosí lo fizieron muy con rrazón; ca bien entendedes vós que quanto más parte a omne en la cosa, tanto más quiere que sea buena et que se faga bien. Et por la grant parte que los esleedores an en el enperio et uno de los mayores vienes que puede aver en la tierra es la paz, deve[n] querer que la eslecçión del enperador sea fecha en paz et en concordia. Otrosí que el mayor pro que puede aver en la tierra es aver buen sennor: ca [por] muchos buenos [omnes] que en la tierra [sean], si buen sennor non obieren, nunca será la tierra bien guardada nin ordenada commo deve. Et aun quando los grandes omnes et las (grandes) gentes non sean tan buenas commo eran mester, si el sennor bueno fuere, él los traerá a buena [ ] et endereçará la tierra et la porná en buen estado. Et por ende lo ordenaron muy con rrazón, que pues ordenaron desleer enperador, que tomasen por sennor, rrazón es que lo tomen bueno por que mantenga bien las gentes que son de su sennorío. Et otrosí tovieron que era rrazón que de los siete esleedores fuesen tres duques et tres arçobispos et un rrey. Et esto fizieron por dos cosas: la primera por que lo que acordassen los quatro, que es la mayor parte, que vala ⟨la⟩ eslecçión; et la segunda por dar a entender que, pues en la su eslecçión de enperadores ay reys et duques et arçobispos, que el enperador deve guardar los estados de la Eglesia, que es madre et cabeça de los christianos, et de los rreys, et de los grandes sennores. Así los que primeramente lo ordenaron muy bien lo fizieron.

Mas [aunque los] que agora son esleedores lo yerran, non
68a dexa(n) por eso de seer el pri/mer ordenamiento bueno, ca el yerro es de parte de los esleedores et non de los primeros ordenadores. Et aun por que lo entendades más declaradamente, a mostrarvos he algunas semejanças que cunplen para esto.'

3 lo] le (G) 10–11 ca [por] muchos buenos [omnes] que en la tierra [sean]. *We follow* G *here.* Ben. *leaves the phrase as it stands, but adds* [son] *after* tierra (492.15) 15 G *supplies* [fin] 21 tres] los

El liiº capítulo fabla de cómmo Julio dixo al infante cómmo el rrey David et los otros sanctos que fizieron los strumentos para cantar, que la rrazón por que los fizieron fue por dar loores a Dios, mas [los] que agora cantan con ellos cantan et fazen sones para mover los talantes de las gentes a plazeres. lii

'El rrey David et los otros sanctos que fizieron los estrumentos, la rrazón por que los fizieron fue para cantar con ellos (o) loores a serviçio de Dios. Mas los que agora tannen los strumentes cantan et fazen sones con ellos para mover los talantes de las gentes a plazeres et delectes corporales, que tornen más las gentes a pecar que a serviçio de Dios.[26] Pues así bien entendedes vós que la culpa non es de parte de los estrumentos nin de los primeros que los fizieron, mas es de parte de las gentes que usan mal dellos.

Otrosí, los primeros que ordenaron los ayunos fiziéron[lo] por dos cosas: la primera por dar parte a Dios del tienpo, commo es desuso dicho; la segunda por apremiar el cuerpo, que non cobdiçiasen tanto las locuras et los delectes de la carne. Mas agora en los días de ayuno fazen más menjares, et más deleitosos, et aun comen viandas et letuarios que naturalmente mueven las voluntades de las gentes et ayudan a desear et querer todo [el] contrario de aquello para que los ayunos fueron orde/nados. Pues otrosí la culpa non es de parte de los ayunos 68b
nin de los primeros que los ordenaron, mas es de parte de los que usan mal dellos.

Otrosí, (si) los primeros que ordenaron que las gentes fiziesen vigilias fiziéronlo por que las gentes fuesen [a] aquellos santuarios en que oviesen devoçión, et que alí velasen et rogasen a Dios que les perdonase sus pecados et los endereçase para salvar las almas et los cuerpos. Mas en las vigilias que se agora fazen, allí se dizen cantares et se tan[n]en estrumentos et se fablan palabras et se ponen posturas que son todas el contrario de aquello para que las vigilias fueron ordenadas. Et así la culpa non es de parte de las vigilias nin de los que las ordenaron, mas de los que usan mal dellas.

3 loores] loares 4 [los] *Comp.* 8. 4 11 tornen] tomē (G *and* Ben.)
28 alí] alij *with the final letter scored through* 34 de los que las] de las q̃ las

Et esto vos podría dezir en otras muchas cosas que fueron ordenadas por los omnes, tanbién [en las] elemosinas commo en las romerías commo en las oraçiones commo en muchas otras cosas, sinon por vos non alongar mucho la rrazón.

Et aun vos diré otras cosas que ordenó Nuestro Sennor Dios:

Naturalmente es ordenado el comer, para rehazer lo que se desfaze del cuerpo de cadaldía por los trabajos, et por que [omne] pudiese bevir para servir a Dios. Mas los omnes non comen por esa entençión, mas comen tanto et tales menjares que los traen a grandes dolençias et a menguar mucho la vida, et aun desean et fazen por el comer muchas cosas que les son dannosas a las almas et a los cuerpos. Pues la culpa non es de parte del comer nin de Dios que lo ordenó naturalmente, mas de los que usan dello mal.

68c Otrosí el bever ordenólo Dio natural/mente para enraleçer la vianda, por que la pueda mejor moler el estómago, et pueda pasar por las venas para governar et mantener el cuerpo, para umicar et enfriar et escalentar el cuerpo segund le fuere mester. Mas los omnes non beven sinon por el plazer et por el sabor que toman en el veber, et fázenlo en guisa que muchos toman grandes yerros en los entendimientos et grandes dannos en los cuerpos et grandes movimientos, para fazer muchas cosas que non son serviçio de Dios. Pues la culpa non es de parte de Dios que lo ordenó, nin del bever, mas es de parte de los que non usan dello commo deven.

Otrosí el egendrar de los fijos ordenólo Dios naturalmente por que, pues los omnes non pueden dura[r], que finquen los fijos para mantener el mundo et para que Dios sea servido et loado dellos. Mas muchos omnes non lo fazen por esta entençión, sinon por el plazer et por el deleite que toman en ello. Et fazen todo el contrario de aquello para que Nuestro Sennor Dios ordenó el engendramiento. Pues la culpa non es de parte de Dios nin del egendramiento, mas de parte dellos que usan dello mal.

10 menjares] mensageros *Comp.* 91. 19

Et así, sennor infante, por estas semejanças que vos he mostrado, et otras muchas que vos podría mostrar, podedes entender que las cosas que son vien ordenadas et con rrazón, si se non guardan commo deven, que la culpa es de parte de los que lo guardan mal, et non es de parte de los buenos ordenadores nin de las cosas bien ordenadas. Et así, pues los primeros ordenadores ordenaron muy bien la eslecçión et los esleedores que [la] an de ordenar, devedes entender que los esleedores que son agora o serán de aquí adelante, si non usaren de la eslecçión / commo deven, que non es culpa de los ordena- 68d
dores primeros nin de la eslecçión, mas es de parte de los esleedores que usan delo mal.'

El liii° capítulo fabla de cómmo Julio dixo al infante que yal liii
avíe respondido a la eslecçión de los enperadores que es una de las quatro [cosas] en que dizía que dubdava.

'Agora, sennor infante, vos he respondido a la eslecçión de los enperadores, que es una de las quatro [cosas] en que dezides que dubdades en los estados de los enperadores. Et agora luego respondervos he a la segunda, que es la rrazón por que después que es esleído a de ir çercar aquel castiello. Et desque a esto vos aya respondido, después, con la merçed de Dios, respondervos he a las otras dos dubdas.

Sennor infante, vós sabedes que, segund dize desuso en este libro, que Nuestro Sennor Dios crió el omne a su imagen et a su semejança. Ca entre todas las otras cosas que Dios a en sí de conplimientos, a tres por que es conplido sobre todas las cosas: ca [a] Él poder et saber et querer. Et commo quier que los omnes estas tres cosas ayan, non las an así commo Él; ca Dios alas conplidamente et los omnes non. Ca vós sabedes que por grant poder que omne aya, que muchas cosas quería fazer et non puede. Otrosí, por grant saber que aya, non sabe todas las cosas. Otrosí el su querer non puede ser sienpre qual deve. Mas el poder et el saber et el querer de Dios es tan

8 esleedores] esleudores *or* eslendores   9 esleedores] esleederos

conplido que todas las cosas [puede et] sabe, et sienpre quiere lo mejor.

Et commo quier que estas tres cosas non las puede aver conplidas ningún omne, pero el que más a dellas es más conplido, et porque quanto el omne es de mayor estado a mester más deteas tres cosas, por ende el que a de mantener el estado del
69a enperador, que es el mayor / estado que ha en lo tenporal, conviene que ante que sea confirmado, sepa lo que ha destas tres cosas. Et por ende lo fazen ir çercar el castiello, por que bean si a tan grant poder que ningún otro non lo pueda contradezir. Ca bien entendedes vós que muy mal paresca al que fuese enperador si por mengua de poder oviese a dexar lo que fuese provecho et crecentamiento del enperio. Otrosí en ayuntar las gentes et saberlas ganar para su ayuda, et mantenerlas et aprovecharse dellas, et tener su hueste guardada et onrada en estas cosas, paresçrá el su saber. Otrosí parescrá si quiere mantener su estado commo deve, et si se quiere parar a los trabajos et peligros que avrá a sofrir para guardar su estado et su onra.

Et por todas estas razones tengo que los que primeramente ordenaron de catar manera por do pudiesen saber lo que es lo que avía destas tres cosas el que fazen electo ante que fuese confirmado por enperador, que lo fizieron muy bien. Et si vós queredes dezir que esto non es bien porque puede seer algún danno ende si esto se catase, nunca cosa del mundo se faría. Ca non ha cosa, [por] bien fecha que sea, de que algún danno non pueda acaesçer. Mas, pues el provecho paresçe mayor et más de mano, dévelo fazer. Et finque todo en la merçed de Dios, que lo saque a lo que la su voluntad fuere.'

liv El liiii° capítulo fabla en cómmo Julio dixo al infante que a lo que dizía que tomava dubda por rrazón de la çerca que a de fazer del otro lugar do está la corona et quel respondíe que por todas las rrazones que él avíe dicho que lo acordaron bien de la çerca del primer castiello.

1 [puede et] (B) *Comp. lines* 93. 28, 34 8 sepa] sera (B) 17 parar] partir *corrected by scribe to* parar 27 dévelo fazer B *suggests* dévenlo

'Otrosí a la tercera cosa que dezides en que tomades dubda' por rrazón de la çerca que ha de fazer del otro lugar do está la corona, respondiendo a ello vos digo que por todas las rrazones que vos he dicho / que acordaron bien de la cerca del primer 69b
castiello, por estas mismas vos digo que lo ordenaron muy bien en esta otra çerca segunda.

Et aun tengo que lo acordaron mejor, por tres rrazones que vos agora diré: la primera es porque ay muchos omnes que quando están en algún mester fazen mucho por aver las gentes et por las guardar, et después que an acabado aquel fecho, non saben — o non quieren — fazer por las gentes lo que deven para les gradesçer et galardonar lo que fizieron por él et la onra quel fizieron aver, nin guardarlos para quando los oviere mester adelante. Et por esta rrazón acordaron muy bien de saber del electo cómmo podría et cómmo sabría et cómmo querría guardar todas estas cosas después que oviese acabado aquel fecho.

Et la segunda rrazón es porque vós sabedes que muchos omnes ay que en quanto están en guerra sufren a las gentes lo que deven, et aún más de lo que deven, et fázenles mucho [bien] por los aver para el su mester. Et desque salen de la guerra et fincan en paz, non les sufren lo que deven, nin les fazen bien nin les muestran tan buen talante commo devíen — así commo dando a entender que el bien que les fazía[n] en tienpo de la guerra, que lo non fazía[n] por buen talante que les oviese[n], sinon por el mester que les avía[n]. Et porque por tales cosas commo éstas bienen muchos dannos et muy grandes yerros a los sennores que lo fazen, por ende acordaron muy bien de probar cómmo sabría guardar el eleito estas cosas en aquel tienpo que ha de paz, desde que a tomado el castiello ante que vaya al otro do está la corona.

La terçera rrazón es que una de las grandes cosas que acaescen a los sennores en las guerras es quando entran en una guerra et duran en ella algún tienpo, et desque salen della et fincan en paz, están ya / descuidados de la guerra. Et si después 69c

20 [bien] *Comp. line 22*

an de conmençar otra guerra o [conbatir] otra hueste, commo de nuevo, por esto es cosa muy grave et ha mester para ello muy grant poder et muy grant saber et muy grant querer de guardar su onra et su estado: por ende acordaron muy bien de probar al eleito cómmo sabría pararse a todas estas cosas. Et así fue bien el acuerdo en cercar el otro castiello do estava la corona. Et así vos he respondido a la terçera dubda que vos avíedes de la segunda cerca del dicho castiello.

Otrosí a la quarta rrazón, de la dubda que tomades por la discordia que puede aver entre el papa et el electo por la confirmaçión, et aunque dezides et mostrades de muchas gueras et peligros que acaesçieron entre ellas, et aun cosas de que podría acaesçer grant escándalo et grant departimiento en la Eglesia de Dios, sennor, desuso vos dixe muchas vezes que non ha cosa, por buena que sea, que si omne della mal usa, que non puede seer muy mala et muy dannosa — et ya ⟨d⟩esto vos mostré semejanças et muchos exenplos. Et por ende vos respondo agora que si entre el papa et el electo acaesçe alguna discordia, que non puede ser sinon por yerro et por desaguisado que quería fazer el uno o el otro o amos. Et así devedes entender que los que al comienço esta eslecçión ordenaron muy bien lo fizieron. Mas si el papa o el electo non fazen lo que deven, non es la culpa de la eslección nin de los que la ordenaron, mas es de los que non usan della así commo deven.

Et, sennor infante, segund mío entendimiento asaz vos he respondido, en manera que con rrazón devedes entender que non avedes por qué tomar dubda en aquellas quatro cosas que
69d se fazen en la eslecçión / de los enperadores.'

lv El lv° capítulo fabla en cómmo el infante dixo a Julio que tantas cosas podría omne preguntar, que él nin omne del mundo non le podríen dar recabdo.

'Julio,' dixo el infante, 'tantas cosas podríe omne preguntar que vós nin omne del mundo non podría dar a ellas recabdo. Mas

1 [conbatir] (B) *The lacuna was overlooked by* G, Ben. *and* CC 8 avíedes] avredes 17 semejanças] semecaças

pues entiendo que a estas quatro cosas que vos pregunté me avedes respondido tan con rrazón, dígovos que tengo que todo lo que se faze en la eslección et confirmaçión del enperador que es muy bien fecho et con rrazón. Et, pues en esto somos muy bien acordados, rruégovos que me digades lo que entendedes en muchas dubdas que tomo en las cosas que an de fazer los enperadores después que son confirmados et usan del enperio; de que tomo muy grant dubda que son grant peligro para sus almas, et aun de las sus faziendas et de las sus famas, porque tengo que los estados de los enperadores son muy peligrosos.'

'Sennor infante,' dixo Julio, 'muchas vezes vos he dicho que non a fecho en el mundo nin cosa en que muchos peligros non aya, nin estado en que el omne non pueda perder el alma si quisiere. Et el mismo vos digo agora en el estado de los enperadores, que si quisieren, bien pueden perder las almas et aun los cuerpos; mas, si quisieren, non ay estado en que mejor las pueden salvar. Et, si queredes saber cómmo lo pueden fazer, yo vos lo diré en pocas palabras: çierto es que muchos enperadores fueron sanctos, pues el que fuere enperador sepa la manera en que visco et las obras que fizo aquel enperador que fue sancto, et faga lo que el otro fazía, et será salvo et aun sancto.'

'Julio,' dixo el infante, 'bien sé yo que los enperadores salvarse pueden; mas entiendo yo tantos peligros en los sus fechos et en la vida que an de fazer en el mundo, que tengo que
es muy grave / de se salvar. Ca çierto es que muy grave cosa 70a
es estar omne en el fuego et non se quemar.'

'Sennor infante,' dixo Julio, 'todo esto que vós dezides es verdat. Mas, bien así commo dezides que es grave cosa estar omne en el fuego et non se quemar, bien así es muy grant meresçimiento el que está en el mundo aviendo muy grant poder para fazer lo que quisiere et conplir su voluntad, [dexa de fazer mal] et non lo dexar por mengua de poder nin de riquezas nin por miedo, et dexarlo por non fazer pesar a Dios, et fazer muncho bien, et non tomar deleite, nin sobervia nin loçanía, por el

1 entiendo] entendio

poder que ha. Ca vós sabedes, sennor, que en el evangelio non loa Dios al pobre, mas loa al pobre de voluntad.[27]

Et dezirvos ía un miraglo que conteçió a un sancto omne, de una visión, en tal fecho commo éste, sinon porque sería muy luengo. Mas dezirvos he dél alguna palabra que conpliría para esto. Dixo un ves el dicho omne sancto que más se deleitava él quando traía la mano a la su gata por el lomo que sant Gregorio, que era papa, en todas sus riquezas.[28]

Et así, sennor infante, commo quier que los enperadores bivan en algunos peligros para la su salvaçión, tengo que muchas maneras an, más que los otros omnes, para la aver, si viviere[n] como deve[n]. Pero, pues esta dubda tomades, dezidme en quáles cosas dubdades et yo respondervos he a ello lo mejor que pudiere.'

lvi El lvi° capítulo fabla en cómmo el infante dixo a Julio que todo era verdat, así commo le él dezía, pero que lo mejor era quel dixiese él las dubdas que tomava et que le rrespondiese a ello.

'Julio,' dixo el infante, 'todo esto es verdat, así commo lo dezides. Pero lo mejor es que vos diga yo las dubdas que tomo et que me respondades a ello. Et yo dezirvos he todas las que
70b agora / tomo ayuntadas, mas vós non me respond[r]edes sinon a cada una por sí. Ca el entendimiento del omne non entiende tan bien muchas cosas en uno — et demás si son de cosas et maneras desvariadas et sotiles — commo si oye cada una por sí et pone ⟨el⟩ entendimiento en ella fasta que la entiende. Et aun vos digo que si me acordare de algunos otros peligros que les puedan acaesçer tan[bién] para las almas commo para los cuerpos et para las famas et para las faziendas, dezírvoslas he.'

A Julio plogo desto, et dixol quel preguntasse lo que quisiese.

'Julio,' dixo el infante, 'dígovos que la primera dubda que yo tomo en la vida de los enperadores et en sus fechos et en sus estados es que yo veo que segund los vienes que Dios les fizo et la onra en que los puso, que avés, o muy pocas vezes, le pueden fazer aquel conesçimiento que deven. Ca commo quier que los omnes todos son tenudos en servir a Dios et conosçer

3 dezirvos ía] dez' vos he (G) 6 el] al

el bien que les faze, mucho más los enperadores; ca ellos son tenudos a esto commo otros omnes et más, por la onra et sennorío et mejoría que Dios les dio de las otras gentes. Et demás, pues ellos non son enperadores por otro derecho sinon solamente por voluntad de Dios, que quiere que lo sea[n] — et pues non lo a[n] por natura — por ende si a Dios, que tanto bien et tanta onra les faze, non le sirven nin gelo conosçen commo deven, vós veedes si en rrazón deve[n] ser en grant peligro.

Demás desto ay otra rrazón de que me espante yo mucho. Et esta rrazón non es tan solamente en los enperadores, ante es en todos los otros estados de los omnes. [Et] la rrazón es ésta:'

El lviiº capítulo fabla en cómmo el infante dixo a Julio que bien **lvii**
sabe que si un amigo sabe que (si) otro su amigo está en alguna
quexa con sus enemigos, et aquel su amigo le viene ayudar et
toma / en esta venida afán o trabajo o miedo por poco que esto 70c
sea, pues lo libró de aquella quexa en que estava, que sienpre
aquel su amigo estava commo en su prisión.

'Vós sabedes que si un amigo sabe que otro su amigo está en alguna quexa con sus enemigos, et aquel su amigo le viene ayudar et toma en esta venida trabajo o costa o afán o miedo, por poco que esto sea, pues él lo libró de aquella quexa en que estava, sienpre aquel amigo está (sienpre) commo en su prisión, por el bien et ayuda que dél rreçebió, et toda su vida lo deve guardar et ayudar.[29]

Pues si omne deve fazer esto a otro su amigo, que es su egual, et por poca ayuda quel fizo, parad vós mientes que deve el omne fazer a Dios, que por lo(s) sacar de la muerte — que estava en poder del diablo — quiso andar tan grant camino commo a del cielo a la tierra. Et onde era libre quísose ençerar et meter en prisión, en el vientre de la vienaventurada virgen sancta María; et onde era Dios quiso seer omne, onde era sennor quiso ser siervo, onde era rrico quiso ser pobre, onde era poderoso quiso ser sin poder et meterse en poder ageno, onde era conplido de todos los vienes quiso aver todas las passiones commo otro

5–6 et pues] el pues (G)

omne, onde era duradero quiso ser mortal. Demás, por redemir los pecadores quiso en el su cuerpo sin manziella et sin pecado rreçebir tantas desonras sin ningún yerro nin mereçimiento.

¿Qué mereçió el su poderío et la su onra, por qué tan desonradamente et tan falsa, et con tal traiçión, de los suyos fue preso? ¿Qué meresçió la su cabeça ó estava el miollo quel dava sabiduría de Dios et de omne, et fue foradada con corona de spinas quel entraron fasta el meollo? ¡Et lo firieron con canna-
70d vera diziéndol quél adevinase quién / le firiera! ¿Qué merescieron las sus orejas, que oyeron tantos falsos et mintrosos denuestos quel dixieron, llamándol fornezino? ¡Ay, qué fornezino el que avía a Dios por padre et a la virgen sancta María por madre! Llamábanle demu[ni]ado; ibeedes qué demuniado, el que oyendo el su nonbre, todos los demun[n]os tiemen et todas las cosas le obedeçen! Llamábanle encantador; ¡ay, qué encantador, que por el su poder fueron estroídos los encantadores et sus encantamientos! ¿Qué meresçieron los sus ojos que veían fazer en el su sancto et bendito cuerpo — et ayuntado de Dios et de omne — tantas desonras et crueles tormentos, et se vio así traído por los suyos et desanparado, de los otros tan desonrado; et bieron la coita que la virgen gloriosa, su madre, fazía por la su muerte, et tantas otras malas et doloridas vistas que ellos vieron? ¿Qué meresçieron los sus cabellos, que fueron messados, escarniçiéndol, et ensangrentados de la su misma sangre? ¿Qué meresçieron las sus mexiellas, que fueron negreçidas a palmadas por le fazer desonra et dolor? ¿Qué meresçió el su pescueço, que firieron muy desonradamente, dándol muchas palmadas? ¿Qué meresçieron los sus costados, que fueron açotados tan cruelmente? ¿Qué meresçieron los sus braços, que tan sin piadat fueron atados atrás? ¿Qué meresçieron las sus espaldas, que fueron tan cruelmente açotadas et atadas al madero de la cruz en que sabía Él que lo avían a poner? ¿Qué meresçieron las sus piernas, que fueron lasas et cansadas yendo a la muerte desonrada de la cruz? ¿Qué meresçió el su sancto

1 onde] ende   12 el que] ⁊ q̄   23 ¿Qué] ⁊   29 meresçieron] mēsçierē   32 Él] en

cuerpo, que fue todo tormentado et a la çima puesto en la cruz?
¿Qué meresçió la su sancta voca et lengua, que sienpre dende
salió verdat et buen consejo, que estando a la ora de la passión
fue ofreçido a ella mirra et vinagre? ¿Qué meresçieron las sus
manos, que fueron foradadas et fincadas en / la cruz con clavos 71a
grandes et muy agudos? ¿Qué meresçieron los sus pies, que
fueron trespasados, et foradados et fincados en la cruz? ¿Qué
meresçió la su sancta alma, que fue arencada del su sancto cuerpo
con grandes penas et con grant fuerça, et fue tentada del diablo
a la ora de la passión? ¿Qué meresçió el su costado et el su
coraçón, que fue avierto de una lançada de que salió sangre et
agua seyendo ya muerto? Et otras penas et coitas que sufrió
seyendo [en la cruz] non podrían contar.

¡Ay, cativos de christianos! ¿Cómmo non paramos mientes a esto que este Sennor Dios et omne fizo por nós? ¿Et cómmo olbidamos todo esto? ¿Et cómmo queremos perder quanto Él por nós fizo tan de balde? Ca si lo perdiésemos por otro grant plazer o por otro grant bien, aun non sería tan grant marabilla. Mas cate cada uno en su coraçón et fallará que en este mundo nunca un día pasará sin pesar et sin cuidado de mal, et por un plazer que aya avrá muchos pesares. Pues ¿por qué queremos perder quanto este Sennor por nós fizo et quanto vien nos tiene aparejado en el paraíso consigo, et queremos aver las penas del infierno et la conpania [ ]?

Et [a]sí, Julio, tengo que si qualquier omne está en este peligro muy más lo puede estar el enperador, por quanto más bien le fizo Dios que a otro omne. Et otrosí, quando paro mientes a quántas cosas a de fazer, et entiendo quánto grant entendimiento conviene que aya para saber amar et temer a Dios et fazer aquellas cosas que deve. Porque sabe que commo quier que Él sea muy piadoso, que tan justiçiero et tan derechurero es que ningún yerro non dexará sin pena. Por ende lo deve amar por quánto piadoso et quánto justiçiero et quánto

4 fue] q̄ (G) 9 tentada] tētado 13 [en la cruz] *The remainder of* G's *addition,* [que son tantas, que se] non podrian contar, *is more speculative* (309b. 21) 24 la conpania [ ] G *supplies* [del diablo] 27 paro] para

bueno es, et por quántos vienes le fizo. Otrosí temerle deve por el grant poder para lo desfazer quando quisiere et para le dar pena por sus yerros.

71b Otrosí a mes/ter grant entendimiento para fazer las obras que deve. [Et] estas obras son de tantas maneras que me paresçen muy graves de guardar. Ca el enperador deve primeramente guardar a Dios, commo es dicho, et después las sus eglesias et las personas dellas.[30] Otrosí deve guardar a sí mismo et a su onra et a su estado, et después a su muger et a sus fijos, et después a sus hermanos et a sus parientes, et después a los grandes omnes del inperio — así commo rreys, et príncipes, et duques, et condes, et marqueses — et otros grandes omnes, commo rricos omnes et infançones, et cavalleros et escuderos, et sus ofiçiales, et todos los otros omnes del pueblo. Et cómmo sabrá mantener su enperio en justiçia et en paz. Et cómmo se sabrá parar a la guerra, sil acaesçiere, tanbién por tierra commo por mar. Et cómmo sabrá sallir della, guardando su onra et su pro. Et cómmo sabrá acresçentar su tierra et sus rendas con derecho. Et cómmo sabrá partir su aver, dando lo que deve et commo deve. Et cómmo sabrá fazer eng uisa que sea amado et reçelado de los suyos. Et cómmo sabrá tomar los plazeres que deve, así commo en comer et bever, et do[r]mir, et bestir, et trebejar, et caçar caças de montes [o] con aves, et cantar, et oír est[r]umentes, et todos los buenos plazeres et aguisados. Et fazer todo esto en manera quél sea loado de las buenas gentes, et quel non puedan con razón travar en ello.

Et porque si el enperador todas estas cosas non guarda, et yerra en todas o en qualquier dellas, que más le será levado a mal qualquier dellas que yerre, que será loado por muchas de las buenas que faga commo deve. Ca çierto cred que quanto el omne es de mayor guisa, tanto le paresçe peor el yerro que
71c faze et más jubgado es de las gentes. Ca los grandes se/nnores así son commo sennal a que todos paran mientes. Et demás, que tal o tales yerros puede fazer en estas cosas que será muy

71 sallir] fablar (B) *Comp.* 155. 19 23 trebejar] t̄bajar [o] (B)
25 loado] loada 28 levado] loado *Attraction from line* 29 *below*

grant peligro para la su alma, que es la principal cosa para que él fue criado.

Et por ende vos ruego que pues me dezides que el estado de los enperadores es mejor que los otros, que me dedes manera commo pierda dubda de los yerros en que pueden caer en estas cosas.'

El lviii° capítulo fabla en cómmo Julio dixo al infante que tantas lviii
buenas rrazones le avía dicho que gradesçía mucho a Dios la buena fe et la buena voluntad con quel veía.

'Sennor infante,' dixo Julio, 'tantas buenas rrazones avedes dicho que yo gradesco mucho a Dios la buena fe et la buena voluntad que en vós veo. Otrosí me plaze mucho, porque pues fasta aquí me teníades por maestro et aprendíades de mí, et me érades ovediente, que lo aya yo a ser a vós agora en lo que me dixiestes al comienço desta rrazón: que queríedes que vos non rrespondiese a todas las vuestras preguntas ayuntadamente, sinon a cada una por sí. Et plázeme mucho por quales rrazones pusiestes porque era mejor et conplirá más que vos responder así. Et por ende vos digo que commo quier que tengo que me será muy grave cosa de vos rresponder a todas las cosas que me preguntastes — porque se ençieran en ellas todas las çiençias — pero yo de aquello poco que sopiere(n) respondervos he a cada cosa dello por sí, segund vós queredes. Et Dios, por la su merçed, me endereçe a ello; ca çierto seed que ningún omne non puede fablar bien nin verdaderamente en ningún fecho, et mayormente en las çiençias, sin graçia sennalada de Dios.

Vós, sennor infante, dezides primeramente que toma/des 71d
dubda en el estado de los enperadores, porque segund los vienes que Dios les faze parésçevos que les [es] muy grave de gelo conosçer et meresçer commo deven. Et aun a esto ayuntades todos los estados de los que biven en la ley de los christianos. Sennor infante: a esto vos respondo que todas estas cosas que vós dezides que Dios fizo para salvar et redemir los pecadores, aún muchas más de [las que] vós nin omne podría dezir, fizo

27 tomades] tomedes (G)   34 muchas] muchos (G)

Nuestro Sennor Dios por ellos. Pero devedes vós entender que todas estas cosas son grant bien de los pecadores, queriendo ellos fazer lo que pueden. Ca, commo quier que segund la naturaleza de los omnes et la su flanqueza, pocos o ningunos pueden escusar de pecar, pero arepentiéndose et faziendo emienda, segund Sancta Eglesia manda, çierto es que les avrá Dios merçed. Ca vós savedes que bien commo es omne tenudo de conosçer et guardar lo que por él fazen, et aun tanto o más es tenudo de guardar lo que él ha fecho, sennaladamente por non perder lo que fizo. Et pues es çierto que Dios fizo todo el mundo de nada, ligeramente pudiera redemir los pecadores, si quisiera, non le costando nada. Mas, pues tanto fizo por los redemir [et] tan caramente los conpró, bien devedes creer que non quería la su perdición, si por ellos non fincare. Et aun, segund tienen los santos, tan grant tuerto faze el pecador en errar et pecar contra Nuestro Sennor Dios que tanto bien le fizo que non podría él meresçer de aver perdón sinon por la su passión de Jhesu Christo et por los meresçimientos de sancta María et de los sanctos. Mas çierto es que una gota de la su sangre podría redemir mill vezes mill mundos; et quanto más ó toda fue esparzida et fizo todas las cosas que vos dixiestes
72a desu/so por salvación de los pecadores.

Et por ende, si pueden et deven estar en buena esperança de su salvaçión los pecadores, tengo que esta misma, et aún muy mayor, la deven aver los enperadores. Ca bien creed que quanto Dios en mayor estado pone al omne en este mundo, tanto gelo da mayor en el otro, si en éste lo sirve commo deve. [Et] aun só çierto que quanto los sanctos fueron de mayor entendimiento, tanto an mayor logar en el paraíso; ca ellos le ganaron por las sus buenas obras et entendiendo todo lo que fazían.

Et así vos he respondido a la dubda que tomades: que los enperadores non conosçen nin gradesçen a Dios los vienes que les faze(n) commo deven.'

lix El lviiii° capítulo fabla en cómmo Julio dixo al infante que a lo quel dizía quel dixiese cómmo pueden fazer sus obras enperadores para amar et temer a Dios, por que ayan la graçia de Dios que non cayan en su ira; que para esto avíen mester muchas cosas.

'A lo que dezides que vos diga cómmo pueden fazer sus obras commo deven, para amar et temer a Dios por que aya la su graçia et non caya en la su ira, sennor infante, para esto a mester muchas cosas. Pero faziendo algunas, que non son muy graves de fazer, puédelo muy bien guardar. Et la manera que yo entiendo para esto es ésta:

Lo primero, que ordene cómmo pase bien el día et la noche, et que lo faga en esta guisa: que se levante lo más de mannana que pudiere, et luego que fuere despierto que se acomiende a Dios et le pida merçed quel guarde et le mantenga al su serviçio. Et ante que se meta en otros fechos, que oya las oras et la missa et faga su oraçión al verdadero cuerpo de Jhesu Christo, / que 72b
es su salvador. Et la missa et las oras acabadas, si oviere de andar camino que lo ande. Et yendo por él, bien puede andar a caça con rrazón et con mesura, por tomar ý plazer et usar yaquanto en ofiçio de cavallería. Et desque llegare a la posada [deve] comer con sus gentes et non apartado. Et desque oviere(n) comido et bebido lo quel cunpliere con tenprança et con mesura a la mesa, deve oír, si quisiere, juglares quel canten et tangan estormentes ante él, diziendo buenos cantares et buenas razones de cavallería o de buenos fechos que mueban los talantes de los que los oyeren para fazer bien.[31]

Et el enperador deve fablar et departir con sus gentes en tal manera que tomen plazer et gasajado con él et aprendan dél los buenos exenplos et buenos consejos. Et desque oviere estado con ellos una buena pieça aguisada, deve entrar en su cámara et dormir. Et desque oviere dormido deve oír sus oras. Et las oras oídas deve estar en su consejo [ ] sobre los grandes fechos del enperio. Et los que viere que otrie non los puede desenbargar sinon él, non los deve acomendar a ninguno nin tomar él peresza nin vagar por los desenba[r]gar; nin lo deve dexar de

5 para amar et temer] amar ⁊ pa temer 31 *A gerund is missing after* consejo 32 desenbargar] des'uar

fazer por trabajo nin por peligro nin por miedo. Et dévese acordar que non lo escogió Dios entre todos por que dexe por ninguna cosa de fazer [ ] a lo que este modo [ ] pues otrie non los puede nin los deve fazer sinon él. Et los fechos que vieren que se pueda et se deven desenba⟨r⟩gar por otrie, non se deve trabajar dellos por dos razones: la una, porque trabajando en aquellos fechos que otri puede desenbargar, dexará algo de
72c los otros que non se pueden desen/bargar sinon por él; la otra, porque deve guardar el cuerpo por que nol faga trabajar en los fechos que non son muy grandes por que non pueda sofrir el trabajo que se non puede escusar en cuidar et obrar en los otros fechos mayores. Ca çierto es que non a trabajo en el mundo que tanto enpesca al cuerpo del omne commo el cuidado.[32] Et este trabajo nunca un rato lo pueden perder los enperadores, et demás el de la [guerra], quando acaesçe.

Otrosí, en quanto andudiere por el camino, o anda cavalgando o caçando, deve tomar las petiçiones quel dieren et fazerlas guardar, et dévelas mandar librar quando estudiere en su consejo después de las viésperas, en tal manera que guarde a todos en derecho et en justiçia. Et desque esto fuere fecho dévese asentar a çena para tomar plazer et gasajado con sus gentes. Et aunque él non pueda o non quiera comer, non deve por eso dexar de se asentar a la mesa. Ca todo enperador, et aun otro sennor qualquier, se deve cada día dos vezes asentar a la mensa, sinon fuere día de ayuno. Et si lo fuere, en lugar de la çena deve(n) demandar quel den del vino a él et a las otras gentes que fueren con él.

Et desque estudiere con las gentes tanto quanto viere que es rrazón, dévese ir para su cámara. Et non deven estar ý con él sinon aquellos con quien él ha mayor fazimiento — por que pueda dar algún remedio al cuerpo de los grandes cuidados et trabajos que ha de sofrir. Et ante que duerma se deve acomendar a Dios, et tomar cuenta de sí mismo cómmo pasó aquel día. Et si fallare que lo pasó bien a serviçio de Dios, guardando et mante-

3–4 de fazer [ ] a lo que este modo [ ] pues otrie G *arbitrarily emends to* de facer los fechos deste mundo pues otrie (311a. 21)   34 pasó] puso (G)

niendo su estado, et sin pecado, gradéscalo a Dios et punne en lo levar adelante. Et si falleçiere, o fallare que menguó o falleçió en alguna cosa desto, arepiéntase et punne de lo emendar lo ante que pudiere. Et la más / sennalada cosa que 72d ha de fazer, quel su talante et la su voluntad sea sienpre en Dios, gradesciéndol los vienes quel fizo, et el su coraçón que sea muy omildoso et muy quebrantado et dolorido por los yerros en que cayó contra Él.

En esta manera me paresçe que deve ordenar sus fechos el día que anda camino. Et si non lo oviere de andar, el tienpo que devíe poner en andar su jornada dévelo poner en estar librando los fechos del enperio que antél vinieren. Pero si los fechos non fueren tales que los deva librar por sí, bien puede cavalgar o caçar en la manera convenible, commo dicho es. Et dígovos que oí dezir que un enperador fue que cadaldía cavalgaba o caçaba o [ ] por andar folgando con sus gentes.[33] Et andando fuera benían a él quantos querían et dávanle sus petiçiones, et desque tornava a su casa, ante que durmiese aquella noche, las libraba todas. Et por esta razón tenían que librava mejor los fechos del enperio que si estudiese en casa et non cavalgase. Et de la una manera o de la otra, en lo que el enperador entendiere que mejor pueda librar los fechos del enperio, aquélla deve fazer.

Et si acaesçiere que alguna noche non puede dormir luego quando se echa en la cama, o después que a dormido una piesça et despierta et non puede dormir, deve cuidar en las cosas que deve fazer para provechamiento et salvamiento de su alma et acreçentamiento de su onra et de su pro et de su estado. Et porque la memoria de los omnes es muchas vezes olvidadiza, deve tener en la cámara do durmiere con que pueda fazer remenbrança de las cosas que cuidó, et otro día dévelas mandar conplir segund entendiere que más le cunple. Et desque esto oviere fecho, si non pudiere dormir, deve mandar que leye[re]n ante él algunas buenas estorias de que tomen

16 o [ ] por andar *A verb at least is missing* 27 et] de 28 acreçentamiento] accentamiẽto (G) 30 cámara] maña (G)

buenos exemplos. Et esto deve fazer porque muchas vezes quando omne non puede dormir desque ha cuidado et metido
73a en obra las cosas quel cunplen, / aun después que se desvela anda cuida[n]do de una cosa en otra, en guisa quel tiene danno para la salud del cuerpo et non le aprovecha para nada de su fazienda. Et por ende es bien que lean antél las dichas estorias por que salga del aquel cuidado que es sin provecho et torne a dormir; et en quanto non pudiere dormir, que aprenda algunas cosas que sean aprovechosas.[34]

Pero si algún día, por algún acaesçimiento, non puede guardar todo este ordenamiento, et fue en cosa quel fuese enpesçedera o dannosa, con el su buen entendimiento catará el enperador cómmo lo pueda emendar, et después que guarde el dicho ordenamiento para cadaldía et para cada noche. Et ordenando él así un día et una noche, puédelo fazer después para en toda su vida.

Et entre todas las cosas que ha de fazer la que más le cunple es que en quantas cosas quisiere fazer o dezir, que ante que las faga piense qué es lo que él mismo diría et por cómmo lo ternía, si otro tal commo él lo fiziese o lo dixiese. Et si entendiere que si otro tal lo fiziese, quel diría él et los otros bien de aquel fecho o dicho, fágalo o dígalo él. Et si entendiere que si otri lo fiziese o lo disiese, que él mismo et las otras gentes dirían mal dello et lo ternían por mal, guárdese de lo fazer nin dezir. Ca çierto sea que así commo él judga et tiene en los fechos que los otros fazen, que bien así los otros judgan et tienen los suyos. [Et] commo quier que yo esto digo sennaladamente de los enperadores, tanbién rreys, commo grandes sennores, commo todos los omnes de todos los estados que esto fiziesen, tengo que farían en ello mucho de su pro et que serían guardados de fazer nin de dezir cosa de que danno les pudiese venir.'

lx El lx° capítulo fabla en cómmo Julio dixo al infante (quel dizía) quel dixiera don Johan, aquel su amigo de que él le fablara, que éste fue el primer consejo et castigo que él diera a don Johan

29 esto] este

Núnnez,[35] su cun[n]ado, salliendo un día de Pennafiel yendo a Alva de Bretaniello./

'Et dígovos, sennor infante, que me dixo don Johan, aquel 73b
mío amigo de qui vos yo fablé, que éste fue el primer consejo et castigo que él dio a don Johan Núnnez, su cunnado, fijo de don Ferando, saliendo un día de Pennafiel et yendo a Alva de Bretaniello.

Et si esto cunple a todos los omnes, mucho más a los enperadores. Ca çierto cred que non a cosa, por pequena que sea, que fagan o que digan, a que las gentes mucho non paren mientes, et de todo esto non sea judgados et aún muy más del mal que del bien.

Et desque desta guisa ordenare el día et la noche, quanto en las obras que a de fazer para guardar a Dios lo [que] deve, segund la mi entençión, dévelo fazer desta guisa; lo primero, para guardar a Dios lo que deve, conviene que lo guarde de voluntad et de dicho et de obra. Et todo esto puede fazer guardando los dies mandamientos que Dios dio en la ley. Ca [en] el primer mandamiento se muestra cómmo deve omne guardar [a Dios lo que deve] de voluntad et de dicho et de obra. Ca dize "Amarás a Dios de todo coraçón et de toda voluntad", [et] en esto se muestra cómmol deve omne guardar de voluntad. Otrosí, "A Él solo adorarás", et en esto se muestra cómmol deve guardar en el dicho. Otrosí dize, "A Él solo servirás", et en esto se muestra cómmol deve guardar por obra.

Et, sennor infante, commo quier que sea así et cunpla asaz, pero dezirvos he en esto alguna cosa por que lo entendades más llanamente: el guardar a Dios de voluntad se deve fazer poniendo omne su voluntad en amar a Dios. Et dévelo fazer catando quánto bueno et quánto conplido es Dios en sí, et por cómmo le fizo, et por cómmo le redemió et lo conpró tan caramente. Si omne pudiese pensar sienpre en esto et non en ál, tienen muchos sanctos et ductores que esto es el mayor plazer

4 qui] q̄ *Comp.* 115. 15, 122. 26 9 pequena *Comp.* 121. 24 *and* panos 116. 15 10 a que las gentes] aq̄llas gētes (B) 11 et de todo B *corrects to* que de todo 20 [a Dios lo que deve] *Comp. line* 14 *above* 31 redemió] remedio *Comp.* 82. 13, 100. 1

et mayor deleite que puede ser. Et a esto llaman vida contenplativa.[36] [Et] ésta es la más acabada vida que puede ser. Pero
73c porque esto non lo pueden todos / fazer, conviene que a lo menos que ponga omne en su talante lo que es dicho desuso, que se puede muy bien fazer. Otrosí, adorarle et loarle de dicho se deve fazer faziendo omne oración a Dios, o por las palabras que las fizieron los sanctos et las prophetas et que las mandó fazer Nuestro Sennor Jhesu Christo, así commo el Pater Noster et el Ave María et los psalmos et las otras oraçiones que son ordenadas por Sancta Eglesia. [Et] esta oraçión se deve fazer entendiendo omne lo que dize et parando mientes en todo por obra. Et vale más dezir el omne un Pater Noster o un Ave María o una oraçión cuidando qué quiere dezir "pater" et "noster", et después "qui es in celis", et después "sanctificetur nomen tuum", et así todo lo ál — et eso mismo en qualquier oraçión que diga — que non dezir muchas oraçiones; et diziendo el Pater Noster llamar a un omne et preguntarle si es adovado de comer, et diziendo "qui es in celis", llamar otro et mandarle que faga otra cosa. Et vegadas acaesçe que diziendo una palabra de oración cuidará o mandará fazer alguna[s] que non son serviçio de Dios nin pro de su alma. Et las oraçiones que se fazen non teniendo el coraçón en Dios nin en la oración que faze, yo non digo que son malas, mas digo que valdría muy más pocas oraçiones, teniendo el talante en Dios et en la oraçión, que dezir muchas oraçiones en la manera que dicha es. Pero el que quiere guardar a Dios en lo loar et en lo adorar, dévelo fazer en la manera que vos yo digo.

Otrosí, para lo servir de obra, dévelo fazer en ayunos et en limosnas et en rromerías et vigilias, et en todas las maneras que son de bien fazer. Et devedes saber que cada cosa déstas es segund la persona que la faze: que bien entendedes vós que qualquier bien que omne faze por Dios que lo deve fazer en
73d cosa que tome / omne algún trabajo por ello. Ca si omne ayuna commo en guisa que non aya fanbre, yo non digo que tal ayuno sea malo, mas digo que sería mejor quanto más fanbre oviese —

34 yo] ya *Comp. line* 22 *above and* 111. 2

pero tal que se pueda sofrir. Otrosí, el que da limosna tal que non siente menos lo que da, yo non digo que tal limosna sea mal, mas digo que sería mejor si diese tanto por amor de Dios fasta que sintiese alguna mengua.[37] Et eso mismo vos digo de las romerías et de las vigilias et de todas las otras buenas obras. Et, sennor infante, tengo que faziendo omne esto commo es dicho que guardará a Dios lo que deve, en voluntad et en dicho et en obra. Et guardará a Dios el amor et el temor quel deve aver et las obras quel deve fazer.

Et, pues todo esto es en poder et en voluntad del enperador para lo fazer, si quisiere et lo puede fazer, tengo que esta dubda primera que vós tomades del estado de los enperadores, que la devedes perder, pues entendedes que puede muy bien guardar su alma amando et temiendo a Dios et faziendo las obras que deve — segund desuso es dicho — que lo puede muy bien fazer en el estado de los enperadores.

Et la cosa más sennalada que conviene que ayan en sí los enperadores son dos: la una que aya buen entendimiento, et la otra que aya buena entençión. Ca si la entençión fuere buena, quanto el entendimiento fuere mayor tanto fará mejores obras; et si la entençión non fuere buena, quanto entendimiento fuere mayor tanto serán las obras peores.

Agora, sennor infante, vos he respondido a la primera pregunta que me fiziestes de las preguntas que me avedes fecho. Et si entendedes que esta respuesta es conplida — commo quier que me será muy grave de lo fazer — irvos he respondiendo a cada una por sí lo mejor que yo entendiere. Et Dios, por la su
merçed, / me quiera endereçar por que lo pueda fazer.' 74a

El lxi° capítulo fabla en cómmo el infante dixo a Julio que muy **lxi**
grant plazer avía de cómmo le avía respondido de la primera dubda que tomava en el estado de los enperadores.

'Julio,' dixo el infante, 'muy grant plazer he en cómmo me avedes respondido a esta primera dubda que yo tomava en el estado de los enperadores. Et quiera Dios, por la su merçed,

22 serán] seriã (B *page* 185, *note to* G 312b. 45)   26 lo] la (G)

que me respondades a todas las otras en tal manera que pueda perder la dubda dellas, así commo me [la] avedes fecho perder en ésta. Et ruégovos que commo quier que vos será muy grant trabajo, que non dexedes de responder a cada cosa bien conplida et declaradamente. Ca tengo que mejor es que la escriptura seya yaquanto más luenga, en guisa quel que la a de aprender la pueda bien ap[render], que non que el que la faze — reçelando quel ternán por muy fablador — que la faga tan avreviada, que sea(n) tan escura que non la pueda entender el que la aprende.'[38]

'Sennor infante,' dixo Julio, 'mucho gradesco a Dios, pues sodes pagado desta repuesta que vos di a esta primera rrazón. Et de aquí adelante començaré a vos responder a las otras, a cada una por sí, commo me avedes dicho.

Et a la segunda dubda que tomades de lo que los enperadores deven fazer en guardar las eglesias et las personas dellas,[39] vos respondo ý que se deve guardar faziendo mucho servicio et mucha onra en las casas propiamente que son eglesias, sennaladamente por dos cosas: la una, porque en las más dellas está sienpre el cuerpo de Nuestro Sennor Jhesu Christo consagrado, que quando la hostia es consagrada se torna [a] aquel cuerpo de Jhesu Christo et tan conplido commo salió de la bienaventurada virgen sancta María et visco en el mundo et fue puesto en la cruz; et la otra, porque aunque non sea ý estonçe el
74b cuerpo / consagrado de Jhesu Christo, pero fue ya ý, et fue ý fecho sacrifiçio dél.

Otrosí deven seer guardados los privilejos et libertades que an de los papas et de los enperadores et rreys et sennores, que las eglesias an, et sus heredades et sus rendas.

Otrosí deven ser guardadas las personas ecclesiásticas, así que ningún omne lego non deve meter manos iradas en ninguno dellos nin tomarles ninguna cosa de lo suyo sin su grado, mas débeles seer fecho mucha onra et serviçio, segund fuere su estado.

2 [la] (B) 7 ap[render] *There is a blank after* ap *at the beginning of the line* 9 el que] et q (G *and* Ben.) 11 pagado] partido *later corrected to* parado 15–16 vos respondo ý que] vos respōdo ꝛ q̄ *Comp.* 38. 24, 52. 14, etc. 21 salió de la *Possibly several words om. after* salió

mesura en manera que el cuerpo lo pueda bien sofrir et se mantenga con rrazón. Et porque sería fuera de su lugar non vos quiero agora dezir specialmente cómmo deve el enperador fazer cada una destas cosas; mas yo las diré adelante,[48] con la merçed de Dios, cada una en su lugar.

Otrosí deve guardar el su cuerpo trayendo consigo tantos et atales de qui sea seguro que será guardado, que ninguno non le podrá fazer falsedat contra el su cuerpo, nin con armas nin con viandas nin en otra manera ninguna. Et deve escoger aquellos que entendiere que pertenesçen para ello, quel guarden de(l) día, quando andudiere cavalgando o por camino o a caça, et aun estando en su casa; et otrosí quel guarden sus viandas, adobándolas et trayéndolas tales de quien él sea seguro. Otrosí le deven guardar de noche, lo uno albergando en lugar seguro et fuerte, et lo ál que albergen et lo velen tantos et tales de qui él fíe et lo puedan bien guardar. Et algunos enperadores et rreys fueron que mandavan que aquellos que lo velavan, que quando oviesen conplido su vela et avíen otros a començar a velar, quel despertasen al enperador o al rrey et [ ] mostrarles commo gelo davan bivo et sano. Et dígovos que yo tengo que esta manera de guarda que es más dannosa que aprovechosa; mas lo que
a mí paresçe que cunple es que velen et guar/den en guisa que 75a
ningún mal omne non le pueda enpesçer por fuerça nin por maestría engannosa.

Sennor infante, al mío cuidar, faziendo el enperador estas cosas dichas, [tengo] que puede ser guardado él mismo, que es el su cuerpo.

Otrosí para guardar la su onra et el su estado, paresçe a mí que lo deve fazer desta guisa. Para guardar su onra, lo primero, que la guarde sienpre con los que fueren sus eguales o en mayor estado que él; así que tanbién en las guerras commo en las avenençias commo en las vistas, commo en las mesagerías commo en las donas commo en todas las otras cosas que entre

6 tantos] tãtas 7 qui] q̄ *Comp.* 49. 29, 122. 26 *and* tantos et tales de qui él fíe *line* 15 *below* 19 [ ] G *ignores the lacuna and arbitrarily emends:* et mostrasen como gelo daban (314a. 9) 23 nin] nõ (G)

ellos acaesçieren, que sienpre tenga mientes et guise que se onre más dellos que ellos dél. Mas con los otros que fueren sus vasallos o so el su poderío, et con todos los que entendiere que la onra que les faze que es por su talante, mas non por egualeza; a tales commo éstos, toda onra aguisada que les faga es su onra. Et de tales onras dize en la Scriptura que non es la onra de aquel que la reçibe, sinon de aquel que la faze.

Otrosí deve guardar su estado en estas cosas sobredichas et en fazer todas sus obras et sus fechos muy noble(s) et muy conplidamente, segund pertenesçe al su estado; sennaladamente trayendo la su corte muy conplida de buenos ofiçiales, quales pertenesçe para cada ofiçio, et que cada uno dellos lo sepa muy bien servir, et sea pagado et se tenga por onrado de aquel ofiçio.

Otrosí deve guisar que ande él sienpre vestido de panos mejores et más preçiados que las otras gentes de su corte.[49] Et eso mismo deve fazer en las vestias et en sus ensellamientos. Pero si quisiere alguna vegada, bien puede fazer que estas cosas [non] sean de mayor preçio, por que tomen ende enxienplo las gentes para non despender lo suyo en lo que con rrazón pueden escusar.

75b Otrosí deve guar/dar que la su cámara, et la su baxiella para comer et para bever, et los sus estrados et las sus camas, et las sus joyas, que todas estas cosas sean muy nobles et muy apuestas segund pertenesçe al su estado. Pero en todas estas cosas non deve tomar plazer nin deleite desordenado, et dévese acordar que todo esto es falleçedero et que poco le a de durar, et que non a de levar deste mundo otra cosa sinon el bien que fiziere et la buena fama que fincare dél.

Otrosí deve guisar que sienpre ande en la su cámara tanto aver que por mengua non aya a dexar ninguno de los fechos quel acaesçieren de fazer.

Et, sennor infante, todas estas cosas pueden fazer muy bien los enperadores, et faziéndolas guardarán a sí mismos et a sus onras et a sus estados. Et vós, sennor infante, dezidme si lo tenedes por [bien] así.'

14 panos *Comp.* pequena 109. 9 *and* pequeno 121. 24   31 pueden] puedā

El lxiii° capítulo fabla en cómmo el infante dixo a Julio que esta lxiii
dubda bien [gela] avía fecho perder, et quel rrogava que le respondiese a cada una de las otras dubdas en guisa que las perdiese.

'Sin dubda, Julio,' dixo el infante, 'quanto esta dubda, bien me la avedes fecho perder. Et ruégovos que me respondades a cada una de las otras dubdas en guisa que las pierda.'

'Así, sennor infante,' [dixo Julio], 'pues tenedes que esta respuesta es conplida, agora vos respondré a la otra pregunta: que dubdades cómmo los enperadores pueden guardar lo que deven a su muger et a sus fijos.

Sennor infante, esta guarda es en tantas maneras que sería muy grave et muy luengo de lo escrivir todo. Otrosí, me avedes dicho [que] vós queredes más que las mis respuestas sean bien declaradas et haquanto más luengas que non abreviadas, que sean graves de entender. Et agora dezidme vuestra voluntad:
¿cómmo queredes / que vos fable en todas estas cosas? Ca si 75c
dezides que vos responda a cada cosa conplidamente, he muy grant reçelo de dos cosas: la una, que vos enojaredes de tan luenga scriptura, et la otra, que me ternedes por muy fablado[r]. Et si dezides que vos responda abreviadamente, he reçelo que avré a fablar tan escuro que por aventura será grave de entender. Et dígovos que muy pocos libros leí yo que algún sabio fiziese, que los que vinieron después non dixiesen contra ellos: contra los unos diziendo que fablavan muy luengo, et contra los otros que fablavan muy breve et scuro. Et porque sé que la manera deste libro, por abreviada que sea, non se puede escusar de ser grande scriptura — quanto más si la fiziese muy declaradamente, que es rrazón de seer mucho más luenga — et por ende vós catad en quál destas dos maneras queredes que vos responda. Et non me rep(i)tedes ⟨después⟩ por vos responder yo segund vós me dixéredes.'

'Julio,' dixo el infante, 'de las mayores corduras del mundo es quien puede entender el enbargo o peligro que puede en el

5 quanto esta dubda *Comp.* 57. 20, 128. 17, 197. 33 15 haquanto *Comp.* yaquanto 47. 30, 105. 19, 112. 6

fecho acaesçer ante que acaesca, et fazer en ello lo que conpliere para se guardar de dicho et de obra. Et por ende fazedes vós muy grant cordura en vos guardar de rependimiento ante que podedes ser reprehendido. Pero en esto que me dezides, commo yo quería et me paresçría mejor que lo vós fiziésedes, sería que en tal que lo dixiésedes declaradamente, que fuese en las menos palabras que vós pudiésedes. [Et] çierto só yo que tan sabio sodes vós que así lo faredes. Pero de lo uno o de lo otro, más de consentir et más aprovechoso para el que ha de aprender es en
75d ser la scriptura más luenga et declarada que non abreviada / et escura; ca el que aprende, entre todas las cosas que ha mester, es que aya vagar para aprender. Et pues nós vagar avemos, ruégovos que por reçelo que vos digan que sodes muy fablador que non dexedes de fablar bien declaradamente en todas las cosas.'

'Sennor infante,' dixo Julio, 'pues vós así lo queredes, yo vos diré lo que entendiere en esta dubda que tomades.'

lxiv El lxiiii° capítulo fabla en cómmo Julio dixo al infante que en esto que él dizía que era una pregunta, et para le responder a ella conplidamente que non se podían escusar muchas razones.

'Sennor infante, en esto que vós dezides es una pregunta. [Et] para vos responder a ella conplidamente non se pueden escusar muchas razones. Ca vós sabedes que al enperador conviene que faga muchas cosas para guardar lo que deve en la guarda de su muger et de su cuerpo, commo de la fama della et de toda su casa, commo en su mantenimiento, commo en la manera que deve tr⟨a⟩er en su casa para guardar su onra et su estado. Et así, para vos dezir en cada una destas cosas lo que el enperador deve fazer, bien entendedes que se non pueden escusar muchas palabras, otrosí lo que deve fazer a sus fijos vós entendedes que son muchas cosas;[50] ca los fijos de los enperadores non son todos de una condiçión, ca el mayor, commo quier que de derecho non es heredero del enperio, pero porque es mayor et puede seer que será heredero, por ende conviene que en otra manera más alta et más onrada traya su fazienda que

los otros sus hermanos. Otrosí los fijos del enperador non son sienpre de un estado; ca en una guisa deve obrar con(tra) [ellos] el enperador quando son muy ninnos et de otra quando son mançebos, [et] en / tienpo de aver faziendas et casamientos, et 76a
de otra en casarlos, et de otra en mantenerlos en su onra, por que después de su vida finquen ellos en aquella onra que les pertenesçe.[51] Et en esta misma manera deve catar que faga lo que deve a sus hermanos.

Et, sennor infante, todas estas cosas bien creo que si lo quisiéredes saber, que escripto lo fallaredes en otros libros. Pero si vós quisiéredes que vos fable en todo segund lo yo entiendo, fazerlo he. Mas conviene que vos non enojedes de lo oír.'

El lxv[°] capítulo fabla en cómmo el infante dixo a Julio que **lxv**
ya le avía dicho muchas vegadas que le plazía más et tenía por mejor que la scriptura fuese más alongada et declarada que avreviada et escura.

'Julio,' dixo el infante, 'ya vos dixe muchas vegadas que me plazía más, et tenía por mejor, que la scriptura fuese más luenga et declarada que avreviada et escura. Et quanto a lo que dezides, que si quisiere, que en otros libros lo puedo fallar; bien sé yo que tanto tienpo ha que començó el mundo et tantos fueron los sabios que fablaron en las sabidurías que non ay en el mundo cosa que ya dicha non sea. Et esto que yo pregunto a vós, bien entiendo yo que otros fablaron en ello; mas [en] que me lo digades vós conplida et declaradamente ay dos pros: la una, que lo entienda mejor, diziéndomelo vós; et la otra, que será más loado el vuestro saber por lo que vós dixiéredes que si oviéremos de buscar los libros que los otros sabios fizieron. Por ende vos ruego que tanbién en esto commo en lo de aquí

2 con(tra) [ellos] (G) 4 MS. *reads* en tp̄o de qñdo son mãçebos en tp̄o de aver faziẽdas *Obvious dittographies* et casamientos *Scribal addition* 8 a sus hermanos] a sus fijos 23 fablaron] fallarõ (G) 25 fablaron] fallarõ (G) 27 diziéndomelo] diziẽdolo melo (G) 28 loado el] loada al (G)

adelante, en todas las cosas que me avedes a responder, que sea lo más conplida et declaradamente que pudiéredes.'

76b 'Sennor infante,' dixo Julio, 'todo esto / fazía yo por que vos non enojásedes. Mas, pues lo queredes, yo fazerlo he lo mejor que pudiere. Et de aquí adelante non vos preguntaré nada de todas estas cosas que fasta aquí vos pregunté.'

lxvi El lxvi° capítulo fabla en cómmo Julio dixo al infante quel paresçía que la primera cosa que el enperador devía fazer para guardar lo que deve a la muger es que la ame et la presçie mucho et le faga mucha onra et le muestre muy buen talante.

'Sennor infante, segund a mí paresçe, la primera cosa que el enperador a de fazer para guardar lo que deve a su muger es que la ame et la preçie mucho et le faga mucha onra et le muestre muy buen talante, todavía guardando que non mengüe por ella ninguna cosa de su onra nin de las cosas que deve fazer.[52]

Otrosí deve guardar que non pongan mucho su voluntad en otra muger ninguna en manera que se pueda ende seguir pecado.

Otrosí deve tener con ella en la su casa abastamiento de duennas et de donzellas, tales que le(s) pertenesçen. Et sennaladamente deve catar que las sus camareras que la an de servir et saber todas sus privanças sean buenas mugeres, et cuerdas et de buena fama, et de buenas obras et de buenos dichos, et de buenos gestos et de buenas conçiençias; que teman a Dios et amen la vida et la onra del enperador et de su muger et de toda su casa; que non sean codiçiosas, nin muy mançebas nin muy fermosas.

Otrosí que aya muy buenos ofiçiales et los [más] onrados que pudieren ser, segund pertenesçe a cada ufiçio. Et sennaladamente deve catar que el mayordomo et el chançeller, et el confessor et el físico, et el despensero et los que sirven ante ella
76c — por rrazón que éstos / son omnes que forçadamente an de aver mayor fazimiento con las sennoras — que sean cuerdos et

2 lo más] la mas (G)

leales, et que se non presçien mucho de su loçanía nin de su apostura, nin sea[n] muy maçebos.

Otrosí los porteros deven ser catados que sean cuerdos et leales et non mançebos.

Otrosí los coçineros deven mucho catar que sean leales et sepan muy bien fazer su ofiçio.

Et todos los otros ofiçiales et las otras gentes que ovieren de bevir en la su casa deven catar que sean los que más cunplieren para ello. Ca muy más enpesçe en casa de las duennas que un omne que non sea tal qual deve que veinte que visquiesen en casa de los sennores, por malos que fuesen.

Otrosí deve guardar el enperador que su muger que aya rentas çiertas con que pueda mantener su casa muy onradamente, et que sea muy abastada de pannos et de joyas, et de capiellas et de todas las cosas que pertenesçen a su estado. Et demás de lo que a mester para lo que es dicho, conviene que aya más rrenda para lo poder dar por amor de Dios et fazer otras cosas muchas quel pertenesçen, que non se pueden nin deven escusar.

Otrosí, para guardar la su fama et la de su casa conviene que el enperador sea muy amado et muy preçiado et muy temido de su muger et de las mugeres que fueren en la su casa.[53] Et que sienpre tenga mientes el enperador que si en algún omne o en alguna muger de los que biven en la su casa, por depequeno estado quier que sean, entendiere que va entre ellos algúen mal nin dicho nin fecho, que faga sobre[llo] tan grant escarmiento et tan grant crueza, et muestre tan grant sanna et tan grant braveza que entiendan las personas más onradas, tanbién omnes commo mugeres, que si por pecados en ningún tal yerro cayesen, que cosa del mundo non los / avía descapar de muy malas 76d muertes et muy desonradas. Et non deve cuidar el enperador que quando algún yerro desta manera comiença de aparesçer, por encobrirlo a a dar a entender que non es nada et será la su

2 maçebos *Comp.* 31. 12, 158. 15   3 Otrosí] Et si   20 la de] dela   24–5 por de pequeno . . . algún mal] por q̄ va de peq̄no estado q[i]er q̄ seã entẽdiere ent[e]ellos algũ mal   pequeno *Comp.* pequena 109. 9 *and* panos 116. 15   32 aparesçer] acaesçer (B)

casa más guardada de mala fama; ante crea por çierto que qualquier consentimiento que en tal cosa fiziese, sería ocasión por que otras personas más onradas tomasen atrevimiento de fazer cosa que sería después más vergonçosa et peor de encobrir. Et, sennor infante, el que leyere este libro, si [es] de buen entendimiento, bien e[n]tendrá cómmo deve obrar en estas cosas. [Et] commo quier que lo yo non digo tan declaradamente commo podría, el que lo non entendiere nin obrare en tal fecho commo deviere sufra et pase las cosas así commo acaesçieren. Mas só çierto que el enperador que estas cosas guardare que fará lo que deve a su muger et guardará su onra et su fama et cada su cosa.

Otrosí a sus fijos, segund el mío entendimiento, dévelos fazer en esta manera:[54] bien en quanto fueren tan ninnos que non [saben] fablar nin andar, dévenles catar buenas amas, que sean de la mejor sangre et más alta et más linda que pudieren aver.[55] Ca çierto es que del padre o de la madre en afuera, que non ay ninguna cosa de que los omnes tanto tomen, nin a qui tanto salgan nin a qui tanto semejen en sus voluntades et en sus obras, commo a las amas cuya leche mamaran.'

lxvii El lxviiº capítulo fabla en cómmo Julio dixo al infante quel dixiera don Johan aquel su amigo, quel dixiera la condesa su madre que, por[que] ella non avía otro fijo sinon a él et porquel amava mucho, que por un grant tienpo non consintiera que mamase otra leche sinon la suya.

'Et dígovos que me dixo don Johan, aquel mío amigo de qui yo vos fablé, quel dixiera la condesa su madre que porque ella non avía otro fijo sinon a él et porque lo amava mucho, que por un grant tienpo non consintiera que mamase otra leche sinon /
77a la suya misma; et después que él cató una ama que era fija de un infançón mucho onrado que ovo nonbre Diago Gonçales de Padiella. Et díxome que una vez quel adoleçiera aquella su ama et quel ovo a dar leche de otra muger, et por ende quel dizía su

31 Gonçales] gºs *Wrongly expanded by* Ben. *and* CC *to* Gómez (510. 4 *and* 105. 12)

madre muchas vezes, que si en él algún bien obiese, que sienpre cuidaría que muy grant partida dello era por la buena leche que oviera mamado; et quando non fiziese lo que devía, que sienpre ternía que era por quanto mamara otra leche que non era tan buena. Et así tengo que una de llas cosas que el enperador más deve catar a sus fijos et a sus fijas es que ayan buenas amas et de tal sangre — commo es dicho — lo más [alta et más linda] que pudiere.

Et desque començare[n] a fablar et sopiere[n] andar, dévenles dar moços con que trebejen aquellos trebejos que les pertenesçe[n], segund su edat.

Et desque fueren algún poco entendiendo, deven poner con ellos omnes buenos entendudos, de que oyan sienpre buenas rrazones et buenos consejos et aprendan buenas maneras et buenas costunbres.[56] Et deven guisar que sean bien acostunbrados en comer et en bever, ca esto en poder es de lo fazer de aquellos que los crían.[57] Et sobre todas las cosas del mundo los deven guardar del vino:[58] ca çierto cred que del día que lo omne comiença a bever fasta que muere, que cadaldía lo quiere más et lo a más mester, et le enpesçe más, si se non guarda de lo bever tanto quel pueda dél venir danno.

El desque pasare[n] de çinco annos adelante, deven començar poco a poco a les mostrar leer, pero con falago et sin premia. Et este leer deve ser tanto a lo menos fasta que sepan fablar et entender latín.[59] Et después deven fazer quanto pudieren por que tomen plazer en leer las corónicas de los grandes fechos et de las grandes conquistas, et de los fechos de armas et de cavallerías que acaesçieron, et / en cómmo los grandes sennores 77b
llegaron a grandes estados por su vondat et por su esfuerço, et quánto mal passaron en su vida, et quán mal acabaron et quán mala fama dexaron de sí los enperadores et rreys et grandes sennores que fizieron malas obras et fueron medrosos et flacos de coraçón. Et commo quier que el entendimiento et el esfuerço non lo puede aprender omne de ninguno nin aver tan conplido

7 [alta et más linda] *Comp.* 122. 16 29 llegaron] llegarē (G) 30 acabaron] acançarō (B)

commo deve, si Dios non gelo da por su merced, pero lo que los omnes pueden fazer es esto: que luego que los ninnos comiençan [a] andar, que deven a las vezes subirlos en las vestias et omnes en pos ellos que los tengan; et desque entendieren que se pu[e]den tener en las bestias por su cabo, deven guisar que comiençen más a trabajar, pero en manera que non sea danno del cuerpo. Et desque vieren que se puede tener en cavallo, dévenle fazer andar poco a poco en él fasta que entienda que sin reçelo lo pueda remeter, et después cada día faziendo más fasta que se atreva a poner espuelas a qualquier cavallo.

Otrosí dévenle mostrar caçar et correr monte, et bofordar et armarse, et saber todos los juegos et las cosas que pertenesçen a la cavallería.[60] Porque estas cosas non enpesçen al leer, nin el leer a estas cosas. [Et] dévenlo fazer en esta manera, [o] ordenar la semana en esta guisa: el domingo, oír la missa — si fuere cantada será mejor — et después de missa, cavalgar et trebejar fasta que sea ora de comer. Et desque ovieren comido et estudieren un rrato con las gentes, fablando et departiendo, entrar en su cámara si quisiere dormir;[61] sinon, estar ý una pieça fasta que se asosiegue la vianda et se abaxen los bafos que suben a la cabeça. Et desque fuere contra la tarde, puede ir trebejar de pie o de bestia, con lo que tomare mayor plazer,
77c fasta que sea ora de çena. Et desque oviere çenado, / deve estar una pieça departiendo et trebejando con sus gentes — et non velan mucho el día del domingo — nin deve ler nin ir a caça.

Et el lunes levántese de grant mannana a oír la missa. Et si fuere de hedat que pueda andar de cavallo et sofrir la fortaleza del tienpo non deve dexar, por fuerte tienpo que faga, de ir a caça en cavallo, et vestir ganbax gordo et pesado et mucha ropa; lo uno por se guardar del frío, et lo ál por acostunbrar el cuerpo a sofrir el peso de las armas, quando le acaesçiere. Et en quanto andudiere a caça deven traer en la mano derecha lança o asconna o otra vara; et en el isquierda deve traer un açor o un

13–14 el leer] en leer 20 bafos *Blurred but legible in* MS. G *reads* flatos (316b. 47). CC *reads* se abogen los platos (106. 62)

falcón. Et esto deve fazer por acostunbrar los braços: el derecho para saber saber ferir con él, et el isquierdo para usar el escudo con que se defienda. Et todavía deve traer el espada consigo: lo uno porque es ávito de los que an de bevir por cavallería, lo otro porque en el espada ha arma(da) et armadura: arma para ferir, et armadura para [se] defender. Et porque los cavalleros non pueden traer sienpre todas las armas et armaduras que les cunplen, por ende los sabios antigos que ordenaron la cavallería escogieron el espada en que es todo. Et por eso ordenaron que non pudiese el cavallero reçebir orden de cavallería sinon con la espada. Et todo omne que a de (de) bevir por cavallería, deve sienpre usar de la traer consigo. Et, sennor infante, si quisiéredes saber cómmo en el espada se muestran las quatro virtudes que los cavalleros deven aver en sí, fallarlo hedes en el libro que conpuso don Johan, aquel mío amigo, que ha nonbre *El libro de la cavallería*.[62] Et en quanto son moços deven aprender con ella esgrimir. [Et] todo esto deve fazer el fijo del enperador, commo dicho / es. Et en quanto andudiere a caça, deve poner 77d
espuelas al cavallo, a vezes por lugares fuertes, et a vezes por lanos, por que pierda el miedo de los grandes saltos et de los lugares fuertes et sea mejor cavalgante. Et desque tornare de caça et oviere comido et folgado, commo es dicho, en la tarde deve oír su lecçión et fazer conjugaçión, et declinar et derivar, o fazer proverbio o letras.

Et otro día, martes, después que oviere oído missa, deve oír su lecçión et estar aprendiendo fasta ora de comer. Et desque oviere comido, folgar, commo desuso es dicho, [et] tornar a leer et a repetir su lecçión et fazer conjugaçión et las otras cosas, commo es dicho, [et] pasar así toda la semana leyendo un día et caçando otro. Et el sábado, repetir et confirmar todas las lecciones de la semana.

Et en los días que fuere a caça deve guisar que tarde un día mucho el comer, et otro que coma más de man[n]ana; et que las viandas no sean siempre unas nin de una manera adobadas, mas que prueve de todas. Pero la mayor parte del comer et

20 lanos *Comp.* lámanlos 183. 7

lo que más usare ý primero, que sean gallinas o capones et perdizes. Et si algún día tardare mucho el comer et oviere grant fambre, es bien que coma un pedaço de pan; pero que non veva vino entonçe, nin en ninguna manera, fasta que yante et aya comido grant partida de la vianda.

Et en faziéndolo así, non dexará por el leer lo que a de saber de cavallería, nin por lo ál el leer.

Otrosí la cama en que oviere a dormir, conviene que non sea sienpre de una manera, mas que sea algunas vezes dura et non bien fecha. Et quando durmiere, que usen a vezes de fazer ý rroído por que non dexe el dormir quando rroído fizieren.

Et dígovos que me dixo don Johan, aquel mío amigo, que en esta guisa [le] criara su madre en quanto fue viva, et después que ella finó, que así lo fizieron los que lo criaron.

78a Otrosí, desque / fueren en tienpo que aya de aver vasallos et tener su casa, conviene que les den tiera et heredat tanta et en tal manera que puedan aver buenos vasallos et bevir onradamente, segund les pertenesçe. Pero deve catar que las fortalezas que les dieren, que sean tantas et tales et en tales comarcas que non puedan ligeramente seer forçados nin desapoderados dellas.

Otrosí, que non les venga a talante que, sin grant tuerto que reçibiesen de su hermano mayor, se moviesen para le fazer guerrao bolliçio en latiera, esforçándose en las fortalezas que su padre les oviese dado.

Otrosí deve fazer su padre por los casar, quanto pudiere, bien et onradamente.

Et todas estas cosas vos digo que deve fazer a sus fijos, pero a las fijas commo a mugeres, et a los fijos commo a omnes.

Et, sennor infante, segund yo cuido, faziendo el enperador estas cosas commo es dicho, tengo que fará et guardará lo que deve a su muger et a sus fijos. Et tengo que lo puede muy bien fazer. Et así, quanto por esto, al mío paresçer, non avedes por qué dubdar en el estado de los enperadores.'

lxviii El lxviii° capítulo fabla en cómmo el infante dixo a Julio

1 usare ý] usare τ   8 cama] camara

quel dizía que esta dubda que la devía perder con rrazón, et que daquí adelante le respondiese a las otras.

'Julio,' dixo el infante, 'bien vos digo que esta dubda que la devo perder con razón. Et de aquí adelante respondetme a las otras.'

'Sennor infante,' dixo Julio, 'pues tenedes que devedes perder esta dubda, rrespondervos he a la dubda que tomades de lo que los enperadores deven fazer a sus hermanos.

Sennor infante, si el enperador quiere fazer bien et aguisado et lo que deve, en tal lugar deve tener a sus hermanos commo a sus fijos. Et aún es más tenido a ello por dar de sí buena fama; [ca] si faze bien a sus fijos, todos ternán que lo faze por amor que les ha; mas / lo que fiziere a sus hermanos es derecho et 78b vondat et mesura et buena fama. Et demás deve saber que commo quier que Dios dio a él la mayoría et quiso que heredase, porque nasçió él primero que los otros sus hermanos, que tan fijos dalgo son commo él, et fijos son de aquel padre et de aquella madre que él, et que aguisado et razón es que ayan parte ý en que puedan bevir bien et onradamente en lo que fue de su padre et de los otros rreyes onde vienen. Et por ende vos digo que si omne oviere algún hermano que sea en hedat et que aya mester criança, que tengo que deve fazer a él lo que faría en la criança de sus fijos. Et a los que fueren criados, segund lo que yo entiendo, deve fazer a ellos commo es dicho que deve fazer a sus fijos que fueren criados.

Agora, sennor infante, veed si vos he sacado desta dubda con rrazón, o dezidme lo que vos paresçe en ello.'

'En verdad vos digo, Julio,' dixo el infante, 'que en pocas palabras me avedes sacado desta dubda. Et por esto non vos detengades de me responder a las otras cosas.'

'[ ] quanto en la dubda que vós, sennor infante, tomades de lo que el enperador deve fazer a sus parientes, tengo que muy ligeramente la devedes perder. Ca los parientes non son

2 respondiese] respond^{i}a   4 devo] deue (G)   19 parte y] parte ⁊
31 [ ] *Obvious lacuna.* B *proposes* 'Señor infante,' dixo Julio, 'pues respondervose a las otras cosas' (*page* 186, *note to* G 317b. 54)

atan açercados commo los ⟨fijos⟩ nin commo los hermanos. Pero deçenden dellos et son de su linage. Et commo quier que los enperadores non les sean tan tenudos commo a sus fijos et a sus hermanos, pero débenles fazer esas obras que [fazen] a sus fijos et a sus hermanos, guardando el avantaja de la onra et del estado que an dellos. Et a los parientes deve fazer bien et onra, catando a las obras et a las vondades que an más los unos
78c que los otros, et los serviçios que les / fazen, et la onra et el estado que an los unos más que los otros, et el llegamiento de sangre q[ue] a más con ellos. Ca vien beedes, sennor infante, que todos los parientes non son de un grado, nin son eguales en onra et en estado et valía. Por ende los enperadores non lo deven obrar egualmente con todos sus parientes, sinon catando todas estas cosas sobredichas.

Et pues entendedes que los enperadores pueden todo esto fazer, parésçeme que devedes perder esta dubda en el su estado.'

'Julio,' dixo el infante, 'quanto esta dubda, digo que sin razón la tomaré si de aquí adelante la quisiere tomar.'

'Sennor infante,' dixo Julio, 'pues, loado a Dios, esta dubda perdiestes, agora vos respondré a la dubda que tomades en cómmo los enperadores pueden guardar lo que deven a los grandes omnes del su enperio, así commo los rreys et duques et príncipes et marqueses et condes et rricos omnes et los sus ofiçiales et todos los omnes fijos dalgo, et todos los otros del pueblo que son en el su enperio. Et porque en esta repuesta avía a fablar en muchas maneras de partidas que son en estos estados, forçadamente avrá a seer la repuesta más luenga que en estas otras cosas que fasta aquí vos respondí.'

lxix El lxix° capítulo fabla en cómmo Julio dixo al infante que así commo le dixiera que los enperadores non eran tan tenudos [a sus parientes] commo a sus hermanos et a sus fijos, que bien

4–5 a sus fijos et] a sus fijos q̄ 6 MS. *reads* estado q̄ s^{9} fijos ⁊ s^{9} h'manos an del'os. *Scribal repetition from line* 5 *above.* 17 quanto esta dubda *Comp.* 57. 20, 117. 5, 128. 17 30–1 tenudos [a sus parientes] commo a sus hermanos et a sus fijos] tenudos com̃o asu mug' ⁊ as^{9} fijos *Comp.* 129. 4–5 así le dizía que non eran tan tenudos a los altos omnes del enperio commo a sus parientes.

'Sennor infante, bien así commo vos dixe que los enperadores non eran tan tenudos a sus parientes commo a sus hermanos et a sus fijos, bien así vos digo que non es tan tenudo a los grandes omnes del enperio que non an / con él linage commo a 78d
sus parientes. Et bien así commo vos dixe [. . .] que le deve fazer esas mismas obras que a sus parientes — guardando la onra et la avantaja que sus parientes an dellos — vien así commo vos lo dixe que a los parientes deve fazer bien et onra, catando las obras et las vondades que an más los unos que los otros et los serviçios que les fazen; bien así vos digo que a los grandes omnes les deve fazer bien, catando las obras et las vondades que an los unos más que los otros et los serviçios que les fazen et les pueden fazer. Ca bien así commo los parientes non son todos equales nin en un grado, bien así los grandes omnes non son todos eguales nin el enperador non les deve fazer bien a todos egualmente, sinon catando las cosas que son desuso dichas.

Et quanto en fecho de los ofiçiales, deve el enperador catar que los ponga tales quales pertenesçen en cada ofiçio. Ca unos son ofiçiales para su corte, et otros que ha él a fazer ofiçiales para las tierras et comarcas, para los mantener et guardar en justiçia; et otros que a de poner en cada villa, et otros que ponen los de la villa entre sí; et otros que recabdan los derechos et las rendas del enperio. [Et] todas estas maneras de ofiçiales que el enperador a de poner, deve ante conosçerlos et saberlos su vida et su manera dellos, et poner a cada uno en aquel ofiçio que entendiere quel pertenesçe. Et deve guardar mucho de poner ningún ofiçial por ruego nin por pecho nin por voluntad, sinon el que entendiere que es para ello et lo meresçe. Et dequel pusiere en el ofiçio deve fiar en él et non creer ligeramente lo ⟨que⟩ contra él le dixieren, nin le deve tirar el ofiçio sin grant

7 vos] le   [. . .] B *suggests that the scribe omitted after* dixe: que a los parientes debian les facer esas obras que a sus fijos e a sus hermanos bien asi vos digo *Comp.* 128. 4–5   8 obras] ōrras   10 catando las] catan de las   26 saberlos   los *is perhaps due to attraction by the preceding phrase*

culpa suya: ca muy grant vergüença es fazer el sennor bien a su omne et desfazerlo después. Ca forçadamente entendrán las gentes que lo erró en non conosçerle en quanto [le] puso en
79a aquella onra / de aquel oficio, o erró quando gelo tomó sin muy grant meresçimiento.

Otrosí a los fijos dalgo del su enperio deve guardar que ayan sus soldadas conplidamente et bien paradas, et que estén sienpre guisados de cavallos [et] de armas [et] de gentes para su serviçio et para defendimiento de la tierra et de todo el pueblo en general. Et dévelos amar et presçiar a cada unos segund sus estados. Et dévelos mantener en justiçia et en derecho, et guardarles las leys et privilejos et libertades et fueros et buenos usos et buenas constunbres que ovieron de los que fueron ante que ellos.

Et, sennor infante, todas estas cosas pueden muy bien fazer et guardar los enperadores; por ende non avedes que dubdar por esta rrazón en el su estado.'

'Julio,' dixo el enfante, 'si Dios me ayude, commo quier que la dubda que yo tomava en esta pregunta era de muchas cosas, tan declaradamente me avedes respondido a todas que non me a en esto fincado dubda ninguna. Et por ende non avedes por qué vos detener a me responder a lo ál.'

'Sennor infante,' dixo Julio, 'pues desta dubda sodes fuera, punnaré de vos sacar de la que tomades en cómmo el enperador podrá guardar su enperio en justiçia.

Sennor infante, commo quier que para esto ha mester muchas cosas, segund yo cuido, mostrando buen talante et faziendo mucho bien a los que quisieren bevir en paz et en asusiego et sin rebuelta, et mostrando mal talante de dicho et de obra a los tortiçieros que non quieren bevir en paz et en asesiego, sinon con bolliçio et con rebuelta, castigándolos cruamente et brava, así puede mantener su enperio en justiçia et en paz. Pero esta braveza et esta cruedat dévela mostrar de palabra et de gesto, para espantar las gentes ante que lleguen

3 en non] ꝛ nõ 13 constunbres] cõstũbres *Comp.* constumbres 3. 17 20 todas] todos

a fazer cosas por que merescan muerte. Ca mucho deve foír de matar los omnes: lo / uno porque después que el omne es muerto 79b
perdido es todo el su serviçio et el bien que puede fazer — ca en la muerte nunca ay cobro — et demás, que los parientes et los que an deudo con él, aunque la muerte sea con justiçia et con derecho, sienpre los coraçones fincan más amanzellados que ante que aquella muerte fuese fecha. Et por ende es muy grant mester de mostrar ante braveza et grant crueldat en todas las otras penas, por foír que non lleguen los omnes a fazer cosa que forçadamente non se puede escusar de los aver a matar por justiçia. Et esto es en poder de los enperadores para lo fazer, si quisieren. Et por ende en este fecho devedes perder la dubda del su estado.'

'Bien vos digo, Julio,' dixo el infante, 'que tan verdaderamente me fablastes en esto que non me ha fincado ninguna dubda.'

'Sennor infante,' dixo Julio, 'pues non vos finca dubda desto, dezirvos he lo mejor que entendiere cómmo perderedes la dubda de cómmo se sabrá parar a la guerra, sil acaesçiere, tanbién por tierra commo por mar.'[63]

[THE EMPEROR AT WAR]

El lxx° capítulo fabla en cómmo Julio dixo al infante que todos **lxx**
los sabios dizen e es verdad, que en la guerra ay muchos males; que non tan solamente el fecho mas aun el dicho es muy espantoso.[64]

'Sennor infante, segund dizen los sabios todos — y es verdat — en la guerra ay tantos males que non solamente el fecho mas aun el dicho es muy espantoso, et por palabra non se puede dezir quánto mal della nasçe et por ella viene. Ca por la guerra viene pobreza et lazería et pesar, et nasçe della desonra et muerte, et quebranto et dolor, et deserviçio de Dios et despoblamiento del mundo, et mengua de derecho et de justiçia.

2 es muerto] el muerto (G) 19 parar] partir (B) *Comp.* 133. 1 *et passim*

Et por ende deve omne escusar quanto pudiere de non aver
79c guerra. Et todas las otras cosas deve omne ante sofrir / que començar guerra, salvo la desonra. Ca non tan solamente la guerra — en que ha tantos males — mas aun la muerte — que es la más grave cosa que puede seer — deve omne ante sofrir que pasar et sofrir desonra. Ca los grandes omnes que se mucho preçian et mucho valen, son para seer muertos mas non desonrados. Mas esta desonra por que omne deve fazer todas estas cosas, non entendades que es por un par de lúas, sinon por cosa que se deva fazer todo esto. Et dígovos que me dixo don Johan, aquel mío amigo, que aviendo él guerra muy afincada con el rrey de Castiella por muchos tuertos et desonra quel avía fecho, non se guardando dél et aviendo el rrey de su ayuda a los rreys de Aragón et de Portogal — ca era él casado con su fija del rrey de Portogal et el rrey de Aragón con su hermana — et non aviendo don Johan otra ayuda sinon a sí et a sus vasallos, et aun déstos serviéndol et andándol muchos muy floxamente — porquel fazían muchos afincamientos muy sin rrazón — et quando don Johan se quexava desto, dezíanle los quel avían de consejar que pues él teníe a grant peoría et le fazían tantos afincamientos los suyos, que fiziese alguna pleitisía por que salliese de aquella guerra.[65] Et don Johan dizía que fasta que oviese emienda del mal que reçibiera et fincase con onra que lo non faría; ca lo quel pasava con los suyos o que perdía, o quanto mal le benía, que todo era danno o pérdida mas non desonra; et que ante quería sofrir todo lo ál que la desonra, et que él se tenía por uno de los que eran para ser muertos mas non desonrados. Et lo uno por quanto fizo por guardar su onra, et lo ál porque se tovo Dios con él — en quien él avía toda su
79d sperança quel defendría, por el derecho que tenía / — guisólo así que ovo paz con el rrey, la más onrada que nunca se falla por ninguna fazanna que la oviese omne en Espanna.[66]

Et así los enperadores, et aun todos los grandes sennores, la cosa del mundo por que más deve fazer es por guardar su onra. Et quando por esto les acaesçe de aver guerra, conviene que faga

5 la más] lo mas

muchas cosas para se parar a ella: lo primero que punne de aver mucha gente et buena, et que faga quanto pudiere(n) por que sean pagados dél. Otrosí que bastesca de armas et de viandas los lugares que cunplieren para la guerra.

Et la guerra, o será con [otro] más poderoso que él — en guisa que non pueda lidiar con él — o con su egual, o con otro que sea él tanto más poderoso que él, en guisa que non pueda lidiar con él.

Et si oviere la guerra con el que fuere más poderoso que él,[67] commo es dicho, lo primero que a de fazer es [que] punne de aver mucha gente et buena, [et] que faga quanto pudiere por que sean pagados dél et quel ayuden de talante.

Otrosí, que cate quántos lugares fuertes le cunplen para aquella guerra et que sean tales que los pueda defender.[68] Et aquéllos, que los labre et los bastesca de gente et de armas et viandas. Et las fortalezas que viere que non puede defender, o las deribe o las dexe en tal manera quel non pueda dellas venir danno. Et deve guisar que tantas fortalezas tenga que non aya de dexar tantos de los suyos que non finque quien ande con él. Otrosí deve guisar que non sea çercado en lugar que pueda ser ençerrado. Et dévese guardar quanto pudiere de non lidiar con gente de aquel con quien a la (la) guerra, porque más le enpeesçría a él perder la gente que al otro. Pero si Dios le troxiese a lugar que en aquel[la] lid se partiese toda la guerra, tal lid non la deve partir en ninguna manera, mas ayúntala quanto pudiere ayuntar. / En otra manera sienpre deve guardar 80a
la gente et fazer guerra guerriada.

Et sil çercaren algún lugar, et viere que de día o de noche puede ferir en la hueste, dévelo fazer lo más a su salvo que pudiere. Et si esto non pudiere fazer et pudiere cercar algún lugar de los de aquel que tiene el su lugar çercado, dévelo fazer, o por fazer levantar al otro de sobrel su lugar, o por lo tomar si pudiere. Pero si esto non pudiere fazer, dével fazer la más fuerte et la más crua guerra que pudiere.

Otrosí deve guisar et esforçar los suyos que estudieren

9 que él] conel (G)   32 o por fazer] ⁊ por faz'

çercados con sus conortes, et faziéndoles sienpre buenas nuebas, et fazer quanto pudiere por los desçercar. Ca bien creed que si la hueste se levanta una vez non tomando el lugar que tiene çercado que tarde o nunca le çercará aquel lugar nin otro.

Et si lugar ninguno de los que él toviere nol cercaren, et andudiere(n) el pleito a guerra guerriada, en quanto durare el ivierno deve fazer la más fuerte guerra et la más crua que pudiere. Et entrante el verano deve punar de aver algún asesiego fasta que aya cogido el pan et el vino. Otrosí que pueda librar et enfortaleçer los lugares que toviere.

Otrosí deve fazer todo su poder por meter desvarío et contienda entre aquel con qui ha la guerra et sus vezinos, et aun, si pudiere, con sus vasallos.

Otrosí, todas las cosas que fiziere dévelas fazer mucho en poridad, lo más encubiertamente que pudiere.[69] Et dígovos que me dixo don Johan, aquel mío amigo, que una de las cosas que mucho le aprovecharon en las guerras que ovo que fue que las fizo con grant poridad; et las que más le enpesçió fue en las que non fue la poridad guardada. Et díxome algunas vegadas riéndose et commo en manera de solaz: "Dígovos en buena fe,
8 b Julio, / mi amigo et mi amo, que en los grandes fechos que ove de fazer, que las poridades que me fueron mejor guardadas, las que non dixe a ninguno". Et esto me quiso tanto dezir, commo que pocas o ningunas cosas son que omne a otrie diga, que sea poridat. Et por ende, si el que ha de fazer la cosa entiende(n) que es pleito que a mester grant poridat et que lo puede acabar sin dezirlo a ninguno, dévese guardar de lo dezir. Mas si fuer cosa que non se puede encobrir sin dezirlo [a] alguno — pues non se puede escusar — dévelo dezir lo más guardadamente que pudiere.

Otrosí deve fazer mucho por tener barruntes et esculcas con sus contrarios, por saber lo más que pudiere de sus fechos.

Et deve fazer quanto pudiere por que cada noche duerma en lugar do sea seguro, et a lo menos do non reçele ninguna sobrevienta. Et si albergare en yermo o en lugar que non sea

17 fue que las] fue las q̄

bien fuerte, deve poner esculcas luenne et çerca, por que nol pueda acaesçer ninguna sobrevienta. Et en el lugar do reçelo oviere dévese guardar sennaladamente de posar en aldea o en lugar que non sea fuerte [et] do aya mucho vino; porque las gentes que vienen cansadas, si mucho vino fallan, non se saben guardar commo les es mester et toman muchas vegadas por ello grandes yerros.

Et quando fuere por el camino o en tierra que aya reçelo, deve sienpre enviar adelante de la delantera algunos omnes de cavallo que vayan atalayando et descubriendo la tierra, et eso mismo otros que vengan en pos dellos de çaga et bien así en las costaneras, por que non puedan aver ningún rrebato de que non sean aperçebidos. Et deve guisar que tan çerca vaya la delantera / et la çaga et las costaneras que se puedan acorrer, si 80c
mester fuere. Et deve guardar quanto pudiere de non se meter en puertos nin en xierras nin en varancos nin en rríos, nin en otros logares qualesquier que aya a tener su gente en guisa que se non puedan acorrer los unos a los otros. Pero si esto non pudieren escusar en ninguna manera do el paso fuere peligroso, deve poner delante algunos valesteros et escudados, et en pos ellos que vayan cavalleros et omnes de vergüença que estén a la salida del paso fasta que la gente sea salida de aquel lugar. Otrosí deve poner eso mismo recabdo en la çaga, [et] segund (do) entendiere do es el mayor reçelo, en la delantera o en la çaga, así deve poner ý la(s) más gente et mejor et los más esforçados et omnes más de vergüença et más sabidores.

Otrosí deve guardar quanto pudiere de non andar con grant gente nin con grant hueste de noche. Ca pocas vezes puede ser que grant gente ande de noche que non yerren el camino o non se destage el rastro. Et por esto puede venir muy grant yerro et muy grant ocasión en la conpanna. Pero si en ninguna manera non se puede escusar, deve fazer quanto pudiere por que non se parta la gente. Et la mejor manera que ay para se guardar esto es que lieven en la delantera un anafil o vozina, et otro en la medianera, et otro en la çaga, et que non vayan en la conpanna más destos tres; et éstos, que los tangan en guisa que se oyan los unos a los otros et que guisen las gentes por ellos. Et con todo esto será muy grant marabilla si [non] pudieren ir bien acabdellados nin bien guardados andando de noche.

Otrosí deve guardar que si de noche andudieren que non
passe la gente nin la meta por ningún poblado. Et si la gente
80d grande fuere, deve levar los más alables que pudiere. Et / a lo
menos non puede escusar los tres: que vaya el uno en la delantera, et el otro en la medianera, et el otro en la çaga. Et éstos manden tanner los anafiles commo es dicho.

Et, sennor infante, dígovos que después que fue fecha esta partida deste libro que me dixo don Johan, aquel mío amigo, que en un entrada que él fiziera a tierra de moros, que fue con él un maestre de una orden que el rrey don Jayme de Aragón fiziera, que llaman la orden de Montesa.[70] Et en conpanna de aquel maestre traían dos estrumentes de fierro a que llamavan farahón, et ovo don Johan el uno. Et este estrumente lieva de noche lunbre encendida, et es fecho en tal manera que viento nin agua non puede matar la lunbre. Et por grant gente que sea, levando aquel farahón en la delantera, nunca se puede errar la gente, et aun si quisieren pueden ir tan bien acabdellados commo si fuese de día; ca levando un farahón en la delantera, et otro en la medianera con el sennor, et otro en la çaga, pueden ir en guisa que o se bean todos o, a lo menos, que bean los de la medianera a la delantera et la çaga a la medianera. Et quando se non viesen, el que perdiese al otro de vista, esperar et andar fasta que vea aquel farahón que non puede ver. Et díxome don Johan que quando falló aqueste estrumente quel plogo ende mucho, et aun, que si esta manera sopiera él ante de entonçe que muchas cosas cuidara que oviera acabado en las guerras que ovo.

Otrosí, quando oviere de andar con la hueste, si alguna vez oviere a posar en yermo, deven catar los que van en la delantera que caten posadas do ay avondo de aguas et de llenna, et de pala o de yerba. Pero todas estas dichas cosas deve escusar quanto pudiere el que a gue⟨r⟩ra con otro más poderoso que él. Et cada que pudiere aver paz con su onra, dévelo fazer et

6 alables *Comp.* adables 192. 16 33 pala *Comp.* paja 149. 1

tomarla muy de grado. Que bien cred que el que ha menor poder, si Dios non se tiene mucho con él / et non ha muy grant 81a
avantaja desfuerço et de seso et de maestría et de artería, que el otro con qui ha guerra que es más poderoso quél, que lo tiene a muy grant peoría. Et la cosa del mundo — del ayuda de Dios en afuera — que más le ha de valer es que aya gran[t] (et) esfuerço et grant entendimiento, et tanbién los amigos commo los enemigos tengan que es vien conplidamente omne conplido et muy sin miedo et muy lazdrador, et que non dubda de fazer por sí mismo todo lo que deve, nin dubda de aventurar el cuerpo cada que fuere meeste[r].

Et çiertamente, sennor infante, commo quier que muchas maneras ha mester el que ha guerra con más poderoso que él, tengo que el que oviere en sí et fiziere esto que dicho es, que non puede aver mejores nin más maneras para dar buen cabo a su guerra.'

El lxxi° capítulo fabla en cómmo Julio dixo al infante que si lxxi
omne oviere guerra con otro menos poderoso que él, commo quier que él aya más poder, que non deve començar la guerra sin grant culpa o mereçimiento del aquel su contrario.

'Et si oviere guerra con otro que sea menos poderoso que él, commo quier que él aya más poder que él, non deve començar la guerra sin grant culpa o mereçimiento de aquel su contrario. Ca deve creer verdaderamente que entre todas las cosas del mundo que Dios tiene en su poder, de las más sennaladas es las guerras et las lides; ca esto, sin dubda ninguna, todo se faze segund la voluntad de Dios. Et, pues Dios es derechurero, forçadamente conviene que se tenga con el que tiene derecho et quel ayude. Et non deve ninguno fiar nin atreverse en su poder nin en su entendimiento nin en su esfuerço, que todo es nada sinon lo que Dios quiere. Et así todo lo deve poner en su merçed et guisar que lo faga con derecho.

[Et] aún, por aver más a Dios por sí, deve rogar et afrontar

4 qui] q̄   18 menos] mas   22 començar] comēcar

81b [a] aquel con qui cuida aver / la guerra o la contienda, quel quiera desfazer el tuerto et el yerro quel tiene fecho, et quiera aver paz con él, mostrándol todas las buenas rrazones que pudiere por que lo deve fazer. Et si gelo emendare commo deve a su onra, déve[l] plazer et tomar la emienda, et gradesçer mucho a Dios porque quiere que aya paz a su onra. Et si esto non li valiere, entonçe deve començar la guerra.

[Et] la primera cosa que deve fazer es que ponga muy buen recabdo en las sus fortalezas et en las fronteras, por que sea la su tierra guardada lo(s) más que pudiere de danno; et guisar que el su contrario se aya de mantener et governar de lo que toviere en las fortalezas, et que non pueda robar nin tomar de lo suyo dél en que se mantenga. Et deve guisar quel destruya todos los lugares onde entiende(n) que puede aver vianda, et bedarle que non pueda senbrar nin labrar las vinnas. Et en quanto durare el ivie⟨r⟩no, deve poner toda su sabiduría en se guardar de tomar danno. Et desque entrare el verano, si tanta gente toviere por que pueda çercar a su salvo a aquel con qui ha guerra, et estudiere en tal lugar ⟨que⟩, por (que) alguna mengua que aya de gente o del vastimiento o de fortaleza del lugar, que pueda tomar el lugar a aquel con qui ha la guerra. Et en tanto tienpo commo él pudiere mantener la hueste, dévelo fazer; pero deve dexar recabdo tal en las sus fortalezas por que, si salliere de aquel lugar et se acogiere a otro, que lo guarden, que non puedan tomar danno dél. Et él non se deve partir de aquel lugar que tiene cercado fasta que lo tome. Et si cunpliere, deve poner engennos, et fazer cavas, et traer otras maestrías que son meester para tomar los lugares. Et ante que comiençe la hueste
81c deve catar rrecabdo de todas las / cosas que a mester. Et en los otros lugares deve guisar de los estragar et de les talar los panes et las vinnas. Et deve guardar que en quanto durare el verano que non aya ninguna pleitisía nin ninguna calma con él, sinon quel dé a entender que faze todos sus fechos muy cuerdamente et con grant esfuerço, et que se atreve mucho a él.

2 tuerto] cuerpo (B) G *emends to* dapno 321a. 11 et quiera] ⁊ q^{i}ere (G)
11 governar] goūnaua 21 a aquel] ⁊ aq̄l *Comp. line* 18 *above*

Et en todas guerras de la gente et de la hueste, dévelo fazer en la manera que desuso es dicho por le fazer perder las ayudas et los suyos mismos. Et si alguna vegada acaesçiere que reçiba algún danno o algún enojo, non se deve ende marabillar nin espantar por ello, nin entonçe en ninguna guisa fablar en ninguna pletesía nin en abenençia.[71] Mas quando él oviere buena andança et toviere su pleito en mejor estado, si entonçe le movieren pleitesía, en ninguna manera non deve él dezir lo que él tiene en voluntad de acabar de aquella pleitesía, mas deve esperar quel digan qué es lo que fará el otro por aver paz con él. Et si el pleito legare a lo que él quiere — dando a entender quel non plaze ende mucho — dévelo firmar luego, en guisa que se non pueda tirar el otro afuera nin andar en pleitesías por pasar el tienpo. Et deve mucho gradesçer a Dios cada que Él quisiere que aya paz a su onra. Et sil movieren pleito que non sea tan bueno, dévelo estrannar mucho et mover él otros pleitos muy más graves, dando a entender que todo su fecho es perdido et que lo non tiene(n) en nada. Et todos los pleitos que de la [su] parte se movieren deven seer siempre muy [más] altos de aquello a que él cuida traer el avenencia. Et cada que el avenençia viniere a su onra et a su pro, non la deve alongar. Ca muchas vezes acaesçe que cuidando mejorar el pleito non quiere tomar / el buen pleito quel fazen; et acaesçe después alguna 81d
ocasión o alguna cosa en su fazienda por que avrá a pleitear muy peor. Et por quequier que acaesca, lo mejor que puede fazer es que cada que pudiere aver paz con su onra, que la aya.

Et bien creed que en la guerra, entre muchos males que en ella ha, que es ý éste: que tan graves son de sofrir los amigos commo los enemigos.'

El lxxii° capítulo fabla en cómmo Julio dixo al infante que quando alguno oviere guerra con otro egual de sí, que la deve fazer guardando a sí de danno et faziéndolo a su contrario quanto pudiere. **lxxii**

5 fablar] liurar *subsequently corrected to* f(l)ablar   23 el buen pleito *The scribe wrote* p *after* el, *then corrected it to* b. *The* b *has been retouched by a later hand*

'Otrosí, quando oviere guerra con otro egual de sí, dévela fazer guardando a sí de danno et faziéndolo al su contrario quanto pudiere en las maneras que desuso es dicho.

Et si oviere de aver lid, deve catar quantas maneras pudiere por que vençer pueda et desbaratar sus contrarios. Et la primera cosa que para esto a mester, que tenga derecho et que lo non faga con tuerto nin con sobervia. Ca, segund desuso es dicho, çierto es que el vençer todo es en Dios, et commo la su voluntad es así conviene que sea fecho.

Pero lo que se puede fazer por sabiduría o por artería de los [omnes] es esto: que sepa omne qué gente trae aquel con qui a de aver la lid, et qué cabdiello es [et] de quál esfuerço, et cómmo vienen cabdellados et de quál esfuerço son, et cómmo vienen armados et encabalgados. Et si entendiere que son más et mejores que los suyos, deve dar a entender que llos tiene(n) muy en poco, et esforçar mucho los suyos, et diziéndoles muchas buenas rrazones et contándoles los debdos que an con él, et prometiéndoles muchos bienes; et otrosí contándoles la rrazón del mal debdo que an con aquellos sus contrarios et los tuertos
82a que dellos an reçebidos,/ et quánto deven fazer por se vengar et por levar su onra adelante. Et dezirles muchas buenas fazannas de los vienes que fueron [et] cómmo por esfuerço se vençen muchas lides de pocos a muchos, et por flaqueza de coraçón et desmayo son muchas vezes vençidos los muchos.

Et destas maneras deve dezir et fazer quanto pudiere. Et do les viere por ojo deve parar mientes cómmo vienen; et si viere que vienen muy esforçados et muy bien acabdellados entonçe deve aún esforçarçe más, pues la lid non se puede partir. Otrosí deve tomar quantas avantajas pudiere, así commo del sol et del viento, que den a él despaldas et a los otros de cara; et así, [si] pudiere, catar el mejor lugar et más a su pro, commo de altura

3 quanto] qñdo 8 commo] cō 11 [omnes] (G) sepa] sera (B). G *corrects to* sabrá 12 quál] aq̄l *Subsequently the abbreviation sign for* ua (*over* q) *was added by the scribe. Obviously* (a) qual *was intended* 22 vienes *In view of* 142. 23, *it would appear that* buenos *was the original reading.* B *believes the correction to be difficult* (*page* 187, *note to* G 321b. 50). G *arbitrarily emends to* reyes 25 do] de

et de barranco, o de rrío et saliente de monte, o tremendal, o qualquier logar por que puedan los suyos ir ayuntados et bien acabdellados et los otros ayan de benir esparzidos. Et si Dios le aguisa [los contrarios] ora mal cabdellados o esparzidos, entonçe los deve acometer tan apriesa et tan bravamente que los non dexe ayuntar. Et [si] entraren a las feridas, dévese nonbrar muchas vezes a sí et a su apellido, et mandar que digan todos: "¡Feridlos, que vanse!" et "¡Vençidos son!" Et dígovos que algunos vençieron ya por esta manera.

Et si alguna destas maneras non los pudieren traer, deve parar mientes cómmo vienen. Et si venieren en az, deve fazer los suyos tropel et poner los cavalleros que troxieren cavallos armados en la delantera et el sennor en medio, çerca del su pendón, así que la cabesça del cavallo del alférez esté a la pierna derecha del sennor, et ir así muy apretados fasta que lleguen a las feridas. Et deve mandar a los suyos que fagan quanto pudieren por que tomen o derriben el pendón del su contrario. Et dende adelante fága/se lo que Dios toviere por bien; ca fasta 82b este lugar cunple el seso, et dende adelante Dios et los buenos omnes sofridores et de grant vergüença, et de grandes coraçones lo an de fazer.'

El lxxiii° capítulo fabla en cómmo Julio dixo al infante que **lxxiii**
otrosí aquel que faz la guerra viere que los otros vienen en tropel, vien así commo él quería ⟨ir⟩, pues la lid non se puede partir, que deve fazer que los suyos vayan en punta.

'Et si viere que los otros vienen [en tropel] bien así commo él quería ir, pues la lid non se puede partir deve fazer que los suyos vayan en punta. [Et] es que vayan delante tres de cavallo, et en pos ellos, çinco; et en pos ellos, ocho; et en pos ellos, doze; et en pos ellos, veinte; et en la çaga algunos buenos cavalleros, por quando la su punta entrare por el tropel, que la çaga non enflaquesca.'

3 benir] beuir 6 a las feridas] de las feridas *Comp. line* 16 *below*
26 [en tropel] *Comp. lines* 23–4 *above*

lxxiv El lxxiiii° capítulo fabla en cómmo Julio dixo al infante que agora le avíe dicho las maestrías et arterías que a de fazer el que tiene menos cavalleros que el su contrario.

'Agora, sennor infante, vos he dicho las maestrías et arterías que ha de fazer el que tiene(n) tantos que los del su contrario son más et mejores que los suyos. Et pues, faziendo estas cosas — seyendo los suyos menos — puede por estas maneras, ayudándol Dios, vençer sus contrarios; bien devedes entender que si él toviere más et mejores, et fiziere todas estas maestrías, et toviendo derecho, que muy más ligeramente los puede vençer.

Et aún ay otra maestría: que si los suyos son más et mejores, et vieren que los otros vienen en tropel, deve él fazer de los suyos quatro o çinco azes, que vayan unos en pos otros, et que
82c vayan tan çerca que las ca/besças de los caballos vayan a las ancas de los otros. Et el sennor et el pendón deve ir en la az que sea cerca de la postrimera et ir en medio de todas las azes. Et deve poner dos ala[s], una de cada parte, por que luego que el tropel de los contrarios entrare por las azes, que las dos alas que les cojan en medio.

Et commo desuso es dicho, deste lugar adelante non ay otro seso nin otro acabdellamiento sinon la voluntad de Dios et lo que fizieren los buenos. Et commo quier que vos he dicho lo que yo entiendo para cada cosa quel acaesca, et dígovos que cada que paz pudiere aver a su onra, que lo deve fazer, et plazerle ende mucho.

Et, sennor infante, tantas son las cosas que acaesçen en las guerras et tantas maneras son ý mester, tanbién en las guerras commo en las maneras de las pleitesías que acaesçen en abenençias, que non ha en el mundo omne que las pudiese dezir cómmo pueden acaesçer nin lo que omne deve fazer en ellas. Mas yo vos diré al mío cuidar tanto que, guardándose estas cosas et sus semejantes, fará lo que cunple en la guerra que

9 fiziere] fieziere *partially corrected, probably by the scribe, from* fiere
13 vieren] vierō (G) 20 en medio] ⁊ medio 24 et dígovos *Possibly* et *is a scribal addition.* G *omits it* (322b. 1) 32 Mas yo *mechanically repeated. Dittography struck out by a later hand*

oviere. Pero en cabo la cosa que más le cunple a qualquier manera que oviere la guerra, es que aya buen entendimiento et grant esfuerço. Ca todo quanto vos yo digo — et aun lo que se non dezir puede — el buen entendimiento et grant esfuerço le mostrará cómmo lo deve fazer. Et así lo faga, et con la merçed de Dios et con la su ayuda acabará lo que cunpliere. Mas por mucho que escrivamos, si él non oviere buen entendimiento de suyo, todo le prestará poco.[72] Ca bien entendedes vós, sennor infante, que en los tienpos apresurados de las guerras et de las lides, non puede aver vagar entonçe de bolver las fojas de los libros para estudiar con ellos. Ca, segund yo cuido,/ pocos omnes 82d
son que quando se cruzan las lanças que nol tremiese la palabra, si entonçe oviese de ler el libro, et siquiere en el rroído de las vozes et de los colpes de la una parte et de la otra, le (a)estorvarían tanbién el ler commo el oír. Et por ende todas estas cosas aprovechan de fablar en ellas, porque puede ser que de algunas se aprovechará aviéndolo ya oído. Pero lo çierto es que todo a de fincar en la voluntad et en la merçed de Dios et en el buen entendimiento et grant esfuerço et grant aperçibimiento del que lo ha de fazer.'

El lxxv[°] capítulo fabla en cómmo Julio dixo al infante que ya lxxv
le avíe dicho todo lo que entendía que los enperadores devíen fazer para se parar a lla guerra que ovieren.

'Agora, sennor infante,' [dixo Julio] 'vos he dicho todo lo que yo entiendo que los enperadores pueden et deven fazer para se parar a las guerras que ovieren. Et tengo que, pues estas cosas pueden fazer, que devedes perder la dubda que ende tomades.'

'Julio,' dixo el infante, 'tan bien me avedes respondido a esto que entiendo que segund rrazón que es la repuesta conplida. Pero marabíllome mucho que me non fablastes ninguna cosa de lo que se deve fazer en las guerras que son entre los christianos et los moros. Et ruégovos que me digades lo que ý entendedes.'

15 tanbién el ler] ca biē en ler

'Sennor infante,' dixo Julio, 'de las guerras que son entre los christianos et los moros non vos fablé ninguna cosa por razón que los moros non caen en comarca de los enperadores, nin an guerra con ellos. Mas, pues queredes que vos en ello diga lo que ende sé, fazerlo he muy de grado.

Sennor infante, la guerra de los moros non es commo la de los christianos, tanbién en la guerra guerriada commo quando çercan o convaten, o son cercados o convatidos, commo en las cavalgadas et correduras, commo en el andar por el camino et el posar de la hueste, commo en las lides; en todo es muy departida la una manera de la otra.

83a Ca la guerra / guerr[i]ada fázenla ellos muy maestríamente. Ca ellos andan mucho et pasan con muy poca vianda, et nunca lievan consigo gente de pie, nin azémilas, sinon cada uno va con su cavallo, tanbién los sennores commo qualquier de las otras gentes; que non lievan otra vianda sinon muy poco pan et figos o pasas, o alguna fructa. Et non traen armadura ninguna [sinon] adaragas de cuer(p)o. Et las sus armas son azagayas que lançan [et] espadas con que fieren. Et porque se traen tan ligeramente pueden andar mucho. Et quando entran en cavalgada, andan quanto pueden de noche et de día fasta que son lo más dentro que pueden entrar de la tierra que quieren correr. Et a la entrada entran muy encubiertamente et muy apriesa. Et deque comiençan a correr, corren et rroban tanta tierra [et] sábenlo tan bien fazer que es grant marabilla, que más tierra correrán et mayor danno farán et mayor cavalgada ayuntarán dozientos omnes de cavallo de moros que seiçientos omnes de cavallo de christianos.

Et fazen otra cosa que cunple mucho para la guerra: que de quanto tomaren, nunca omne dellos tomará nin encubrirá cosa de lo que tomaren. Mas todo lo traen et lo ayuntan para pro de la cavalgada; et por tan grant mengua et tan grant fallimiento tern[í]a cada uno dellos, et sería ende porfazado, si

19 [et] espadas *Or read* e spadas (B *page* 188, *note to* G 323a. 8)? 27–8 de cavallo *mechanically repeated, and later lightly struck out* 33 tern[í]a B *corrects thus in view of* sería *in the next phrase*

tomase o encubriese ninguna cosa de la cavalgada, commo un christiano si fuyese de una lid.

Et de⟨que⟩ an fecho su cavalgada, fazen quanto pueden por salir aína a tiera do sean en salvo. Et guárdanse mucho de alvergar do los christianos puedan ferir en ellos de noche. Et si por fuerça an de alvergar en tierra do ayan reçelo o miedo, de algún tienpo acá an tomado una maestría: que nunca alvergan todos ayuntados, et dexan con la presa de noche muy pocos, et de día envían la presa con algunos adelante et ellos van a conpannas, non a/yuntados. Et desta guisa van fasta que son (a) en 83b
salvo.'

El lxxvi° capítulo fabla en cómmo Julio dixo al infante que **lxxvi**
quando los moros an de conbatir algún logar, que lo comiençan muy fuerte et muy espantadamente.

'Quando an de conbatir algún lugar comiénçanlo muy fuerte et muy espantosamente; et quando son conbatidos comiénçanse a se defender muy bien a grant marabilla.

Quando vienen a la lid, vienen tan reçios et tan espantosamente que son pocos los que non an ende muy grant reçelo. Et si por pecados los christianos toman miedo, et non saben sofrir el su rroído et las sus vozes et muestran algún miedo o espanto, o se comiençan a revolver et andar en derredor et metiéndose los unos por los otros, o faziendo qualquier muestra o co[n]tenente de miedo o de espanto, entiéndengelo ellos muy bien et danles tan grant priesa de vozes et de rroído et de feridas que non se saben poner consejo los christianos. Et si por pecados comiençan a bolver las espaldas et a foír, non creades que ha omne que vos pudiese dezir quál manera an en cómmo fazen grant mortandad et grant danno. Et non creades que los christianos, deque una vez buelven las espaldas, que nunca tornan nin tienen mientes para se defender. Et si por aventura veen que de la primera espolonada non pueden los moros revolver nin espantar los christianos, después pártense a tropeles en guisa que si los christianos quisieren fazer espolonada con los unos, que los fieran los otros en las espaldas et de trabieso. Et ponen çeladas por que los christianos, [si] aguijaren sin recabdo, que los de las çeladas recudan en guisa que los puedan de[s]baratar.

Et fazen destas maneras atantas, et saben tanto destas maestrías et arterías, tanbién en las çeladas commo en recudir
83c a los pasos fuertes et a las estre/churas, et en tantas otras maneras que non ha en el mundo omne que vos pudiese dezir quánto saben et quánto fazen, et quánto se aventuran en meter los christianos a peoría por que puedan acabar ellos lo que les cunple. Et sabet que non catan nin tienen que les paresçe mal el foír, por dos maneras: la una, por meter los christianos a peoría por que vayan en pos ellos descab(d)elladamente, et la otra es por guaresçer quando veen que más non pueden fazer. Mas al tienpo del mundo que más fuyen et paresçe que van más vençidos, si veen su tienpo, que los christianos non van con buen recabdo o que los meten en tal lugar que les pueden fazer danno, cred que tornan entonçe tan fuerte et tan bravamente commo si nunca oviesen començado a foír.

Et en verdat vos digo, sennor infante, que tan buenos omnes de armas son et tanto saben de guerra, et tan bien lo fazen, que sinon porque deven aver, et an, a Dios contra sí — por la falsa secta en que biven — et porque non andan armados nin encavalgados en guisa que puedan sofrir feridas commo cavalleros, nin benir a las manos; que si por estas dos cosas non fuese, que yo diría que en el mundo non ha tan buenos omnes de armas nin tan sabidores de guerra, nin tan aparejados para tantas conquistas.[73]

Et, sennor infante, commo quier que ellos tan buenos guerreros sean, las maneras con que los christianos los vençen et les conquieren las tierras son éstas:

Lo primero, que los christianos que quieren ir contra los moros deven poner toda su esperança en Dios, et crer firmemente que el vençer et el poder de todas las cosas, et sennaladamente de las lides, commo ya desuso es dicho, que todo es en Dios, et acomendarse a Él et pedirle merçed quÉl endereçe

10 sabet] sab' 29 las maneras] mas man'as

aquel fecho al su serviçio.[74] Et pa/ra que Nuestro Sennor lo 83d quiera oír et conplir, conviene que los que fueren contra los moros que vayan muy bien confessados et fecho emi⟨e⟩nda de sus pecados lo más que pudieren, et que pongan en sus coraçones que, pues Nuestro Sennor Jhesu Christo — que fue et es verdadero Dios et verdadero omne — quiso tomar muerte en la cruz por redemir los pecadores, que así van ellos aparejados por reçebir martirio et muerte por defender et ensalçar ⟨la⟩ sancta fe católica, et la reçiben los que son de buena ventura; et si Dios les faze tanta merçed que acaban aquello por que van, dévenlo gradeçer mucho a Dios et tener quÉl es el que lo faze et que en Él es todo el poder.

Et, sennor infante, commo quier que todos los que van contra los moros fazen bien, pero non devedes crer que todos los que mueren en la tierra de los moros son mártires nin sanctos. Ca los que allá van robando et forçando las mugeres et faziendo muchos pecados et muy malos, et mueren en aquella guerra, nin aun los que van solamente por ganar algo de los moros, o por dineros que les dan, o por ganar fama del mundo, et non por entención derecha et defendimiento de la ley et de la tiera de los christianos; éstos, aunque mueren, Dios, que sabe las cosas escondidas, sabe lo que a de seer destos tales. Ca muchos pecadores an tan [grant] dolor de sus pecados a la ora de la su muerte, que les ha Dios merçed et los salva; et muchos omnes mueren en tal estado que, aunque ayan seído de vuena bida, que pierden las almas. Et esto todo es en la merced et la piadat de Dios; pero está omne en mejor esperança dÉl que vive buena vida et ha buena muerte, segund la ley et la fe de los christianos. Et aun de los pecadores que mueren et los matan los moros, muy mejor sperança deven aver / de su salvaçión que de los otros 84a pecadores que non mueren en la guerra de los moros. Mas lo çierto es que todos los que van a la guerra de los moros et van en verdadera penitençia et con derecha entençión, toviendo que, pues [Nuestro] Sennor Jhesu Christo murío por redemir los

8 ensalçar] ençalçar *with* ç *corrected to* s *by scribe* 29 mueren *The scribe began* me *then altered to* mv

pecadores, que es de buena ventura si él muere en defindimiento et ensalçamiento de la su sancta fe católica. Et los que así mueren sin dubda ninguna son sanctos et derechos mártires, et non an ninguna otra pena sinon aquella muerte que toman. Et aunque non mueran por armas, si tal vida pasan en la guera de los moros, aunque por armas non mueran, la lazería et los trabajos et el miedo et los peligros et la buena entençión et la buena voluntad los faze mártires. Ca siquiere el sancto et el vienaventurado rrey don Ferrando, abuelo de don Johan, aquel mío amigo, çierto es que en su vida fue sancto et fizo muchos miraglos; et commo quiere que por armas non murió, tanto afán et tanta lazería tomó en serviçio de Dios, et tantos buenos fechos acabó, que bien le deven tener por mártir et por sancto, [et] por las sus buenas obras et la su buena entençión que avía sienpre venció et acabó quanto quiso. Et todos los que con esta entención van contra los moros sienpre vençen et son vienandantes, et aunque los moros los maten sienpre ellos fincan vençedores.

Et así la primera cosa que omne ha mester para vençer los moros, et para que todas las sus sabidurías et maestrías non les puedan enpeesçer, es que los que fueren contra los moros vayan commo dicho es. Et Dios, por qui ellos lidian, lidiará por ellos et serán sienpre vençedores.

Otrosí, faziendo esto que dicho es primeramente, después
84b las maneras para contrastar las / sus maestrías son éstas:'

lxxvii El lxxvii° capítulo fabla en cómmo Julio dixo al infante que si omne a de cercar algún lugar de los moros, que conviene que segund el lugar fuere de fuerte o de flaco, que así [faga] en los conbatimientos.

'Si omne a de çercar algún luga⟨r⟩ de los moros, conviene que segund el lugar fuere de fuerte o de flaco, que así faga en los conbatimientos et en los engennos et en las otras cosas que son mester para tomar el lugar.

Otrosí, que ponga muy buen recabdo en guardar los que

20 puedan] puedē (G) 21 qui] q̄ *Comp.* 115. 15, 122. 18, 156. 28
29 moros] suyos *Comp.* 10. 27 *and line* 26 *above*

fueren por lenna o por paja o por yerva, et las recuas que troxieron las viandas para la hueste. Ca sienpre los moros se trabajan de fazer danno en las tales gentes, ca en la hueste que está asentada nunca ellos se atreven a entrar; nin otrosí de noche nunca gente de moros se atreven a ferir en la hueste de los christianos. Et esto fazen porque non andan armados nin los sus cavallos non andan enfrenados nin ensellados en guisa que se osen meter en ninguna priesa nin estrechura. Pero, con todo esto, sienpre los christianos [deven] posar la hueste cuerdamente, et tener sus esculcas et sus atalayas.

Otrosí, si los moros çercaren algún lugar de los christianos, los que estudieren en el lugar çercado deven trabajar quanto pudieren por que el lugar aya cárcava et bar⟨va⟩cana, et la bar⟨va⟩cana que sea bien foradada en que aya muchas lançeras et muchas saeteras. Ca por rrazón que los moros non andan armados, non ha cosa por que tan bien se defienda el lugar nin con que tanto mal les puedan fazer, commo de la barvacana, aviendo ý buenos valesteros, et por las lançeras.

Otrosí que en las torres del muro que estén / ý muchas 84c
piedras et grandes cantos para dexar caer al pie. Et en el muro entre torre et torre que aya ý muy grandes cantos colgados en cuerdas, segund la manera que don Johan, aquel mi amigo, falló; que es [la] mejor maestría del mundo para que ninguna cosa non pueda llegar al pie del muro para cavar nin poner gata nin escalera nin cosa que les pueda enpeçer.

Otrosí los que estudieren de fuera que punnen de ferir en la hueste de noche o de día, según se les guisare mejor. Ca muy poca gente de christianos pueden desbaratar muy grant gente de moros feriendo en ellos de noche, et aun muy más teniendo el acogida çerca.

Otrosí, quando los moros entran a correr a tierra de christianos, si levan presa, los christianos que van en pos ellos deven ir primero cobrar la presa, et ir muy bien acabdellados los

10 esculcas] escusas (G) *Comp.* 134. 31, 135. 1. 17 tanto] tādo
20 al pie] el pie (G) 23 [la] *Two letters have been obliterated in* MS. *here*
27 o de día] e *corrected to* o 33 primero] pm̄a *Or read* primera[mente]?

cavalleros et los peones, et enviar adelante qui descubra las çeladas, et ir ellos en tal manera que aunque çeladas recudan que les non puedan enpesçer. Et desque ovieren cobrado la presa et fueren seguros de las çeladas, si los moros [son] todos ayuntados en uno, dévense llegar a ellos lo más que pudieren, por que el aguijada non se faga de luenne. Et los que en la delantera aguijaren en ninguna manera non deven bolver las espaldas para tornar a los suyos que fincan en pos ellos. Mas los que fincan deven ir tan aína en pos los que fazen el aguijada que nunca los moros se puedan meter entre los unos et los otros. Et sobre todas las cosas del mundo deven guardar los christianos que non dexen ningunos de los suyos andar con ellos a un trebejo que ellos fazen de tornafuy.[75] Ca bien cred que quantos a este trebejo se meten con los moros, que son ellos en grant peligro
84d et meten a todos los otros a lugar / de ser muertos o desbaratados. [Et] commo quier que esto deven guardar qualesquier christianos, mucho más los que andan armados commo cavalleros; ca si quiera oí dezir que una de las cosas que más enpesçió quando en la Vega murieron el infante don Johan et don Peidro, fue las espolonadas que fizieron algunos et después tornavan fuyendo al logar do estavan los pendones.[76] Et por ende se deven mucho desto guardar de lo non fazer sinon commo es dicho.

Mas si quisieren todos derrangar con ellos, dévenlo fazer con acuerdo et non con rebato. Et allí non ay ál sinon ponerlo todo en la merçed de Dios et ir quebrar con ellos muy sin miedo et que dure tanto el alcançe fasta que Dios faga su voluntat en los unos et en los otros. Et si Dios da el vençimiento a los christianos, dévengelo gradesçer et tener verdaderamente que Él lo fizo et non ellos. Et si por pecados, ocasión o desaventura les acaesçe, deven tener que lo consintió Dios por sus malos merecimientos; et deven fazer emienda del yerro en que cayeron et pedir merçed a Dios que los perdone et que se duela de la su ley, et que los non desanpare nin muestre su justiçia contra ellos.

1 qui] q̄ *Comp.* 218. 9 4 son G *supplies* están 324b. 34 13 tornafuy *Comp.* 154. 23 *and Alex.* fazien tornafuy (P. 733); faziendo torna fugi (O. 751) 23 derrangar B *suggests* derrancar (*page* 188 *note to* G 324b. 55) 25 quebrar] q̄brār *The sense is not clear*

Et non deven desmayar, mas esforçarse et guisar lo ante que pudieren que se venguen et tomen emienda del mal que reçibieron.'

El lxxviii° capítulo fabla en cómmo Julio dixo al infante que lxxviii
quando los christianos van en pos los moros, si los moros non lievan presa, que [non] deven los christianos trabajar de ir en pos ellos.

'Et si non levaren presa, non deven trabajar mucho de ir en pos ellos, porque ellos andan muy ligeros et son muy graves de alcançar, et piérde[n]se muchos cavallos yendo en pos ellos, et aun a vezes muchos omnes, salvo si entienden que se pueden baratar con ellos, et que el fecho está en tal manera que con la ayuda de Dios los pueden des/baratar. 85a

Otrosí, quando los christianos entraren en tierra de moros, la entrada que fizieren a de ser por una de quatro maneras: quando [entraren] en cavalgada por tomar algo commo almogávares; o entraren manifiestamente por talar et quebrantar la tierra; o entraren por çercar algún lugar; o entraren [por] buscar lid.

Si entraren en cabalgada deven guisar quanto pudieren por que ayan, lengua çierta, qué gente a en la tierra et en qué manera está el lugar que quieren conbatir, o la cavalgada que cuidan sacar. Et de⟨que⟩ esto sopieren, entrar lo más encubiertamente que pudieren, mas apriesa, fasta el lugar que quieren quebrantar o que aya[n] de partir sus algaras. Et deven ser tantas las algaras según fueren la gente et la tierra que quisieren correr. [Et] el cabdiello de la cavalgada dévelos esperar en lugar çierto do recudan a él, et asmarlo en tal guisa que puedan ser las algaras recogidas et todos ayuntados ante que los de la tierra puedan venir a ellos.

Et si ovieren de quebrantar algún lugar, dévenlo cometer al alva del día, et deven fincar fuera gente para ayudar et defender

2 venguen] vengn *with* a *interlineated in a later hand after* g   10 piérde[n]se *An ink blot over the final* e *of* pierde *has obscured the contraction sign*
18 [por] (B)   21 lengua] lēga

a los que entraren el lugar si mester les fuere. Et tanbién los unos commo los otros, desque fueren ayuntados et la cavalgada recogida, deven dar quien lieve la cavalgada. Et do entendieren que les puede venir mayor peligro deven ir ý la más et la mayor gente, et sennaladamente los valesteros et los peones, que es cosa de que se rreçelan mucho los moros, et así deven ir acabdellados. Et guardando bien su presa, deven andar lo más que pudieren fasta que sean en salvo. Pero si les recudiere gente al camino, entonçe avrán a fazer segund los moros vi[ni]eren [et] segund el pleito fuere, así commo Dios gelo quisiere endereçar; ca non a en el mundo omne que pudiese dezir nin
85b poner por escripto quántas cosas acaesçen nin en / quántas maneras ⟨se⟩ deve omne parar a ello. Mas poniéndolo en la su merçed dévenlo fazer con la mayor cordura et el mayor esfuerço que pudieren.

Et si entraren descubiertamente por talar o quebrantar la tierra, desque fueren en la tierra del rreçelo deven ir muy bien acabdellados, puniendo muy buenos ca[b]diellos et muy buen recabdo en la delantera et en la çaga et en las costaneras. Et el sennor o el cabdiello de toda la hueste deve ir en una de las costaneras et levar consigo muy buena gente que pueda acorrer él mismo, o enviar gente do fuere mester. Et deven guisar lo más que pudieren que se bean los unos a los otros, o a lo menos que veyan la delantera a la costanera [et] a la çaga. Et cada una destas azes deven levar consigo, apartados de las azémilas, los peones et los valesteros que oviere en su conpanna. Et las azémilas et todo el rastro deve ir en medio, por que vayan guardados de la delantera et de las costaneras et de la çaga, et así deven ir por el camino fasta que lleguen a la tierra que quieren quebrantar o talar. Et en la posada et en la guarda de la hueste dévenlo fazer commo ya desuso es dicho. Et quando fueren a talar deven dexar recabdo en la hueste et dar quien guarde los taladores. Et la hueste que en esta manera fincaren, en ninguna guisa non deve[n] andar de noche, et dévense guardar quanto pudieren de puertos et de estrechuras por que

24 veyan] vayan   30 posada] pasada (G) *Comp.* 154. 3, 6.

non puede ir la gente acabdelada. Pero quando non se pudiere escusar en ninguna guisa, deven ir et poner tal rrecabdo en la hueste commo desuso es dicho.

Et si entraren por çercar algún lugar por el camino, deven ir acabdelados commo es dicho desuso. Et deque el lugar cercaren, tanbién al conbatir commo en los egennos commo en la guarda de la hueste commo en to/das las otras cosas que son 85c
mester, todo lo deven fazer commo desuso es dicho. Pero la cosa más çierta que el sennor o el cabdiello de la hueste deve catar quando el lugar cercare es que guise quel non mengüe vianda nin aver; que por qualquier destas cosas quel menguase, se avría de partir de la cerca — si muy grave maravilla non fuese — con menos pro et menos onra de quantol sería mester.

Et si entraren por buscar lid, deven ir por el camino muy bien acabdellados et a pequennas jornadas. Et dévense guardar que non vayan por tierra seca; ca si lo fiziesen et los fallasen los moros luenne del agua, podríen ser todos muy ligeramente perdidos et desbaratados; ca desque grant gente de moros llegase a la hueste de los christianos, non podría la hueste de los christianos andar, et si fuese el agua lexos, o morrían todos de sed, o avrían a descabdellarse para ir al agua. Et si una vegada fuesen descabdellados, non a cosa que los pudiese guardar de ser desbaratados et muertos; ca bien cred por çierto que, commo desuso es dicho, que si los christianos una vez se descabdiellan [et] se desbaratan que non ha cosa que los pueda guardar de ser malandantes.'

El lxxx° menos uno capítulo fabla en cómmo Julio dixo al **lxxix**
infante cómmo los christianos deven ir acabdellados en pos los moros fasta el lugar do cuidan con ellos allegar.

'Et desque fueren así por el camino, guardando estas cosas, fasta el lugar do cuidan fallar los moros con qui an de lidiar, et desque ý llegaren deve[n] posar la hueste muy cuerdamente et muy bien guardada, commo ya desuso es dicho, et deven fincar ý un día o dos o más, segund entendieren que les pueden abastar

16 que] ⁊ (B)

85d las / talegas que traen ý [ ] fueren [ ] çierto es que saldrán a ellos [ ] o todos a una partida. Et si bieren los christianos que en quanto tienen su hueste posada, que vienen los moros a ellos con los peones, deven ser ciertos que quieren lidiar con ellos manifiestamente; et entonçe, deven dexar la hueste posada et salir todos, cavalleros et peones, et poner sus azes, segund fuere la gente, et non se aredrar mucho de la hueste. Et deque llegaren los unos a los otros, acomendarse a Dios, et ferirlos lo más bravamente que pudieren. Et çierto es que los moros bolverán una ves las espaldas. Et dende adelante faga Dios la su merçed; que non a omne que de allí adellante pudiese poner consejo, sinon Dios. Et si vinieren sin peones, çierto es que non quieren lidiar sinon con maestría et con enganno, metiendo los christianos a peoría; et entonçe, deven estar quedos en su hueste pero dévense armar et estar aperçebidos. Et si (se) vieren que tanto lleguen a la hueste que se puedan enbaratar con ellos, deven dexar la hueste posada et sallir a ellos, et fazer commo es dicho. Pero sobre todas las cosas del mundo deve[n] guardar que non fagan aguijadas de pocas gentes, sinon quando fueren todos en uno; ca una de las cosas del mundo con que los christianos son más engannados, et por que pueden ser desbaratados más aína, es si quieren andar al juego de los moros o faziendo espolonadas a tornafuy; ca bien cred que en aquel juego matarían et desbaratarían çient cavalleros de moros a trezientos de christianos, et ya muchas vezes muchas gentes et huestes de christianos fueron desbaratados con estos engannos et maestrías de los moros. Et si vieren que
86a aquellos días que tiene[n] la hueste posada / non vienen a ellos en guisa que se puedan envaratar con ellos en uno, deque ovieren ý estado algunos días, commo es dicho, deven mover su hueste muy asosegadamente et sin rebato et venirse para su tierra a muy pequennas jornadas et por la tiera que más danno

1–2 *One or two words om. by the scribe.* G *solves the difficulty thus:* traen y, et fueren ciertos que saldrán a ellos o todos a una partida (325b. 57–60) 3 posada] pasada *Comp.* 152. 30. G *emends to* parada vienen] tienē (G) 6 posada] pasada *Comp. line* 3 *above.* G *emends to* parada 9 lo más] mas (G) 14 metiendo] mēciendo (G) 23 tornafuy *See note to* 150. 13

pudieren fazer a los moros, et benir muy bien acabdellados, commo ivan a la entrada. Et si a ellos rrecudieren los moros al camino, deven fazer commo desuso es dicho. Et, sennor infante, segund ya vos dixe, creo que commo quiera que es bien de se dezir, que todo esto a de fincar en la voluntad de Dios et en el entendimiento et en el esfuerço de los que lo an de fazer.

Et agora vos he dicho todo lo ⟨que⟩ yo entiendo que se puede fazer en las guerras, tanbién de los christianos commo de los moros. Et porque los enperadores pueden todo esto fazer mejor que otros omnes, tengo que non avedes por qué dubdar en los sus estados.'

'Julio,' dixo el infante, 'tantas rrazones et tan buenas me avedes dicho por que devo perder esta dubda. Et pues la he perdido, ruégovos que me rrespondades a las otras cosas. Et gradeçeré mucho a Dios si así me las fazedes perder commo ésta.'

'Sennor infante,' dixo Julio, 'pues esta dubda avedes perdida, quanto la otra que tomades — que en quál manera sabrá sallir el enperador de la guerra que començare, guardando su onra et su pro — sennor infante, a esto vos digo que la manera que yo cuido por que el enperador o otro omne qualquiera que guera aya se pueda sallir mejor della, es lo primero que la comiençe con derecho, et non lo pudiendo nin deviendo escusar, et pesándol mucho de coraçón, porque non se puede[n] escusar de reçebir grandes dannos et feridas muchas que son / 86b
sin culpa; ca Dios, que es derechurero, le ayudará en quanto oviere la guera. Et pues sabe que lo faze con derecho, et entiende que mucho amidos de sí lo faze(r), et non lo pudiendo escusar, Él le guisará que salga ende con onra et con pro.

Otrosí, en pos esto, la cosa que más le cunplirá para sallir bien della es que faga la guerra muy bien, cuerdamente et con grant esfuerço, et con muy grant crueza además. Ca la guera muy fuerte et muy caliente, aquella se acaba aína, o por muerte o por

4 dixe] dixo 16 ésta] esto (G) *Comp.* 112. 3 22 sallir] fallar *Comp. line* 19 *above and line* 30 *below* 23 pudiendo] pediendo *Comp.* 284. 16–7

paz; mas la guera tivia nin trae paz nin da onra al que la faze, nin da a entender que ha en él vondat nin esfuerço, así commo cunplía.

Otrosí, que aya grant entendimiento et grant sabiduría para pleitear bien et saber en el avenençia quál es más su onra et su pro, et fazerlo segund desuso es dicho. Et luego que Dios a tal lugar gelo troxiere, tomar la paz et el avenençia muy de grado. Et, sennor infante, aun paresçe que tanbién el enperador commo otro omne qualquier que guerra aya, sabiendo fazer estas cosas, sabrá sallir de la guerra guardando su onra.

Et porque todo esto pueden saber et fazer los enperadores, tengo que sin dubda devedes tener por buenos los sus estados, sin dubda.'

'Julio,' dixo el infante, 'tanbién en las otras cosas commo en ésta tengo que me avedes dicho muy grant verdat, et por ende con rrazón he perdido todas las dubdas de las cosas que me avedes respondido.'

'Sennor infante,' dixo Julio, 'muy grant plazer he porque tan bien entendedes todo lo que omne vos dize et vos acogedes tan bien a rrazón. Et pues [con] esto vos tenedes por pagado, quanto a la dubda que tomades en cómmo los enperadores deven partir
86c su aver, / fío por la merçed de Dios que yo vos la faré perder.'

[THE EMPEROR AT PEACE]

lxxx El lxxx° capítulo fabla de cómmo Julio dixo al infante en [cómmo el] enperador deve partir su aver et que deve en ello catar muchas cosas.

'Sennor infante, para partir el enperador bien su aver deve catar muchas cosas. La primera cosa, que cate quál es la persona a qui lo ha de dar, et de qué linage es, et qué vondades ha en sí, et qué merescimientos et qué serviçios ha fecho et quáles los puede fazer de allí adelante, et qué exenplo tomarán las gentes del galardón quel diere.

1 tivia] avia (B) al que] el q̄ 24 [cómmo el] *Comp.* 11. 1–2
28 qui] q̄ *Comp.* 128. 18, 197. 26, 213. 10

Otrosí, deve saber lo que da et el tienpo et la razón por que lo da.

Otrosí, deve saber qué aver es heredades fuertes o llanas,[77] qué aver es rendas et oficios et cavallos et armas et ganados et joyas et dineros. Et toda esta manera de(ve) aver deve partir el enperador con las gentes, parando mientes en las cosas segund desuso es dicho.

Otrosí, le cunple mucho que lo que diere que lo ⟨dé⟩ de buen talante. Et si lo diere ante que gelo pidan, granada et francamente, será por ello muy más preçiado, et tanbién él mismo commo lo que diere. Et deve guisar que dé mucho et de buen talante, pero en tal manera que sienpre saque de lo que diere pro et buena fama, et que dé en guisa que sienpre aya que dar.

Et la primera cosa que deve fazer en partir sus averes, partirlo muy bien con Dios, que gelo dio todo et gelo a de mantener quanto tienpo et en qual manera la su merçed fuere. Et la manera que deve partir con Dios es faziendo mucho bien en las eglesias et en los monesterios que son fechos et en faziéndolo[s] de nuevo, et faziendo mucho bien a los pobres, et todas las otras obras de misericordia; et todo esto faziéndolo por amor de Dios et sin ninguna vanagloria, nin por loor nin alavança del mun/do. 86d

Et bien cred, sennor infante, que los enperadores pueden fazer todo esto, et faziéndolo tengo que non avedes por qué dubdar en los sus estados por esta rrazón.'

'Julio,' dixo el infante, 'muy pagado só et muy sin dubda finco desta razón. Et pues esto bien está, responde[d]me a las otras cosas.'

'Sen[n]or infante,' dixo Julio, 'pues tenedes que esto está bien, faré quanto pudiere por vos sacar [la] dubda que avedes en cómmo los enperadores pueden acresçentar su tierra et sus rendas (et) con derecho.

Sennor infante, ya vos dixe muchas cosas que don Johan, aquel mi amigo, me avía dicho. Et entre los otros departimientos con él, una vegada díxome que sopiese que un enperio

27 responde[d]me] respond'me

o rregno avía que era viejo, otro que era mançebo, et otro que era moço.[78] Et commo quier que yo lo crié et lo más que sabe yo gelo mostré, bien vos digo que quando esto me dixo que finqué ende muy marabillado et en ninguna manera non lo pu(e)de entender. Et desque bi que non podía saber esta rrazón, afinquél mucho et roguél et aun mandél que me declarase qué quería esto dezir. Et él díxome que el enperio o regno viejo es el que el su enperador o rrey despende más de quanto a de renda; que así commo el viejo va enflaqueçiendo en él todas las virtudes et la calentura et la humidat natural, et por ende mengua(n) et enflaqueçe, de cada día, bien así el enperio o regno en que el enperador o rey despiende demás de quanto a(y) ý de renda, cada día será más pobre et más menguado. Otrosí, el enperio o regno en que se despiende todo quanto ý ha de renda es commo el maçebo, que pues a tanta calentura et tanta humidat quanta ha mester, por ende non mengua más nin puede cresçer, pues non ha más calentura [nin] tanta humidat natural 87a de / quanto a mester. Bien así el enperio o rregno que el su enperador o rrey despiende toda la renda que ý es, non mengua, mas non puede cresçer, pues non ay en qué se faga nin aprovechamiento. Mas el enperio o rregno que es moço es aquel en que el su enperador o rrey a más de renda de quanto se despiende, ca con lo que finca puede conbrar et labrar et acresçentar sus rendas con derecho et fazer toda su vida con grant provisión, tanbién en las viandas que ha mester para su despensa commo en las cosas que oviere a dar commo en todas las cosas que oviere de conprar para su vestir dél et su conpanna et las otras cosas quel conviene para onra et apostamiento de su casa et de su estado. Et para esto que se faga ayuda mucho que los oficiales de su casa et los que recabdaren sus rendas que sean buenos et leales; ca si lo fueren, ellos guisarán que todo lo que el sennor oviere sea bien aprovechado.

Et una de las cosas que el sennor puede fazer por que los sus oficiales o los que recabdaren sus rendas lo fagan bien et

22 el su] fue *Comp. line* 18 *above* 23 conbrar] ro- *corrected to* co- *by a later hand* 31 guisarán] g^{i}sarē (G)

sean guardados de cobdiçia, es que non acomienden a un omne muchos ofiçios nin recabdamiento de dineros de muchas partes, et desque unos dineros o unas rendas oviere recabdado que non ponga en su poder nin recabde otros fasta que aya dado cuenta de aquellos que ante recabdó.[79] Et si quier guardarse a que non caya en yerro, segund dize un exenplo que dize que "la cuenta vieja, varaja nueba".[80] Et el ofiçial o el que recabdare las rendas que fallare bueno et leal, et que aprovecha et acresçienta las rendas del sennor, quel faga mucho vien et que sepan todos que por aquel vien que faze le da el sennor buen galardón. Et al que fallare que es reboltoso et cobdiçioso et que non ha sabor de aprovechar lo del sennor et non se duele que el sennor pierda mayor cosa por lo que él / lieva o furta, al tal 87b
commo éste que lo castigue sin duello et lo pene segund su meresçimiento. Et si por castigo quel faga dos o tres vezes o más non se castigare, dende adelante nol ponga que recabde por él ninguna cosa, ca en ninguna guisa nunca se partirá de (a) aquella mala manera.

Et el sennor et los que lo suyo recabdaren deven guisar que el sennor aya sus çilleros de pan de vino. Et si el pan o el vino viniese de su renda, que lo mande muy bien guardar en aquellos lugares do entendiere que faze mayores moradas. Et si non lo oviere de suyo, que lo conpre quando se coge el pan et el vino et commo lo pudiere aver de mejor mercado. Et eso mismo de los ganados, si los non oviere de suyo, et eso mismo de los pannos et de todas las cosas que oviere de conprar. Et aun puede guisar que con sus dineros ganen et se aprovechen los mercadores et menestrales de la tierra, et el sennor que aya ende pro et serviçio sin pecado.

Et todo esto puede fazer con lo que oviere de renda demás de lo que despiende. Ca desque el sennor a más de lo que a mester, con aquello quel sobra — si de buen recabdo fuere — acresçentará et amuchiguará su tierra et sus rendas con derecho et sin pecado. Ca el omne rrico en todas las cosas puede fazer buena varata, et el pobre, una de las cosas quel faze ser más

3 unas] vnos (G)

pobre es que en todas las cosas a de fazer mala varata, ca pues de suyo non lo ha, nin puede aver las cosas con tienpo nin en la manera quel cunpliría, por fuerça a de venir a mala varata.[81]

Et pues los enperadores pueden fazer et guardar estas cosas mejor que otros omnes, tengo que de los sus estados non vos deve fincar dubda.'

87c 'Julio,' dixo el infante, 'verdaderamente vos / (vos) digo que tan bien me avedes a esto respondido que non me finca ende ninguna dubda.'

'Sennor infante,' dixo Julio, 'pues así es, de aquí adelante faré mi poder por que vos saque de dubda de cómmo los enperadores pueden fazer en guisa que sean amados et rreçellados de los suyos.'

lxxxi El lxxxi° capítulo fabla en commo Julio dixo al infante qué cosas a de fazer el sennor para ser amado et reçelado de los suyos, que [es] fazer bien por bien et mal por mal.

'Sennor infante, para seer el sennor amado et reçelado de los suyos, conviene que faga bien por bien et mal por mal. Et commo quier que en esto se encierra todo, pero porque son palabras breves, por aventura son yaquanto escuras et por esta rrazón declarárvoslas he yo yaquanto.

Sennor infante, una de las cosas por que el sennor puede seer amado es que sea de buen talante et de buen acoger et de buena repuesta a los suyos, et que le[s sea] muy buen conpan[n]ón, todavía [non] tomando con ellos atamanno afazimiento que non se le tornase a menospreçio.

Otrosí, quel plega de estar con las gentes en los tienpos que lo deve fazer, et non ser apartadizo nin se estar nin aver afazimiento con malas conpannas nin con omnes viles.[82]

Otrosí, lo que les ovier a dar, que entiendan quel plaze de lo dar, et que gelo da de buen talante, et que los ama et los preçia más que a otras gentes, et que fallan en él que les dize verdat lo más que puede. Ca çierto sed que el sennor, que mucho a de fazer et conplir, que a las vezes forçadamente a de dezir algunas

24 buen] bien *corrected by scribe to* buen

87d vezes más de lo que puede fazer; et / por esto vos digo que lo deve guardar lo más que pudiere.

Et entre todas las cosas por que el sennor mucho puede seer amado de los suyos, una de las más sennaladas et mejores es que sepan los suyos que si ovieren contienda con alguno otro, que los ayudará et los defendrá et non se doldrá de aventurar el cuerpo por que ellos sean defendidos et onrados, et fincarán bien et con onra de los fechos que començaren por lo [que] el sennor fará por ellos. Pero deve guardar que non tomen esfuerço nin atrevimiento en él para fazer ningún malfecho, feo nin desaguisado, et sennaladamente que tanxiese en nada contra su verdat.

Otrosí, para ser reçelado deve estrannar et escarmentar mucho en su casa las peleas. Et la manera en commo las deve escarmentar es que sepan todos que quando él llegare a la pelea, que tanbién matará por sus manos a los que fueron sin culpa commo a los culpados que fallare en la pelea.[83] Pero el sennor deve parar mientes que mate o fiera a los quel paresçieren que andan más acuçiosos en la pelea, et a los otros dévelos maltrael et mostrárseles muy bravo et muy sannudo et dando a entender que a todos los quiere matar. Et deque la pelea fuere partida deve saber por cuya culpa se levantó.'

xii El lxxxii° capítulo fabla en cómmo Julio dixo al infante que le dixiera don Johan, aquel su amigo, que en la su casa si fallava (alguno) aquél por cuya culpa se volvía la pelea que firía [a] alguno, quel mandava luego cortar la mano.

'Et dígovos que me dixo don Johan, aquel mío amigo, que
88a si aquel por cuya culpa se levantó la pelea fal/lava que firiera [a] alguno, quel fazíe luego cortar la mano; et sil matava, quél metía luego el vivo so el muerto. Et que en esta manera dicha partía él sienpre las peleas.

Otrosí, deve fazer grant escarmiento en los que tomaren o robaren o fizieren algún mal yendo en su conpanna en la tierra

19 maltrael *Comp.* llegal 62. 18, conpral 203. 7

con qui non oviere guerra. Et aun quando guerra oviere, deve guardar las eglesias et los monesterios et fazer grant escarmiento en qualquier que lo quebrantasse o non lo guardase commo deve.

Otrosí, (si) quando estudiere con sus gentes, non les deve dar suelta tan grant que se atrevan a se dezir antél unos a otros ningunas palabras de baldón, nin cosa por que pueda venir a pelea, nin aun fablar a tan grandes voçes nin fazer tan grant rroído que paresca que están más con burladores que ante su sennor.

Et commo quier que todas quantas cosas para esto son mester non sé escrivir todas [et] las más an de fincar en el entendimiento del sennor, pero tengo que el sennor que estas dichas cosas guardare et fiziere commo deve, que con rrazón será amado et reçelado de los suyos.

Et, sennor infante, todas estas cosas pueden fazer et conplir los enperadores mejor que otros omnes. Et por ende devedes seer sin dubda et non devedes reçelar el estado de los enperadores.'

'Çiertamente, Julio,' dixo el infante, 'tan bien me avedes dello acordado que só ende muy sin dubda.'

'Sennor infante,' dixo Julio, 'pues desto la dubda perdiestes agora vos respondré, con la merçed de Dios, en guisa que perdades la dubda en cómmo los enperadores deven tomar los plazeres en guisa que lo fagan commo deven et que non pueda ninguno dezir con verdat / que lo fazen sin rrazón. 88b

Sennor infante, vós sabedes que ningún omne non puede escusar en este mundo de tomar en él plazeres. [Et los plazeres] son de dos guisas: los unos que an a tomar por fuerça naturalmente, et los otros son por acaesçimiento. Los que omne a de tomar naturalmente son así commo en comer et en vever et en dormir et en vannos et en cosas que pertenesçen para vazi[a]miento o fenchimiento del cuerpo.[84] [Et] todas estas cosas, porque son naturales, non se puede(n) escusar que naturalmente toman los omnes plazeres en ellas. Pero para que lo tome

10 Et] q̄ 17 reçelar] reçebir 23 dubda] lubda 27 [Et los plazeres] *Mechanical omission by scribe*

commo deve, conviene que tanbién el comer commo las otras cosas todas, que las faga omne en los tienpos et en la manera, que pertenesçe, segund ya desuso es dicho en algunos lugares, et que tome dellos lo que cunple para mantenimiento del cuerpo et non para tomar plazer nin deleite sin rrazón et con pecado.

Otrosí, los plazeres que los omnes toman et vienen por acaesçimiento son así commo en oír estrumentes et cantares, et caçar con aves o con canes, et cavalgar et trebejar et bestir et labrar, et otras cosas que serían muy luengas de escrivir.[85] Pero todas se entienden por éstas. Et estos plazeres a algunos dellos (a) que non ha en ellos otro bien sinon solamente el plazer, [et] otros en que ha plazer et mucho bien, et otros [en] que ay a las vegadas plazer et a las vegadas enojo et algunos vienes.

El plazer del cantar et de los estrumentes, non ay en él otro bien sinon el plazer solamente, que es una cosa que pertenesçe et cae bien en las casas de los sennores. Et pues ál non presta,
88c deven dello usar en guisa que non en/pesca a las almas nin a los cuerpos nin a las faziendas.

La caça con aves o con canes ⟨a⟩ en ella(s) muchos enojos quando non se falla la caça commo omne quiere, et desque falla que se pierde o se non caça commo deve, o quando los tienpos non son tales commo deven o commo quieren los caçadores, o quando se pierden las aves o los canes.[86] Otrosí ay muy grant plazer quando todas estas cosas se fazen a plazer et a voluntad de los caçadores, et faziendo caça commo deve.[87] Et non dexando nin perdiendo por ella ninguno de los otros fechos que omne a de fazer, es la caça buena et aprovechosa a muchas cosas. Et en el tienpo que non ha de fazer omne otros fechos mayores et más provechosos, non ha ninguno tan bien puesto commo en caça de aves o de canes.

Et dígovos que me dixo don Johan, aquel mío amigo, que es muy grant caçador[88] — pero que sienpre caça commo yo vos digo — que entre muchos bienes que él falla en la caça que ha en ella éstos: lo primero, que faze al omne usar a sofrir más

16 casas] cosas ál] ael 19 o con canes] ⁊ cō o̅m̅s̅ 25 caçadores] caçadoles 29 bien] buē 34 ella] ello

mayores trabajos et quel faze ser más sano et comer mejor, et saber mejor la tiera et los vados et los pasos, [et] ser más costoso et más franco. Et aun dizen que el grant sennor que quiere ser caçador que conviene que caçe él [de] tal manera, et traya tantas et tales aves et canes con que pueda caçar todas las maneras que fallare de caça; ca tienen que es(to) ⟨co⟩mmo una manera de mengua o desonra si el grant sennor que fuere caçador, por oquier que vaya et fallare caça, (a) que non pueda dar rrecabdo para [la] caçar.

Otrosí, en el labrar ay plazer et ay mucho vien.[89] Ca las lavores, quier ⟨que⟩ sean monesterios o eglesias et casas para
88d serviçio de Dios, quier fortalezas o casas / de moradas o lavores para aver et acrescentar las rendas, en todas ay muchos plazeres. Ca toma omne plazer en cuidar en la lavor et en ayuntando lo que es mester para ella et en labrándolo et en veyendo cómmo labran, et aun pregunta[n]do, quando omne non está ý, a los que de allá vienen por lo que an labrado deque se partió él ende; et desque es la (la) labor acabada, cada que lo veye o está en ella; et otros muchos plazeres que ay que vos non podría dezir, tantas et tan buenas son. Otrosí ay muchos bienes: primero, el serviçio de Dios; lo ál, quantos se mantienen mie[n]tre se faze la labor et commo se aprovecha della el que la faze.

Pero en todas las labores deve guardar el que las faze que las faga non faziendo tuerto nin pecado, nin tomando nada de lo ageno, nin a entençión de fazer tuerto nin danno a ninguno por aquella lavor. Et faziéndose así, son grandes et buenos los plazeres de las lavores et otrosí son muy buenas et aprovechosas.

Et sennor infante, tengo que tomándose los plazeres en esta manera que non erará(n) en ello el que los oviere de tomar, et que los tomará commo deve.

Et pues en todos los plazeres pueden todas estas cosas guardar muy bien los enperadores, a mío paresçer sin rrazón faredes si [en] esto non perdiéredes la dubda.'

5 maneras] mañanas, *partially corrected by scribe to* mañ ñas 22 aprovecha] aꝑueche

'En verdat vos digo, Julio,' dixo el infante, 'que desto dubda del mundo non me finca.'

'Sennor infante,' dixo Julio, 'pues Dios tanta merçed me fizo que de todas las respuestas que vos di sodes pagado, et sodes partido de todas las cosas en que dubdávades que los en/peradores podían errar, tanbién en sus exlecciones commo 89a enla confirmación commo después en las sus obras, tengo que pues Dios en este estado vos puso, et éste es el mayor et más onrado, que éste devedes guardar.'[90]

El lxxxiii° capítulo fabla en cómmo el infante dixo a Julio que lxxxiii sienpre toviera que los emperadores se podían muy bien salvar, faziendo lo que manda Sancta Eglesia.

'Julio,' dixo el infante, 'sienpre yo tove que los enperadores se podían muy bien salvar. Et bien sabedes vós que al comienço, quando fablamos entre mí et vós sobre estas rrazones, vos dixi que bien tenía que los enperadores salvarse podían. Et aun agora tengo et creo sin dubda que todos los christianos, en qualquier estado que sean, se pueden salvar guardando la ley que an de graçia et faziendo lo que manda Sancta Eglesia. Pues si todos los christianos (que) se pueden salvar en qualquier estado que sean, muy grant contrarrazón sería si los enperadores — que son los más onrados sennores del mundo et los puso Dios en los más altos estados — non se pudiesen salvar. Mas las dubdas que tomava en los sus estados era porque me semejava muy grave cosa [ ] de sus estados conplidamente et salvar las almas.

Et commo quier que (a) estas dubdas me avedes vós fecho perder muy con rrazón, con todo eso non me avedes respondido en todo a la pregunta que vos yo fiz. Ca bien sabedes vós que la pregunta fue que en quál estado podía omne mejor salvar el alma. Et por ende conviene que si vós conplidamente me queredes responder / que me mostredes todos los estados en que 89b los omnes biven, et departamos et descodrin[n]emos quanto pudiéremos en qué puede omne mereçer o pecar en cada estado, por

25 G *conjectures:* muy grave cosa [de creer podiese gozar] de sus estados

que pueda escoger en quál dellos puedo mejor salvar el alma.'

'Sennor infante,' dixo Julio, 'esta rrazón que me vós agora dezides me semeja muy estranna por dos rrazones: lo primero, porque tantos son los estados [en] que los omnes biven en este mundo que tengo que me seríe muy grave cosa solamente en poderlos todos nonbrar, quanto más en dezirvos quáles son [et] en quántas cosas puede omne mereçer o pecar en cada uno delos. Et la otra es porque me paresçe que si vós fallásedes otro estado en que pudiésedes mejor salvar el alma, que lo tomaríedes et dexaríedes éste en que vos Dios puso, que es el más alto et más onrado que todos los otros. Et por ende, si lo vós por bien tobiéredes, tengo que pues Dios vos puso en este estado et avedes perdido dél todas las dubdas et entendedes que vos podedes muy bien salvar en él, que vos non faze mengua de buscar otro estado que ayades de avaxar de vuestra onra, nin metades en sospecha a la gente que lo fazedes con falesçimiento de coraçón o con otra alguna mengua que en vós ha.'

'Julio,' dixo el infante, 'quanto (quantos) por estas dos rrazones, con rrazón tengo que vós non escusades la primera que dezides: que vos seríe muy grave de me fablar et me contar todos los estados de los omnes, quanto más en dezir quántas
89c maneras ha para poder / omne mereșçer o pecar en ellos.

Et la razón por que lo non podedes escusar es porque sé yo que tantas sçiençias et tanta sabidoría avedes vós, et tan buen entendimiento natural vos dio Dios, que só çierto que a esto et aun ⟨a⟩ más sabredes vós dar recabdo çierto. Et la otra que dezides que si yo otro estado fallase en que pudiese mejor salvar el alma que éste de los enperadores, que lo faría, et que tenedes que lo non devo fazer; a esto vos rrespondo que [commo quiera que] mi voluntad es de mantener este estado en que me Dios puso, si entendiere que me puedo mejor salvar en él que en otro [ ] en que me pueda mejor salvar, bien entendedes vós que sería de muy mal entendimiento si lo non tomase. Ca vós sabedes que este mundo et todas las onras, et

7 quántas *repeated and partially erased in* MS. 32 *The lacuna may include* pero si ha(y) otro (B, *page* 190, *note to* G 329b. 55)

los plazeres et poderíos et bienandanças que en él ha, todas son falleçederas et duran muy poco; et demás non sabe omne quándo nin en qué manera lo ha todo a dexar; et aun non a plazer que non torne a pesar nin otro bien de que omne sea seguro. [Et] pues es çierto que el otro mundo do avemos de ir durará sin fin et los plazeres et bienandanças que en él a, es de muy mal seso qui cuida que se pueden conparar los de este mundo con los de aquél. Ca los vienes deste mundo son commo la sonbra de algún cuerpo, et non es cosa firme nin çierta;[91] et los del otro mundo son cuerpo verdadero de que sale la sonbra, ca en el otro mundo los vienaventurados que lo meresçieren verán a Dios et estarán con Él. Et aquél es el cuerpo verdadero de Jhesu Christo, de que sallen todos los vienes, et aun aquellos pocos vienes que acá sentimos que son commo sonbra, todos sallen dél. Et así bien enten/dedes vós que todo omne que buen 89d
entendimiento aya, non tan solamente devía dexar qualquier onra o qualquier estado que mantoviese por otro estado de que fuese çierto de mejor salvar el alma, mas ante digo que devía plazerle muy de coraçón en tomar qualquier muerte por llegar [a] aquella buena andança que Dios tiene aparejada para los que fueren con Él. Et aun tengo que qualquier buen christiano et bien fiel, et de derecha mente et derecha fe, que fuese çierto que moriendo oy que iva derechamente a paraíso, que non devía querer nin querría alongar la muerte para cras.

Et así non tomedes dubda que el estado que yo entendiere que puedo mejor salvar el alma, que aquél non tome. [Et] por ende vos rruego que me fabledes en todos, uno a uno, et me dedes a entender lo más que pudiéredes en quáles cosas puede omne meresçer o pecar en cada uno dellos.'

[PRINCES AND NOBLES]

El lxxxiiii° capítulo fabla en cómmo Julio dixo al infante que **lxxxiv**
tan con rrazón le veía fablar en todas cosas et tan firme lo veía

2 falleçederas] falleđas *with* ced *interlineated in a contemporary hand* 8 qui] q̄ *Comp.* 218. 9 27 fabledes] fableves *Comp.* 170. 4 31 le] la *Comp* 11. 15

en lo que una vez oyía, [quel paresçía] que sil non dixiesse lo que entendía, que non sería sinon alongar tienpo.

'Sennor infante,' dixo Julio, 'tan con rrazón vos veo fablar en todas las cosas et tan firme sodes en lo que vós dezides que me paresçe que si más vos quisiese contrallar por palabra o por otras rrazones, que non aprovecharía a otra cosa sinon a perder et alongar el tienpo. Et así, pues lo queredes, fablarvos he en todos los estados, quanto alcançare el mío entendimiento, lo
90a más conplidamente que pudiere. Et / pues vos fablé fasta agora en el estado de los enperadores — que es el más onrado estado et mayor que puede ser en los legos — començarvos he luego a fablar en el estado de los rreys, que es el mayor que puede ser en pos el estado de los enperadores.'

'Julio,' dixo el infante, 'plázeme mucho desto que dezides. Et ruégovos que lo fagades así que me fabledes lo más conplidamente que pudiéredes en el estado de los rreys.'

'Sennor infante,' dixo Julio, 'entre el estado de los enperadores et de los rreys non ay otro departimiento sinon que los enperadores son por esleçción et después an a ser confirmados — segunt ya desuso vos dixe — et después que son enperadores et pueden usar derechamente del inperio, que han mayor onra et mayor poder que omne del mundo apos el papa. Et aun todas las gentes le[s] son tenudos de los servir et de los obedeçer a ellos et conplir los sus mandamientos et guardar las sus leys, (et) commo quier que algunos rreyes tienen que por algunas razones non son tenudos a esto.

Et así, sennor infante, pues vos he dicho todo el estado de los enperadores [et] en el estado de los rreys et de los enperadores non ay otro departimiento sinon esto que desuso es dicho, tengo que do vos declaré el estado de los enperadores, que fincó declarado el estado de los rreys, pues todo esto es uno.'

'Julio,' dixo el infante, 'verdaderamente tengo que es así commo vós dezides. Et de aquí adelante fablatme en los otros estados.'

90b 'Sennor infante,' dixo Julio, 'en pos el estado de los / rreyes

3 veo] q^{i}ero   30 declaré] declaro

el más alto et más onrado de todos es el infante heredero. Et a éste non le mengua otra cosa, sinon que non ha tantos días commo su padre nin se llama rrey, et deve ser obediente al rrey su padre. Et de rrazón non puede él, nin deve, desfazer nin emendar lo que el rrey su padre fiziere, mas el rrey su padre puede emendar el infante [si] él alguna cosa non acertare en lo mejor, mas todos sus fechos et todas sus maneras deven ser tales commo del rrey. Et así, en rrespondiéndovos en el estado de los rreys, vos he rrespondido al estado de los infantes herederos.'

'Julio,' dixo el infante, 'pues en esto dizedes verdat et me respondedes conplidamente, fablatme de aquí adelante en los otros estados.'

'Sennor infante,' dixo Julio, 'en pos el estado del infante heredero el más onrado estado es el de los otros infantes, sus hermanos. Et commo quier que el estado sea mucho onrado, sabet que es muy grave de mantenerse en él commo deve[n] a onra del cuerpo et de su estado et salvamiento del alma. Ca ellos son fijos de rreys et deven mantener sus estados a la manera et al ordenamiento de los rreys, et todos los de la tierra los tienen por sennores naturales. Et commo el su estado es más alto et más onrado que todos los otros, si non lo mantienen commo deven esles muy grant vergüença et grant mengua.

Et ellos non an ninguna cosa de suyo sinon [lo] que les da su padre o su hermano. Et porque an a mantener mucho[s] et
muy altos / et muy onrados estados, et non an con qué lo 90c
conplir, son en muy grant aventura de poder guardar lo que deven a Dios et al mundo. Et así, [si] con grant vondat et con grant entendimiento et grant esfuerço, et sobre todo con ayuda et con la merced de Dios, non mantienen su estado et su onra, son en grant peligro de las almas et de los cuerpos ca a ellos mengua el poder et el aver de los rreys.

Et, sennor infante, así vos he respondido a lo de los infantes que non son herederos.'

2 le] he 6 emendar] entẽder (G)

'Julio,' dixo el infante, 'bien vos digo que entiendo que me dezides muy grant verdat. Et aun vos digo que só muy espantado del estado de los infantes que non son herederos. Et por ende vos ruego que me fabledes en los otros estados.'/

lxxxv 90d El lxxxvº capítulo fabla en cómmo Julio dixo al infante que en pos los infantes, los más onrados omnes et de mayor estado son sus fijos legítimos./

91a 'Sennor infante,' dixo Julio, 'en pos los infantes los más onrrados omnes de mayor estado son sus fijos legítimos. Et aun para que sean ellos onrrados cunple mucho que sean sus madres de linage de rreys o de muy alta sangre. Et, sennor infante, commo quier que este estado es muy onrrado, creed por çierto que es muy más peligroso que el de los infantes. Et la razón por que lo es yo vos la diré adelante. Pero dezirvos he lo que me dixo don Johan, aquel mi amigo, que es fijo del infante don Manuel, segund yo desuso vos dixe.

Acaeçió que un día stávamos departiendo amos en uno, et díxome que avía un arçobispo en Santiago quel dixiera[n] don Roy Padrón,[92] que era mucho su amigo, et que acaeçió una vez que por contienda que ovieran entre el rrey don Fernando et el infante don Johan su tío, que don Johan que vino en ayuda del infante don Johan, que era su primo et se amavan más que omnes en el mundo. Et acaeçió que para se avenir que vino el rrey a Palençia et don Johan a Duennas. Et para fablar en el abenençia fin[c]ó el rrey en Palençia et el infante don Johan en Duennas. Et la duen[n]a donna María, madre del rrey don Ferrando, vino a Sancta María de Villa Moriel et el dicho arçobispo de Sanctiago con ella. Et don Johan vino ý a la rreina. Et desque obieron mucho fablado en el abenençia de todos et fincó el pleito asegurado, porque el arçobispo avía ante conbidado a don Johan et fue comer con él. Et desque ovieron comido fincaron amos en la cámara apartados, departiendo muchas

4 fabledes] fableues *Comp.* 167. 27 *A lacuna comprising the remainder of* f. 90c *and all but the last few lines of* f. 90d *begins here. The gap was probably left for a miniature.* 24 et don Johan *repeated in* MS. 28 arçobispo] arçiob̃o 32 amos] am̃os

cosas; ca el arçobispo era muy buen omne et de muy buen
entendimiento et de buena pa/labra. ⟨Et⟩ en manera de departi- 91b
miento et de plazer, assí commo amigos que ellos eran, començó-
gelo dezir en su lenguage gallego por esta manera: "Don Johan,
mío sennor et mío amigo, vien vos dezimos en verdat que nós
beyemos muchas estorias et muchas corónicas, et sienpre
fallamos en ellas que los fijos de los infantes fuera[n] muy bien
si fueran mejores. Et nunca fallamos que fueron muy buenos.
Et aun los fijos de los infantes que agora son en Castiella,
parésçenos que si maravilla non fuere non querrán fazer
mintrosas las scripturas. Et plazernos ía mucho que vós, que
sodes mucho nuestro amigo, que vós trabajedes que non fuessen
en vós verdaderas. Et commo quier que algunt poco las desmintiestes agora en lo que avedes fecho en esta venida, por el
infante don Johan, rreçelamos que non queredes fincar solo et
que queredes fazer como los otros. Et rrogámosvos que creades
un bueno amigo que dize que *más vale omne andar solo que mal
aconpannado.*[93] Et dezímosvos que si en alguna cosa non
fiziéredes commo los otros, que tenemos por çierto que será
por la vondat que nós sabemos que ovo en vuestra madre et por
la buena criança que fizo en vós en quanto visco." Et sobre esto
rrieron et departieron mucho.

Et desque don Johan me contó esto quel acaeçiera con el
arçobispo, departientes mucho afincadamente et escodrin[n]an-
tes, que pues ninguna cosa non se faze sin ninguna rrazón,
¿quál era la rrazón por que esto acaeçió? Et fallamos rrazones
por [que] esto deve seer así.

La primera es porque los fijos de los infantes non son tan
vien criados commo les cunpla.[94] Ca los que los crían, por les
fazer plazer, trabajan / en los falagar et consiéntenle[s] quanto 91c
quieren et lóanles quanto fazen. Et porque todos los omnes, et
sennaladamente los moços, quieren más conplir su voluntad
que otra cosa — et la voluntad demanda siempre lo contrario —
toman por esto los fijos de los infantes muy grant dapnno,

13 verdaderas] ũdaderos las] los 24 afincadamente] afanadament' (G) 34 dapnno] dap̄no *Comp.* 177. 10

tanbién en las costumbres commo en las maneras commo en todas las cosas que an de dezir et de fazer.

Otrosí les enpesçe mucho porque ellos cuidan et les dan a entender que porque son mucho onrrados et de muy alta sangre que se a de fazer quanto ellos quieren, sin trabajar ellos mucho por ello. Et en esto son engannados, ca çierto cred que en mal punto fue nascido el omne que quiso valer más por las obras de su linage que por las suyas.

Otrosí les enpeçe mucho porque ellos tienen que an de mantener el estado et la onrra de los infantes sus padres, et los infantes mantiénense commo los rreys sus padres. Et así torna el pleito que los fijos de los infantes tienen que an de mantener estado de rreyes — et a conparación de lo que los rreyes an es muy poco lo que an ellos — et non pueden conplir lo que les era mester.

Otrosí, todas las gentes non deven por rrazón de les fazer aquella onrra nin aquella reverençia que fazían a los infantes sus padres.

Et por todas estas razones [çierto cred] que si [a] los fijos de los infantes non les faze Dios mucha merçed — et sennaladamente en les dar entendimiento et muy grant esfuerço — çierto cred que non a en el mundo estado más aparejado para non fazer
91d todo lo que cunple, tanbién para el cuerpo / commo para el alma.'

'Julio,' dixo el infante, 'tengo que los fijos de los infantes que fueron fasta aquí et non fueron muy loados de las gentes, que les acaesçió por estas rrazones dichas o por alguna dellas. Ca tantas rrazones et con virtud me avedes dicho porque el estado de los fijos de los infantes es muy peligroso para salvar las almas [et] para mantener los cuerpos en aquella onrra et estado que deven, que yo verdad vos digo que non tengo por marabilla de les acresçer esto que vós dezides. Et tengo que faze Dios mucha merçet al que es de tal estado, si faze tales obras que puede seer amado de Dios et loado de las gentes.

6 ca] en (G) en] el (G) 17 reverençia] reueñ̄çia 19 [çierto cred] (B) *Comp. lines* 21–22 *below* 24–5 que fueron] que si erā (B) 27 con virtud B *emends to* tan buenas (*page* 190, *note to* G 331b. 34)

Et por ende vos ruego que me mostredes los otros estados de los omnes, que mucho querría fallar otro en que se me asegurase más la voluntad para poder en él salvar el alma.'

El lxxxviº capítulo fabla en cómmo Julio [dixo] al infante que **lxxxvi**
fasta aquí le avíe fablado en los estados de los enperadores et de los rreys, et daquí adelante que le diríe de los otros altos omnes.

'Sennor infante,' dixo Julio, 'fasta aquí vos he fablado en los stados de los enperadores et después de los rreyes et después de los que son del su linage, porque éstos son los de más alta sangre et de mayores et más onrrados estados. Et pues en esto vos dixe lo que entendía, de aquí adelante vos diré de los grandes omnes de las tieras que non se llaman del linage de rreyes, et se llaman por otros nonbres.

Sennor infante, en pos el linage de los rreys a otros grandes omnes, que llaman duques.[95] Et este nonbre es tomado del latín, et es nonbre mucho onrado, ca / porque el estado de los 92a
duques es el mayor et más onrado de todos los otros, por ende le pusieron el más onrado nonbre que puede seer so el nonbre del sennor. Ca al duque en latín dízenle *dux*, et *dux* en latín quiere dezir cabdiello, por que se da a entender que por el duque se deven mantener las gentes et obedeçerle et guiarse por sus consejos.[96]

Et estos duques an muy grant tierra et muy grandes gentes et muy grandes rendas. Et son basallos et naturales de los enperadores et de los rreys en cuyas tieras viven. Et porque comarcan con rreys et con grandes sennores viven sienpre en grandes gerras. Et commo quier que ayan muy grandes rentas, tantos son los grandes fechos que an de fazer por guardar sus onras et sus estados, que avés les cunplen lo que an. Et la mayor partida de la tierra que an es suya por heredat. Et an algunas tierras que tienen de otros a feo, et las tierras que a feo tienen an a fazer aquel conoçimiento a que lla tierra es obligada por ello, segund las condiçiones del feo [a] aquellos de quien las tienen. Et las que an ⟨por⟩ heredat quitamente pueden fazer delas como de

15 omnes] o̅s   32 conoçimiento] com̄çamiēto (B)

su heredad. Pero son tenidos de guardar la naturaleza que an a los enperadores et a los rreys cuyos naturales son.

Et, sennor infante, commo quier que fasta aquí non vos lo dixe o vos lo podría dezir de aquí adelante, pues me pareçe agora que ay buena manera de bos lo dezir, fablando en el estado de los duques, quiérovos dezir la differençia et departimiento que ha entre los vasallos et los naturales. Otrosí vos quiero dezir qué es lo que deven guardar al sennor los vasallos
92b et los naturales, et otrosí qué es lo que el / sennor [deve] guardar a los vasallos et a los naturales.

Sennor infante, entre los vasallos et los naturales a este departimiento:[97] los vasallos han de conosçer sennorío al sennor, et son sus vasallos por la tierra et por los dineros que el sennor lis da. Et la manera de cómmo son sus vasallos es que quando primeramente se aviene(n) en aquello quel ha de dar et quiere seer su vasallo, dével vesar la mano et dezir estas palabras: "Sennor don Fulano, bésovos la mano et só vuestro basallo." Et desque esto aya fecho, es tenido del servir lealmente contra todos los omnes del mundo. Et si así non faze o en alguna cosa yerra, caye en muy grant pena. Ca cosas puede fazer por que cayera en pena de traición, et por [otras] cosas en pena de aleve, et por otras en pena de falsidat, et por otras en pena de valer menos, et por otras en pena de non seer par de fijo dalgo, et por otras seer enfamado.

Et, sennor infante, porque se alongara mucho la rrazón si vos oviese a dezir la diferencia et departimiento que a entre cada [una] destas cosas, et por quáles cosas puede el omne caer en cada una destas cosas, o qué es la pena que meresçe por cada una dellas, por non alongar mucho este libro non vos las digo aquí. Mas si lo quisierdes saber, fallarlo hedes en el libro que don Johan, aquel mío amigo, fizo, que llaman *De la cavallería*.

Et, sennor infante, a todas estas cosas se obliga el vasallo a la hora que reçibe sennor. Et nunca deste obligamiento puede ser partido fasta que se despida del vesar de lla mano, et diziendo: "Sennor don Fulano, vésovos la mano et non só vuestro vasallo."[98]

23 en pena de non seer] en pena en nō seer

Et commo quier que tanbién en el va/sallage commo en el 92c despidimiento lo deve fazer por sí mismo, pero si quisiere bien lo puede fazer [por] otro omne fijo dalgo quel vese la mano et le diga estas palabras que desuso son dichas. Et desque fuere despedido commo desuso es dicho, non le es tenido a ninguna cosa commo a sennor.

Et commo quier que los vasallos se pueden despedir de los sennores cada que quisieren, non lo deven fazer si el sennor non les toma la tierra o aquel vien fecho que puso con él del fazer quando fue su vasallo, o por tuerto, o por deso[n]rra o des[a]guisado que el sennor le faga. Et aun por ninguna destas cosas non se deve dél partir si el sennor está en guerra o en algún peligro; ca si lo fiziese, aunque non oviesse otra pena, sienpre sería por ello menospreciado et vergonçado.

Otrosí, el que es natural de algún rrey o de algún sennor deve guardar todas [las] cosas que el vasallo. Et demás, aunque sea vasallo de otro (et) dével sienpre guardar tres cosas: la primera, quel non mate nin le fiera nin entre contra él en lid; la segunda, que non le fuerçe nin le furte nin convata villa nin castiello; la terçera, que él non ponga fuego en su tierra, quemando casas adrede en la tierra. Et estas cosas deve guardar de las fazer si el sennor cuyo natural fuere nol oviere fecho cosa por que con derecho se pueda desnaturar dél.

Et, sennor infante, en esto vos he dicho la diferençia que (que) ha entre los vasallos et los naturales, et lo que cada uno dellos deve guardar a sus sennores et [a] aquellos cuyos naturales son.

Et pues esto vos he dicho, dezirvos he de aquí adelante, segund lo yo entiendo, lo que los sennores deven guardar a sus vasallos et a sus naturales.'

El lxxxvii° capítulo fabla en cómmo Ju/lio dixo al infante que 92d **lxxxvii** ya desuso le avíe dicho que los vasallos son por rrazón del vien fecho que el sennor les faze o les promete de fazer.

'Ya desuso vos dixe que los vasallos son por razón del vien

2 lo deve] se deve   11 des[a]guisado *Comp.* 176. 17

fecho [por] que el sennor se aviene con ellos et les promete de les fazer vien quando primeramente son sus vasallos. Et este vien fecho es segund las costumbres de la tierra, ca en unas tierras usan en dar los sennores a los vasallos todo aquello por que se avienen con ellos en rendas sennaladas que los sennores an en lugares sennalados — et a esto tal laman quantía çierta — et en otros lugares usan de les dar una partida en tierra çierta et la otra pónengela en sí mismos, et en [otros an] otras maneras muchas que se usan segund la costunbre de cada tierra. Mas en qualquier manera que el avene[n]sçia sea entre el sennor et el vasallo, dévegelo conplir et nol falleçer en ello. Et en ninguna manera non gelo deve quitar por achaque nin por antojo, sinon por tal mereçimiento o por tal yerro que entiendan todos los que lo sopieren que lo faze con razón et con derecho et quel pesa mucho porque lo ha de fazer.

Otrosí, a los sus naturales deve guardar mucho de les non fazer tuerto nin ningund desaguisado. Ca así commo los naturales son tenidos de guardar al su sennor natural así commo los vasallos — et aún más que los vasallos — por la naturaleza que an con él, así los sennores deven guardar a los sus naturales tanto commo a los vasallos que non [son] sus naturales, [et] aún más, por la naturaleza que an con él. Ca aunque todos los otros fallescan al sennor, los naturales non le pueden falleçer et aquéllos le han a defender et a guardar el cuerpo et lo que ha.

93a Et la razón / por que los omnes son naturales de los sennores es por[que] ellos et los donde ellos vienen son poblados et visquieron en su heredat. Et porque, segund dizen todos los sabios, que el luengo uso se torna en naturaleza, por ende los que de luengo tienpo nasçieron et vivieron et murieron en un sennorío et non saben de otro, esle[s] ya naturaleza. Et porque la naturaleza es tan fuerte cosa que se non puede desfazer, por ende tienen que el mayor deudo que es entre los omnes que es la naturaleza.[99]

Et así, pues Dios tanta merçed faze a los sennores en darles buenas gentes que sean sus naturales et que naturalmente los

6 quantía] q̄ra (G) *Comp.* 179. 20   31 puede] puedo (G)

aya[n] de amar et de servir, deven ellos fazer mucho por acrescentar este buen deudo, faziéndoles buenas obras et guardándose que non sean tan ocasionados por que partan esta naturaleza que los naturales an con ellos.

Et commo quiera que muchas maneras ay para acresçentar este buen deudo, dezirvos he algunas cosas que entiendo que les cunple(n) mucho de fazer.

Lo primero, dándoles a entender por obra que fía mucho en ellos et que los ama et los preçia más que a otras gentes. Et podiéndol guisar sin su mengua o sin su dapnno, sienpre deve fiar de los sus naturales el cuerpo et las [sus] fortalezas et las sus poridades et los sus oficios et el su aver. Otrosí, déveles fazer mucho bien, segund el su poder, et onrarlos quanto pudiere en dicho et en obra et en conçejo et en poridat. Et dévese guardar de les non quebrantar nin les menguar fueros nin lees et privilejos et buenos usos et buenas costunbres que an. Ca bien así commo los naturales son tenidos de guardar al su sennor natural tres cosas, segund desuso / es dicho, bien así los sennores 93b
son tenidos de guardar a los sus naturales otras tres: la una es que en ninguna manera non le mate nin se trabage en lo matar sin seer oído et judgado por derecho; la otra que nol tome la heredad nin parte della, nil deserede a tuerto [o] sin juizio; la otra que en ninguna manera non le faga maldad nin tuerto con su muger. Ca por qualquier destas tres cosas se pu[e]de el natural desatar del su sennor natural; ca bien así commo si el natural fiziese cada destas tres cosas contra el su sennor natural, sería por ello traidor, bien así en esta manera caye el sennor en grand yerro si por su desabentura faze ninguna destas tres cosas contra el su natural.

Et dígovos que me dixo don Johan, aquel mío amigo, algunas vegadas que fablamos sobre esta rrazón, que commo quier que las gentes non lo rrazonavan tan mal a los sennores, nin dezían que eran traidores por fazer qualquier destas tres cosas, que tenía él que esto fazían las gentes por guardar la onra de los

3 ocasionados] acasionados 10 dapnno] dapño *Comp.* 171. 34
21 judgado] jugdado nol tome] nõ tome

sennores; mas segund la verdat en sí [es], que quanto traiçión, non quería él dezir más que sin dubda mayor maldad fazían los sennores en fazer estas cosas contra sus naturales que en [las] fazer los sus naturales contra ellos.

Et poníame ý estas rrazones; dezía(n)me que todo mal que omne fiziese que — a lo más — que sienpre lo fa zía pormiedo o por cobdiçia. Et commo quier que si al natural acaeciese que feziese alguna destas tres cosas contra el su sennor non se podría escusar que non fuese traidor por ello, pero podría aver alguna mala rrazón por sí, diziendo que cada una destas cosas fazía(n) con miedo o con cobdicia; mas el sennor que fiziese
93c cada una destas / cosas contra el su natural nin avrá esta mala rrazón [et la] non podría poner por sí. Et demás poníame una semejança, que dizía que bien así commo una manziella paresçía muy peor en un panno muy preciado que en otro que es (otro) muy feo et muy vil, que bien así quanto el sennor es de mayor estado et deve fazer sienpre mayores fechos et dar de sí mayores exenplos a las gentes, paresçíale muy peor et faría mayor maldat en fazer cada una destas cosas contra el su natural [que si] las fiziese [el su natural] contra él.

Et, sennor infante, segund la costunbre de Espanna, si el sennor faze cada una destas tres cosas contra el su natural et gelo afruenta ante los mayores omnes de su casa, [et] nol faze aquella emienda que fallare por derecho quel deve fazer, dende adelante puédese desnaturar dél. Et esto es porque faziendo el sennor cada una destas cosas contra el su natural, él le tira la naturaleza que ha con él. Ca sil quisiere matar a tuerto, tira la vida, en que es la naturaleza que Dios puso en el omne; et sil deseredа, tíral aquella rrazón por que es su natural; et sil faze tuerto o maldad con su muger, sin la grant maldad et grand desonra quel faze, podría acaeçer que cuidando el marido que dexava la heredad a sus fijos, que la dexaría a los agenos et heredarían lo que segund rrazón por la naturaleza non devían aver. Et por estas rrazones o por qualquier dellas, seyendo çierto que el sennor lo oviesse fecho et non lo emendando, pod[r]íase desnaturar dél commo dicho es, et dende en ade-

lante non sería tenido del guardar nin/guna de las cosas sobre- 93d
dichas más que a otro sennor (et) de qui non fuese su natural.'

El lxxxviii° capítulo fabla en cómmo Julio [dixo] al infante que lxxxviii
agora le avíe dicho algunas cosas que se deven guardar entre los vasallos et los naturales et quel diríe de aquí adelante lo que entendía en el estado de los duques.

'Agora, sennor infante, vos he dicho algunas cosas que se deven guardar entre los sennores et los vasallos et los naturales. Et esto fiz por⟨que⟩ entiendo que cunplía mucho a vós o a qualquier sennor de lo saber, et pareçíame que avía lugar para vos lo dezir en fablando conbusco ⟨en el⟩ estado de los duques. Et pues en esto vos dixe lo que entendía, de aquí adelante dezirvos he lo que entiendo en el estado de los duques.

Et dígovos que segund el mi entendimiento que de los grandes sennores non ay ningunos que mejor puedan salvar las almas et guardar sus onras et sus estados que los duques — de los enperadores et de los rreyes afuera — si les non enbargassen las grandes guerras et las grandes contiendas que an de aver et las grandes cosas que an de fazer. En guisa que demás de lo que an de rrenda an meester muy grant quantía de aver. Et por estas dos cosas non es el su estado todo sin peligro, tanbién de las almas commo de los cuerpos.'

'Julio,' dixo el infante, 'commo quier que fasta aquí muchas cosas buenas me avedes dicho dígovos que me plaze mucho desto que agora me dixiestes, tanbién en el estado de los duques
commo en lo que se / deve guardar entre los sennores et sus 94a
vasallos et sus naturales.

Et pues [esto] me avedes dicho, ruégovos que me digades lo que entendedes de los otros estados de que non me avedes fablado.'

'Sennor infante,' dixo Julio, 'pues queredes que vos fable en los otros estados que vos non fablé fasta aquí, dígovos que en pos los duques el más onrado estado es de los marqueses.

Et este nonbre de marqués fállase en el lenguaje de

2 qui] q̄ *Comp.* 115. 15, 122. 26

Lonbard[í]a, ca en Lonbard[í]a, por lo que dizen en Espanna comarca, dizen ellos *marca* — et por ende dizen la *marca* de Ancona, et la *marca* de el Monferrad, et la *marca* de Sabona, et otras marcas muchas — et los que son sennores de aquellas marcas llámanlos marqueses. Mas quanto Françia nin Espanna nunca oyemos dezir que oviese sinon este fijo del rrey de Aragón, que fizo agora el rrey su padre marqués de Tortosa.[100]

Et los marqueses usan en sus marquesadgos derechamente así commo los duques en sus ducadgos, et non ay otro departimiento entre ellos sinon que non son tan rricos nin tan poderosos nin de tamannos estados.'

'Julio,' dixo el infante, 'plázme porque entiendo quál es el estado de los marqueses. Et rruégovos que me dedes a entender los otros estados.'

'Sennor infante,' dixo Julio, 'pues el estado de los marqueses avedes entendido, devedes entender que ay otro estado a que llaman príncipes. Et este nonbre príncipe llaman a todos los grandes sennores del mundo. Et [este] estado, segund a el poder et la riqueza, así es onrado.'

'Julio,' dixo el infante, 'pues tal es el estado de los príncipes, dezidme de los otros estados lo que ende sabedes.'

94b 'Sennor infante,' dixo / Julio, 'otro estado ay entre los grandes omnes, que llaman condes. Et éste es un estado muy est[r]anno et caben en él muchas maneras de omnes. Ca en muchas tieras acaesçe(n) que los infantes, fijos de los rreys, son condes; et otros condes ay que son más rricos et más poderosos que algunos duques et aún que algunos rreys; et otros condes ay que [non] an pres más de çinquenta cavalleros.

Et así este estado es muy estranno, porque algunos ay que son tan onrados commo los rreys et algunos ay que son de tan pequenno poder commo es dicho. Pero el nonbre en todos es egual.

Et este nonbre de conde fue sacado de latín, ca por el conde dizen en latín *comes*, et *comes* en latín tanto quiere dezir en

3 Ancona] antona (G) de el Monferrad] d'ir mōstrad Sabona] Sobaça G *corrects to* Saluces (334a. 10) 7 agora el rrey] el Rey agora 28 pres *see* Morphology, *Adverbs*, p. xci 32 del atín *Comp.* 181. 11, 188. 34–189. 1 33 comes] contes

rromançe commo conpanno, et en esto da a entender que los condes que son conpannos de los rreys cuyos naturales son.[101] Et los condes en sus condados pueden fazer todo aquello que los duques et los marqueses et los príncipes en sus tierras.'

'Julio,' dixo el infante, 'vien vos digo que me plaze porque tan bien esto [me] avedes dado a entender [en] el estado de los condes. Et pues en esto tan bien me fablastes, tened por bien de fablar de aquí adelante en los otros estados.'

'Sennor infante,' dixo Julio, 'si el estado de los condes [ ] ay otro estado a que llaman viscondes. Et este nonbre fue sacado de latín. Otrosí, ca por visconde dizen en latín *viçe comes*, et *viçe comes* quiere dezir en rromançe omne que está en lugar de conde. Et dizen algunas gentes comitne al conde que aya visconde. Et estos viscondes algunos ay que an sus tierras francas, así / commo los condes, [et] algunos que son tenidos de 94c
fazer conosçimiento por ellas a los condes. Et an de obrar en sus viscondados segund las condiciones et las maneras de los condes.'

El lxxxix[°] capítulo fabla en cómmo el infante dixo a Julio quel **lxxxix**
plazía de saber el estado de los vizcondes et quel rrogava quel dixiese de aquí adelante el estado de los otros.

'Julio,' dixo el infante, 'plázeme de saber este estado de los viscondes. Et ruégo[vos] que me ⟨digades⟩ de los otros de aquí adelan[te].'

'Sennor infante,' dixo Julio, 'todos los estados que vos yo fablé fasta aquí an nonbres sennalados. Et estos nonbres liévanlos de aquella tierra donde son sennores. Ca el enperador lieva nonbre del inperio et este nonbre es sacado del latín, ca *inperium*, en latín, quiere dezir sennorío general que deve seer mandado;[102] et *enperador* en latín quiere dezir mandador, et en esto se da a entender que el enperador que es sennor general que deve aver mandamiento sobre todos. Et *regimen*, en latín, quiere dezir cosa que deve seer regida derechamente, et *rex*

9 *Verb missing after* condes. *The sense requires at least* [avedes entendido] 11 de latín *Comp.* 180. 32, 188. 34–189. 1 11–12 *comes . . . comes*] contes . . . contes 13 comitne] comirn̄e *The form is obscure, although a noun is called for here;* convenirle *in* G, conuiene *in* Ben. 541. 18 14 an] en 17 de los] q̄los 28 *imperium*] inpuri

quiere dezir regidor del rreino. Et así los enperadores lievan el nonbre del imperio et los rreyes, del rreino.

Et *infante* quiere dezir en latín fijo ninno pequenno.[103] Et este no[n]bre an todos los ninnos pequennos et este nonbre les dura en quanto son en hedad de innocencia, que quiere dezir que son sin pecado. Mas después que legan a hedad que pecam o pueden pecar, pierden este nonbre et llámanlos en latín *puer*, que quiere dezir moço. et *infantes* quiere dezir infante. Et porque los fijos
94d de los rreys son los / más onrados et los más nobles ninnos que son en el mundo, tobieron por bien los antigos de Spanna que commo quier [que] a cada ninno pequenno llaman en latín *infante*, quanto el nonbre del rromançe que llaman infante non tovieron por vien que lo llamasen a otro sinon a los fijos de los rreys. Et tovieron por vien que nunca perdiessen este nonbre, mas que siempre los llamassen infantes, lo uno por la nobleza que an más que las otras gentes, et lo ál porque sienpre deven seer guardados de pecado lo más que pudieren. Et si del todo non se pudieren guardar de pecado, que en toda guisa deven seer muy derechureros et muy lleales, et muy sin ninguna rebuelta et sin enganno, así commo lo son los ninnos de quien ellos lievan el nonbre.

Otrosí los fijos de los infantes non an otro nonbre, sinon que se llaman fijos de infantes, que quiere dezir que son derechamente del derecho linaje de los rreys et lievan de aquí el nonbre, así commo [los] duques del ducadgo, et los marqueses del marquesadgo, et los príncipes del principadgo, et los condes del condadgo, et [los] viscondes del viscondado. Et así con todos estos que son dichos an nonbres sennalados por las rrazones [que] desuso son dichas.

Et de cada uno destos estados, segund va desçendiendo de unos a otros [et] segund las maneras que an de vebir, podedes entender quáles son más peligrosos para las almas et para los cuerpos, o quáles son más aparejados para salvamiento de las almas et para guardar et mantener su onra et su estado.

Et en pos estos que an nonbres sennalados — por la rrazón

2 los rreyes] es Reyes

que desuso vos dixe — ha en las tierras otros grandes omnes a qui llaman en Espanna rricos omnes. Et en / Françia llámanlos 95a *banieres*. Et este nonbre, que es todo uno, se dize más derechamente en Françia que en Espanna, ca en Françia dizen por pendón grande *banera*, et *beneres* quiere dezir omne que puede et deve traer banera. Et en Spanna a los que pueden [et] deven traer pendones et aver cavalleros por vasallos lámanlos rricos omnes.

Sennor infante, devedes saber que así commo les dizen rricos omnes, [non] les pudieran dezir omnes rricos. Ca rrico omne et omne rrico, a do paresçe que es uno, mas [ha] entre ellos muy grant diferençia. Ca en diziendo omne rrico entiéndese qualquier omne que aya riqueza, tanbién ruano commo mercadero, ca si quiera manera es de fablar quando dize uno a otro: "¿Viestes fulano omne cómmo es rrico?" [ ]. Mas quando dize[n] rrico omne ponen la rriqueza, que es onra, delante, que quiere dezir que es más onrado que las otras gentes, por los cavalleros que a por vasallos et por el pendón que puede traer.

Et estos rricos omnes non son todos de una guisa, nin son eguales en linage nin en onra nin en poder. Ca algunos dellos ay que son de muy grant sangre et vienen del linage de los rreys, et otros que commo quier que non son del linage de los rreys que casan los fijos et las fijas con los fijos et con las fijas de los rreys. Et ay otros que son de grant sangre, mas non tanto nin tan onrados commo éstos desuso dichos. Et ay otros que son rricos omnes, pero an [a] aguardar, et andan en pos ellos otros rricos omnes — et non se tienen en ello por maltrechos. Et ay otros que, seyendo cavalleros o infançones por privança que an de los / rreys, tienen los rreys por bien de les dar vasallos 95b et pendón, et llámanse rricos omnes. Mas dígovos que oí dezir a don Johan, aquel mi amigo, que él viera en Castiella et en Aragón pieça dellos que fueran fechos rricos omnes de llos rreys, que nunca sus fijos fueran tenidos por rricos omnes.

1 ha] ca (G)   1–2 a qui] aq̃ *Comp.* 122. 18, 197. 26, 213. 10   3 banieres] bomeres *Comp. Godefroy*, '*Dictionnaire de l'ancienne langue française*', i. 571a, *and Tobler–Lommatzsch*, '*Altfranzösisches Wortbuch*', i. 823   7 lámanlos *Comp.* lanos 125. 20   10 es uno B *corrects to* es [todo] vno (*page* 192, *note to* G 335a.

Et cred, sennor infante, que todas estas maneras de riccos omnes an stado muy peligroso et muy dubdoso para salvamiento de las almas, ca tanto an de fazer por guardar la fama et su onra entre las gentes que [por] fuerça conviene que fagan muchas cosas que son grant danno de las almas et muy grant peligro de los cuerpos. Et segund la manera en que forçadamente an de pasar, si quieren bevir al mundo en manera que sean onrados et preçiados, esle[s] muy meester que les judge Dios segund la su piadad que segund las obras dellos.'

'Julio,' dixo el infante, 'tan bien me avedes dado a entender el estado de los rricos omnes que cuido que lo he entendido. Et de aquí adelante dezitme lo que entendedes de los otros estados.'

xc El xc° capítulo fabla en cómmo Julio dixo al infante que en pos el estado de los rricos omnes ha en Castiella otro que llaman infançones et en Aragón llámanlos mesnaderos.

'Sennor infante,' dixo Julio, 'en pos este estado de los rricos omnes a otro que llaman en Castiella infançones et en Aragón llámanlos mesnaderos. Et éstos son cavalleros que de luengo tienpo que por sus buenas obras fiziéron[les] los sennores más bien et más onra que a los otros sus eguales. Et por esto fueron más rricos et más onrados que los otros cavalleros. Et los que son (del) dichos infanzones derechamente son de solares çiertos.
95c Et éstos casan sus fijas con algunos de / aquellos rricos omnes que desuso vos dixi.

Et commo quier que los infançones son de solares çiertos, para que sean levadas adelante las sus onras o mengüe mucho dello, ayuda o enpesçe mucho segund fazen sus faziendas et sus casamientos et sus obras. Et quanto para salvamiento de las almas deven pedir merçed a Dios muy de coraçón que les acorra con la grant piadat que a en sí.'

'Julio,' dixo el infante, 'pues tal es el estado de los infançones, desoy más me dezid de los otros estados.'

27 para que] pero q̄ 31 a en sí] o en si

'Sennor infante,' dixo Julio, 'commo quier que los infançones son cavalleros, son muchos más los otros cavalleros que non son infançones. Et éste es el postremer estado que ha entre los fijos dalgo et es la mayor onra a que omne fijo dalgo puede legar.

Et el cavallero lieva nonbre de cavallería, et la cavallería es orden que non deve seer dada a ningún omne que fijo dalgo non sea derechamente. Et si yo vos oviese a contar todas las maneras en cómmo la cavallería fue primeramente ordenada, et en quántos peligros, tan del alma commo del cuerpo, se para el cavallero por mantener el estado de la cavallería, et quántas gravezas ý a, et quánto la deve reçelar ante que la tome, et cómmo deven ser los cavalleros escogidos, et de cómmo deven seer fechos cavalleros et de la onra que an después que lo son, et de las cosas que deven guardar a Dios et la ley, et a los sennores et a todo el otro pueblo, só çierto que se alongaría mucho la rrazón. Mas si lo quisiéredes saber conplidamente, fallarlo edes en los ⟨libros⟩ que fizo don Johan, aquel mío amigo: el uno que llaman / *De la cavallería*, et otro que llaman *El libro* 95d
del cavallero et del escudero. Et commo quiere que este libro fizo don Johan en manera de fabliella, sabet, sennor infante, que es muy buen libro et muy aprovechoso.[104] Et todas las rrazones que en él se contienen son dichas por muy buenas palabras et por los más fermosos latines[105] que yo nunca oí dezir en libro que fuese fecho en romançe; et poniendo declaradamente et conplida la rrazón que quiere dezir, pónelo en las menos palabras que pueden seer.'[106]

El xci° capítulo fabla en cómmo Julio dixo al infante que xci
buscase *El libro de la cavallería* que fiziera don Johan, et otro que llaman *El libro del cavallero et del escudero*, porque en éstos yazen cosas muy marabillosas.

Et por que ayades talante de buscar aquel libro et leer en él en guisa que lo podades bien entender, quiérovos dezir abreviadamente todas las maneras de que fallarlo hedes en el libro, que

9 para] pare (G) 33 fallarlo] fallarle

las puso muy declaradamente, en guisa que todo omne que buen entendimiento aya et voluntad de lo aprender, que lo podrá bien entender.

Et lo primero comiença en la emienda que el omne deve fazer a Dios por sus yerros.

Et qué pro ha en demandar consejo.

[Et] quánto bien a en la humildat.

Et cómmo es grant vergüença dexar omne la cosa que ha començada por mengua o por miedo, et cómmo lo deve omne catar ante que lo comiençe.

Et que non deve omne aventurar lo çierto por lo dubdoso.

Et que onra et biçio non en una morada biven.[107]

[Et] que nunca se cobra el tienpo perdido.

Et cómmo es aprovechoso el preguntar.

Et que deven seer las preguntas de buenas cosas aprovechosas.[108]

Et que en lo que omne quiere aprender o ganar deve comen-
96a çar / en lo que más le cunple.

Et que non ay bien sin galardón, nin mal sin pena.

Et de los juizios de Dios.

Et [de] la buena andança de los malos que non pueden mucho durar nin aver buena fin.

Et qué lugar tienen los rreys en la tiera, et que para seer buenos rreys que deven fazer tres cosas.[109]

Et que la cavallería que es manera de sacramento.

Et cómmo se deve guardar qué cosa es franqueza et desgastamiento, et escaçeza et avareza.

Et de los plazeres et de los pesares.

Et de la voluntad et de la rrazón.

Et cómmo es conplida la graçia de Dios o por qué la pierde omne.

Et qué cosas se deven catar en el consejo que omne da.

Et commo deve omne gradeçer el bien fecho que recibe.

Et que el amor de la naturaleza de la tiera enganna a los [omnes].

30 graçia] $\mathrm{g^{e}ra}$ 35 [omnes] *Comp.* CR 23. 13–14

Et que la rriqueza et la buena andança, en quanto dura, faze a los omnes más onrados de su derecho.

Et del conosçimiento et del desconoçimiento.

Et cómmo deve omne dezir sus palabras con rrazón.

Et que cada sciençia a de sí palabras sennaladas.

Et que los palaçios de los sennores son escuela de los fijos dalgo.

Et que los sesos corporales entienden algo de los spirituales.

Et cómmo es malo el rrebato et la peresza.

Et cómmo non deven los legos escodrinnar mucho en los fechos de Dios.

Et qué cosa es esfuerço et quexa et miedo et spanto.

Et cómmo enpesçe entender las cosas someramente.

Et que todas las cosas se fazen por una de quatro maneras.

Et quánto grant yerro es fazer omne danno de su sennor por conplir su voluntad.

Et quáles deven seer los que crían los fijos de los grandes sennores.

Et que el omne es grave cosa / de conosçer. 96b

Et que deve omne conosçer su estado.

Et cómmo omne deve requerir en sí mismo sus obras de cadaldía.

Et quáles son los artículos de la fe, et los sacramentos de [Sancta] Ecclesia, et los mandamientos de la ley, et las obras de misericordia, et los pecados mortales.

Et cómmo omne deve buscar el más entendido confessor que pudiere.

Et cómmo omne deve pensar en las cosas spirituales en guisa que non dexe las tenporales.

Et qué cosas deve fazer por que Dios le aya merçet.

Et cómmo son en grant peligro los fijos de los grandes sennores si les mengua buen consejo quando salen de la moçendat et entran en la mançebía.

Et quáles son las obras del buen amigo, et quáles del amigo apostizo.

8 spirituales] speciales (G) 10 escodrinnar] escodrunar (G)

Et que las más cosas se fazen por voluntad.

Et que [non] cunple solamente las palabras do es meester la obra.

Et quántas maneras ay de cordura, et quántas en mengua de entendimiento.

Et que el meester faze al omne sabidor.

Et que por dicho de las gentes non deve dexar de fazer su pro, si non faze desaguisado.[110]

Et que mala cosa es en fiar en agüeros nin en adevinanças.

Et cómmo es bien aprovecharse omne de las buenas obras.

Et que se deve omne vengar si a reçebido desonra.

Et por quáles cosas aluenga Dios al omne la vida et quántas maneras son de muerte.

Et cómmo los grandes sennores son conparados a la mar et por quáles razones.

Et qué departimiento a entre los juizios de los sennores et de los juizes.

Et quáles cosas deven librar los sennores por sí, et quáles acomenda[r] a otro.

Et que non deve omne començar tantas cosas que enbargen unas a las otras.

96c Et que ante que omne comiençe la obra / cate recabdo para acabar[la].

Et que tanto et más deve omne fazer por su amigo en la muerte que en la vida.

Et que sin dubda Dios galardona a los buenos et a los leales por el bien et la leatad que fazen.

Sennor infante, esto vos dixe por que entendades en suma toda la rrazón de aquel libro. Et de aquí adelante tornaré a vos fablar en lo que vos avía començado de la manera del estado de los cavalleros. Et commo quier que en el su estado a muchas cosas, lo más todo se entiende en lo que desuso vos he dicho.

Et, sennor infante, los fijos [qu]e llos cavalleros an son llamados escuderos, et este nonbre de escudero es sacado de

10 aprovecharse] aprouechose (G) 17 juizes] juyzios 33 [qu]e llos] ellos

latín. Ca por escudero dizen en latín *escutifer*, que quiere dezir [omne] que trae escudo, por dar a entender que el escudero deve usar traer el escudo et las otras armas para aprender et usarlas para quando le fuere mester, et aun, si cunpliere, que los scuderos deven traer el escudo et las armas a los cavalleros.

Et ante que sean cavalleros, por buenos que sean, non son tan onrados nin tan preçiados commo los cavalleros. Pero desque llegan a la onra de la orden de la cavallería, segund fueron sus bondades así valdrá[n] más o menos.

Et guardando lo que deven los cavalleros, segund la orden que toman, so[n en] estado muy aparejado para salvar las almas. Mas si quisieren pasar su orden por conplir voluntad de las gentes o por aver las onras falleçederas del mundo, quanto menos guardaren su orden tanto se meten en mayor peligro de salvamiento de las almas.

Agora, sennor infante, vos he dicho segund mi flaco entendimiento todo lo que yo sé de los estados en que biven los fijos dalgo. Et parésçeme que de aquí adelante, si vós / por bien 96d
tobiéredes, que non avedes por qué me preguntar de los otros estados; ca pues infante sodes non podedes dezir que non sodes fidalgo, ca çierto es que non a en el mundo ninguno más que vós. Et pues los estados de los omnes fijos dalgo, en todos o en cada uno delos podedes salvar el alma si quisiéredes — commo quier que ay algunos que son más aparejados para ello que otros — tengo que se puede muy bien escusar de vos fablar en los otros estados.'

[OFFICERS OF THE CROWN AND NOBLE HOUSES: THE THIRD ESTATE]

[El] capítulo xciiº fabla en cómmo el infante dixo a Julio que xcii
dos cosas fallava de que [se] marabillava mucho, [por]quel semejavan la una contraria de la otra.

'Julio,' dixo el infante, 'yo vos oyo en esto que me dezides

1 en] el fablaua   11 so[n en] estado (G) *Or read* so estado [es]   28 fallava] fablaua   29 semejavan] se vernīā

et me avedes dicho fasta aquí dos cosas de que me marabillo mucho, ca me paresçe que son contrales la una de la otra. Ca en la una vos oyo dezir tan sabiamente et tan con rrazón, et de çiençias et sabidurías, que con rrazón devo cuidar que en omne del mundo non a mayor entendimiento nin mayor rrazón que en vós, nin podría fablar ninguno más aguisado que vós en las cosas que fablades. Et en la [otra] que me agora dezides — que pues me avedes dicho el estado de los fijos dalgo, que non vos devo más preguntar en quál estado de los otros puedo mejor salvar el alma — atreviéndome a vós, así commo aquel que tengo por maestro et en logar de padre, vos digo que me paresçe en esto que me agora dezides que me plazería que fuese tan con rrazón commo las cosas en que vós siempre me fablastes.

Vós sabedes que la primera entençión que yo ove fue por saber en quál estado podría mejor salvar el alma. Et non sé
97a yo tan poco que muy bien non entiendo / que en qualquier estado que omne biva en la ley de los christianos, que puede muy bien salvar el a[l]ma si quiere bevir en ella guardando lo que deve et que puede guardar según los mandamientos de Sancta Eglesia. Mas porque yo quería saber en quál estado se puede mejor salvar el alma, por eso estó aquí conbusco a lo aprender de vós. Et bien vos devedes acordar que luego que ove tomado aquesta ley de los christianos, diziéndome vós que aquesto cunpl[í]a para salvar el alma, que quería que vós que me mostrásedes en quál estado la podría mejor salvar. Et eso mesmo vos dixe otra vez, quando me oviestes acabado de contar todos los estados de los emperadores.[111]

Et pues yo dos vezes vos dixe que mi voluntad era de saber en quál de los estados me podría mejor salvar et que tenía que me conplía más de tomar qual[quier estado], por pequenno que fuese, en que me pudiese mejor salvar, que el mejor et más onrado que pudiese seer en que fuese la salvación del alma más en dubda; et pues esto vos he dicho tantas vezes, só çierto que

15 en quál] enq̄ el   23 tomado] cōtado (G)   24–5 que quería que vós que *transposed in* MS.: q̄ uos q̄ q̄ria q̄   25 en] el (G)   30 qual[quier estado] *Comp. lines* 16–17 *above.*

tal sodes vós que entendedes muy bien que fago en ello rrazón et lo más aprovechoso para mí, [et] marabíllome mucho — et aun paresçe contra rrazón — porque vos quisiestes escusar de me fablar en todos los otros estados de que me non avedes fablado.

Et pues sabedes vós mi entención et entendedes que con rrazón non vos devedes escusar, rruégovos que me mostredes todos los otros estados que vós sabedes en que biven los otros omnes en la ley de los christianos.'

'Sennor infante,' dixo Julio, 'bien entiendo que me reprendiestes con rrazón. Et plázeme mucho porque entiendo / en esto 97b
que me dezides dos cosas: la una, que avedes tan buen entendimiento et tan sotil que a la ora que omne sale de razón quanto quiere que lo entendedes luego; et la otra, porque yo sé lla cosa que vós más deseades sería saber en quál manera podríades mejor salvar el alma.

Et non creades que non entendía que me podríades responder en lo que vos dixe así commo lo feziestes. Mas fizlo por dos rrazones: la una, porque sé que en qualquier estado destos que vos dixe yo que son de los omnes fijos dalgo vos podedes muy bien salvar, guardándolo commo devedes; et la otra fue por me escusar de vos non fablar en los otros estados, que son muchos, et sé que tomaré en ello muy grant trabajo. Et será muy grant marabilla si conplidamente lo pudiere fazer.

Por ende, si [es] vuestra voluntad de me partir deste trabajo, pues vos fablé en tantos estados, cuido que vos cunplen asaz, [et] gradescérvoslo he mucho et avré muy grant plazer ende. Pero si fuere vuestra voluntad que vos fable en todos los otros estados que fincan, fazerlo he quanto alcançare el mi entendimiento. Et Dios — en qui es todo el poder conplido, et sin el qual ningún buen fecho non se puede acabar — quiera que vos fable en ello en tal guisa que sea a su serviçio [et] aprovechamiento de lo que vós queredes saber.'

'Julio,' dixo el infante, 'non vos quiero alongar más rrazones, mas ruégovos que me mostredes esto que vos he preguntado.'

14 entendedes] entendades

'Sennor infante,' dixo Julio, 'fazerlo he pues lo queredes. Et de aquí adelante nunca me reprenderedes desta rrazón. Et pues que lo queredes saber, dígovos que todos los estados del mundo que se ençierran en tres: al uno llaman defensores et al
97c otro oradores et al otro labradores.[112]/ Et pues lo queredes saber, conviene que vos fable en todos.

Sennor infante, porque vós sodes del estado de los defensores, por ende vos fablé primeramente en los estados de los fijos dalgo, que son los nobles defensores. [Et] en pos éstos ay otros defensores que non son fijos dalgo. Et éstos son así commo los oficiales que ponen los sennores por las tieras et en sus casas; et los otros omnes que biven en las villas, que non son omnes fijos dalgo nin biven por mercaduría nin por menesteres que fagan que labren por sus manos, que son omnes que andan en la guerra — [et] cunple[n] para ella(s) mucho — et non son omnes fijos dalgo. Et éstos son así commo adables et almocadenes et ballesteros et otros omnes de cavallo et de pie que ponen por escuchas et por atalaines et por atajadores para guardar la tiera, et otros peones que se an de guiar por estos que son dichos.

Et todos [omnes] que son tenidos por defensores pueden salvar las almas en sus estados, si lo fizieren commo deven por servir sus sennores, et defender su derecho et la tiera donde son naturales, et non lo fizieren por cobdiçia nin por mala voluntad. Mas porque en los ofiçios que tienen estos ofiçiales dichos ay muchas maneras de enganno et de cobdiçia, et otros[í] en las guerras, aunque la rrazón de la guerra sea con derecho, porque las cosas que después della acaescen se fazen en ella muchos tuertos et muchos pecados; por ende son en grant peligro del salvamiento de las almas los defensores que biven en estos estados.

Agora, sennor infante, vos he acabado todo lo que yo entiendo en los estados [de los] defensores, tanbien de los nobres commo de los otros.'

'Julio,' dixo el infante, 'mucho gradesco a Dios et a vós et me

13 biven] buē 17 cavallo] cauall'o 18 escuchas] estuchas
21 en sus] si lo *Attraction by following phrase* 32 nobres] nōbres

plaze de quantas buenas cosas me avedes dicho. Et pues este
estado de los defensores me avedes acabado,/ ruégovos que me 97d
digades lo que entendedes en los otros.'

El xciii° capítulo fabla en cómmo Julio dixo al infante que el xciii
estado de los oradores era más alto que el de los labradores.

'Sennor infante,' dixo Julio, 'commo quiere ⟨que⟩ el estado de los que llaman labradores non es tan alto nin tan onrado commo el de los oradores, pero porque vós sodes lego et los deste estado son legos, dezirvos he primeramente lo que entiendo en los estados que se ençieran en el estado de los labradores, et después fablarvos he en los estados que se ençieran en el estado de los oradores.

Sennor infante, commo quier que los ruanos et los mercadores non son labradores, pero porque [non] biven con los sennores nin defienden la tiera por armas et por sus manos, pero porque la tiera se aprovecha dellos — porque los mercadores conpran et venden, et los ruanos fazen labrar la tierra et criar ganados et bestias et aves, así commo labradores — por esta rrazón los estados de los ruanos et de los mercadores ençiéranse en el estado de los labradores.

Et commo quier que fasta aquí vos fablé en el estado de los defensores, et vos dixe que vos fablaría agora en el estado de los labradores, fablarvos he primeramente [en] los estados de los offiçiales de las tierras et de las casas de los sen[n]ores, porque estos estados son ayuntados a los estados de los defensores.

Sennor infante, porque los rreys et los sennores non an más
de sendos cuerpos et non pueden por sus cuerpos fazer más que
otros omnes, et en quanto están en un lugar non pueden estar
en otro, por ende fue ordenado antiguamente que fuese[n]
puestos ofiçiales por la tiera que cunpliese[n] justiçia et manto-
biese[n] las gentes a derecho. Et destos ofiçiales / an unos mayor 98a
estado et mayor onrra et mayor poder que otros. Et fablarvos he
primeramente de los ofiçiales que son puestos por la tiera,

12 oradores] erradōrs

quáles son los oficios que an et qué poder a cada uno. Et después fablarvos he de los oficiales (et) de casa de los sennores.

Sennor infante, quando vos fablé desuso en el estado de los oficiales, vos di a entender que los oficiales non avían a seer del estado de los nobles defensores. Et esto fiz porque los más de los oficiales, tanbién de las tieras commo de casa de los sennores, son del estado de los ruanos et de los mercadores. Et dellos toman los sennores algunos (dellos) seyendo moços et criados en sus casas. Et por la buena criança que an muchos dellos recuden muy buenos omnes et llegan a grandes onras et a muy grandes rriquezas; et éstos llaman en Castiella — donde yo só natural — omnes de criazón. Et déstos son los más de los offiçiales (et) de los que rrecabdan los dineros de los sennores et las rentas que an de las tierras, et saben sus privanças encubiertas et las que non pertenesçen de fazer nin de saber a los omnes fijos dalgo, que son los nobles defensores. Et commo quier que en las villas ponen por sus officiales de los ruanos et de los mercaderos [. . .]. Et así los más de los oficios tienen estos omnes destos estados. Et esto fizieron et fazen los rreys et los sennores porque los omnes de criazón et de las villas non se atreven atanto commo los nobles defensores, nin los sennores non les deven (non les deven) catar tanta onra nin aver tan grant vergüença commo a los nobles defensores, et puédenles tomar cuenta de lo que recabdan
98b más sin enbargo. Et quando cayen en algún / yerro puédengelo los sennores más sin vergüença et sin enbargo escarmentar en los cuerpos et en los averes que an.

Et commo quier que los más de los offiçios an estos omnes, pero todos los oficios que son tan onrados que pertenescen para los nobles defensores, tovieron por bien los rreys et los sennores de gelos dar. Et éstos son así commo los adelantamientos et merindades, et en algunos lugares alcaldías et alguazilabgos, et en sus casas mayordomadgos, et los pendones et la criança de sus fijos.

14 sus] so *We correct to* sus *rather than* so[s], *since* sos *never appears before a feminine noun in the text: see* Morphology, *Pronouns and adjectives*, p. lxxxiii 32 mayordomadgos] mayodomidagos

Et estos ofiçios tovieron por bien de dar a los nobles defensores porque son muy onrados; ca los adelantados et merinos an a fazer justiçia et defender la tiera et pararse a las guerras et oír las alçadas et librar todos los pleitos que ante ellos vinieren. Et todas estas cosas an de fazer bien así como los sennores, en quanto los sennores non fueren en la tiera; mas desque los sennores fueren ý, non pueden usar de los ofiçios sin su mandado. Otrosí los alcaldes et los alguaziles que los sennores ponen an eso mismo poder en aquellas villas, según la manera de sus ofiçios et los fueros de los lugares que an los adelantados et merinos. Otrosí, los que crían los fijos de los sennores an muy grant onra et muy grant aprovechamiento; ca si de buena ventura fueren, et sus criados fueren buenos et [de] buenas maneras et de buenas costunbres et de buenos entendimientos, serán las gentes de la tiera bienandantes; et [a] los sennores que (e)llos criaren fazerles an mucha onra et mucho bien, et de las gentes de la tiera serán mucho amados.

Et por todas las rrazones que desuso son dichas tobieron por bien / los sennores de dar estos ofiçios, que son los más onrados, 98c
a los nobles defensores.

Et commo quier que en cada uno destos oficios se puede muy bien salvar el alma, guardándolos commo deve[n], pueden otrosí caer en muy grandes yerros et en muy grandes peligros para salvamiento de las almas. Et los adelantados, que son los mayores et más onrados officios, muchas vegadas acaeçe que por cobdiçia e por voluntad desordenada passan en la justiçia más de lo que deven o menguan lo que devían fazer.

Et, sennor infante, devedes saber que la justicia non es tan solamente en matar omnes, ante es en muchas otras cosas, que así commo por justiçia matan al que lo mereçe, así es justiçia tollerle algún mienbro si lo meresçe, o darle fanbre o sed o otros tormentos — segund sus merecimientos — o darle presones graves o ligeras — segund el yerro en que cayó — o desterrarlo por tienpo grande o pequenno — segund su

2 ca] cõ (B) 7 fueren] fuerõ (B) 22 guardándolos] g̅r̅dando las

culpa—o penarle en el aver o en la hedad, o tirarle el vienfecho o la onra que toviere, o ferirle o maltraerle de palabra en conçejo o en poridad, o mostrarle mal talante. [Et] todas estas cosas, et otras muchas que serían muy luengas de contar, son maneras de justicias. Et pueden et dévenlas fazer los adelantados segund sus mereçimientos et los yerros en que los omnes cayesen. Et sil dan la pena más o menos que deven, o dan por yerro la pena que devían dar por el otro, non fazen justiçia, ca justiçia (non) es dar a cada uno lo suyo. Mas por[que] la más fuerte cosa que a con todas las justicias, et todas las penas se cunplen en la muerte, por ende las gentes acostunbran
98d dezir que matar omnes es justiçia./ Et yerran en ello mucho; ca tanbién commo es justiçia dar pena a los malos, segund los yerros et los males que fazen, bien así es justiçia, et aún muy mayor — et la deven conplir de muy mejor talante — en galardonar a los omnes las buenas obras que fazen.

Et porque los adelantados pueden errar et yerran por aventura, tanbién en non guardar las tieras et sus adelantamientos por que non tomen danno de los enemigos commo de fazer la justicia más o menos de lo que deve[n], o en mudarla commo es dicho, o en non galardonar las buenas obras a las gentes, o en alongar o encortar los pleitos et los fechos maliciosamente, o en conplir justiçia por desamor que aya contra alguno aunque sea derecho, o menguarla o cobrirla [a] alguno por amor o por pecho o por deudo o por otra rrazón qualquiera, non guardando el derecho; porque todas estas cosas son muy graves de las poner omne en su talante mismo en aver ý ninguna entención sinon de guardar el derecho conplidamente et de guardar de fazer omne contra lo que entiende según rrazón et según su entención devía fazer, por ende son los ofiçios de los adelantados muy peligrosos para salvamiento de las almas. Pero que las pueden muy bien salvar obrando de sus ofiçios commo deven et faziendo el

2 el vienfecho] en viẽfecho 13 commo] cõ 17 et] o 18 adelantamientos] adelantamũẽtos 22 encortar] en certar (B) 26 todas] todos 28 conplidamente et de guardar] cõplida mẽte por todas estas cosas son muy graues de gr̃dar et por . . . graues *repeated by attraction from line above* et *wrongly transposed*

contrario de aquello que lis puede seer peligroso para el su salvamiento.

Sennor infante, todo esto que vos yo digo en rrazón de los adelantados devedes entender esso mismo de los merinos. Ca esso mismo es lo uno que lo ál, et non a otro despartimiento entre ellos / sinon que en algunas tieras [los] llaman adelantados 99a
et en otras merinos.'

El xc et iiii° capítulo fabla en cómmo Julio dixo al infante (que) **xciv**
en quáles maneras pueden los alcaldes errar en sus offiçios.

'Otrosí los alcalles pueden errar en todas estas maneras en tanto quanto caye en sus ofiçios.

Otrosí los alguaziles, commo quier que non pueden jubgar, pero pueden prender. Et en achaque de las presiones et de las guardas que fazen de noche et de las armas vedadas et de los carçelajes et de los otros derechos que an, segund las costunbres que an de las tieras donde son alguaziles, pueden fazer muchas cosas que les es muy grant peligro para las almas.

Otrosí los mayordomos, el su ofiçio es que deven saber todas las rendas de los sennores et todo lo que los sennores dan o despienden. Et deven tomar las cuentas de los que algo recabdan por los sennores, tanbién de lo que se despiende cadaldía commo de lo que se coge et se recabda por su mandado. Et si el mayordomo en alguna cosa yerra por cobdiçia o por mala entençión o por descuidamiento o por mengua de buen recabdo, en guisa que el sennor pierda alguna cosa por su mengua, o que faga algún tuerto a aquellos a qui toma la cuenta por lisongar al sennor o por mala voluntad que los aya o por cobdiçia de levar dellos algo; todas estas cosas van sobre sus almas.

Et commo quier que guardando su ofiçio commo deve[n] pueden muy bien salvar las almas, porque ligeramente lo pueden errar [. . .]. Et por ende son muy peligrosos estos ofiçios para salvamiento de las almas.

Et quanto el alférez, que tiene(n) el pendón, puede fazer

5 despartimiento] desparamiẽto 33 quanto el alférez *Comp.* 57. 20, 117. 5, 128. 17

mucho bien. Et non puede fazer en el su [ofiçio] ninguna cosa que sea peligro[sa] para el alma, salvo si fuese tan sin ventura
99b que por alguna entençión o con / miedo fiziese alguna desaventura por que el sennor fuese muerto o bençi(en)do o desbaratado. Et, loado a Dios, tal cosa commo esta cuenta [non] lo oí dezir que ningund omne de buen lugar lo fiziese, mas oí dezir — et es por çierto — que [a] muchos alférez cortaron las manos et mataron, teniendo los pendones de sus sennores et faziendo mucho bien con ellos.'

xcv El xcv° capítulo fabla en cómmo Julio dixo al infante que aquellos que criavan a los fijos de los sennores, bien assí commo podrán fazer bien en criarlos et castigarlos, bien assí podrían menguar et errar de lo que cunplía.

'Otrosí, los que crían los fijos de los sennores,[113] bien así commo pueden fazer mucho bien en criarlos et en castigarlos por que sean buenos et bien acostunbrados, bien así pueden errar si en alguna cosa [fazen] mengua desto, falagando a sus criados por que estén mejor con ellos, o encubriéndoles o loándoles, quando en alguna cosa non fizieren lo que deven, ca por lo que ellos entonçe les consienten toman ellos muy grant danno para adelante en los sus cuerpos et en las sus faziendas et de las gentes que an de mantener. Et por esto es muy grant peligro de las almas de los que crían los [fijos de los] sennores si en quanto son en su poder lo yerran de lo que deven fazer en su criança.

Agora, sennor infante, vos he dicho todos los peligros que yo entiendo que pueden acaesçer [a] algunos defensores en los ofiçios que deven tener.'

'Julio,' dixo el infante, 'bien he entendido todo lo que me avedes dicho en los estados de los ofiçios que los nobles defensores deven tener de los sennores, et de los peligros que en ellos [ ] et para salvamiento de las almas. Et pues en esto

21 danno] dubda (B) 32 en ellos [ ] et para G *adds* ha *after* ellos (339b. 12). *Several words appear to be missing*. B *omits* et (p. 193)

me avedes fablado conplidamente, ruégovos que me di/gades 99c lo que entendedes de los otros oficios.'

'Sennor infante,' dixo Julio, 'pues lo queredes, de aquí adelante dezirvos he los peligros que yo entendiere para salvamiento de las almas en los oficios que dan los sennores a los omnes de criazón.

Sennor infante, el más onrado ofiçio et de mayor pro et que forçadamente a de saber lo más de la fazienda del sennor et las [sus] poridades es el chançeller,[114] que el ofiçio del chançeller es que él deve tener los sellos dell sennor et mandar fazer las cartas todas, tanbién las mandaderas commo las de ponimiento commo las de graçia et de repuestas, et las que son para coger las rendas et los dineros de los sennores et las de los enplazamientos et las de pago. Et todas las cartas que fueren, de fuerça deve tener registradas. Et en cabo, para vos lo ençerrar todo, conviene que todas las cartas que al sennor vinieren o el sennor enviare en qualquier manera, que todas vengan a mano et a poder del chançeller. Ca, pues non puede ser carta sin ser sellada, non puede el sennor cosa mandar fazer que el chanceller non lo sepa et a su mano et a su poder non aya de venir.

Et por todas estas rrazones por que forçadamente a de saber el chançeller toda la fazienda del sennor, conviene que sea su privado et su consejero.[115] Et porque todas estas cosas non se pueden escusar, sienpre los sennores escogen tales chancelleres que sean sus criados, o de sus padres, et que ayan con ellos muchos debdos para los servir, et que sean leales et de buen entendimiento. Et si más vondades déstas oviere el chançeller, será muy bien; mas si destol menguare ninguna cosa, el sennor que tal chançeller oviere porná en / grant aventura toda su 99d fazienda.

Otrosí el chançeller deve levar la chançellería de las cartas, de unas más et de otras menos, segund son las más aprovechosas para aquellos que las lievan, et segund es ordenado en aquella casa de aquel sennor cuyo chançeller fuere, del derecho que a de levar dellas.

7 ofiçio B *emends to* ofiçial (*page* 193, *note to* G 339b. 20)

Et si el chançeller guarda bien et lealmente su ofiçio et obra en él commo deve, sirve mucho al sennor et aprovecha mucho a las gentes et puede muy bien salvar el alma faziendo en este mundo su pro et su onra. Mas si el chançeller es cobdiçioso, o malicioso o de mala entención, puede fazer muchas malas obras, ca mostrando que sirve al sennor puede encobrir muchas cosas de lo que el sennor deve aver con derecho, por cobdiçia de lo que él puede levar por aquella rrazón. Otrosí, mostrando que lo faze(n) por pro del sennor, tiene muy bien aparejado de buscar mal al que quisiere. Et otrosí al que quisier guardar puede encobrir muchos de sus yerros. Otrosí puede aver tienpo commo se libre o se desfaga lo que él quisiere, aunque sea con derecho o con tuerto, et puede alongar o acortar los tienpos et levar de las gentes lo(s) que quisiere. ¿Qué vos diré más? Bien cred que el sennor mismo nin quantos en su casa son non tienen atan aparejado de fazer tan malas obras et tan encubiertamente — et dando a entender que faze derecho — commo el chançeller, si mal quisiere obrar et fuere cobdiçioso o maliçioso. [Et] porque puede errar en tantas cosas et a tan grant aparejamiento para encobrir sus yerros et sus cobdiçias, es muy peligroso el su ofiçio para salvamiento del alma./

100a **xcvi** El xcvi° capítulo fabla en cómmo Julio dixo al infante qué estado era el de los físicos de casa de los grandes sennores, ca en parte era grande et en parte non.[116]

Otrosí los físicos de casa de los sennores an un ofiçio muy estranno, que en parte es mayor que todos et en parte non lo es tanto. Ca en quanto el sennor (a de fazer) a de fiar en el su cuerpo et la vida dél mismo et de su muger et de sus fijos et de toda su conpanna, en tanto es el mayor ofiçio, et en que a mester mayor lealtad et mayor entendimiento que en todos los otros ofiçios, mas quanto [non] es en rrazón de su física, non a a dar nin tomar con el sennor, nin a en que se entremeter en

6 encobrir] escobrir (G) *Comp. lines* 11, 20 10 mal al] mal el (G) 12–13 con derecho *Read* sin derecho? 14 diré] dira

su fazienda; [et] en tanto non a tan grant poder commo los otros oficiales.

Et todo el fecho de los físicos para aver grant poder et grant llegotiça con los sennores — fuera de lo que an de fazer en la física — es en quáles entendimientos et quáles maneras et quáles costunbres oviere de su naturaleza, et non como oviere estas cosas dichas por las çiençias que oviere aprendido solamente. Ca si el omne naturalmente non a buen entendimiento, et lo que entiende non es sinon por las çiençias que sabe, a la ora quel sacaren de aquello que a leído, tan poco recabdo sabrá ý dar commo si nunca lo oviese oído. Et por ende, para aver el físico privança del sennor, fuera de la física, conviene que aya buen entendimiento [que] le fará que sea leal, et de buenas maneras et de buenas costunbres.[117] Et pues el físico forçadamente a de fablar con el sennor muchas vezes et en muchos tienpos, si el sennor fallare que a en él estas cosas sobredichas non se puede escu/sar de aver grant parte en la su privança et 100b
en los sus consejos.

Et si el físico obrare bien en [la] física et en la privança del sennor — si a ella llegare — puede fazer muchas buenas obras et salvar muy bien el alma, seyendo christiano. Mas si el físico fuere cobdiçioso o de mala entençión, encubiertamente puede fazer muchas malas obras; ca puede demandar a los enfermos tan grant quantía por los guaresçer que les será mayor danno que la dolençia que ovieren. Otrosí en alongar las enfermedades et encaresçer las melezinas, o en fazer entender a las gentes, con manera de truyanería, que faze mejor obra o más sotil de quanto es la verdat; o en otras muchas maneras que puede errar, entendiéndolo o non lo entendiendo commo deve. O si por su mala ventura, por cobdiçia o por mala voluntad, [a] mengua alguna en la lealtad que deve guardar a los que se meten en su poder o descubren las enfermedades encubiertas que las gentes an et las muestran a los físicos, fiando en ellos que los guaresçrán — et que los non descubrirán — de las dolençias feas o encubiertas o vergonçosas que an.

1 a tan] aten

Et porque los físicos an muchas maneras para ganar dineros de las gentes, non faziendo tales obras por que los diviesen levar, [et] an muy grant apa⟨re⟩jamiento para encobrir la mala obra quando la fizieron — dando a entender que la fazen buena — por todas estas cosas es muy peligroso el ofiçio de los físicos para salvamiento de las almas.

Otrosí los sennores an en sus casas otro ofiçial que non puede[n] escusar, que a nonbre camarero. Et éste a de tener
100c et de guardar todas las joyas del / sennor, que son de oro et de plata et piedras preçiosas et pannos et todas las cosas que pertenesçen para conplimiento et apostamiento de la cámara del sennor. Et deve recabdar et tener todos los dineros que el sennor a de traer consigo para dar et para despender. Et a de aver su derecho, tanbién de los dineros que da por mandado del sennor commo de otras cosas, segund es ordenado en la casa del sennor cuyo camarero es. Et sus omnes deven dormir en la cámara do durmiere el sennor. Et deve guardar la puerta de la cámara desque el sennor ý entrare. Et ellos deven vestir et desnugar al sennor et saber todas las privanças encubiertas que non deven saber las otras gentes.

Et por el grant afazimiento que el camarero a con el sennor, si fuere de buen entendimiento et leal et de buena poridat et de buenas maneras et de buenas costumbres, non se puede escusar que non aya muy grant parte en la privança et en los consejos del sennor. Et si bien guarda su ofiçio commo deve et faze(r) buenas obras, sirve mucho al sennor et aprovecha mucho a las gentes et [puede] salvar muy bien el alma. Mas si el camarero fuere cobdiçioso o maliçioso, por las muchas buenas cosas et cobdiçiosas que tiene en su poder a mayor aparejamiento que otro omne de fazer lo que non deve, por cobdiçia. Otrosí, en todas las maneras que vos dixe desuso que podían fazer malas obras en semejança de buenas el chançeller et el físico, en esas mismas maneras, et en más, puede fazer malas obras el camarero si quisiere. Et por el grant aparejamiento que

12 tener] traer *by attraction from line below* 20 saber] aũ (G)
32 buenas] biẽ

a de fazer malas obras et encubiertamente, por ende es muy peligroso el su oficio para salvamiento del alma.

El xcvii° capítulo / fabla en cómmo Julio dixo al infante qué 100d xcvii
oficio era el del despensero en casa del sennor et cómmo a de conprar las viandas para la casa.[118]

Otrosí el despensero es un oficial que a de fazer mucho en casa del sennor ca él a de conpral et de recabdar todas las viandas que son mester para casa del sennor, et él las a de partir et dar, tanbién las que se comen en palaçio commo las que se dan por raçiones. Et el despensero a de dar a los oficiales todo lo que an de despender cada uno en su oficio. Et a de recabdar las alvalás de los oficiales, de las viandas que reçiben, et da él un alvalá suyo de todo. Et él deve tomar cuenta cadaldía a los oficiales, et muchas vegadas a de recabdar. Et tiene(n) en su poder muchos dineros quel da el sennor para su despensa. Et él a poder sobre todos los oficiales para los castigar o les dar pena segund los yerros en que oviere caído cada uno.

Et por todas estas rrazones a el despensero muy grant poder en casa del sennor. Et si fallare el sennor que es de buen entendimiento et leal et de buen alma, et que quiere derechamente su serviçio, por el grant afazimiento que ha con el sennor si grant tienpo le fallare el sennor por tal commo es dicho, non se puede escusar que non aya de fiar dél et meterle en muchas cosas de su fazienda que son más que la despensería. Por ende, si el despensero es tal que guarde todo esto commo deve, puede servir mucho al sennor et aprovechar mucho a las gentes que biven en su casa, et aun a todos los otros por do el sennor ha de andar. Et faziendo esto todo bien et derechamente, fará todos estos bienes que son dichos en que puede muy bien salvar el alma.

[Mas] si el despensero fuere cobdiçioso [o] de mala alma o
de ma/la entençión, puede fazer muchas malas obras. Ca porque 101a
él non ha de su oficio ninguna renda çierta et a de pasar por su mano quanto el sennor despiende et mucho de lo que da, porque vee que está en su poder créçele cobdiçia. Et otrosí,

7 conpral *Comp.* llegal 62. 18, maltrael 161. 19

porque muchos tienen por razón, porque es despensero, de ir comer con él et pedirle enprestado, et aun de lo suyo.

Et por estas rrazones et porque a muchas maneras para encobrir lo que non faze commo deve, atrévese a fazer lo que le(s) non cunple. Et para lo fazer encubiertamente, de una parte aviénese con los ofiçiales et encúbre(n)les los yerros que faze[n] por que peche[n] algo a él et por que ellos otrosí callen et encubran lo que él fiziere. Otrosí puede fazer enganno en las mercas et en las conpras, poniendo que lo mercan et lo conpran por mayor preçio de lo que es verdat, et tomando de la vianda del sennor más de la su rraçión, et por contar por dado et por despendido lo que non es dado nin despendido, et en(tre) algunas otras maneras que ellos saben catar para levar lo del sennor con engan[n]o et con maestria reboltosa.

Et porque ha mester muy más de lo que con derecho deve aver del ofiçio, et porque [se] les faze commo estranno veer que dan ellos a todos et que non lieven nada para sí, et porque todos los omnes quieren enrequeçer aína, et porque han muchas maneras para levar con que puedan enrequeçer et lo pueden fazer encubiertamente, [et] porque todas estas maneras son engannosas et con pecado, por todas estas maneras el ofiçio del despensero es muy peligroso para salvamiento del alma.'

xcviii El xcviii° capítulo fabla en cómmo en pos de los ofiçios del físico et del despensero ay muchos otros officiales en casa de los grandes sen[n]ores./

101b 'En pos el físico et el despensero ay otros muchos ofiçiales en las casas de los enperadores et de los rreys et de los otros sennores, así commo coperos et çatiqueros et reposteros et cavallerizos [et] cevaderos et porteros et mensageros[119] et

2 pedirle] pediele 4 faze] fize 5 de una parte B *thinks this a scribal addition* (*page* 194, *note to* G 341a. 32) 16 veer] vēē (G) 26 et el despensero] del despēsero 24 çatiqueros] çanq̄ros *which* G *transcribes as* zanqueros (341b. 1) *and* Ben. *as* çanqueros (553. 22). Oel. *properly corrects to* çatiqueros *but* CC *perpetuates* çanqueros (172) *Comp.* çatiquero CR 116. 17 29 cevaderos] ceud'os G *transcribes* cenadores (341b. 1) *which* Oel. *incorrectly emends to* ceuadores. CC *transcribes* cenaderos. *Comp.* cevadero CR 116. 17; cevaderos *in* Ben. 553. 23

coçineros et otros muchos ofiçiales más menudos que paresçe mejor en los callar que en los poner en tal libro commo éste. [Et] todos estos ofiçiales sobredichos, serviendo bien et lealmente sus ofiçios et non faziendo enganno al sennor nin a las gentes de su casa nin de la tiera, pueden muy bien salvar sus almas. Mas porque cada uno déstos a muy [grant] aparejamiento para errar, por cobdiçia o por mala entençión, por ende sus estados son muy peligrosos para salvamiento de las almas.'

'Julio,' dixo el infante, 'muy pagado só de quanto bien me avedes fablado en estos estados. Et ruégovos que si otros estados savedes que me digades ende lo que dellos sopiéredes.'

'Sennor infante,' dixo Julio, 'en pos estos estados que son en casa de los sennores ay otras gentes por las villas et por las tierras a que llaman menestrales. Et éstos son de muchos estados, así commo tenderos et alfayates et orebzes et carpenteros et ferreros, et maestros de fazer torres et casas et muros, et çapateros et freneros et selleros et albeitares et pellegeros et texedores, et de otros menestrales que non faze grant mengua de ser todos scriptos en este libro.

[Et] todas estas maneras de menestrales, et aun los labradores que labran por sí mismos — así commo quinteros o yunteros o pastores o ortolanos o molineros, o otros de menores estados — pueden muy bien sal/var las ánimas, faziendo lo que deven 101c
lealmente et sin cobdiçia. Mas por el aparejamiento que an para non fazer todo lo mejor, et porque muchos déstos son menguados de entendimiento, que con torpedat podrían caer en grandes yerros non lo entendiendo, por ende son sus estados muy peligrosos para salvamiento de las almas.'

El xcviiii° capítulo fabla en cómmo Julio dixo al infante que xcix
agora le avíe dicho los estados en que vivan los legos, et le avía dicho estas maneras en que podía salvar el alma si ⟨quisiesse⟩.

'Sennor infante, agora vos he dicho todas las cosas que yo entiendo en los estados [en] que biven los legos. Et por rrazón que muchos destos estados son tales que es çierto que vos non pertenesca a vós de tomar ninguno dellos, nin son tan aparejados para salvamiento de las almas commo otros muchos, mejores et más onrados, de que vos fablé, por ende vos fablé en estas maneras de estados de algunos oficiales que son en casa de los sennores, et de los menestrales que son en las villas et en las tierras, et de los labradores, tan abreviadamente.

Et commo quiere que yo creo que muchas cosas que he fablado en este libro fallaredes ý muchas rrazones en que avía mester muy grant emienda, tanbién en lo que se ý dize de los estados de los omnes commo de las otras cosas, pero sabe Dios que yo fablé en ello lo mejor que entendí.[120] Et si alguna cosa ay puesta que sea aprovechosa, téngome yo ende por de buena ventura et gradéscolo mucho a Dios — et vós, sennor infante, tened por çierto que todos los vienes vienen dÉl — et lo que ý fallaredes non tan conplido commo era mester, tened que si
101d fue / errado que lo fue por non entender más, non porque mi voluntad non fuese conplida de lo dezir lo mejor que yo entendiese.

Et pues en esto que fasta aquí es dicho he trabajado quanto vós sabedes et vos he dicho asaz maneras en que podedes salvar el alma si quisiéredes, guardando vuestra onra — et aun menguar della, si entendiéredes que podades mejor salvar el alma — tengo, si por [bien] toviéredes, que non avedes por qué me fazer trabajar para vos fablar más en otras cosas nuevas.'

'Julio,' dixo el infante, 'tan bien me avedes respondido a todas las cosas que pertenesçen en los estados de los legos que lo gradesco mucho a Dios, et ante tengo que eso mismo devedes vós fazer. Et commo quier que yo entiendo que só en estado de lego [et] que esto que me avedes dicho me cunplía asaz, pero porque la salvaçión de las almas es cosa que se deve mucho desear, et aun porque deve omne fazer más que por cosa del mundo, por ende vos ruego que me fabledes lo que vós entendiéredes en los estados de la clerezía, por que después pueda yo con vuestro consejo escoger en qué [estado] mejor se puede salvar el alma.'

'Sennor infante,' dixo Julio, 'yo tenía que pues vós sodes en

4 menestrales] maestrales *Comp.* 205. 18, 20

estado de lego que vos cunplía asaz lo que vos avía dicho. Mas pues queredes que vos fable en los estados de la clerezía, fazerlo he segund el mío entendimiento.

Mas por[que] segund lo que es escripto fasta aquí, si todo ⟨lo⟩ que pertenesçe en los estados de la clerizía se scriviese en este libro et fuese todo uno, seríe muy grant libro, et tengo que — si por bien toviéredes — que sería mejor partido en dos partes: la / primera que fable en los estados de los legos, pues 102a vós sodes lego, et la [segunda que fable en la] fazienda de los estados de la clerizía.'

El çentéssimo capítulo fabla en cómmo al infante plogo mucho c de lo que Julio le dizía.

Al infante plogo mucho desto que Julio le dizía. Et pues non cunplía nin fazía mengua de poner ý más, dexólo por acabado et rrogó a don Johan, su criado et su amigo, que lo cunpliese.

Et por su consejo et por su rruego acabó don Johan esta primera parte deste libro en Pozancos, lugar del obispado de Çigüença, martes veinte et dos días de mayo, era de mill et trezientos et sesenta et ocho annos. Et en este mes de mayo, çinco días andados dél, conplió don Johan quarenta et ocho annos. /

7 si por bien toviéredes] si por ⟨si⟩ tovieredes 9–10 *Alternatively,* MS fazienda *may be a scribal corruption of* fable en la, *in which case the phrase could be reconstructed:* et la [segunda] que fable en (la) los estados de la clerizía 13 Al] el 21 *The remainder of* f. 102a *is blank*

[LIST OF CHAPTER TITLES, BOOK TWO]

Capítulo primero. Es el prólogo, et fabla en cómmo don Johan envía 102b este libro a don Johan, fijo del rrey de Aragón, patriarcha de Alexandria.

Capítulo ii°. Fabla en cómmo depués que Julio, el sabio, ovo respondido al infante a todas las preguntas quel avía fecho, et cómmo le encomençó a rogar quel fablasse de los estados de la clerezía.

Capítulo terçero. Fabla en cómmo Julio dixo al infante en cómmo se le non quería escusar del responder, porque ya otra vez se escusara del responder et nol toviera pro.

Capítulo quarto. Fabla en cómmo Julio dixo al infante qué secta era la de los moros, et qué es aquello que creyen et qué es aquello que non.

Capítulo v°. Fabla en cómmo Julio dixo al infante: 'Sennor, commo quier que en lo que desuso escriví ay algunas cosas que paresçen contrarias, non lo es para quien vien lo entendier.'

Capítulo vi°. Fabla en cómmo Julio dixo al infante algunas contrariedades que para los que non lo entendiessen podrían tomar dubda et certificólo dellas.

Capítulo vii°. Fabla en cómmo Julio dixo al infante: 'Sennor, para provar qué cosa es Dios a los christianos et a los judíos et a los moros, puédese fazer commo vos dixe por la Escriptura.' Et en este mismo capítulo fabla cómmo pueden provar a los judíos et a los moros que otra fe non ha(n) sinon la de los christianos.

Capítulo viii°. Fabla en cómmo sancta María fue certificada por el ángel que avía de nasçer della el Fijo de Dios.

Capítulo ix°. Fabla en quál hedat fue la nascençia de Jhesu Christo.

Capítulo x°. Fabla en cómmo Julio dixo al infante quál fue la rrazón segunt quel semejava por que Nuestro Sennor nasçiera a la media noche, quando cantava el gallo.

Capítulo xi°. Fabla cómmo Julio dixo al infante la razón por que Nuestro Sennor quiso naçer en aquella villa que llaman Veelén.

23 otra] õt^{i} 28 quel] q̄el

102c Capítulo xii°. Fabla la razón por que Julio / dixo al infante por qué Nuestro Sennor quiso nasçer en el portal et non en casa çerrada.

Capítulo xiii°. Fabla cómmo Julio dixo al infante et le provó por razón quál fue la cosa por que Jhesu Christo quisiera nasçer en el pesebre.

Capítulo xiiii°. Fabla cómmo Julio dixo al infante quál fue la razón por que Nuestro Sennor Jhesu Christo quiso naçer en casa agena.

Capítulo xv[°]. Fabla en cómmo Julio dixo al infante quál fue la razón por que Nuestro Sennor Jhesu Christo quisiera nascer en el mes de dizienbre.

Capítulo xvi°. Fabla en cómmo Julio provava al infante quál fue la razón por que los reys de Sabaa vinieron adorar a Jhesu Christo.

Capítulo xvii°. Fabla en cómmo Julio provava quál fue la razón por que la estrella fue naçida en el naçimiento de Jhesu Christo.

Capítulo xviii°. Fabla en cómmo Julio cuenta quál fue la razón por que sancta María fuyó con su fijo a Egipto.

Capítulo xix°. Fabla quál fue la neçessidat por que provava Julio que sancta María se ovo de tornar de Egipto.

Capítulo xx°. Fabla cómmo Julio provava quál fue la razón por que Jhesu Christo non predicó fasta que ovo treinta annos et fue bateado en este mismo tienpo.

Capítulo xxi°. Fabla cómmo Julio provava al infante quál fue la razón por que Jhesu Christo predicó tres annos, non más nin menos.

Capítulo xxii°. Fabla quál fue la razón segunt que Julio dixo al infante por qué Nuestro Sennor consintió ser preso et muerto de tan vil gente commo los judíos.

Capítulo xxiii°. Fabla cómmo Julio provava al infante quál fue la razón por que Jhesu Christo due vendido por xxx dineros.

Capítulo xxiiii°. Fabla la razón por que provava Julio que quiso seer açotado et tormentado Nuestro Sennor.

Capítulo xxv°. Fabla quál es la razón por [que] al fijo de sancta María non dieron otra muerte sinon ⟨de cruz⟩.

Capítulo xxvi°. Fabla cómmo Julio dixo quál fue la razón por [que] sangre et agua salió del costado de Jhesu Christo. /

31 ⟨de cruz⟩] de ✠ *added later by the scribe*

Capítulo xxvii°. Fabla cómmo Julio provava que la cruz fue de tres 102d
maderos.

Capítulo xxviii°. Fabla cómmo Julio dixo la razón por que la resurrectión de Jhesu Christo se tardó fasta [el] terçer día, et non fue ante nin depués.

Capítulo xxix°. Fabla quál fue la rrazón por que Judas Escariote, seyendo uno de los sus apóstoles, lo vendió.

Capítulo xxx°. Fabla quál fue la rrazón por que quando Jhesu Christo subió a los çielos lo vieron todos los que estavan con Él.

Capítulo xxxi°. Fabla quál fue la razón por que envió el Spíritu Sancto el día de Çinquaesma sobre los apóstoles.

Capítulo xxxii°. Que fabla cómmo Julio dixo: 'Agora, sennor infante, he dicho las quatro maneras de gentes, que son christianos et judíos et moros et paganos, por las fazer entender, lo uno por Escriptura et lo ál por razón cómmo puede seer, et cómmo fue el avinimiento de Jhesu Christo.'

Capítulo xxxiii°. Fabla en cómmo el infante dixo a Julio: 'Commo quier que estas razones que me vós dezides son muy buenas, mucho vos lo gradesco en commo me las fiziestes entender commo a christiano que yo só.'

Capítulo xxxiiii°. Que fabla cómmo el infante dixo a Julio: 'Vien entiendo, segunt las razones que me avedes dichas, que el estado de la clerezía es muy bueno et mucho acabado.'

Capítulo xxxv°. Fabla en cómmo Julio dixo: 'Sennor infante, vós sabedes que en todos los estados en que biven los omnes se pueden salvar si quisieren.'

Capítulo xxxvi°. Fabla en cómmo el infante dixo a Julio que avía fablado tan generalmente en algunas cosas que él que lo non podíe entender.

Capítulo xxxvii°. Que fabla en cómmo Julio dixo al infante la manera en que el papa podía mereçer o desmereçer.

Capítulo xxxviii°. Que fabla en cómmo Julio dixo al infante que el
papa, non partiendo commo devía el ii° tesoro (commo de/vía) de la 103a
Eglesia, podría mucho desmereçer.

13 gentes] grãs

Capítulo xxxixº. Que fabla en cómmo Julio dixo al infante en cómmo [el papa] puede desmerescer non partiendo el iiiº tesoro, que es en la justiçia, commo ⟨deve⟩.

Capítulo xl[º]. Fabla en cómmo Julio dixo al infante en cómmo el papa puede desmerescer non partiendo el iiiiº tesoro, que son los benefiçios.

Capítulo xliº. Fabla en cómmo Julio dixo al infante en cómmo el papa puede desmeresçer non partiendo commo deve el quinto tesoro, que es el juizio de su consçiençia.

Capítulo xlii[º]. Fabla en cómmo Julio dixo al infante: 'Agora, sennor [infante], vos he dicho todas las cosas que entiendo que cunplen a las çinco preguntas que vós me feziestes.'

Capítulo xliii[º]. Fabla en cómmo Julio dixo al infante quál es el primero estado después del estado de los papas.

Capítulo xliiii[º]. Fabla en cómmo el infante dixo a Julio encomendándol quánto conplidamente le avía fablado en el estado de los cardenales.

Capítulo xlvº. Que fabla en cómmo el poderío que an los patriarchas por actoridat del papa, diz que es aquel que ha el Papa en toda la christiandat.

Capítulo xlviº. Que fabla en cómmo Julio dixo al infante quál es el estado primero después del de los arçobispos.

[Capítulo xlviiº. Que fabla en cómmo Julio dixo al infante quál es el estado de los abades].

Capítulo xlvii[i]º. Que fabla en cómmo Julio dixo al infante [d]el estado de los deanes, que an en las eglesias catedrales.

[Capítulo xlixº. Que fabla en cómmo Julio dixo al infante quáles son los estados más pequennos de la clerezía].

[Capítulo lº. Que fabla en cómmo Julio dixo al infante quál es el estado de los capellanes].

Capítulo liº. Que fabla en cómmo Julio dixo al infante del estado de los fraires predicadores, et quál era la su regla.

11 [infante], vos] non (G) 19 actoridat] el pod'io *Comp.* 274. 23 es] ha (G) 23–4 *The scribe overlooked ch. 47, and wrongly numbered the next entry, which corresponds to ch. 48* 27–30 *The headings of chs. 49 and 50 are missing* 31 liº] xlviijº

[BOOK TWO]

[PROLOGUE]

Hermano sennor don Johan, por la graçia de Dios patriarcha de Alexandria, yo, don Johan, fijo del infante don Manuel, adelantado mayor de la frontera et del rreino de Murçia, me encomiendo en la vuestra graçia et en las vuestras sanctas oraçiones.

Hermano sennor, commo quier que bien entiendo que es más manera de atrevimiento que de buen recabdo encomençar yo tan grant / obra commo lo que se entiende en este libro, pero 103b
fiando en la merçed de Dios, que a poder de fazer todas las cosas et a qui non es nenguna cosa grave nin marabillosa, començélo. Et, loado sea Él et vendito sea por ello, acabé ya la una parte del libro, que fabla en los estados de los legos. Et ⟨en⟩ esta parte fablé segund yo pude et alcançé en mío entendimiento. Et porque fablar en los estados de la clerezía es ý muy mayor mester el saber, entiendo que es aún mayor atrevimiento que el primero. Pero tanto es fuerte el tienpo en que agora estamos, que es de la Çinquaesma — en el qual tienpo et día envió Nuestro Sennor Dios el Spíritu Sancto sobre los apóstoles, que les alunbró así que sopieren todos los saberes et todos los lenguajes, tanbién los que nunca leyeron commo los que avían leído — et otrosí el poder de Dios es tan grande que por la su virtud se alunbran los çiegos et andan los contrechos et fablan los mudos et da poder a los quel non an, quanto et quando Él quiere; por ende entiendo yo çiertamente que todo lo que Él quisiere se puede fazer.

Et porque ⟨sé⟩ que lo que yo he dicho en la primera parte deste libro et en lo que cuido dezir en la segunda, todo es

15 entiendo] entendiẽdo 16 el tienpo en que] enel tp̄o q̄

entençión de fazerle serviçio et a onra et a ensalçamiento de la sancta fe católica, porné en escripto lo que ende entendiere. Et si algo se dixere que sea aprovechoso, non tengades vós nin otro que de tal entendimiento commo el mío pudiese esto saber; mas cred verdaderamente que Dios, que a poder de fazer todas las cosas — commo es dicho — quiso que se fiziese esto. Et lo que ý fallaredes que es [dubdoso] de entender, emendadlo, et poned la culpa a mí porque me atreví a fablar en tan altas maneras. Pero qualquier yerro o dubda que ý fallaredes, non
103c entenda/des que es ý puesto por ninguna cosa que yo dubde en la sancta fe católica; ante creo et confieso toda la sancta fe et todos sus artículos, así commo la sancta Madre Eglesia de Roma lo tiene et lo cree. Mas vós et los que este libro leyéredes, fazed commo el valestero que quando quiere tirar a alguna vestia o ave en algún lugar que non sea tan aguisado commo él querría, tira un virote o una saeta de que se non duele mucho; et si mata aquella caça que tira, tiene por bien enpleado aquel virote, et sil yerra, tiene que a poco perdido. Et vós, si de las mis palabras mal doladas vos pudiéredes aprovechar, plégavos ende et gradesçedlo a Dios; et de lo que ý fallaredes que non sea tan aprovechoso, fazet cuenta que perdedes ý tanto commo el vallestero que desuso es dicho. Et qualquier dubda que ý sea, déxolo en vuestra emienda et de los maestros [et] doctores de Sancta Eglesia. Ca yo así protesto que, qualesquiera que sean las palabras, que la creençia et la entençión firme et verdadera es, creyendo todo lo que cree Sancta Eglesia et pediendo a Dios merçed que a onra et acresçentamiento de la dicha Sancta Eglesia et fe cathólica tome yo muerte, así commo Él sabe que lo yo deseo.

Et de aquí adelante seguiré la manera del libro por aquella manera que es conpuesto el primero libro, que fabla de los estados de los legos.

7 [dubdoso] *Comp.* Et qualquier dubda que ý sea, déxolo en vuestra emienda (*ll.* 22–3). G *emends to* que [non] es de entender, emendadlo
25 que la] q̄ las

[JUSTIFICATION OF THE CHRISTIAN FAITH]

Capítulo segundo. Fabla en cómmo depués que Julio, el sabio, ii
ovo respondido al infante a todas las preguntas quel avía fecho, et cómmo le encomençó a rogar quel fablasse de los estados de la clerezía.

Después que Julio, el sabio de que ya avemos fecho mençión, ovo respondido al infante a todas las preguntas quel avía fecho, el infante començó a fablar con él en esta guisa:

'Julio, loado a Dios, vós me avedes / respondido tan bien a 103d
todas las cosas que vos yo pregunté, et me diestes tanto a entender de los estados de los legos que yo me tengo ende por muy pagado. Et creo que será muy grant maravilla si otro omne pudiese responder a ello mejor, nin aun dar mejor rrecabdo a las otras cosas que me oviestes a dezir de vuestro entendimiento. Et pues, loado a Dios, esto está muy bien, rruégovos que me fabledes en los estados de la clerezía. Ca tengo que en la clerezía son muchos estados, tanbién de religiosos commo de seglares, en que es el salvamiento de las almas más seguro que en los estados de los legos.'

Capítulo terçero. Fabla en cómmo Julio dixo al infante [en iii
cómmo] se le non quería escusar del responder, porque ya otra vez se le escusara del non responder et nol toviera pro, ca forçadamente le oviera a responder.

'Sennor infante,' dixo Julio, 'porque yo muchas vezes me quis escusar de vos responder a otras preguntas que me feziestes et non me tovo pro, ante vos ove después a responder; por ende non quiero agora començar a escusarme et avervos a responder después. Et así dígovos que en fablar conplidamente en el estado de la clerezía es muy grave cosa, ca en la clerezía son muchos estados et muy departidos unos de otros.[121] Et otrosí el estado de la clerezía es el más alto estado que puede seer, por muchas razones, de las quales la una es que deste estado fue Nuestro Sennor Jhesu Christo. Ca Él fue el primero que fizo

14 Et] o   19–20 [en cómmo] *Comp.* 209. 7

sacrifiçio del su cuerpo et de la su sangre, et dÉl dixo el propheta David por el Spíritu Sancto: "Tú eres sacerdote para sienpre, segund la orden de Melchisedec." Et otrosí porque los sacerdotes, (pueden fazer que) por la virtud de las sus palabras, por el poder que an, et pueden fazer et fazen que el pan verdadero
104a se torna carne / et cuerpo de Jhesu Christo, et el vino su sangre propia; et otrosí pueden dar et dan todos los sacramentos de Sancta Eglesia.[122] Et todas estas cosas non puede fazer otro omne sinon el sacerdote que es clérigo misacantano.

Et otrosí los clérigos deven mantener la ley et lidiar por ella en tres maneras. La primera es que deven lidiar con armas contra los moros, que son nuestros enemigos; la segunda, deven lidiar con el diablo et con el mundo et consigo mismos, faziendo tales obras quales les (les) pertenesçen et dando de sí buen exiemplo a las gentes — et bien creed, sennor infante, que non es ésta menor lid que la primera. La terçera es que deven lidiar por çiençia con los contrarios de la ley, mostrá[ndo]les por scripturas et por rrazones manifiestas que la nuestra ley de los christianos es la ley en que se pueden salvar las almas et que en ninguna otra ley al tienpo de agora non se pueden salvar; et aun con los que son christianos, predicándoles la manera commo mejor pueden vevir para salvamiento de las almas et mantenimiento de sus estados, segund la manera de que cada uno fuere, et sacándolos de qualquier dubda en que qualquier cayese.

Et, sennor infante, las gentes con que los sacerdotes an de lidiar son quatro: primero con los christianos, et con los judíos, et con los moros, et con los paganos et gentiles — que son los que non an ninguna ley nin secta çierta — et cred, sennor infante, que todas estas quatro maneras de gentes pueden vençer los sacerdotes por siençia et por rrazón si Dios les faze atanta merçed que les quiera dar buen entendimiento et firme, et que bivan buena vida et linpia por ⟨que⟩ non aya aquel
104b enbargo por que enbarga la graçia de / Dios.

4 (pueden fazer que) *Attraction by line below* 21 predicando podiẽdo (B) G *emends to* poniendo 32 buen] biẽ (G)

Et abiendo en sí primero estas cosas dichas, en pos esto las maneras para los vençer son éstas: a los christianos que non dubden en ningún artículo de los de la fe, non an vencimiento sinon predicarles et amostrarles las maneras commo pueden mejor salvar las almas et mantener sus estados, diziéndoles quánto bien an en fazer bien et guardarse de pecado, et la gloria que avría[n] en el paraíso por sus buenas obras et las penas que avrán en el infierno por sus malas obras. Et a los que en alguna cosa erasen o dubdasen, mostrán[do]gelo por los dichos de la Sancta Scriptura, (en) çierto es que non a cosa en que ningún christiano pueda dubdar en la fe nin en los sacramentos, que todo non se muestre llanamente por (que) los dichos de los sanctos ductores que fueron de Sancta Eglesia. Et así con estas dos maneras de christianos [ ].

Otrosí pueden vençer a los judíos, mostrándoles por su ley que por los dichos de las sus prophetas que en todas las cosas que en su ley fueron dichas, que toda fue figura désta nuestra et que todo lo que fue dicho del Mesías que todo fue dicho et se cunplió por Jhesu Christo. Et bien vos digo, sennor infante, que aun con razón tengo que commo quier que otras muchas buenas [razones] ha para ello que una de las buenas es la que es en el comienço de la primera partida deste libro que yo fiz.[123]

Otrosí a los moros pueden vençer los sacerdotes muy ligeramente por su secta misma. Ca ellos creen que Jhesu Christo que fue conçebido en el vientre de sancta María, et enante que fuese prennada era virgen, et seyendo prennada que era virgen, et después que parió que fincó virgen;[124] et que Jhesu Christo non fue egendrado de padre que fuese omne, sinon de Spíritu de Dios. Et, pues ellos todas estas cosas cren, preguntoles yo que pues Dios non / (non) puede fazer nin faze 104c ninguna cosa sin rrazón, que me digan quál fue la rrazón por que Dios tantas estrannas et marabillosas cosas quiso que se fiziesen en la nacençia et conçebimiento de Jhesu Christo.

9 mostrán[do]gelo G *emends to* mostrarselo 12 llanamente] llamā mōte (G) 13 ductores *Comp.* 261. 21, 264. 1 17 dichas] dichos (G) 18 Mesías] mesmo (B) 28 egendrado *Comp.* egendrar 92. 7, egendramiento 92. 34.

O ¿qué bien se sigió ende por que Él tantas cosas et tanfuera de natura quiso que fuesen fechas? Et si me respondieren que fue porque Dios quiso, et que a la voluntad de Dios non a omne por qué buscar rrazón, dígoles que esto non es verdat, ca en ninguna ley non ha cosa en que rrazón non aya. Et si dixieren que así fizo [a] Adám sin omne et sin muger, dígoles que lo fizo por nesçesidat, ca Adám fue criado et fecho para que se poblase el mundo, et si Adám o otro omne non fuera criado, non oviera ý qui loase nin cognosçiese lo que se puede cognosçer de Dios, que es la mayor cosa por que el mundo es fecho. Et si me dixieren que así fizo a Eva de omne, sin muger, dígoles que aun Eva fue fecha con rrazón et por neçesidat, ca, commo quier que Dios criara [a] Adám, non se poblara el mundo si Adám non oviera en qui pudiera engendrar. Et otrosí quiso que fuese fecha de una costiella del omne, por rrazón que la muger es una partida del omne, pero non ovi conplida commo [ ]. Porque da a entender que, pues non es tan conplida commo él, que sienpre el omne deve aver sennorío et mejoría de la muger. Et así todo esto fue fecho con rrazón. Mas en la nacençia et conçebimiento de Jhesu Christo, que fue de muger sin omne, et non avía ý ninguna destas rrazones nin neçesidades, dígame el moro que ¿por qué fue esto?

Et, sennor infante, dígovos que me dixo don Johan, aquel mío amigo, que ya obiera él departimiento con algunos moros muy sabidores. Et quando llegó a esto con ellos, díxome que
104d fazían / mucho poder por non le rresponder a esto. Pero desque mucho les afincaba, díxome quel dixieran que tenía[n] que Jhesu Christo que fuera criado et nasçiera para que fuesen las almas por Él [salvadas] et para rredemir los pecadores. Et díxome que les rrespondiera él que bien sabía que ninguna cosa non ha sennorío en su egual; pues si Jhesu Christo avía de salvar las almas, que son spirituales, que cierto es que non podría fazer esto el cuerpo de Jhesu Christo, que es cosa

16 non ovi conplida commo [ ] Ben. *prints* pero non [tan] complida commo [el] (p. 560) *and* G *adopts this. Words are missing and* ovi *is corrupt*
29 [salvadas] (B) *Comp. line 32 below*

corporal, [ ] que la su alma, que era alma de omne; mas que esto avía de fazer la divi⟨ni⟩dat, que era ayuntada a la umanidat.

Et por que llanamente podades entender esto, mostrárvoslo he bien declaradamente. Vós sabedes que las yervas et las plantas an mejoría et avantaja de las piedras, en tanto que an a ser commo las piedras et an, demás, cresçer et fazer fructo; et [otro]sí las animalias an a seer commo las piedras et cresçer et fazer fructo commo las plantas, et demás an mejoría que sienten et biven et an los movimientos que les cunplen para vevir et enjendrar; [et] otrosí los omnes an todas estas cosas, [et] demás an entendimiento et rrazón et libre albedrío. [Et] todo esto ovo Jhesu Christo conplidamente commo omne verdadero, así commo otro omne; et demás ovo la divinidat, que fue et es Dios verdadero, que se ayuntó a la umanidad. Et esta divinidad — que es Dios — fue lo que ovo en Nuestro Sennor Jhesu Christo más que otro omne; bien así commo cada una de las cosas que son dichas ovo lo que avían las otras cosas, et lo suyo demás. Et çierto esta mejoría que Nuestro Sennor Jhesu Christo ovo de los otros omnes en seer Dios (Dios) seyendo omne; bien tengo que vale çinco sueldos más que las otras avantajas dichas! Et esta divinidat que Jhesu Christo ovo en sí, que fue et es verdadero Dios, esto es lo que puede salvar las almas et redemir los peccadores,/ commo Dios criador et fazedor de todas cosas. 105a
Ca si Jhesu Christo fuese egual de las otras almas et spíritus de los omnes qué sinrrazón sería de poderlas salvar! Mas para las poder salvar, que forçadamente convenía quel salvador fuese Dios.

Et así que, por fuerça, pues conosçían que Jhesu Christo fuera criado et nasçiera para salvar las almas, que avían a crer que Jhesu Christo es aquel mismo Dios et cría las almas et las puede salvar. Et otrosí, pues dizen que fue criado et nasçió para redemir los pecadores, bien commo es dicho, que egual en egual non a sennorío çierto, si Jhesu Christo fuera omne solamente et non oviera mejoría nin avantaja de los otros omnes, non pudiera Él rredemir los omnes. Mas esto pudo Él fazer porque fue omne verdadero et Dios; fue et es omne, por que fizies emienda por el omne; et fue et es Dios, por que así [commo] puede fazer todas las cosas de nada, pudiese redemir los pecadores, pues fazía tan grant emienda por ellos. Et dígovos, sennor infante, que tengo que les dixo tan buenas rrazones et tan çiertas que con rrazón non las podrían desfazer.

Et por todas estas rrazones desuso dichas et por otras muchas que dexo de poner aquí, por non alongar el libro, pueden vençer los sacerdotes a los moros.'

iv El iiii° capítulo fabla en cómmo Julio dixo al infante qué secta era la de los moros, et qué es aquello que creen et qué es aquello que non.

'Et, sennor infante, commo quier que tantas cosas a en las sectas de los moros, las unas [ ] erradas, que cuidan (ellas) que las entienden ellos más derechamente que nós — que non podrían ser escriptas en otro tamanno libro commo éste — sennaladamente [es] una dellas que ellos dizen que Jhesu Christo non era Dios, et la otra que Dios non murió. Et los captivos son errados,
105b porque non (en) / entienden la cosa commo es. Ca en parte esto así es et así lo creemos nós, ca nós cremos — [et] es verdad — que Jhesu Christo, en quanto era omne verdaderamente — lo que llaman los clérigos umanidad — esta umanidad non era Dios, [mas Dios] que se ayuntó con la umanidad; éste era entonçe Dios et era ante sin comienço Dios et es agora Dios et será para sienpre sin fin Dios. Et así en quanto non creen que Jhesu Christo era Dios, creen verdad en la manera que es dicho, mas créenlo nesçiamente. Et otrosí en quanto creen que Jhesu Christo, seyendo Dios, non murió, eso mismo cremos: ca nós non cremos que la divinidat murió, nin podría murir. Mas la umanidad, que era el cuerpo verdadero de omne de Jhesu Christo, que era ayuntado a la divinidad, aquél murió verdaderamente por redemir los pecadores.

Et así, sennor infante, por estas et por otras muchas maneras,

2 [commo] (G)   14 las unas [ ] erradas B *suggests either* las [mas] *or* las [unas falsas las otras] erradas (*page* 195, *note to* 346a. 6)

pueden los sacerdotes vençer los moros por rrazón et por sçiençia.'

Agora vos he dicho algunas maneras commo los sacerdotes pueden lidiar et vençer por sçiençias las tres maneras [de gentes] que vos dixe desuso, que son christianos et judíos et moros. Et finca [ ] que vos non dixe aún cómmo deven [et] pueden lidiar et vençer la quarta manera de gentes, que son los paganos et gentiles, que non creen nin han ninguna ley nin secta çierta. Et sin dubda, sennor infante, esto será muy más grave de fazer; ca el que cree alguna cosa escripta, si por aventura non la entiende commo deve, puédelo omne vençer; mas el que non cree ninguna escriptura, non le puede omne vençer por ella [. . .].[125] Et si alegáredes los Evangelios, dirán eso mismo. Et si Alcorán — que fue lo que Mayomad dexó por ley a los moros, et non lo es, sinon secta errada en que los puso — bien así dirán que non saben / qué vós dezides. Et por ende, los 105c
paganos non se pueden vençer por escripturas, et alos omne a vençer con rrazón.

Et bien cred, sennor infante, que fablar en esto es muy grant peligro, por dos rrazones: la primera es [. . .]./ Et así podedes 105d
entender si es grant peligro fablar en estas cosas en manera que las puedan todos oír et leer.

Et commo quier que estas contrariedades ý a, çierto es que todo es guardado et todo es verdad, segunt lo tiene Sancta Eglesia. Mas en fablar en ello, sennaladamente ante los que non son muy entendudos et sotiles, es muy grant peligro, ca non entenderán toda la verdat et fincarán en alguna dubda. Et aun es muy mayor peligro en lo fablar ante los que an sotil entendimiento si non an el entendimiento et la creençia de nuestra sancta ley et fe católica firmemente; ca la sotileza les fará caer por ventura en tales dubdas o yerros que les fuera mejor nunca aver[lo] leído. Et por ende fablar en estas cosas

6 [ ] G *emends:* [mas] fínca[me aun por decir, ca] vos non dixe (346a. 32) 13 [. . .] *The scribe obviously omitted a sentence, with mention of* la ley de Moisén *and possibly also* los dichos de las prophetas (B, p. 196) 20 *After* es *there is a blank in* MS. *comprising the remainder of* f.105c *and the first half of* f. 105d 23 contrariedades] cõtrariodades (G)

106a tales, dévelo omne fazer commo quien se calienta / al fuego: que si mucho se lega, quemarse a; et si non se calienta, morrá de frío.[126]

Et por ende, lo primero vos digo que la sancta fe cathólica es en todo et por todo verdaderamente así commo la Sancta Eglesia de Roma lo cree simplemente. Et pido por merçed a Dios que en onrra et ençalçamiento della quiera Él que tome yo muerte de martirio. Et juro a Dios que si yo, por el poco entendimiento que Dios me dio, non entendiera que esta nuestra sancta fe católica es la ley en que nos podemos salvar et que en otra non se puede salvar omne, et que me podría mejor salvar en otra, que aquélla tomara. Mas, non tan solamente lo creo, ante sé çiertamente que non a otra ley en que omne a este tienpo se pueda salvar.

Et commo quier que todo se puede provar por rrazón et fío por Dios que lo mostraré yo en este libro, pero porque es muy grant peligro de fablar en tales cosas en guisa que lo oyan et lo sepan todas — ca en las cosas que se oyen o se leyen acontesçe así [que] lo bien dicho non es gradesçido, et lo que paresçe que non es tan bien dicho, a[un]que la culpa non sea del que lo dixo, sinon del que lo oye, non lo entiende [et] sienpre porná la culpa al que lo fizo — et por ende estas cosas en que los que lo non pudiesen entender podrían tomar alguna dubda, por mengua de los sus entendimientos, estas tales cosas quiérolas yo poner por letras tan escuras que los que non fueren muy sotiles non las puedan emendar. Et quando viniere alguno que aya entendimiento para lo leer, só çierto que abrá entendimiento para lo entender, et plazerle a por lo que fallará escripto et aprovecharse a dello; et el que lo non entendiere non podrá caer en dubda por lo que leyere, pues non pudiere leer por
106b escuridat de las / letras. Et aun he pensado que todo lo que pudiere dezir, fablando segund las maneras que se dizen en la Sancta Scriptura — segund es la verdad en que ninguno non puede dubdar — que las [declararé] por este nuestro romançe

7 ençalçamiento] ençalcamiēto 18 acontesçe] entōce (G) 26 emendar] G *emends to* entender 34 [declararé] (G)

llanamente; et las cosas en que los que las non entendiesen podrían dubdar — non por la cosa que yo diría, mas por la mengua de lo non entender ellos — las tales cosas scrivirlas he por la manera escura que vos ya dixi. Et por que, por aventura, alguno a qui yo mostré aquella manera de scrivir, lo podría entender, escrivirlo he más guardadamente que yo pudiere. Et si alguno leyere este libro et non pudiere leer estas letras, si fuere omne a qui yo deva o pueda ir, enbíe por mí; et si fuere omne que deva venir a mí, fágalo si quisiere saber lo que las letras quieren dezir.'

El vº capítulo fabla en cómmo Julio dixo al infante: 'Sennor, v
commo quier que en lo que desuso escriví ay algunas cosas que paresçen contrarias, et non lo es para quien vien lo entendiere.'

'Et, sennor infante, commo quiere que en lo que desuso escriví por (a) aquella manera estranna de escrivir ay algunas cosas que paresçen contrarias, savet que para qui lo entendiere cómmo deve et cómmo es, que lo non son; ante es todo una cosa et una verdad. Et de lo que paresçe contrario non vos marabilledes. Ca vien podedes saber que toda la Sancta Scriptura es llena de rrazones et de palabras que semejan contrarias et non lo son. Et dezirvos he algunas dellas. En la Biblia dizen que Moisén fablava de cara a cara con Nuestro Sennor Dios, así commo un amigo con otro, [et] en el Evangelio dize que [a] Dios nunca lo vio ninguno; antes esto contrario paresçe, pero çierto
es que la Scriptura toda es verdadera./ Otrosí en el Evangelio 106c
dize que lo (que lo) que diere omne con la mano derecha que lo non sepa la esquierda; et dize que el vien que el omne fiziere que lo faga en guisa que lo veya[n] todos; pues esto contrario paresçe. Et así otras muchas cosas.

Et por esto dixo sant Johan Damasçeno: "Conviene a saber que los omnes, porque son enbueltos en esta carnalidad et cétera."[127] Otrosí dize en la Scriptura: "La sabiduría deste mundo

5, 8 a qui] aq̄ *Comp.* 122. 18, 197. 26, 213. 10 9 lo] le 10 *The indications are that a passage in Don Juan's cipher appeared in the exemplar here. In our copy the scribe proceeds directly to ch. 5, leaving no blank* 23 [a] Dios *Comp.* 224. 6–7 24 antes B *would emend to* aunque

lucura es çerca Dios."[128] [Et] todo esto nos da a entender que los sanctos et los doctores de Sancta Eglesia fablaron en Dios et en los sus fechos por algunas semejanças por que los omnes puedan entenderlo, pero non por que sea así. Et dezirvos he algunas por que entendades las otras: ý desuso dize que Moisén que fablara con Dios cara a cara, et otrosí dize que a Dios nunca lo vio ninguno. Et si en estas cosas omne fablare muy paladino, por fuerça tomarían alguna dubda los que lo bien non entendiessen: ca si dezimos que Dios fablava et avía cara [. . .]./

107a Por todas estas rrazones non se deven [en] estas cosas fablar sinon con tales que lo entiendan verdaderamente cómmo es, [et] aun con omne que non quiera fablar en ello por manera de disputaçión; ca los que disputan catan puntos por que puedan tomar a su contrario por la palabra que dize.[129] Et en estas cosas quien quisiere escatimar la palabras según las puede omne dezir, por fuerça fincará mal el que lo dixo, ca estas cosas alcánçalas el entendimiento mas non se pueden dezir por palabra cómmo son.

Et así non conviene que fable omne en esto con ninguno que quiera levar el fecho por manera de disputaçión, sinon con el que oviere tal entendimiento et que sea tan firme en la verdadera et sancta fe católica que se non mude nin dubde en ninguna cosa de quanto la Sancta Eglesia de Roma tiene. Ca todo lo que ella tiene, eso es la verdat.'

vi El viº capítulo fabla en cómmo Julio dixo al infante algunas contrariedades que para los que mal lo entendiessen podrían tomar dubda, et certificólo dellas.

'Et, sennor infante, pues vos he dicho algunas contrariedades — o cosas en que los [que] mal lo entendieren podrían tomar alguna dubda — quiero vos agora dar a entender la verdadera manera commo es. Pero en diziendo cómmo es la verdat, por fuerça avría a dezirlo en guisa que se entendiese la dubda [ ]

2 fablaron] fallarō 3 algunas semejanças] algunos semejantes 9 *The lacuna comprises the remainder of* f. 106c, *all of* f. 106d, *and the first eight lines of* f. 107a 26 certificólo] certificóles *Comp.* 209. 18 29 verdadera] v'dat la (B) 31 dubda] lubda (G) [ ] *The copulative only may be missing* (*as* G *corrects*). *But the scribe could have omitted more than one word here*

non la diré sinon por la manera encubierta que ya muchas / vezes vos dixe. 107b

Et respondervos he cómmo se puede fazer, et cómmo es que la nuestra ley se prueba por rrazón. Et que provándose por rrazón non se pierda el mereçimiento de la fe, porque dizen que la fe non a mereçimiento si la rrazón del omne la alcança por entendimiento. Et esto es porque en la nuestra ley ay dos cosas: la una que es la raíz et el fundamento de la nuestra ley et de la nuestra salvación [ ] et éstas se acançan por rrazón; et la otra es otras cosas que fueron después et non se acançan por rrazón natural, et devémoslas crer por fe.[130] Et con la merçed de Dios yo vos las diré adelante en manera que vós entendiéredes que vos digo rrazón et verdat.

Et desque esto — que es lo más et la rraíz de la ley — se prueva con rrazón, ha en la nuestra ley otras cosas que después que creedes lo que vos yo mostraré por rrazón, que forçadamente seredes constrenido a creer aquellas que son fuera de rrazón. Et porque los christianos [las] creemos, ý avemos meresçimiento.

Et lo primero que alcança la rrazón es que avemos la mejor ley et más con rrazón, segund ya es dicho en el comienço de la primera partida deste libro. Et porque después avemos a crer lo que es sin rrazón et la rrazón non lo alcança, por eso avemos el merescimiento de la fe, que diz que la fe non ha meresçimiento, [si] aquella rrazón [omne la] alcança por entendimiento.

Otrosí, sennor infante, devedes saber que por rrazón que los omnes somos enbueltos en esti carnalidat grasosa non podemos entender las cosas sotiles spirituales sinon por algunas semejanças. Et por ende el sancto propheta Moisés, porque entendió que si dixiese las cosas de Dios tan sotilmente
commo son, et cómmo lo / él entendía, que [non] bien [las] 107c
entendrían las gentes — que eran muchas que avían de oír la

5 pierda] pueda 6 omne] como̅ *Comp. line* 25 *below*, 251. 11 9 *The lacuna is not shown in* MS. 9, 10 acançan *Comp.* 231. 1, 232. 18, 252. 18, *etc.* 17 aquellas] aq̃llos 18 y] ⁊ 25 [omne la] *Comp. line* 6 *above*, 251. 11 26 rrazón que] Razō de 27 grasosa] g̃çiosa 31–2 que [non] bien [las] entendrían] q̄ biē entiēdē (B)

ley — o que todos, o algunos, con mengua de lo non entender cómmo es et cómmo lo (que) él entendía a dezir, caerían en alguna dubda; por eso lo puso estorialmente por tales palabras que lo entendiesen, [ca] los omnes somos de gruesa manera. Pero la manera commo es, díxola luego verdaderamente: que dixo que a Dios non lo podría ver omne bivo. Et esto es porque Dios en sí es cosa spiritual simple, et ninguna cosa corporal non puede ver cosa spiritual.

Et respondiéndovos a esto, vos avré dado a entender ⟨en⟩ cómmo los sacerdotes pueden lidiar et vençer con rrazón a los paganos, que non cren nin an ninguna ley nin secta çierta.'

vii El vii° capítulo fabla en cómmo Julio dixo al infante: 'Sennor, para provar qué cosa es Dios a los christianos et a los judíos et a los moros, puédese fazer commo vos ya dixe por la Scriptura.' Et en [e]ste mismo capítulo fabla en cómmo pueden provar a los judíos et a los moros que otra fe non ha(n) sinon la de los christianos.

'Sennor infante, para provar esto a los christianos o a los judíos o a los moros, puédese fazer commo vos ya dixe, por la Scriptura. Ca todos esto dezimos et cremos, que el mundo ovo comienço quando Adám fue criado, en la manera que desuso es dicho. Et si los paganos esto creyesen, ligeramente los podrían vençer los sacerdotes. Mas si ellos non quiere[n] crer que Adám, nin aun el mundo, es criatura de Dios, sinon que por natura se fizo et por natura se mantiene, para los sacar deste yerro conviene que les muestren por rrazón tres cosas: la primera, que Dios es fazedor et criador et movedor de todas las cosas; la
107d segunda, que este mun/do en que nós bivimos, que ovo comienço et que lo fizo Dios por su voluntad et non por nesçesidat; la terçera, que quando fizo este mundo que entonçe crió el omne.[131]

Et la primera. Para les mostrar que Dios es el fazedor et criador et movedor de todas las cosas, muéstrase en esta guisa: vós sabedes que la rrazón da a el omne a entender que forçada-

7 en] ca 20 mundo] mãdo 21 en] et

mente conviene que aya un criador et un movedor que mueva todas las cosas, et aquél las crió et fue movedor dellas. Et si quisiésemos dezir que aquél que otra cosa lo crió, [o] otra cosa lo movió o lo muebe, digamos qué puede ser. Mas pregúntoles que ¿quién es el que mueve [a] aquel que ovró et fizo todo esto? O dirán que non ninguno, o dirán que otrie. Et si dixieren que non le mueve ninguno, digo yo que aquel a qui non muebe ninguno que aquél es Dios. Et si dixieren que otro lo mueve, que aquel que ellos otorguen que mueve a todas las cosas, que aquél es Dios. Ca por fuerça an de creer que una cosa es la que mueve a todas las cosas et que non se mueve por ninguno, que aquél es Dios.[132]

Pues ya es provado que forçadamente an a creer que Dios es criador et movedor de todas las cosas. Et desque a esto fueren acordados — si quisiere[n] creer que el mundo ovo comienço et lo crió Dios commo nós dezimos que crió el mundo et Adám — pueden seer vençidos por las maneras que vos desuso dixe que pueden vençer los sacerdotes a los judíos et a los moros.

Et a la segunda. Para les mostrar que el mundo ovo comienço et que lo crió Dios por su voluntad quando quiso, et non por neçesidat, pruévase en esta guisa: vós sabedes que ya desuso vos he provado que forçadamente an a entender que Dios es criador, et las otras cosas que son dichas. Et pues esto es provado
et vee/mos que a mundo ya es provado que el mundo [es] 108a
criatura de Dios. Ca pues Él es criador et obrador en todo et ninguna cosa non obra en Él, ya por rrazón se prueva que Dios non ovo comienço; ca si comienço oviera, otro fuera el que obrara en Él. Pues si Él non ovo comienço et es çierto que ante fue Él que todas las cosas, por rrazón se prueva que Él fizo el mundo. Et pruévase que lo fizo sin ninguna neçesidat; ca ya es provado que Dios es todo conplido et non puede aver mengua. Pues si por su neçesidat Él fiziera el mundo, ya sería tanta mengua en Él, lo que non puede seer.

1 un criador et un movedor] vn mouedor ⁊ vn c^{i}ador *Comp.* 226. 27, 33 *and line* 14 *below* 14 desque] deste (G) 32 et] es (G)

Mas la rrazón que el mi entendimiento puede alcançar por qué Dios fizo el mundo fue por seer servido et loado et conosçido lo que se puede dÉl conosçer por las sus sanctas et marabillosas obras, et por fazer merçed al mundo. Ca pues Él es todo conplido, et fazedor et obrador de su voluntat, era et [es] de rrazón que obrase et fiziese. Et por ende crió el mundo. Mas non por que a Él fiziese mengua que el mundo non fuese, ca Él tan conplido es sin mundo commo con mundo. Et esto Él fizo por su voluntad et quando quiso.

Et la terçera. Para les mostrar que quando crió el mundo que entonçe crió el omne, et que con rrazón lo devió criar et tal commo lo crió, pruévase desta guisa: ya es dicho que Dios crió el mundo [ ]. Et para ser conosçido por las sus obras convinía que en el mundo oviese criatura que oviese parte con Dios et parte con el mundo, que fuese corporal et spiritual; ca si del todo fuese spiritual non sería parte del mundo; [ ] pues el mundo es todo corporal cosa, non oviere parte él de Dios, que es cosa spiritual. Mas para que oviese parte con Dios et con
108b el mundo, convino ser criatura / que oviese en sí spiritualidad et corporalidad. Et por esto devió criar, et crió, el omne, que a en sí estas cosas; ca el omne a parte con Dios en quanto a alma, que es cosa spiritual, et a parte con el mundo en quanto es cosa corporal. Et por lo que el omne a en sí de spiritualidat conosçe lo que puede conosçer de Dios, que es cosa spiritual. Et pues crió el mundo para seer conosçidas por él las sus obras, et non abía en el mundo cosa que así las pudiese conosçer commo el omne, de rrazón era que luego que crió el mundo, que luego criase el omne. [Et] así son provadas con rrazón las tres cosas dichas.

Et si dixieren que commo quier que forçadamente an de creer que Dios crió el mundo, mas que non creen que lo crió quando nós dezimos, sinon que fue ante o después, et que non creen que Adám fue el primer omne, pregúntoles: que pues non cren

5 voluntat] vōdat (G) 13 *The lacuna may have included* [para ser conosçido por las sus obras] (B) 16 *The scribe seems to have omitted a phrase such as* [et si del todo fuese corporal] (G) 25 conosçidas] cōplidas (B)

⟨que⟩ entonçe fue el comienço, nin Adám fue el primer omne, que me digan que quándo fue o quién fue el primer omne. Et si dixieren quál fue, quiérolo consentir; mas pregúntoles que cómmo fue criado. Et si dixieren que fue criado en la manera que mostremos, forçadamente vernán constrenidos de rrazón a crer lo ⟨que⟩ nós creemos. Et si dixieren que fue naturalmente, dígoles que natural non puede seer, ca ninguna criatura que toma [ ] et se mueva, et egendra por sí solamente non puede [ser] engendrada [natural]mente si omne non lo engendrara. Bien es verdat que las yervas et las plantas, et aun algunas animalias — así commo las rebtilias — estas cosas se pueden engendrar de la umor de la tiera; mas las otras animalias non se engendran sinon por la manera de engendramiento [ ]. Et los primeros, deque fueron después todos engendrados, fueron criados / por el poder de Dios, bien commo crió [a] 108c
Adám por el su poder, sin omne et sin muger. Et así conviene que forçadamente ayam a creer que el omne ovo comienço et fue criado por voluntad et mandamiento de Dios.

Et des(t)que esto entendiere[n] et lo creyeren, conviene que entiendan que el omne a en sí otras cosas por que meresçe o desmeresçe, lo que non an todas las animalias. Ca el omne a entendimiento et rrazón et libre albedrío, et por ende puede fazer bien et mal. Et si dexaren el mal et fizieren el bien, an meresçimiento; et si dexaren el bien et fizieren el mal, an desmeresçimiento. Et si fazen por que ayan meresçimiento, conviene que ayam por ello buen galardón, et si fazen por que ayan desmeresçimiento, conviene que ayan pena por ello.

Otrosí forçadamente an [a] entender et creer que el omne que es (en) conpuesto de alma et de cuerpo, et que el cuerpo es cosa corporal et conpuesto que se a de desfazer, et que el alma es cosa spiritual et sinple que a de durar et que se non puede

8 toma [ ] *Lacuna here.* G *reads* coma, *but* t- *is clear in* MS. 8 f. *The text is hopelessly corrupt here with no indication in* MS. *of the lacunae we suggest.* G *emends:* con ninguna criatura que coma, et se mueva, [et] engendre por sí solamente, [ca] non puede engendrarse [home] si home non lo engendrara (348b. 30) 13 *The sentence is obviously incomplete* 24 dexaren] dixierē (G) 30 se a de desfazer] sea desde faz' G *corrects to* se ha desfazer

desfazer. Et si esto quisieren entender et crer [ ], et si non próvase así: çierto es que ninguna cosa non a sennorío nin avantaja en otra su egual, si alguna avantaja non a della; pues manifiestamente veemos que el omne a todas las cosas que las otras animalias, et demás a razón et entendimiento [ ], non tan solamente entienden en las cosas corporales, ante veemos que entienden verdaderamente mucho de las cosas spirituales. Pues si en el omne alguna [cosa] spiritual non oviesse, non podría entender, nin apoderarse nin sennorear ninguna cosa spiritual — pues veemos que el cuerpo del omne es cosa corporal, non puede saber nin entender lo spiritual.

Por esta rrazón forçadamente avemos a entender que cosa
108d spiritual a en el omne, porque entiende / et siente las cosas spirituales. Et ésta es el alma que se ayunta al cuerpo, et es forma del cuerpo, que es materia.[133] Et críala Dios cosa spiritual et ayúntala al cuerpo luego que es engendrado et bive en el vientre de su madre. Et desque nasçe et es en tienpo que puede meresçer o desmeresçer, a(n) gloria o pena segund sus meresçimientos. Et por que el omne, que es conpuesto del alma et de cuerpo, aya gloria o pena segund lo meresçieren el alma spiritualmente et el cuerpo corporalmente, para se fazer derechamente convino que fuese Dios et omne, segund ya esto más conplidamente es dicho en la primera parte deste libro.

Et si esto entendieren, et lo creyeren, ya son llegados a la verdad. Et si non lo creyeren, et dizieren que non les cabe en los entendimientos que puede seer que Dios sea dios et [omne], esto se puede provar ligeramente por entendimiento, mas non por palabra. Et por ende non les quisi escrivir sinon por aquellas letras estrannas. Et la manera en cómmo esto puede ser, et es, dígovos que ⟨es⟩ ésta: sennor infante, vós devedes saber [. . .].

2 próvase así] ꝑuase *It seems likely, in view of* 227. 22 *and* 228. 12, *that the pr. indic. was intended. But the abbreviation* ꝑ (= pro) *could be a scribal error; the copyist may have had in mind* prova[r]se a así. *This seems more likely than non-diphthongization of the tonic vowel* 5 *Lacuna not shown in* MS. 9 sennorear] soñorear 13 et] q̄ 31 *A blank after* saber *extends over eleven lines of* MS.

Et segund yo vos he dicho muchas vezes, estas cosas acánçanse por entendimiento et non se pueden llanamente paladinar por la lengua. Et si omne quisiese por manera de disputaçión reprehender esto, bien lo podríam fazer. Mas se/gund la verdat [es] 109a
en sí, çierto así es la verdat.

Et los sanctos doctores de la Sancta Eglesia — porque estas cosas non se pueden dezir por la lengua commo el entendimiento las alcança — dixiéronlo por la mejor manera que ellos pudieron de lo que se puede dezir por la lengua. Et por ende, porque el padre es más conplido que el fijo, pusieron el poder conplido en Dios Padre. Et porque el fijo nasçe del padre et es él menor que el padre, pusieron la sabiduría conplida en Dios Fijo. Et porque del poder conplido et de la sabiduría conplida sale el buen talante, el querer bien conplido pusiéronlo en Dios Spíritu Sancto, que salle del Padre et del Fijo. Pero non entendades que son tres Dioses, mas todo es un Dios solo.[134] Bien así commo el poder conplido es Dios et en Dios, et el buen talante et querer conplido es Dios et en Dios, et la sabiduría conplida es Dios et en Dios, et todo es una cosa, bien así el Padre et el Fijo et el Spíritu Sancto — a qui son puestas estas cosas, que son poder et saber et querer — todo es un Dios et todo es una cosa, et non se puede partir, que todo es uno. Et por palabra non se puede paladinar cómmo es; pero al qui Dios merçed quisiere fazer, segund mayor merçet le fiziere et más le alumbrare el entendimiento, así entendrá más por entendimiento lo que non se puede dezir por palabra. Et aun, por que podades entender alguna cosa desto más declaradamente, ponervos [he] dos semejanças que son entre nós:

La una es que vós sabedes que un omne poderoso et entendido puede, por su poder, fazer un fecho muy granado; pero a[un]quel fecho se faga, el su poder con él se finca. Otrosí, [si] el muy sabidor dirá o fará cosas de grant sabiduría, está en aquella cosa la su sabiduría [et] en el omne se finca. Otrosí, si
(si) el omne por su talante fa/ze alguna cosa, el su buen talante 109b

1 acánçanse *Comp.* 225. 9, 10, 232. 18, 251. 11, 252. 18, *etc.* 13 poder] pad^{e} (B) 14 *2nd* el] ꝛ 31 a[un]quel] aq̄l

en aquella cosa está. Et pero que está en aquella cosa non se parte el buen talante dél. Pues si estas cosas son en el omne, que es criatura, bien devedes entender que más conplidamente et aun de quanto se puede dezir es en Dios, que es criador.

Et ésta es la una semejança. La otra es que vós sabedes que el sol ha en sí tres cosas: la una, que es sol; la otra, que sallen dél rrayos; la otra, que el sol sienpre escalienta.[135] Et commo quier que los rrayos sallen del sol sienpre son sol, et sienpre están en el sol et nunca se parten dél. Et la calentura que nasçe del sol sienpre nasçe et biene del sol et nunca se parte del sol. Et la calentura es sol et los rrayos es sol et el sol es sol; pero non son tres soles, que todo es un sol. Pues si esto es en el sol, que es criatura, mucho más conplidamente se deve entender en Dios.

Et así llanamente podedes entender que Dios es poder conplido, et Dios es saber conplido, et Dios es querer bien conplido, et todas estas tres cosas son un Dios. Et porque estas tres cosas, non segund se acançan por entendimiento, mas segund se pueden dezir por la lengua, son atribuidas en Dios Padre et en Dios Fijo et en Dios Spíritu Sancto, todas estas tres personas son un Dios que es Padre, Fijo et Spíritu Sancto. Ca el Padre es Dios et el Fijo es Dios et el Spíritu Sancto es Dios, et non son sino un solo Dios.

Et esta Sancta Trinidat, entendiendo que la salvaçión de las almas et el conplimiento de los cuerpos non se podía fazer con justiçia et con rrazón en otra manera, tovo por bien de se omillar tanto, fasta que quiso que fuese Dios et omne. Et esto quiso, et debiólo querer, por que todos los sus fechos fuesen con justiçia et con rrazón. Et commo quier que por muchas
109c rrazones / devió esto querer, dezirvos he agora dos que me paresçe[n] mucho aguisadas.

La una es que vós sabedes que Adám, que fue el primer omne, pecó en muy mala manera contra Dios, que lo crió et le avíe fecho tantos bienes. Et en este pecado que Adám fizo avíe ý dos

7 la otra, que el sol B *emends to* la terçera 18 acançan *Comp.* 231. 1
19 atribuidas] at^{i}buydos (G) 31 aguisadas] ag^{i}sados (G)

cosas: Adám — que pecó — et Dios — a qui fue fecho el tuerto. Et commo quier que a nuestro padre Adám fue dada sentençia que moriese por el pecado que a Dios fiziera, aun esta pena non era tamanna commo él meresçiera. Demás que, aunque a él fuese dada esta pena, non avía Dios emienda por el tuerto que contra Él fuera fecho. Porque Adám era omne et criatura non podría fazer emienda conplida a Dios su criador, nin otrosí non avía cosa tan buena commo Dios que pudiese fazer a Dios emienda conplida. Por ende, porque la justiçia de Dios fuese conplida et derechurera, convino que nasçiese omne que fuese Dios, por que pudiese fazer a Dios emienda conplida; et que fuese omne, que muriese por salvar et redemir el linage de los omnes, que era en poder del diablo por el pecado que Adám fiziera. Ca por ende cayeron en dos penas: la una quanto a los cuerpos, la otra quanto a las almas. La de los cuerpos eran todas las passiones et menguas que los cuerpos an, et demás la muerte; et quanto a las almas que eran en poder del diablo, et algunas que lo non eran del todo, por las sanctas obras que fizieron; aun aquéllas non podrían seer en gloria de Dios fasta que fuesen rredemidas por la passión que avía de reçebir el cuerpo de Jhesu Christo, que era Fijo de Dios, omne et Dios verdadero. Et así por esta rraz/ón quiso esta Sancta Trinidat, que es un 109d
Dios verdadero — et deviólo querer — que Dios fuese Dios et omne.

La otra rrazón es porque vós sabedes que el omne es compuesto de cuerpo et de alma. Et todas las cosas que el omne faze por el alma [ ] deve aver gloria o pena por las cosas que el cuerpo fizo; que la justiçia de Dios non sería conplida si el cuerpo, que aquellas cosas fizo por sí mismo, non oviese por ellas gloria o pena(s). Et todos veemos que todos los cuerpos de los omnes, tanbién de buenos commo de malos et de justos commo de pecadores, todos mueren et la muerte a todos es egual; pues bien entendedes vós que pues buenos et malos todos mueren, los sus cuerpos — et somos çiertos que las [sus] almas

1 tuerto] cuerpo (G) *Comp. line* 5 *below and* 236. 22   3 a Dios] adam (B)   18 *2nd* que] si (B)   27 *Lacuna not shown in* MS.

— avrán gloria o pena; [et] la justiçia de Dios non sería conplida si los cuerpos non oviesen galardón o pena por las obras que fizieron. Et para que esto se fiziese con rrazón et con justiçia quiso Dios — et deviólo querer — que por rrazón que el omne es conpuesto de alma et de cuerpo — que es la una spiritual et simple et la otra corporal et conpuesta — que oviese otra cosa que oviese otras dos cosas: la una que fuese Dios et pudiese salvar las almas, que son criaturas [spirituales et sinples] et con quien oviesen gloria; et la otra que fuese cuerpo que muriese por redemir los pecadores et con quien oviesen gloria los cuerpos de los omnes, que son cosa corporal et conpuesta.

Et así commo en el cuerpo de Jhesu Christo ovo estas dos cosas: seer verdadero Dios et verdadero omne, et estas dos cosas son ayuntadas, que bien así el omne, que es conpuesto de alma et de cuerpo, sea ayuntado et resuscite el día del juizio, por que
110a puedan el alma et el cuerpo aver gloria o pena ayuntadamen/te, segund las obras que fizieron. Et averlo an las almas, que son spirituales et sinples, con la divinidad, que es Jhesu Christo — Dios conplido, Padre, Fijo, Spíritu Sancto. Et los cuerpos, que son conpuestos, averlo an con el cuerpo de Jhesu Christo, que es cuerpo verdadero de omne, ayuntado con la divinidat.

Et así tengo que commo quier que otras muchas rrazones ý a, que por estas dos sennaladamente quiso Dios — et deviólo querer — que Jhesu Christo fuese verdadero Dios et verdadero omne. Et aun tengo que puesto que Adám non pecara que non devía esta Sancta Trinidat escusar de enviar el Fijo de Dios en la tiera, [et] que fuese verdadero Dios et verdadero omne, por que los cuerpos et las almas oviesen ayuntadamente gloria o pena después de la resurrectión; las almas, que son cosas spirituales, con la divinidat del Fijo de Dios, et los cuerpos, que son cosas corporales, con la umanidat del Fijo de Dios.

Et la manera commo esta Sancta Trinidat esto fizo — segund lo que se puede dezir por palabra et se entiende mejor por entendimiento — fue así: el poder conplido de Dios, que es puesto al Padre, tovo por bien que la vondat et el bien querer,

8 [spirituales et sinples] (B) *Comp.* 229. 31, *lines* 5–6 *above and line* 18 *below*

que es Dios Spíritu Sancto, que salle del Padre et del Fijo, fuese medianero entre esta Sancta Trinidat et la vienaventurada virgen, rreina de los çielos et de la tiera, nuestra sennora sancta María, et quel fiziese saber por el ángel que conçibiera dÉl [el] Fijo de Dios.'

Et viii° capítulo fabla en cómmo sancta María fue certificada viii
por el angel que avía de nasçer della el Fijo de Dios.

'Et ella, luego que por el ángel sopo la voluntad de Dios, creyólo et conçebió del Spíritu Sancto, que es Dios. Et la palabra fízose carne, et ella fincó virgen, así commo lo era ante que conçibiese.[136] Et esto rrazón es / de fincar virgen, ca ella non 110b
fue corronpida: ante fue conplida de todo bien et de [toda] graçia. Et pues tenía en sí todo el bien et toda la graçia, et otrosí fincó virgen, seyendo prenada. Et esto rrazón era, ca el Fijo de Dios — que es Dios conplido et conplidor de todas las cosas — non avía a dar a su madre mengua nin enojo demás, pues con rrazón et por mayor mejoría la escogió. [Et] bien entendedes vós que contra rrazón et contra justiçia sería si por ser ella la mejor muger que nunca fue nin será, et guardar más conplidamente la su virginidat, le fuese fecho tan grand tuerto et tan grant desaguisado commo fazerle perder la su sancta virginidat, que ella tan conplidamente se sopo guardar.

Et otrosí parió et fincó virgen. Et esto rrazón era, ca commo quier que Jhesu Christo omne verdadero era et corporal, et cada cosa corporal tiene lugar, et pues lugar tiene devía corronper [ ] por que sancta María non fincase vírgine. Et commo quier que esto paresçe cosa natural, devemos crer — et es rrazón et verdat — que la divinidat que era ayuntada a la umanidat de Jhesu Christo, et el su poder era et es tamanno que así fizo sotil a la umanidat, que non devió corronper nin corronpió a la vendita sennora virgen santa María. Et para crer esto podedes veer dos semejanças naturales. La una es que vós beedes que el sol, que es criatura, entra et salle por una vedriera et la ⟨vedriera sien⟩pre finca sana.[137] Pues si esto es en

12 [toda] *Comp. line* 13 *below*   33 beedes] beades (B)

criaturas, mucho más puede seer, et es, en el Criador. La segunda es que vós sabedes que si un físico entiende que para [guaresçer] una enfermedat que está en algund lugar del cuerpo, ha mester alguna purga, darle ha algunas melizinas, que por su naturaleza fará[n] tirar aquella umor de aquel lugar, et sotilarse
110c an tanto / que commo quier que an de pasar por lugares et por venas muy estrechas, que farán derechamente et conplida toda su obra et non corronperán ningún lugar de aquellos por ó pasan. Pues si esto se puede fazer et se faze en las melezinas, que son criaturas et non an otro poder sinon para aprovechar a las enfermedades, parad mientes si se puede et deve fazer en la obra de Dios, que es Criador, et para guaresçer tan grant enfermedat commo la que los omnes avía[n], tanbién de las almas commo de los cuerpos, de la qual nunca podrían ser guaridos sinon por el concibimiento et nasçençia de Jhesu Christo.

Et todo esto sobredicho se pudo fazer et se fizo por dos cosas.[138] La una, por dar con rrazón gloria spiritual et corporal al omne, que es conpuesto de alma et de cuerpo que son cosas spirituales et corporales. Et la otra porque — pues Adám, que era omne, erró a Dios — que oviese ý omne que muriese por el pecado que fizo Adám — que fue omne — et Dios que pudiese fazer emienda conplida a Dios, a qui fue el tuerto fecho — et que se cunpliese todo este bien por nuestra sennora et nuestra madre et nuestra abogada, sancta María — commo se confondió por nuestra primera madre, Eva.

Et si por aventura non quisieren ellos crer que esto es verdat, et dixiesen que aunque sea verdad las otras cosas que non veen rrazón por que Jhesu Christo vino en aquel tienpo, nin en aquella manera nin en aquella muger, entonçe les deve mostrar quál fue la rrazón por [que] Jhesu Christo vino en aquel tienpo. Et por qué nasció de sancta María et non de otra muger. Et por qué, seyendo virgen et desposada, et non casada nin virgen solamente nin biuda, sinon virgen et desposada. Et por qué nasçió de noche et non de día. Et por qué al ora del

3 [guaresçer] *Comp. line* 12 *below* 12 guaresçer] gõesçer 22 tuerto] cuerpo *Comp.* 233. 1

gallo et non a otro tienpo. Et por / qué en Beelém et non en 110d
otro lugar. Et por qué nasçió en el pesebre do estava el bue et el asno, et non otras bestias. Et por qué en portal. Et por qué en casa agena et non en la suya. Et por qué en el mes de dizienbre. Et por qué vinieron los tres Reys Magos aorarle. Et por qué vino la estrella que les guió. Et por qué le ofreçieron oro et ençienso et mirra. Et por qué fue sancta María a Egipto, et por qué tornó a tanto tienpo. Et por qué non pedricó Jhesu Christo fasta que ovo treinta annos et fue bateado. Et por qué pedricó tres annos et non más nin menos. Et porqué consintió que tales gentes commo los judíos se atreviesen a lo prender et a lo matar. Et por qué consintió que Judas Escariote, seyendo uno de los doze apóstoles, lo troxiese a los judíos et lo vendiese por treinta dineros. Et por qué quiso ser açotado et tormentado tan cruelmente que non ovo en el su sancto cuerpo cosa que muy grant pena non sufriese, et escarneçido de tal vil gente commo los judíos. Et por qué fue avierto el su costado de una lançada quel dio Longinos — seyendo ya muerto — de que salió sangre et agua. Et por qué fue cruçificado et non le dieron otra muerte, et por qué en aquel madero et non en otro. Et por qué resoçitó al terçer día et non ante nin después. Et por qué desçendió a los infiernos et sacó ende los patriarchas. Et por qué subió a los çielos el día de la Asçensión. Et por qué bino a los apóstoles el día de Cimquaesma et fueron confirmados por el Spíritu Sancto.

Et amostrándoles estas cosas, forçadamente con rrazón avrán a entender et creer que Jhesu Christo vino en aquel tienpo et en aquella manera et en aquella muger.'

El ix° capítulo fabla en quál hedat fue la nascençia de Jhesu ix
Christo.

'[Et] si dizen que por qué crerán que fue en aquel / tienpo, 111a
commo quier que otras muchas rrazones ay tengo que éstas que vos yo digo et diré que son buenas et verdaderas. Vós devedes saber que después que Adám fue criado et se començó el mundo,

14 tan] tal (G) 24 fueron] fuerē (G) 26 et creer] et a creer (a *erased*)

allí començó la primera edat et duró fasta Noé. Et començó la segunda edat entonçe et duró fasta Abrán. Et començó la [terçera edat] entonçe [et] duró fasta [. . .].

Así que la nasçençia de Jhesu Christo fue en la sexta hedat, et començóse entonçe. Et razón era de se començar, ca por Él se començava la salud del mundo. La otra rrazón fue porque las patriarchas et prophetas — que estavan en pena, non aviendo la graçia de Dios, aviéndola muy bien meresçido por las sus sanctas obras et porque ellos nunca fueron en ley — que les fuese prometida salvaçión de las almas, non podían ser salvos nin en lugar de gloria fasta que biniese el Salvador; que avía poder conplido para las salvar, aquel que era verdadero Dios que las criara. Et porque avía[n] ya tanto estado que si más ý estudiesen que sería más manera de crueldat que de justiçia, quiso la Sancta Trinidad, que es un Dios solo, Padre, Fijo et Spíritu Sancto, que viniese el su Fijo, que fue Jhesu Christo, verdadero Dios et verdadero omne, para los sacar de aquel lugar [. . .]. Et de lo que dize[n] que por quál rrazón vino et por quál manera, esto ya desuso es dicho.

Et [la] rrazón por que vino en sancta María et non en otra
111b muger, esto fue con muy grant rrazón. Ca çier/to es que la más estranna et más marabillosa cosa et más aprovechosa et más sancta que nunca fue nin será nin puede ser, fue [el] conçebimiento et nasçemiento de Jhesu Christo [. . .]. Et pues ovo ý estas cosas, convernía que Dios fuese verdaderamente Dios et omne, que oviese padre o madre, et que non lo oviese todo [ ]. Ca si fuere fijo de omne et de muger non pudiera ser Dios; et si Dios non fuera non oviera poder de librar las almas, que son cosas spirituales et sinples, criaturas de Dios. Et esto es contra los judíos, que tienen que el Messías a de seer omne verdadero [ ]. Et non veen, los mesquinos errados, que si omne fuese solamente que non av[r]ía poder de aprovechar nin de enpesçer a las almas, que son cosas spirituales; (et) mas porque es Dios

3 *Lacuna shown by a blank of* 5½ *lines in* MS. *The rubric was wrongly placed after this blank* 14 estudiessen] estas diesen 18 [. . .] *Lacuna of* 2½ *lines after* lugar 24 *Lacuna not shown in* MS. 25 convernía G *corrects to* convenía 31 *Read* [solamente] ?

et omne puede dar gloria o pena a las almas et a los cuerpos. Et si fuese Fijo de Dios et Dios solamente, non pudiera con rrazón fazer emienda conplida por el pecado que el omne fiziera; nin fuera pariente de los omnes nin pudieran aver gloria con Él los cuerpos, que son corporales. Et por ende convino que para seer Dios que fuese Fijo de Dios, et para ser omne que fuese fijo de muger. Et así podría ser verdadero Dios et verdadero omne. Et así lo fue.

Et pues la vondat et poder et sabidoría de Dios — [que] es un Dios, Padre, Fijo, Spíritu Sancto — tovo por bien de se omillar tanto para se fazer omne para salvar las almas, rrazón era que escogiese por madre la mejor et más sancta muger que nunca fue nin será. Et otrosí tovo por bien — et devиólo querer — que el su conçibimiento et la su nasçençia fuese sanctamente et muy limpia, et que su madre fincase sancta et conplida de todo bien et que non le fuese quebrantada la su sancta virginidat, que ella tanto cobdiçió et tan sa/n[ct]amente sopo guardar. Et demás, 111c
por la grant omildat que en sí ovo, que es la cosa que Dios más se paga, et por ende fue et es et será para sienpre ençalçada sobre los coros de los ángeles. Et demás, por otras vondades que ovo en sí — que omne del mundo non las podría contar — et aun porque fue del linage de los rreys [de Israel], por dar a entender que el su fijo tanbién era rrey de la tiera commo del çielo. Et así, pues Dios avía [a] seer omne et aver madre, con rrazón fue que lo fuese aquella virgen vienaventurada sancta María, et non otra.

Et otrosí, la rrazón por que Jhesu Christo nasçió de sancta María, seyendo virgen solamente et non casada, nin virgen solamente nin biuda, mas virgen et desposada, commo quier que otras rrazones ay, más de las que podría dezir, pero las que yo entiendo son éstas. Lo primero, que nasçió de virgen, ya es dicho; et porque non de casada, ligeramente se puede dar aquí la repuesta, ca el que era verdadero Dios non era rrazón que nasçiese de muger de quien Él pudiese aver hermano. Ca pues Él era Dios et avía a Dios por padre non convenía que su madre

4 fiziera] fiziere 5 con] en (B) 22 [de Israel] *Comp.* 240. 31–2

oviese omne por marido; [et] pues non era fijo de omne, que su madre nunca fiziese por que pudiese aver omne por hermano. Otrosí, [si] por estas rrazones non convinía que Jhesu Christo nasciese de muger casada, por éstas et por otras convinía tanpoco, et por ventura menos, que nasçiese de muger biuda. Otrosí non convinía que sancta María fuese ⟨conosçida ser⟩ virgen solamente; ca si lo fuera non pudieran seer guardadas muchas cosas que lo fueron porque era desposada. Lo primero
111d que por esta manera fue la nasçençia de Jhesu Christo / encubierta al diablo; ca si él viera que Jhesu Christo de virgen ⟨nasçía⟩ et non ⟨de⟩ desposada, luego sopiera que él era el Fijo de Dios, que era el Salvador del mundo et de las almas, el que todas deseavan, de quien él se reçelava; et si viera que por la su nasçiençia avía él a perder todo el poder et la onra que fasta entonçe avía, et se avía a cresçentar la su pena. Et quando vio las cosas que fazía commo Dios [todo]poderoso, espantávase; pero cuidando que sancta María era casada, porque era desposada, cuidava que non era Fijo de Dios et Dios verdadero, mas que era fijo de omne et de muger. Et por esta manera le fue encubierto este sancto fecho de Dios. Otrosí conplió para ser guardada sancta María et onrada de Joseph, su esposo, en quanto fue en Egipto. Ca commo quier que Jhesu Christo, que era Dios, et sancta María, que era su madre, non avían menester guarda de ninguno — ca ellos guardan et por ellos es guardado todo lo que ellos quieren guardar — pero pues ellos querían obrar por manera de omnes fue buena et cunplió la guarda et la onra que Joseph fizo a sancta María, et otro omne [que] non fuese su esposo non lo podría fazer tan con rrazón. Otrosí cunplió que fuese desposada con Joseph, ca Joseph et sancta María eran amos de un linage, et porque Jhesu Christo, de parte de sancta María, vinía derechamente de los rreys de Israel, et segund la costunbre de los judíos non se cuenta el linage de las mugeres, contado el linage de Joseph, cuéntase el linage de sancta María. Et por todas las razones dichas devió

4 convinía G *corrects to* [non] convenía 8 que lo fueron] q̄la fuerō
16 [todo] *Comp.* 251. 18 27 onra] otra (B) 28 lo] la

Jhesu Christo nasçer de sancta María, seyendo virgen desposada, et non casada nin biuda nin virgen solamente.

Otrosí la rrazón por que Jhesu Christo nasçió de noche, lo que yo ende tengo es esto: vós sabedes que la noche non es ál si/non escuredunbre que es sobre la tiera, porque el sol non 112a
paresçe sobre ella, et por ende la noche sienpre es cosa escura. Et porque al tienpo que Jhesu Christo nasçió todo el mundo era escuredunbre — porque era en poder del diablo por el pecado que Adám, nuestro primer padre, fiziera; del qual non podían los omnes ser salvos sinon por Nuestro Sennor Jhesu Christo, porque entonçe todos andavan en escuredunbre — por ende quiso Él nasçer de noche, por dar a entender que nasçía et que vinía en tienpo de escuredunbre.'

El x° capítulo fabla en [cómmo] Julio dixo al infante quál fue x
la razón segunt quel semejava por que Nuestro Sennor nasciera a la media noche, quando cantava el gallo.

'Otrosí la rrazón por que nasçió a la ora que cantó el gallo, paresçe a mí que es ésta: vós sabedes que el gallo canta después que es pasa⟨da⟩ la mayor parte de la noche, et es commo pregonero que faze saber que se açerca el día et se pasa la noche, et que se apercibe[n] los omnes para se levantar del suenno de la noche et fazer lo que les cunple para sus faziendas. [Et] por estas razones nasçió Jhesu Christo a la ora que canta el gallo, por dar a entender que pues nasçía en el mundo que la mayor parte de la escuridat — que era el poder del diablo — era pasada, et que ya se açercava la nuestra salvaçión — que es la claridat del sol, Nuestro Sennor Jhesu Christo — et se pasa la noche — que es la tiniebra.[139] Et Él fue el pregonero que nos aperçibió et nos predicó et nos mostró la carrera commo nos podemos salvar et commo nos podemos partir de los pecados en que estamos enbevidos et adormidos con el suenno de la noche, et [commo] fagamos lo que nos cunple para nuestra salvaçión.'

8 diablo] debl'o 14 [cómmo] *Comp.* 209. 27 15 quel semejava] q̄ el semejaua *Comp.* 209. 28 20 açerca] açerta (G) 22 fazer] faziā (B) 25 pasada] pasado (G)

xi El xiº capítulo fabla cómmo Julio dixo al infante la razón por
112b que Nuestro Sennor quiso na/çer en aquella villa que llaman Velleén.

'Otrosí la razón por que nasçió en Beleém [paresçe a mí] que es ésta: vós sabedes que Beleém quiere dezir "casa de pan", et por pan entiéndese abondamiento, et en el pan a en él redondeza et corteza et migajón. [Et] pues todas [estas] cosas se entienden en Jhesu Christo et en la su nascençia, ca Jhesu Christo es abondamiento de todo bien para las almas. Et para los cuerpos, (et) catando bien, a mester pan, et vino et carne et fructa, pues todos estos abondamientos fueron en Jhesu Christo, ca Él fue conplido et abondado commo [ ] seer Dios et omne. Pues Él fue pan, ca Él dixo que quien comiese de aquel pan que Él dava, que comía la su carne. Pues Él fue vino, ca Él dixo que el vino era la su sangre. Pues Él fue fructa, ca dÉl dixo el ángel: "Bendicho el fructo de tu vientre," et en latín, por fructa dizen *fructo*. Et el pan es redondo, et toda cosa redonda non a comienço nin cabo; et el pan a corteza et migajón, que está ý dentro — bien así Jhesu Christo nasçió omne, et porque estava la divinidat ayuntada [. . .]. Et así con rrazón nasçió en Beleém, que es "casa de pan".'

xii El xiiº capítulo fabla la razón por que Julio dixo al infante por qué Nuestro Sennor quiso nacer en el portal et non en casa çerrada.

'Otrosí, la rrazón por que nasçió en portal et non en casa fue por esto: vós sabedes que el portal non es casa conplida et está a la puerta de la casa. Et por esto se entiende que Jhesu Christo non era conplido el su fecho por la su nascençia, mas aún avía de se conplir por la su passión. Et así commo el portal está ante la puerta de la casa, así Jhesu Christo es entrada en

4 [paresçe a mí] *Comp.* 241. 18, 244. 14   5 ésta] esto (G)   9 B *would omit* et para los cuerpos   10 (et) catando bien B *emends to* catándo[lo] bien   12 commo [ ] seer *Read* ca Él fue [tan] conplido et abondado commo [es] seer? *A full phrase may have been om. before* Dios et omne
20 *One line appears to have been om. here*

carrera para entrar en la casa de la gloria perdurable, que es la gloria del paraíso.'

El xiii° capítulo fabla cómmo Julio dixo al / infante et le provó 112c xiii
por razón quál fue la cosa por que Jhesu Christo quisiera naçer en el pesebre.

'Otrosí, la rrazón por que fue puesto en el pesebre, segund yo tengo, fue por dos rrazones: la una, por dar enxenplo a las gentes, et sennaladamente a los rreys et grandes sennores. Que pues aquel Rey de los Reys fue puesto en el pesebre por mengua de otro lugar mejor et más apostado, que non se deven ellos marabillar nin tener por desaguisado de non se guisar todas las cosas así commo ellos queríam et pertenesçía para sus estados. Et la otra, por que entendiesen los omnes que pues el buey et el asno, que son animalias que estavan comiendo en el pesebre, conosçieron su sennor et su criador, et segund el su poder le fizieron reverençia, quanto menguados son ellos en non lo conosçer et fazer commo deven contra Él.'

[El] capítulo xiiii° fabla cómmo Julio dixo al infante quál fue xiv
la razón por que Nuestro Sennor Jhesu Christo quiso nacer en casa agena.

'Otrosí, la rrazón por que nasçió en casa agena et non suya, tengo que fue por dar [a entender] la su grant omildat, et aun [por]que non se pagava mucho de las riquezas deste mundo por que tomasen las gentes enxienplo dÉl; ca çierto es que el sennor del çielo et de la tiera bien pudiera aver casa para sí en que nasçiese.'

El xv° capítulo fabla en cómmo Julio dixo al infante quál fue xv
la razón por que Nuestro Sennor Jhesu Christo quisiera nascer en el mes de dizienbre.

'Otrosí, la razón por que nasçió en el mes de dizienbre, tengo yo que fue por estas rrazones. La una: que nasçió a ocho días por andar del mes et ya entonçe, segund el mobimiento del sol — porque se llega a nós más — comiença[n] a cresçer los días.

Et en esto se muestra que por la nasçençia de Jhesu Christo se llegava a nós la claridat del verdadero sol, que da lunbre et
112d alunbra a todos./ Ca bien commo el sol alunbra a buenos et a malos, [bien así alunbra el Spíritu Sancto a buenos et a malos;] pero quanto poco escalienta el sol a los que non quieren llegar a él, tan poco escalienta la calentura del Spíritu Sancto a los que non se allegan a él. La otra: por dar a entender que era verdadero omne. Ca, segund el día que Él fue conçebido nasçió a ix meses conplidos.'

xvi El capítulo xvi° fabla en cómmo Julio provava al infante quál fue la razón por que los reys de Sabaa vinieron adorar a Jhesu Christo.

'Otrosí, la rrazón por quel vinieron adorar los rreys [de Sabaa] paresçe a mí que fue por dar a entender que Él era el sennor del mundo et que todos los rreys eran en el su poder et que todos lo avían de obedesçer. Et el oro, ençienso et mirra que ellos le enpresentaron fue por dar a entender quién fue Jhesu Christo. Et esto fazían ellos prophetizando lo que avía de ser; ca por el oro que ofreçieron se entendía que todo el mundo era en su poder et la su gran nobleza; et por el ençienso se entendía el sacrifiçio que avía de seer fecho del su cuerpo; et por la mirra, que es muy amarga, la amargura de la su muerte.'

xvii El xvii° capítulo fabla en cómmo Julio provava quál fue la razón por que la estrella fue naçida en el naçimiento de Jhesu Christo.

'Otrosí, la rrazón por que vino con ellos la estrella que los guió fue por que todos entendiesen que manifiestamente era Dios poderoso, que tanbién le obediçía[n] las cosas et criaturas del çielo commo las animalias et las criaturas de la tiera.'

xviii El xviii° capítulo fabla en cómmo Julio cuenta quál fue la razón por que sancta María fue con su fijo a Egipto.

4 [bien . . . a malos] (B) 13–14 [de Sabaa] *Comp. line* 11 *above and* 210. 11 16 oro] ot°

'Otrosí, la rrazón por que sancta María fue con Jhesu Christo a Egipto fue por dar a entender que Jhesu Christo era verdaderamente omne. Ca çierto era que Jhesu Christo, que era Dios et omne, poco miedo avía del cativo de Herodes. Mas fazíalo por se mostrar por omne verdadero.'

El xix° capítulo fabla quál fue la neçessidat por que provava **xix**
Julio / que sancta María se ovo de tornar de Egipto. 113a

'Otrosí, la rrazón por que se tornó ende fue por dar a entender que así commo omnes fuyeron por miedo de Herodes que bien así, pues él era muerto, que ya non avían dél reçelo, et por eso se tornaba contra su tiera.'

El xx° capítulo fabla cómmo Julio provava quál fue la razón por **xx**
que Jhesu Christo non predicó fasta que ovo xxx annos et fue bateado en este mismo tienpo.

'Otrosí, la rrazón por que Jhesu Christo non pedricó fasta que ovo treinta annos et fue bateado, tengo que fue porque fasta xxx annos, non ha omne hedat conplida, tanbién para entender commo para obrar. Et quando omne es de hedat de xxx annos entonçe es en la mejor hedat que puede ser. Et por dar a entender que Él non quería fazer ninguna cosa sinon la mejor que podía seer, por ende non quiso Él pedricar nin seer bateado fasta que ovo xxx annos, nin tardarlo más. Pero non quiso pedricar fasta que fue bateado, por dar a entender que fasta que fue bateado non era en estado para fazer aquello para que Él viniera.'

El xxi° capítulo fabla commo Julio provava al infante quál fue **xxi**
la razón por que Jhesu Christo predicó tres annos, non más nin menos.

'Otrosí, la rrazón por que pedricó tres annos et non más nin menos, tengo que fue por dos rrazones. La primera, por dar diezmo del tienpo — ca de treinta annos los tres son del diezmo — et por ende nos da a entender que así devemos dar diezmo a Dios, del tienpo commo de las otras cosas. La otra rrazón es por dar a entender que el cuento de tres es el cuento conplido, et que la Sancta Trinidat es cosa conplida et verdadera et que en Él era conplidamente, et que Él era verdaderamente Dios et omne.'

xxii El xxiiº capítulo fabla quál fue la razón segunt que Julio dixo al infante por qué Nuestro Sennor consintió ser preso et muerto de tan vil gente commo los judíos.

'Otrosí, la rrazón por que consintió ser preso et muerto de
113b tan vil gente / [commo los judíos], quando de la vileza de la gente non es fuerça [ ] que para la nobleza de Jhesu Christo todas las gentes son asaz viles; mas la rrazón por que quiso que los judíos lo fiziesen, segund yo tengo, fue porque [a] aquel pueblo fiziera Dios más bien sienpre, et aquél tenía por suyo, et de aquel linage quiso Él nasçer por que los que contra Él errasen fiziesen mayor yerro por que con rrazón les diese mayor pena, et a los que lo conosçiesen et lo serviesen oviese rrazón de les fazer más vien.'

xxiii El xxiiiº capítulo fabla cómmo Julio provava al infante quál fue la razón por que Jhesu Christo fue vendido por xxx dineros.

'[Otrosí], la rrazón por quel vendieron por xxx dineros, déxolo de poner aquí porque sería muy luengo si lo oviese a dezir, cómmo estos xxx dineros fueron fechos et traídos al tesoro de Jerusalén. Mas si lo quisiéredes saber, fallarlo hedes en el libro que llaman *De Infançia Salvatoris*.'[140]

xxiv El xxiiiiº capítulo fabla la razón por que provava Julio que quiso ser açotado et tormentado Nuestro Sennor.

'Otrosí, la rrazón por que quiso seer açotado et tormentado, só çierto que non fue por cosa que Él meresçiese, mas tengo que lo quiso ser por nos encargar más por lo que fazía por nós et por nos dar exienplo; que pues Él, que es Dios et sennor,

1 el cuento de] el cuẽta de *above and* 237. 10–11 9 [commo los judíos] *Comp. line* 7 quando G *corrects to* quanto 10 B *supplies* [de fablar en ella]

quiso sofrir todo aquello et aun la muerte por nós, non aviendo Él meresçido por que lo sofrir, que paremos nós mientes qué devamos nós fazer por Él, que tanto mal meresçemos, et quánto poco devíamos dubdar la muerte et los tormentos o la lazería, por aquel sennor que tanto fizo por nós et tan caramente nos conpró.'

El xxv° capítulo fabla quál es la razón por que al Fijo de sancta **xxv**
María non dieron otra muerte sinon de cruz.

'Otrosí, la razón por que fue crucificado et non le dieron otra muerte, commo quier que otras rrazones ay, ten/go que fue 113c
porque el que está en la cruz non está en çielo nin en tiera, et están los braços extendidos. [Et] en esto nos da a entender que Jhesu Christo está et es entre Dios Padre, que es çielo, et nós los omnes, que somos tiera, et tiene los braços abiertos, rogando por nós et estando aparejado para nos reçebir.'

[El] capítulo ⟨xxvi[°]⟩ fabla cómmo Julio dixo [al infante] quál **xxvi**
fue la razón por que sangre et agua salió del costado de Jhesu Christo.

'Otrosí, la razón por que fue ferido en el costado et sallió dÉl sangre et agua seyendo ya muerto, segund yo tengo esto fue por nos dar a entender el sacrifiçio que Él ordenó del su cuerpo. Ca por ende dizen los saçerdotes: del costado de Nuestro Sennor Jhesu Christo sallió sangre et agua; por ende los mezclaremos en uno, por que lo quiera santificar para nuestro melezinamiento.'

[El] capítulo xxvii° fabla cómmo Julio provava que la cruz fue **xxvii**
de tres maderos.

'Otrosí, la razón por que quiso que de aquel madero fuese la cruz, esto sería muy luenga razón de dezir. Mas lo que yo ende tengo es esto. En la cruz fueron tres maderos: palma et oliva et

22 costado] estado

çiprés. Por la palma nos da a entender el su sennorío, et por el oliva la paz que por la su passión era puesta entre Dios et los omnes, et el ciprés nos da a entender que por la su muerte eran la muerte et el diablo vençidos.'

xxviii [El] capítulo xxviii° fabla cómmo Julio dixo la razón por que la resurrectión de Jhesu Christo se tardó fasta el terçer día et non fue ante nin depués.

'Otrosí, la razón por que resoçitó al terçer día, segund yo creo, fue por esto: vós devedes saber que segund ya desuso es dicho
113d Dios non puede fazer tuerto. Ca este non poder es po/der bueno et ordenado. Et para guardar esto convinía que diese gloria o pena al cuerpo, segund sus meresçimientos, por las obras que fizo seyendo ayuntado con el alma — et por ende convino et devió ser que Jhesu Christo fuese Dios et omne, segund ya desuso es dicho más conplidamente — et para aver gloria amos en uno ayuntadamente, commo fizieron buenas obras ayuntadamente, convinía que fuesen ayuntados en uno et resusçitasen para aver la gloria que avían meresçido. Pues si Dios deve esto fazer a qualquier otro pecador, pues llega a estado de salvaçión, bien entendedes vós que [lo] devió fazer a Jhesu Christo, que era Dios et nunca pecó. Et por ende convino que pues la su carne — que era de omne — murió verdaderamente, que resusçitase para aver gloria con el alma conplidamente. Et la razón por que resusçitó al terçer día fue por esto: sabet que Dios nunca dexa de fazer todo bien al omne, sinon por el enbargo del pecado que el omne pone entre Dios et sí, et por esto, porque los omnes meresçen alguna pena, por ende les aluenga Dios el su resusçitamiento fasta el día de juizio. Et aquel día serán todos ayuntados para aver gloria ayuntadamente, commo es dicho. Pues a Jhesu Christo, que nunca pecara, non le devió alongar el su resusçitamiento, nin lo fizo, ca del viernes

9 segund ya] yo segūd 10 puede] puedo 13 ayuntado] ayūtada (G) *2nd* et] q̄ 19 pues llega G *corrects to* ques' llega. *But since apocope of enclitic* se *does not occur elsewhere in the text, this is unlikely. A lacuna between* pecador *and* pues *is more probable*

a ora de nona que murió commo omne la su carnalidat, fasta el domingo que aparesçió resusçitado, desçendió a los infiernos et sacó ende los patriarchas et los sanctos que esperavan la su venida. Et por mostrar que la Trinidat era conplida en Él paresçió resusçitado al tercer día et non ante, nin lo tardó más.'

[El] capítulo xxix° fabla quál fue la razón por que [quiso que] xxix
Judas Scariote, seyendo uno / de los sus apóstoles, lo vendiesse. 114a

'Otrosí, [la rrazón por que] quiso que Judas Escariote, seyendo uno de los sus apóstoles, lo vendiese, tengo que esto fue por dos razones. La una: por las grandes maldades que en él eran, ca segund se falla por la *Estoria* Judas fue así quel mató a su padre et casó con su madre et sienpre fizo malos pecados. Et por ende consintió Dios que fiziese tan malfecho commo fizo. Et la otra razón fue por fazer callar a muchos que an por manera dezir cada que algún omne de algún estado sennalado faze algún malfecho, luego ellos dizen mal de aquel estado.[141] Et devían parar mientes a esto, que Él, Nuestro Sennor Dios, consintió que se fiziese. Ca pues Él ordenó el estado de los apóstoles, çierto es que aquel estado es el mejor et más acabado que puede ser. Et pues de aquel estado que Jhesu Christo ordenó et en que non avía más de doze apóstoles, que eran doze omnes, el uno dellos fizo tan grant mal et tan grant pecado et tan grant traiçión, con todo eso non dexó el estado de los apóstoles de seer sancto, bueno et conplido; bien así por fazer mal un mal freile o un mal omne de qualquier estado, non dexa por eso de ser buena la orden o el estado que aquel mal omne non guarda commo deve.'

El capítulo xxx fabla quál fue la razón por que quando Jhesu xxx
Christo subió a los çielos le vieron todos los que estavan con Él.

'Otrosí, subió a los çielos en cuerpo et en alma, veyéndolo toda la gente, por mostrar manifiestamente que era Dios et omne verdaderamente.'

8 Otrosí] et [la rrazón por que] *Comp.* 241. 3, 17, 242. 4, *etc.* 23 con todo] cōtado 28 quál] q̄ *Comp.* 211. 8

xxxi El xxxi° capítulo fabla quál fue la razón por que envió el Spíritu Sancto sobre los apóstoles el día de Çinquaesma.

'Otrosí, envió (enbió) el Spíritu Sancto sobre los apóstoles el día de Çinquaesma, et confirmólos en graçia et mostróles todos 114b los lenguages et las çiençias / por que pudiesen et sopiesen pedricar a las gentes la su sancta fe católica. Et [por] todo esto fue mostrado que la ley vieja fuera figura desta nuestra; que así commo el Spíritu Sancto desçendió sobre los apóstoles el día de Çinquaesma — que fue a çinquaenta días de la resurrectión de Jhesu Christo, que la verdadera pasqua en que fue comido el cordero et fecho del su cuerpo sacrefiçio commo Él ordenó el jueves ante — bien así fue dada la ley a Moisén en el monte de Sinay a çinquaenta días que ellos fazen la pasqua de la noche que sallieron de Egipto. Et sinon que sería muy luengo, ligeramente vos mostraría que todas las cosas que se fizieron en aquella pascua fueron figura de la passión de Jhesu Christo et del sacrifiçio que se fizo et se faze del su cuerpo.

Et mostrándoles estas cosas, forçadamente con rrazón avrán a entender et creer que Jhesu Christo vino en aquel tienpo et en aquella manera et en aquella muger.'

xxxii El xxxii° capítulo fabla en cómmo Julio dixo al infante: 'He dicho las quatro maneras de gentes, que son christianos et judíos et moros et paganos, por les fazer entender, lo uno por Escriptura et lo ál por razón, cómmo puede ser [et] cómmo fue el avenimiento de Jhesu Christo.'

'Agora, sennor infante, commo quier que todas las cosas que para esto son mester, yo nin otri non vos las podríe dezir conplidamente, pero tengo que vos he dicho tantas et tan verdaderas con que los sacerdotes pueden vençer con razón a los paganos et gentiles que non creen las Scripturas, et conviene que los venza(n) omne con rrazón. [Et] así vos he dicho cómmo por Scriptura et por rrazón pueden los sacerdotes vençer las

10 que la *Namely*, ques la, *with assimilation of* s *to* l. *See Menéndez Pidal,* Cantar, § 48. 1

quatro maneras de gentes — que son christianos et judíos et
moros et paganos — para les / fazer entender, lo uno por 114c
Scriptura et lo ál por razón, cómmo puede ser et cómmo fue, et la razón por que fue [Jhesu Christo] verdadero Dios et verdadero omne.

Et pues esto vos he dicho, dezirvos he cómmo pudo ser et cómmo es que la nuestra ley sea fundada, et se deve creer et se cree por rrazón, et cómmo, maguer que con razón se cree et razón sea todo, que non se pierde el meresçimiento de la fe; [por]que dize[n] que la fe non ha meresçimiento si la razón [omne] la acança por entendimiento.[142]

Et esto es así: commo quier que la nuestra ley et nuestra fe toda es una cosa et non a en ella departimiento, pero a en ella dos cosas que se entienden et son cada una en su manera. La una es: ¿cómmo pudo ser, et es, que Jhesu Christo fuese Dios et omne? La otra es lo que Él ordenó et fizo. Et las cosas que Él fizo fueron en tres maneras: las unas ordenó et fizo commo Dios todopoderoso, las otras commo omne verdadero, las otras commo Dios et omne. La[s] que fizo commo Dios fueron los miraglos, que sienpre los fazía enmendando et perdonando los pecados; la[s] que fizo commo omne fueron todas las cosas de que usó commo omne bien ordenado et sin pecado; et las que fizo commo Dios et omne fueron los sacramentos, en que puso tan grant virtud que se non puede creer sinon por fe. Et esta fe que avemos en crer los sacramentos que Él fizo et ordenó, pues non se puede(n) alcançar por rrazón, nos faze aver meresçimiento en las crer.

Et razón es que pues por razón manifiesta se prueva que Jhesu Christo fue et es verdadero [Dios et verdadero] omne, que cre⟨a⟩mos por fe lo que Él fizo et ordenó, que lo pudo fazer; et en lo que Él ordenó, aquella virtud que Él ý puso. Et por que lo entendades mejor, fazervos ⟨he⟩ una semejança. Vós sabedes que si un sennor a una villa, vien pueden las gentes

10 [por] *Comp.* 225. 5 si la] dela 11 [omne] *Comp.* 225. 6, 25 acança *Comp.* 231. 1 15 es, que] cōmo q̄ 20 enmendando] mādando (B) 31 *After* ordenó B *adds* [que a en ello]

114d dubdar si aquel/la villa es suya o non, diziendo que non es suya por alguna razón. Mas si conosçen que la villa es suya et desto non dubden, dende adelante non deven dubdar que puede(n) ý fazer lo que quisiere, commo sennor que puede et a poder de fazer en lo suyo toda su voluntad; et deve[n] crer et aver fe, maguer que lo non bean, en todo lo que saben que él fizo, o mandó fazer, o faze, que lo pudo fazer [et] que es así commo lo él ordenó. Et pues esta semejança es çierta en los omnes, que son criaturas, mucho más conplidamente lo podedes entender que se puede entender en Dios, que es criador.

Et pues manifiestamente se prueva desuso que de razón et de nesçessidat convino que Jhesu Christo fuese Dios verdadero et omne verdadero et en todo poderoso, et sabemos çiertamente que Jhesu Christo ordenó los sacramentos, con razón devemos et podemos crer que los sacramentos que Él ordenó que son verdaderos sacramentos et que an aquellas virtudes que Él puso en ellos. Et commo quier que los nuestros entendimientos non acançan con rrazón que puedan aver estas virtudes, devémoslo crer por fe. Ca pues somos çiertos que Jhesu Christo fue et es verdadero Dios et ordenó los sacramentos [et] que lo pudo fazer, et porque la razón non puede alcançar esto, por eso avemos el meresçimiento de crer por fe lo que se non puede acançar por razón. Et, sennor infante, así se salva que la nuestra sancta ley et fe católica se prueva por razón, et provándose por razón non se pierde el meresçimiento de la fe.

Et por estas maneras todas et por las otras que son puestas en este libro, tanbién en la primera partida commo en esta segunda, pueden con razón los sacerdotes fazer entender a todas las gentes las mejorías et avantajas que la nuestra sancta ley a de todas las
115a otras sectas, et cómmo es con razón lo que se cree por / razón et lo que se cree por fe, et cómmo en esta sancta fe católica se pueden salvar et se salvan las almas et que en otra non se pueden salvar. Et así tengo que vos he provado lo que desuso vos he dicho que con la merçed de Dios vos provaría adelante.'

7 faze] fizo (B) 13 et omne verdadero et] ꝛ dios (B) 22 acançar] acãçan 30 cree] crea

[THE POPE]

El xxxiii° capítulo fabla cómmo el infante dixo a Julio: 'Commo xxxiii
quier que estas razones que me vós dezides son muy buenas, mucho vos lo gradesco en cómmo me las fiziestes entender, commo a christiano que yo só.'

'Julio,' dixo el infante, 'commo quier que estas razones que que vós avedes dicho son muy buenas, et cunple[n] para esto que vós dezides, bien vos digo verdat que yo, que só christiano, gradesco mucho a Dios porque entiendo por razón lo que cunple de entender. Et otrosí entiendo por razón qué es lo que devo crer por fe. Et pues a esto buen recabdo me avedes dado, rruégovos que me fabledes en todos los estados de la clerezía así commo fiziestes en los estados de los legos, et me mostrastes en quál dellos se puede omne mejor salvar et más sin peligro.'

'Sennor infante,' dixo Julio, 'tantos son los estados de la clerezía que sería muy grant marabilla si en fablar en ellos non oviese a menguar alguna cosa o olvidar algunos dellos, porque son muchos. Ca en el estado de la clerezía es el papa, que es el mayor estado della; et tien grant poder et tan grant lugar commo aquel que es vicario, en lo spiritual, de Dios et de sant Pedro, segund se dize al comienço deste libro. Et en pos él son los cardenales, que son en logar de los apóstoles. Et después, los patriarcas. Et después, [los] arçobispos et obispos, et deanes et arçidianos, et chantres, et tesoreros, et maestrescu[e]las, et canónigos, et raçioneros, et capellanes que cantan capellanías, et diacones et subdiacones, et acólitos. [Et] todos [estos] estados son / en las eglesias catedrales. Et demás déstos a otros clérigos 115b
en las eglesias de las villas et de las aldeas.

Otrosí [a] otros sacerdotes que son religiosos et omnes de orden. Et an orden de pobreza, así commo la orden de los pedricadores et de los menores. Otrosí a otras órdenes que pueden aver proprio en común, así commo la orden de sant Agostín, et de los monges blancos et prietos.

Otrosí ay órdenes de cavallería, que pueden aver cavallos et armas, et usar dellas en serviçio de Dios et defendimiento de la fe contra los moros, et pueden aver proprio en común. Et éstas son en Castiella — onde yo só natural — la orden de Sanctiago, et de sant Johan, et de Calatrava, et de Alcántara. Et en Aragón ay otra orden, que fizo el rrey don Jaimes, que llaman de Montesa. Et en Portogal [la orden] del Avis, et de Christo; et fízola el rrey don Donis, et son tenidos de obedesçer a Calatrava.'

xxxiv El xxxiiii° capítulo que fabla cómmo el infante dixo a Julio: 'Bien entiendo, segunt las razones que me avedes dichas, que el estado de la clerezía es muy bueno et mucho ⟨acabado⟩.'

'Julio,' dixo el infante, 'segund estas razones que me avedes dicho, bien entiendo que el estado de la clerezía que es muy bueno et muy bien acabado. Pero segund a mí paresçe, en cada uno de los estados de la clerizía beo muchos peligros para salvamiento de las almas. Mas [para] que podamos, con la merçed de Dios, acertar en lo mejor, rruégovos que me digades lo que entendedes en cada uno destos estados de que me avedes fablado. Et así commo en el estado de los legos me començastes a fablar primeramente en el estado de los enperadores — porque es más alto — et fuestes desçendiendo a todos los estados fasta
115c que llegastes a los menores, te/ned agora por bien de començar en el estado de los papas, que es el mayor et más alto que ay en la clerezía. Et después iredes descendiendo por los otros estados, así commo fiziestes por lo[s] de los legos. Et desque oviéredes fablado en todos los estados, tanbién de los legos commo de los clérigos, fío por la merçed de Dios que Él, que es conplido et conplidor de todos los bienes, que pues sabe la mi entençión, que Él la cunplirá et querrá que escoja tal estado por que pueda servir a Él et salvar el alma, guardando et acresçentando mi onra et el estado en que Él me puso.'

'Sennor infante,' dixo Julio, 'commo quier que entiendo que me ponedes en grant cuidado et en grant trabajo, pero pues veo que lo non puedo escusar et lo tenedes por bien, avervos he a fablar en la manera que lo yo entiendo.'

6 *There may be a lacuna between* et *and* son

El xxxvº capítulo fabla en cómmo Julio dixo: 'Sennor infante, xxxv
vós sabedes que en todos los estados en que viven los omnes se pueden salvar, si quisieren.'

'Sennor infante, vós sabedes que yo en la primera partida deste libro vos dixi que en todos los estados en que biven los omnes en el mundo se pueden salvar, si quisieren.[143] Et otrosí non ay estado, por bueno nin por sancto que sea, en que el omne non pueda perder el alma et aun el cuerpo muy bien, si quisiere. Pero quanto los estados son más aparejados para [fazer] buenas obras et más alongados de aver ocasión para pecar et para fazer mal, tanto son mejores para salvamiento de las almas. Et aun si son aparejados para fazer muchas buenas obras, et ay algunas maneras por que, segund la condiçión de aquel estado, puede caer en grandes yerros et en grandes pecados. Et Dios quiere
fazer tanta / merçed al que es en aquel estado, que podiendo 115d
fazer mal et conplir su voluntad [ ] et desordenada [ ] et lo dexa por Dios et por non fazer lo que non le pertenesçe, et faze buenas obras a serviçio et a pro de su alma et de su fama, aun éste es más bienandante que el que bive en estado que puede fazer bien et aunque quiera que non puede fazer mal.

Et por ende vos digo que segund yo tengo que el mejor estado que a en la clerezía para salvamiento del alma, que es el de los papas. Et quantas rrazones ý a por que el papa puede más meresçer que otro omne, si quisiere obrar commo deve et segund pertenesçe al su estado, serie muy luengo de contar. Pero dezirvos he ende tanto. Cred que pues el papa puede fazer más bienes, tanbién por la su persona commo por el algo que a de la Eglesia — faziendo por la su persona buenas obras et despendiendo el aver de la Eglesia en serviçio de Dios et ençalçamiento de la sancta fe católica contra los moros et gentiles et ereges, et en otras buenas obras; et guardándose por la su persona de non fazer lo que non le pertenesçe, nin despendiendo el aver de la Eglesia en vanidades nin en plazeres [et] en deleites del mundo. Et tengo que pues puede fazer mucho

13 de aquel] de q̃ el 15 en] el 21 yo] ya 27 que] ca
33 vanidades] vaninades 34 Et tengo] que tẽgo (G)

bien, si lo feziere; et se podríe guisar mucho mal de las obras quél pod[r]ía fazer, si quisiere, et lo dexa de fazer por serviçio de Dios por fazer lo que deve; por ende tengo que es mejor estado para salvamiento del alma. Et pues él puede fazer mucho bien, si dexa de fazer el bien et faze lo contrario la culpa non es del estado del papa nin del que lo ordenó (el estado), mas es del papa que non obra commo deve.'[144]

xxxvi El xxxvi° capítulo fabla en cómmo el infante dixo a Julio que avía fablado tan generalmente en algunas cosas que él que lo non podíe entender.

116a 'Julio,' dixo el infante, 'vós avedes di/cho muy bien. Pero en estas rrazones avedes fablado tan generalmente [ ], et aun porque ⟨a⟩ esto que avedes dicho non puedo entender quál es en sí el estado del papa nin en quáles cosas puede meresçer nin [en] quáles desmeresçer. Et por ende vos ruego que me fabledes bien conplidamente en estas çinco cosas: la primera, en el estado del papa; la segunda, cómmo se deve criar; la terçera, qué poder a; la quarta, en qué puede meresçer; la quinta, en qué puede desmeresçer.'

'Sennor infante,' dixo Julio, 'para vos dezir yo estas cosas que me preguntades, avía mester de fazer otro libro bien tamanno commo éste. Et sinon porque sería muy luenga cosa, aun tengo que se puede escusar mucho dello. Por ende, non vos lo diré todo, mas dezirvos he lo que entendiere que cunple.

A la primera que preguntades: ¿Qué estado es el del papa? vos respondo que es el mayor et más alto que en todo el mundo puede seer. Ca el papa, porque es en este estado segund la ley de los christianos — que es verdadera ley — a poder conplido en lo spiritual, commo aquel que es vicario verdaderamente de Jhesu Christo; et alo muy grande en lo tenporal. Et así es el mayor et más alto estado que puede seer.

A la segunda que me preguntades: ¿Cómmo deve seer criado? vos respondo que lo deven criar los cardenales en esta manera: luego que el papa fina dévense ayuntar los cardenales

1 si] ⁊ 12 B *suggests* generalmente [en algunas cosas]

en el logar do el papa fina et deven fazer su elecçión. Et do es la mayor parte, allí vale la eslecçión. Et desque es esleído por la mayor parte, luego de fecho es confirmado. Et desque es confirmado non se puede ninguno oponer contra él por ninguna cosa, sinon si fuese ereje manifiestamente. Pero si los cardenales non se aviniesen a la eslecçión por ninguna de las maneras que se fazen las eslecçiones, entonçe los de la villa do el papa fina dévenlos ençerrar en una / posada et darles 116b
lo que ovieren mester fasta xxx días. Et si fasta aquellos xxx días non se fiziere la esleiçión por alguna de las tres maneras que se deve fazer — de las quales la una es llamada de Spíritu Sancto; la otra, de conpromisso; la otra, de escrivano — dende adelante los de la villa dévenlos apremiar más a grados, fasta que pueda llegar la premia que non les darán otra cosa de comer sinon pan et agua. Et aunque les puede[n] dest[r]echar la casa en que estudieren ayuntados para fazer la eslecçión, todas estas premias, et más, les farán, quantas pudieren, fasta que ayan la eslecçión fecha. Et desque por qualquier destas maneras ayan la mayor parte de los cardenales fecha la eslecçión, luego de fecho es confirmado.[145] Et después por cosa del mundo non pueden contradezirse nin oponerse ninguno contra él, salvo si fuese ereje manifiestamente. Et luego que es criado abre un libro que tienen de los nonbres que deven aver los papas. Et está en cada foja un nonbre que fallan escripto, [et] aquel nonbre a después, et non le llaman por el su nonbre del baptismo que ante avía.

Et commo quier que ya fue de fecho que algún papa renunçió al papadgo tienen algunos que [non] se puede fazer, ca pues él es el mayor — et non a otro mayor — que así non deve aver poder de renunçiar el su poder.[146] Et si el collegio de los cardenales pueden reçebir la su renunçiaçión, bien podríam así emendar alguna cosa que non fuese tan bien fecha, si la fiziesen. Et pues esto, que es menos, non se puede fazer, paresce que menos pueden recebir la su renunçiaçión.

Et, sennor infante, commo quier que por ventura algunas

4 confirmado] esleydo *Attraction by line above* (B) 21 oponerse] eponse *Comp. line* 4 *above*

cosas ay más destas que vos yo he dicho, dígovos que segund
116c yo cuido en esta manera se de/ve criar el papa.

A la terçera pregunta que fazedes: ¿Qué poder a el papa? çiertamente, sennor infante, esto me es muy grave de lo fazer. Ca, por ventura, o avría a dezir algo de que me podría venir algún reprehendimiento et aun danno, o avría a dezir contra lo que algunos tienen por verdat et por razón. Et por esto, et porque non quería dezir cosa en que muchos pudiesen travar, non vos quiero dezir sinon lo que es çierto et en que ninguno non pueda contradezir. Et por ende vos digo que el papa a poder conplido en todo lo spiritual, así commo Nuestro Sennor Jhesu Christo lo dio a sant Pedro, que dexó por su vicario. Et son todos los christianos tenidos a tener et guardar todos sus mandamientos spirituales.

Otrosí a muy grant poder en lo tenporal. Mas quál o quánto es este poder, porque yo só de Castiella — et los rreys de Castiella et sus reinos [son] más sin ninguna subgectión que otra tierra del mundo — por ende non sé yo mucho desto.[147] Mas los que son del Imperio, o a los que esto tanne, ellos se lo vean; ca nós non avemos que adobar en esto, nin nos queremos meter en lo que non avemos que librar.

A la quarta pregunta que fazedes, que vos diga en qué puede meresçer el papa, sennor infante, tan grant es la vondat de Dios et tanto fizo por salvar los omnes que quiso que la su passión et los meresçimientos de sancta María et de los sanctos, todo fue en remisión de los pecadores. Et aun, por (que) les fazer más merçet, quiso, et es razón, que en todas las cosas que omne faga estando en verdadera penitençia, que en todas a[ya] meresçimiento [ ] en las buenas obras que él faze, ante a parte en todas las buenas obras que se fazen por toda la Eglesia. Et esto es commo ya desuso es dicho, que Dios sienpre faría merçet conplida al omne si él non lo enbargase por su pecado.
116d Et así el que está en ver/dadera penitençia, pues non a enbargo
por el pecado, en todo quanto bien faze, en todo a meresçi-

5 dezir] dexar *Comp. line* 6 *below* 12 Pedro] p° 28 a[ya] (G)
29 *Adversative conj. missing*

miento; et aun en todo el bien que se faze en Sancta Eglesia, tanbién en las obras de misericordia commo en los sesos corporales commo en los mandamientos de la ley, commo avrán en los buenos talantes.

Et, sennor infante, bien sabedes vós que el bien et el mal que son contrarios, pues si por el bien deve aver omne bien, otrosí por el mal deve aver mal. Et así pues, quando el omne piensa en fazer alguna buena obra et non finca por él de la acabar, et faze por ello todo su poder verdaderamente et non finca de lo acabar sinon porque non puede, este buen talante tanto gelo gradesçe [Dios] commo si lo oviese fecho. Et si piensa de fazer algún fecho malo et non finca de lo acabar sinon porque non puede, non gelo acalonna Dios tanto commo si lo oviese fecho. Et esto paresçe contra razón, ca pues Dios galardona tanto el talante de fazer bien que non finca sinon por non lo poder conplir commo si lo oviese fecho, pues el bien et el mal son semejantes maguer son contrarios ¿por qué non acalonna el talante de fazer mal et que non finca sinon por non lo poder fazer, tanto commo si lo oviese fecho? Et çiertamente así paresçe que devía seer. Mas la razón por [que] esto se faze es porque Dios es toda vondat, et por ende se paga del bien et aborreçe todo el mal. Et por la vondat conplida que a en sí, el talante del bienfazer tómalo por fecho. Et porque es vondat galardonar el bienfecho más largamente de quanto es et acalonnar el yerro menos de quanto es, por ende Dios, que es toda vondat, galardona el buen talante que se non pudo conplir tanto commo si fuese conplido; et non acalona el mal talante que se non pudo conplir, tanto commo si fuese conplido. Et así en todas las buenas obras de fecho et de talante meresçen los christianos que están en verda/dera penitençia. 117a

Pues si qualquier christiano que está en verdadera penitençia meresçe en tantas maneras, bien devedes entender si el papa — que es cabeça [et] mayoral de los christianos — puede meresçer et meresçe en muchas cosas. Demás que es el sacerdote mayor et a poder de consagrar el cuerpo de Jhesu Christo, que es el

3 avrán] ān   27 acalona] acalonar *Comp.* acalonar 287. 8

más alto sacramento que puede ser. Pues este sancto sacramento a de fazer cada día, o muy a menudo, bien devemos tener que sienpre deve estar en verdadera penitençia; ca qualquier sacerdote que este sancto sacramento a de fazer, et lo faze non estando en verdadera penitençia, valerle ía más non ser nasçido ca caye en aquella misma pena que cayó Judas Escariote trayendo el cuerpo de Jhesu Christo. Pues el papa, que sienpre deve estar — et devemos tener que está — en verdadera penitençia, en quantos vienes faze et piensa et [en quantos] se faze[n] por todo el mundo, en todos puede aver meresçimiento, et lo a.

A la quinta pregunta (pregunta) que me fazedes, que vos responda en qué puede desmeresçer el papa, bien vos digo, sennor infante, que tengo que esto sería muy grave de lo poder dezir. Ca bien así commo desuso vos dixe que el papa podría meresçer en muchas maneras, bien así vos digo que puede desmeresçer en muchas si non obrare commo deve. Et ya desuso vos dixe que todo omne, en qualquier estado que fuese, podía, si quisiese, fazer tales obras por que salvase el alma o la perdiese, [si] quisiese. Et eso mismo vos digo que puede fazer el papa.

Mas pues vos dixe en quáles cosas podría meresçer, et queredes que vos diga en quáles puede desmeresçer, dígovos que commo quier que otras cosas muchas a en que el papa puede desmeresçer si non obrare commo deve, que, segund tengo, que puede desmeresçer si non partiere et obrare commo deve los çinco tesoros que él tiene [en] el su poder: el uno es el tesoro spiritual de Sancta Eglesia triunfante, et el segundo es el
117b tesoro tenporal de las rrendas et de los averes ten/porales de Sancta Eglesia militante, et el tercero tesoro es de la justiçia que es en su poder para la fazer, et el quarto tesoro es de los benefiçios et dignidades de Sancta Eglesia que a de partir, et el quinto tesoro es el juizio de su consçiençia.'

xxxvii El xxxvii° capítulo fabla en cómmo Julio dixo al infante la manera en que el papa podía mereçer o desmeresçer.

9 [en quantos] (B)   25 *B emends to* puede [mucho] desmereçer

'Et çiertamente, sennor infante, en tantas maneras puede el papa desmeresçer, non obrando commo deve en partir estos çinco tesoros, que non a omne que todo vos lo pod(r)iese dezir. Pero lo que yo ende entiendo, dezírvoslo he en las menos palabras que yo pudiere.

Et començarvos he a fablar en el primer tesoro, que es el spiritual. Et por ende vos digo que, segund yo entiendo, que éste es el mayor et más noble tesoro que puede ser; ca este tesoro es de los vienes et graçias que Dios faze a los omnes en todo el fecho de Jhesu Christo, que fue et es verdadero Dios et verdadero omne, et en todos los sus meresçimientos et en los meresçimientos de sancta María et de todos los sanctos, et en todas las buenas obras que se fazen por todos los que son en paraíso, et en infierno [ ] que las non an menester.

Et devedes saber que todos los vienes que se fazen, tanbién de perdones que se ganan commo de sacrifiçios commo de oraçiones, et de todas las otras buenas obras que se suelen fazer, todas las fazen a entençión de aprovechar a las almas que están en purgatorio, por que por aquellas buenas obras salgan más aína de aquella pena en que están. Et esto es porque segund es desterminado por los sanctos et por los ductores de Sancta Eglesia por qualquier pecado mortal en que omne caya, devía estar muy grant tienpo en las penas de purgatorio. Et porque por aventura non podríe omne fazer en este mundo tan conplida penitençia por que del todo pudiese desfazer aquel pecado, por / ende los confessores con quien se confiesen danles aquella 117c
penitençia que entienden que pueden sofrir; et si se confiessan verdaderamente con dolor del coraçón por el pecado que fizo, et confessándolo por la voca en la manera que lo fizo, et faziendo la emienda que su confessor le mandare, es asuelto de la culpa del pecado. Mas finca aquella pena que meresçe [et] que lo que non pudo conplir por la penitençia que reçibió que lo purgue en las penas de purgatorio.

14 et en infierno [ ] que las non an menester. *Words are missing before* que las *and possibly also after* et 21 ductores *Comp.* 217. 13, 264. 1
31 aquella] q̄la

Et, sennor infante, devedes saber que entre las penas de purgatorio et las penas del infierno non ay otro departimiento sinon los que están en purgatorio son ya çiertos que desque ovieren purgado los pecados que fizieron, que irán a paraíso; et los que están en infierno, que nunca an de aver ninguna redenpçión. Et porque los que biven en este mundo non saben çierto dó son las almas de los que finan, teniendo que son en purgatorio, fazen por ellos los bienes que pueden, et si son ý, ayúdanles a salir más aína de aquella pena. Mas si son en paraíso o en infierno non [lo] an mester, ca los que son en paraíso non pueden aver mayor bien de quanto an, et los que están en el infierno non les tiene ninguna cosa pro que por ellos fagan, ca en el infierno non ay ninguna redenpción.

Et así todos los vienes que se fazen por esto son tesoro de Sancta Eglesia, et puédelo partir el papa. Pero algunos tienen que estos vienes que se fazen, si non cunple para aquellos que se faze que cunple a los más propincos de su linage que lo an mester, et que lo heredam así commo otra herençia; et si non ay de su linage quien lo aya mester, finca para el tesoro de Sancta Eglesia, et puédelo partir el papa.

117d Et porque vos / he fablado en estos tesoros generalmente et aberbiada, quiérovos dezir algo — ca todo non se podría dezir — de quánto noble et quánto preçiado es el tesoro de lo que Dios fizo por (que) los omnes en el fecho de Jhesu Christo et de los [sus] meresçimientos. Sennor infante, vós sabedes que ya desuso es dicho en este libro que Dios fizo mucho por los omnes. Pero porque los buenos fechos es mejor de los dezir omne muchas vezes que de llos callar, por ende vos lo quiero aquí dezir otra vez, ca la razón lo trae que non se deve aquí escusar.

Ya desuso es dicho et provado que Dios crió et es criador del mundo et aun de todas las otras cosas. Et todo lo fizo quando quiso et commo quiso, et non puso ý ál sinon lo que quiso, et así commo lo quiso que así fue fecho. Pues si todo lo fizo et [non] le costó más de lo querer, bien entendedes vós que, [si]

3 sinon los G *reads* sinon [que] los 22 aberbiada] aberbiado (B)
32 lo que] q̄lo 32–3 et así] q̄ asi

quisiera, menos le costara de redemir et perdonar el pecado del primer omne. Mas por lo que fazen nos con rrazón et a los pecadores mayor merçet et otrosí mayor encargo, quísolo Él todo fazer con rrazón et con justiçia; et por ende quiso enviar el su Fijo que fues Dios et omne: [Dios], por que fiziese a Dios emienda por el pecado que Adám fizo contra Él, et (el) omne, que muriese por redemir los omnes. Pues esto non pudo seer a menos de desçender Dios tanto commo a del çielo a la tierra et estar ençerrado en el vientre de sancta María nuebe meses, et nasçer della et seer ninno et pasar et sofrir todas las passiones et menguas — sin pecado — que los omnes naturalmente an, commo omne verdadero; et andar foído por miedo commo omne, et después seer vateado et predicar, et después ordenar los sacramentos, et seer preso et tormentado et / cruçificado et la su 118a
sangre esparzida; et después resuçitó et subió a los çielos, et envió el Spíritu Sancto sobre los apóstoles.

[Et] todas estas cosas fizo Dios por redemir los pecadores. Pues parad mientes si Él, que todas las cosas fizo de nada, et quiso que le costase tanto et le costó el redi[mi]miento de los pecadores, si pueden ligeramente ser redemidos. Ca non digo todas las dichas cosas que Dios por los dichos omnes fizo, nin aun la passión, nin aun una gota de la su sangre, mas un punto sólo de la su voluntad, podría et fazer et desfazer mill vezes mill mundos.

Pues todos estos dichos [bienes] que Dios a los omnes fizo por los redemir, todo es tesoro de la Eglesia. Et este tesoro tan noble et tan preçiado es en poder del papa para lo partir con los pecadores. Et otrosí los meresçimientos de sancta María et de todos los sanctos et las buenas obras que todos fazen, commo es dicho, todo es tesoro de la Eglesia. Et este poder otorgó Nuestro Sennor Jhesu Christo a sant Pedro, quandol fizo su vicario et le dixo que todo lo que él soltase en la tiera sería

2 lo que . . . et *This is corrupt.* G *emends to* mas fízolo por fazernos con razon et (359a. 21). B *observes that this does not make sense and emends to* mas fizieralo non [= nos] con razon e por fazer a los pecadores (p. 200) 5 [Dios] (G) 7–8 a menos de] avemos de 8 tanto] tanta (G) 23 mill vezes mill / miɫɫ vezes miɫɫ 25 [bienes] (G) 31 Pedro] p°

asuelto en los cielos. Et tienen los sanctos et ductores que sinon por estos meresçimientos, que en otra guisa que sería muy grave de aver omne perdón de los pecados. Pues este tan noble tesoro, que es en poder del papa, [si] non lo parte bien o da perdones o non se deven dar o a quien non lo meresçe, vós parad mientes si con rrazón et con justiçia deve mucho desmeresçer.'

xxxviii El xxxviiiº capítulo fabla en cómmo Julio dixo al infante en cómmo [el] papa, non partiendo commo devía el segundo tesoro de la Eglesia, podría mucho desmerecer.

'Otrosí en el segundo tesoro, que son las rrendas et los
118b lugares et todas las cosas tenporales que / a el papa, puede mucho desmeresçer s[i] non obrare en ello commo deve; ca tanbién puede desmeresçer en ganando las riquezas commo en partiéndolas. Ca si el papa demanda pechos o pedidos desordenados, tanbién en los vasallos de la Eglesia commo en los prelados commo en la clerezía commo en otras maneras muchas que pueden fallar, poniéndoles alguna color de razón et de derecho et non lo faziendo sinon por ayuntar tesoros, bien entendedes, sennor infante, si puede et deve en esto mucho desmeresçer.

Ca el papa que esto faze da a entender que se paga de ayuntar tesoros [más] que de fazer (et) lo que pertenesçe al su estado. Et dígovos que segund yo tengo que sigue muy mal la carrera de sant Gregorio papa, que dixo el ángel por él al hermitanno que más se deleitava él quando traía la su mano a la gata por el lomo que sant Gregorio, que era papa, en todas sus riquezas.[148]

Et si puede mucho desmeresçer en ganar et en ayuntar las riquezas et los tesoros, tengo que mucho más puede desmeresçer en los partir. Ca el tesoro tenporal de la Eglesia todo se deve espender en los pobres et en defendimiento de la ley et en las obras de misericordia et de piadat, salvo ende lo que espendiere en su mantenimiento et en onra et apostamiento de su estado.

1 ductores *Comp.* 217. 13, 261. 21 3 este] esto (G) 6 et] o
25 ángel] algel (G) 29 más] nos (G) 30 en] ꝛ (G)

Pero esto dévelo fazer por guardar su onra et su estado, mas non por deleite desordenado que en ello tome.

Pues si el papa deve despender en esto el tesoro temporal de la Eglesia et lo despiende en otras cosas muchas que son muy contrarias desto — las quales yo non quiero dezir, maguer que las entiendo et las sé, porque omne sienpre deve en estas cosas fablar generalmente et non descender a lo speçial, / ca 118c
pues digo en lo que se deve espender las riquezas et los tesoros tenporales de la Eglesia — en diziendo esto digo que puede el papa desmeresçer despendiéndolo en ál. Et quanto lo despendiere en fechos más sin aprovechamiento de las cosas dichas, tanto deve seer et es el desmereçimiento.'

El xxxix[°] capítulo fabla en cómmo Julio dixo al infante en **xxxix**
cómmo el papa puede desmereçer, non partiendo el iii[°] tesoro, que es en la justiçia, commo deve.

'Otrosí, el terçero tesoro de la Eglesia puede desmeresçer mucho el papa non obrando en él commo deve. Ca justiçia non es ál sinon dar a cada uno lo que meresçe, et la justiçia tan egual deve seer en unos commo en otros.

Et dezirvos he un exemplo que dixo una vegada un ric omne a un rey.[149] Acaesçió que aquel rey començó a regnar nuevamente et un día, pedricando a sus gentes, fablóles mucho en la justiçia. Et desque ovo su pedricaçión acabada respondiól aquel ric omne, et entre las otras rrazones díxol que la justiçia del rrey que devía seer commo rred de omne, mas non commo red de aranna; ca la red del aranna, si pasa por ý un páxaro o otra ave mayor, quebrántala et vase, mas (mas) si pasa por ý una mosca non la puede quebrantar, porque la mosca es muy flaca et finca ý presa. Mas la buena rred que faze el omne, nin ave nin venado nin otra cosa que por ella pase non la puede quebrantar. Et así la justiçia tal deve ser que por grande o por pequenno que sea el omne, si buena obra fiziere, sienpre le deve ser gualardonada; et si fiziere mal o tuerto non es justiçia

7 speçial] spūal (B) 26 aranna (1 *and* 2)] apaña 33 gualardonada] g̃lardonado

derecha si se non cunple tanbién contra el que es poderoso commo contra el que lo non es tanto. Ca si quiere el Evangelio
118d non dize que son vienandantes / solamente los que fazen la justiçia, mas dizen que son vienandantes los que (dezir) sufren persecutiones por la justicia.

Pues quando el papa, por reçelo o por voluntad o por otra cosa qualquier, faziendo graçias o perdones o despensaçiones o legitimationes, non devidamente ý dexa de conplir justiçia, gualardonando las buenas obras et escarmentando et castigando las malas, vós entendedes si puede desmeresçer o desmeresçer mucho en non obrar commo deve en el partir deste tesoro de la justiçia. Ca commo quier que por el poderío conplido que ha puede fazer mucho, si quisiere obrar commo deve, non deve usar deste poder sinon bien et en justiçia.'

xl El xl° capítulo fabla en cómmo Julio dixo al infante en cómmo el papa puede desmerecer non partiendo el quarto tesoro, que son los benefiçios.

'Otrosí, non partiendo el papa el quarto tesoro de los benefiçios de Sancta Eglesia commo deve, tengo que puede mucho desmeresçer. Ca los benefiçios de Sancta Eglesia, tanbién cardenales commo patriarchas commo arçobispos commo obispos, et dende ayuso los otros benefiçios de Sancta Eglesia, sienpre se deven dar a omnes que los merescan por buena vida limpia, et por sçiençia, et por hedat, et que sea probado commo obró ante que [a] aquel estado llegase. Et non se deve[n] dar por otra manera.

Pues el papa, que da las dignidades et benefiçios de Sancta Eglesia non guardando estas cosas, o por dineros o por ruegos o por reçelo o por conplir alguna cosa de su talante, non guardando lo que desuso es dicho, paresçe que a mayor talante de ayuntar tesoros et riquezas que de fazer lo que pertenesçe, segund el estado que tiene. Ca el papa tiene el lugar de sant Pedro, et sant Pedro tovo el lugar et vicaría de Jhesu Christo.

6 o por voluntad] ⁊ por volūtad   8 legitimationes] legramationes (G) ý dexa] ⁊ dexa

Et çiertamente Jhesu Christo más se pagó de la pobre/za que 119a de la riqueza.

Et commo quier que muchos ayan movido quistiones en razón de la pobreza de Jhesu Christo la verdat es ésta: que Jhesu Christo non fue del todo pobre.[150] Ca fállase por los Evangelios et por la su vida que dineros ovo, et omnes governava et Judas Escariote su mayordomo era. Pues si del todo fuera [pobre] non pudiera estas cosas fazer commo omne verdadero, mas fazíalas con lo que buscava sin pecado et quel davan por amor de Dios et por las sus sanctas obras quel veían fazer. Et por ende ⟨non⟩ puede ninguno dezir con verdad que Jhesu Christo fue del todo pobre, que nunca ovo nada. Mas cred por çierto que nunca ovo nin quiso riqueza tenporal, nin villas nin castillos nin dineros nin pannos nin cavallos nin otras vestias para cavalgar, ⟨ca⟩ por el camino sienpre iva de pie et descalço — o quando iva mejor encavalgado era en un asno o asna. Et así podedes entender quánto quería las riquezas et las ufanas deste mundo, seyendo el rrey de los çielos et de la tiera.

Pues si el papa que ha muy grant talante de ayuntar tesoros et aver grandes onras deste mundo et demás de las que pertenesçe[n] a su estado, vós devedes entender si puede desmeresçer et desmeresçe mucho en esto si non lo guarda commo deve.'

El xli° capítulo fabla en cómmo Julio dixo al infante en cómmo **xli** el papa puede desmereçer non partiendo commo deve el quinto tesoro, que es el juizio de su conçiencia.

'Otrosí, el quinto tesoro, del juizio de su consçiençia, puede el papa mucho desmeresçer si non obrare dél commo deve.

Et, sennor infante, este juizio de la consciençia es la más fuerte cosa del mundo; ca nunca puede omne fazer ninguna cosa en que aya mal o pecado que luego el gusano de la consciençia non le remuerda et non le dé a entender / que aquello 119b que faze que es mal et pecado, et que deve por ello recebir acalonamiento. Et el juizio de la consciençia luego judga que segund el mal que fizo, que así es rrazón quel venga mal por ello. Et segund la consçiençia judgó que el mal et el pecado es grande, así lo es. Et tienen los sanctos et los doctores que si la consçiençia da a entender al omne que es pecado mortal mover una paja de un lugar a otro, si teniendo que peca mortalmente lo faze(n) tienen que es pecado mortal, pues faze contra la consçiençia.

Pues la consçiençia tan fuerte acusa al omne et tan fuerte es el su juizio, parad mientes si el papa, que cadaldía, o mucho a menudo, deve consagrar et reçebir el cuerpo de Jhesu Christo, si por aventura entiende(n) que non tiene(n) bien linpia la consçiençia por que esté en algún pecado de alguno de los sesos corporales o de alguno de los siete pecados mortales o alguno de los dies mandamientos de la ley o alguno de los çinco tesoros dichos que son en su poder para los partir, sí puede mucho desmeresçer si lo faze non teniendo bien desenbargada su consçiençia de todas estas cosas dichas.

Et, sennor infante, commo quier que vos he dicho muchas maneras et muchas cosas en commo el papa puede desmeresçer si non obrare et partiere commo deve estos çinco tesoros dichos de Sancta Eglesia que son en su poder, bien así vos digo que si los partiere bien et obrare con ellos commo deve et segund le diere a entender verdaderamente su consciençia — et non lo faziendo por ninguna manera sinon por derecha justiçia — dígovos que en todas estas cosas puede meresçer. Ca bien así commo podríe desmeresçer si non obrase commo devía, bien así aún muy más es rrazón et cierto que meresçe si obra commo deve.'

[THE SENIOR CLERGY]

119c **xlii** [El xliiº capítulo] fabla en cómmo Julio [dixo] al infante: 'Agora, sennor [infante], vos he dicho todas las cosas que entiendo que cunplen a las vº preguntas que me fi[zi]estes.'

'Agora, sennor infante, vos he dicho todas las ⟨cosas⟩ que entiendo que cunple en las çinco preguntas que me feziestes en el

1–2 es grande] en grande (B)   30 cunplen] cūplā

estado de los papas. Et muchas más cosas vos podría yo dezir sinon por non alongar el libro mucho. Et tengo que esto que vos dixe que cunple asaz, et [que] por las cosas que dixe et por las que se entienden dellas son asaz declaradas las preguntas que me feziestes. Pero si en algunas destas cosas dichas dubdades, o queredes que vos declare más, o me queredes fazer más preguntas en este estado de los papas, dezídme lo que quisiéredes et yo respondervos he a ello lo mejor que yo entendiere.'

'Julio,' dixo el infante, 'bien sé ya que non a fecho, por pequenno que sea, en que omne non pueda dezir muchas razones si quisiere. Et demás el fecho de los estados de los papas, en que a tantas maneras, bien sé que si quisiéredes mucho más pudié[re]des dezir. Mas tengo que por esto que avedes dicho puedo asaz entender quanto me cunple del estado de los papas. [Et] por ende vos ruego que me fabledes de aquí adelante en los otros estados de la clerezía por que con la merçed de Dios pueda entender en quál de los dichos estados, tanbién de legos commo de clérigos, puedo mejor salvar el alma.'

El xliiiº capítulo fabla en cómmo Julio dixo al infante quál es el primer estado depués del estado de los papas. **xliii**

'Sennor infante,' dixo Julio, 'en pos el estado de los papas es luego el estado de los cardenales.

Et este nonbre de cardenal es sacado de latín. Ca por car-/denal dize en latín *cardinalis*, et *cardinalis* tanto quiere dezir 119d
commo el quiçal en que se sufre et anda toda la puerta, por dar a entender que los cardenales son quiçales sobre que se tiene et anda la nuestra fe. Et por su consejo et por su acuerdo deve fazer al papa todas las cosas que son para acresçentar et mantener et defender la nuestra sancta et verdadera ley et fe católica. Et son los cardenales a semejança de la manera que troxo Nuestro Sennor Jhesu Christo en este mundo; ca así commo Jhesu Christo era el maestro et sennor de los apóstoles et de los discípulos, et dise toda la ley et de todo nuestro bien, así el papa — que es vicario de Jhesu Christo — es el sennor et

mayoral de los cardenales et de toda clerezía; que son los cardenales a semejança de los apóstoles et de los discípulos et (de) toda la clerezía, a semejança de los discípulos menores. Ca bien commo los cardenales son los mayores estados so el papa, del papa et dende ayuso non desçendiendo, bien así deyuso de los apóstoles eran los discípulos. Et non eran todos de un grado, ca unos fueron de mayor dignidat que otros.

Et los cardenales an títulos, de que se llaman unos obispos et otros prestes et otros diácones. [Et] estos cardenales críalos el papa, quando entiende que son menester. Et dizen que pueden ser fasta setenta et dos. Et quando el papa los quiere criar alo de fazer por las quatro ténporas del anno. Et críalos en esta guisa: el papa acuerda con los cardenales quántos o quáles cardenales quiere criar. Et ante que sea muy publicado envíalos a sus casas sendos sonbreros bermejos. Et de allí adelante son cardenales
120a confirmados et llámanse de aquellos títulos / que el papa les da.

Et estos cardenales pueden meresçer o desmeresçer en aquellas maneras que desuso es dicho que puede meresçer o desmeresçer el papa, tanbién en los co[n]sejos que dan al papa — de que se puede seguir mucho bien o mucho mal — commo de las ayudas o estorvos que pueden fazer en las dignidades o perlaçías que a de dar el papa — en que pueden caer en grandes simonías et grandes tuertos o desaguisados — o en ayudar o en estorva⟨r⟩ a reys o prínçipes por voluntad et non catando justiçia nin el dapnno que dende se puede seguir; o ganando o despendiendo los tesoros commo non deven; o faziendo tanbién sus fechos commo los consejos que an a dar, contra sus consçiençias; et en dar de sí mismos et de sus vidas buen exenplo a las gentes o el contrario. Ca una de las cosas en que los omnes que tienen grandes estados puede[n] meresçer o desmeresçer es en el enxemplo que toman dellos las otras gentes.

[Et] en todas [estas maneras dichas] et en otras muchas que se allegan a ellos tienen muy grant lugar los cardenales para servir a Dios et acresçentar et aprovechar mucho en la sancta fe católica et fazer mucho bien a las gentes todas, así en el estado

24 a] o (G)   32 [estas maneras dichas] (B)

de los clérigos commo en el estado de los legos. Et por todas avrá[n] muy grant galardón de Dios si obraren dellas commo deve[n]; et si el contrario fiziere[n] es çierto que avrá[n] por ello muy grant pena.

Et, sennor infante, commo quiere que muchas cosas ay en el estado de los cardenales, tengo que éstas que vos he dicho son las prinçipales et los más de sus estados.'

El xliiii° capítulo fabla en cómm[o] el infante dixo a Julio en- **xliv**
conmendándol quánto conplidamente le avía fablado en el estado de los cardenales. /

'Julio,' dixo el infante, 'bien tengo que asaz conplidamente 120b
me abedes fablado en el estado de los cardenales. Et pues esto avedes fecho, ruégovos que me fabledes en los otros estados de la ⟨Eglesia⟩.'

'Sennor infante,' dixo Julio, 'en pos el estado de los cardenales es el estado de las patriarcas.[151] Et esto que vos digo — que es en pos el estado de los cardenales — non lo digo porque el estado de los patriarcas sea menor. Ante tengo que es mayor, ca bien así commo el estado de los cardenales es a semejança de los apóstoles, bien así el estado de los patriarchas es a semejança de las evangelistas. Et así commo las evangelistas an mayor grado spiritualmente que los otros apóstoles, así quando la Eglesia del todo era spiritual av(r)ían mayor grado las patriarcas. Mas después que (en) la Eglesia se ovo [de] entremeter mucho en lo tenporal — tanto que, por aventura, sería muy bien si fuese menos — fue mayor el estado de los cardenales porque por su consejo a de fazer et obrar el papa en los fechos tenporales. Et porque al tienpo de agora tenemos los omnes más mientes por lo tenporal que por lo spiritual, por ende pus yo en este libro por primero el estado de los cardenales que el de los patriarcas.

Et, sennor infante, porque me paresçe que ay aquí lugar, quiérovos dezir algo de lo que me paresçe qué deferençia o qué mejoría deve aver entre los fechos tenporales et los spirituales.[152]

28 al] el (G) 29 por ende pus yo] por ende por⟨q̄⟩yo *Comp.* 274. 33 mejoría] memoria (B) *Comp.* 272. 23, 273. 5, 20.

Sennor infante, los fechos tenporales et spirituales llama la Scriptura vida activa et vida contenplativa; et las buenas obras que se fazen de obra — así commo limosna et romerías o ayunos, et las otras buenas obras — llaman vida activa; et /
120c pensar omne en [la] vondat de Dios et en amarle et en cuidar en la gloria del paraíso, et pensando en esto despreçiar et desanparar las cosas vanas et falleçederas deste mundo — en que verdaderamente non ay sinon vanidat et enganno — et poner toda su voluntad en Dios, a ésta llaman vida contenplativa. Et desto pone una semejança (en) el Evangelio, de sancta Marta et de sancta María Magdalena, et conpara a sancta Marta a la vida activa, et conpara a sancta María Magdalena a la vida contenplativa.[153] Et luego el Evangelio destermina esta quistión: que Jhesu Christo dixo por su voca a sancta Marta que por [qué] se entremetía en las cosas tenporales, [et] commo quier que fiziese buenas obras que en muchas cosas sería turbada más que sancta María Magdalena, que tomara vida contenplativa et escogiera la mejor parte, la qual parte nuncal sería tirada.

Et, sennor infante, commo quier que las mejorías que a la vida contenplativa de la vida activa en muchos lugares se puede fallar en la Sancta Escriptura, que so çierto que en ninguna manera non lo podría yo dezir tan bien et atan conplidamente commo es ya dicho.[154] Pero porque estas mejorías se dizen en la Escriptura esparçidamente, dezírvoslo he yo lo que ende entiendo.

Sennor infante, çierto es que la vida contenplativa et la vida activa entramas son muy buenas et muy sanctas et non pueden seer la una sin la otra, ca si omne faze alguna buena obra de las que son dichas que perteneseçen a la vida activa, nunca las faría si ante non pensase en la vondat de Dios et en el vien que espera aver por aquella obra; et éste es pensamiento et es contenplaçión, et pertenesçe a la vida contenplativa. Otrosí la
120d vida contenplativa non puede ser sin la activa, / ca en quanto

5 [la] (B) *Comp. line* 30 *below*   14–15 por [qué] (G)   16 que en] enq̃ (G) turbada] turbado (G)   18 mejor] mayor *converted to* mejor *by a modern hand*   31 éste B *suggests* esto

faze buenas obras et da lo que a por Dios et se parte de las vanidades del mundo, ya en tanto por fuerça a de obrar de la vida activa.

Et así estas dos vidas sanctas non pueden seer la una sin la otra. Pero algunas de las mejorías que yo ý entiendo, dezírvoslas he. La vida activa — commo ya es dicho — ante que la buena obra faga, ante piensa el bien que se sigue della; pues ya esta buena obra en la buena contenplaçión ovo comienço. Et así la vida activa a en ella dos cosas: el buen pensamiento, que es el primero, et la buena vida, que biene después. Et la vida contenplativa ha tres cosas: la una es el buen pensamiento, que es contenplaçión pensar en la vondat de Dios y en el vien que an et avrán los que alcançan la su gloria, et pensando en esto fazen todas las obras que deven por que puedan llegar a ello. Et demás, después que las obras an fecho et desanparado todas las vanidades et las cosas que les pueden enbargar, ponen todo su amor en Dios et sienpre están pensando en la vondat de Dios et de las sus obras; et faziendo por que ellos amen a Dios, que sean amados dÉl. Et otrosí esta vida contenplativa a esta mejoría de la vida activa. Ha dos cosas: el buen pensamiento primero et las buenas obras después. Et la vida contenplativa ha tres cosas, que son: el buen pensamiento [ ] et las buenas obras. Et estas buenas obras, que se fazen en la vida activa en mucho tienpo, fázense en la vida contenplativa en menos. Et después que las buenas obras son fechas, fincan sienpre contenpla[n]do en Dios et en el su amor; et non ay ningún enbargo de las vanidades nin de los engannos del mundo por que se enbarguen de tener toda su voluntad et todo su pensamiento en el a/mor de Dios. 121a

Et por todas estas mejorías et avantajas que la vida contenplativa [a] de la vida activa, es muy más sancta et muy más provechosa para salvamiento de las almas la vida contenplativa que la vida activa. Et porque al comienço de la Eglesia toda la rrazón et la entención fue para salvar las almas, porque esto fue

14 puedan] puedē (B) 17 están] estē (G) 18 amen] amā (G)
22 pensamiento [ ] et las *See lines 11–14 above for information on lacuna*

la principal rrazón por que Dios fizo los omnes, por [ende] el estado de los patriarcas es a semejança de las Evangelistas — que fueron de la vida contenplativa — [et] es más alto grado que el de los cardenales, porque es él a semejança de los apóstoles. [Et] porque en algunas cosas se entremetieron de la vida activa más de commo suso es dicho, porque agora pensamos más en la vida activa que non en la vida contenplativa, et non podemos escusar de bevir commo bive todo el mundo nin paresce bien de tomar omne manera apartada del todo, tenemos que es [más] alto estado el de los cardenales que non el de los patriarchas. Et por [ende] pus yo en este libro el estado de los patriarcas en pos el estado de los cardenales. Et pues esto es fecho, tornarvos he a dezir lo que entiendo en el estado de los patriarcas.

Sennor infante, los patriarcas fueron ordenados al comienço de la Eglesia, et porque sant Pedro — que fue el primero papa — tovo su lugar en Roma, et [porque] la tiera que fue convertida a la fe de Jhesu Christo era muy luenne, fue ordenado que oviese quatro patriarcas: el uno en Jherusalén, et el otro en Alexandría, et el otro en [Antiochía], et el otro en [Costantinopla].'[155]

xlv [El xlv° capítulo fabla en cómmo el poderío que an los patriarchas por actoridat del papa, diz que es aquel que ha el papa en toda la christiandat.]

'[Et] estos patriarchas, por actoridat del papa, an en sus patriarcadgos aquel poder que a el papa en toda christiandat. /
121b Et estas patriarcas pueden meresçer o desmeresçer en todas las cosas según son dichas en el estado de los papas.'

'Julio,' dixo el infante, 'pues en el estado de los patriarcas me avedes fablado asaz conplidamente, rruégovos que me fabledes de aquí adelante en los otros estados de Sancta Eglesia.'

1 por [ende] B *suggests* por [que] 11 Et por [ende] pus yo] Et por⟨q̄⟩ pus yo *Comp.* 271. 29 13 tornarvos he] tomar vos he (G) 20 [Antiochía] (G) [Constantinopla] (B) G *supplies* [Roma] 22–4 [El xlv°... christiandat] *Blank of* 3 *lines in* MS. *for the unfilled rubric* *Comp.* 212. 18–20

'Sennor infante,' dixo Julio, 'en pos los patriarcas son los arçobispos. Et este nonbre de arçobispo es sacado de latín, que *archiepiscopus* en latín quiere dezir omne que deve aprimiar a obispo. Et esto se dize porque los arçobispos an en muchas cosas poder sobre los obispos de sus provinçias, ca los arçobispos deven visitar a los obispos, et ellos deven examinar las sus exlecçiones et los deven confirmar. Et los arçobispos pueden absolver et despensar en algunos grados con las gentes en que non pueden despensar los obispos. Pero algunas cosas ay que non pueden despensar sin mandamiento sennalado del papa.

Et algunos arçobispos a que son llamados primados. Et los que lo son et husan de la primançía an poder en toda la su primançía de fazer bien así commo el papa en toda la Eglesia, salvo ende que pueden apellar del primado al papa. Et el papa a poder conplido sobre él así commo sobre otro prelado.

Et dígovos, sennor infante, que me dixo don Johan, aquel mi amigo, que falló él por las corónicas que desde que Espanna fue convertida a la fe de Jhesu Christo et ovo arçobispo en Toledo, fue primado de las Espannas et usaron de la primançía. Et después que la tierra fue perdida, luego que se fue conbrando, quando el rrey don Alfonso el Seteno[156] ganó a Toledo et ovo ý arçobispo, et fue primado de las Espannas et usó de la primançía. Et después todos los arçobispos lo fizieron así fasta poco tienpo a. Et aun me dixo don / Johan que por el debdo que a en 121c
la casa de Castiella, que una de las cosas que se él mucho sintía era el sofrir tan grant mengua los rreys de Castiella por menguar en su tienpo tan grant onra et tan grant poder commo es aver en la su tiera arçobispo que fuese primado de las Espannas. Et aun me dixo que quando el infante don Johan, fijo del rrey de Aragón, que era arçobispo de Toledo, seyendo casado con la infanta donna Constança, su hermana, que muchas vegadas le afincara que trabajage por cobrar esta primançía.[157] Et pues

5 provinçias] p^{i}uinçias 12 primados] p^{i}uados (G) 13 primançía] p^{i}uāçia (G) 14 primançía] p^{i}uiçia (G) 15 del primado al papa] del p͞pa el p͞pa (B) 16 conplido] cōplir 18 corónicas] crōnicas 33 primançía] p^{i}maçīa

él era entonçe tutor del rrey, quel ayudaría en ello quanto podiese. Et desque don Johan vio que se non podría acabar, por mengua de [se] non fazer por ello lo que se devía fazer, óvolo a sofrir commo quien sufre grant quebranto et grant dolor en el su coraçón, porque está deseradada la casa de Castiella, et aun non con muy grant onra de todos los rreys sus vezinos, lo que sienpre fasta agora passaron los rreys de Castiella con ellos mucho a su onra et a su talante. Et que estava aguisado de cobrar Castiella toda su onra si se fiziese por ello lo que se devía fazer.

Et aun me dixo que él se obligaría muchas vezes al rrey que si en esto quisiese crerle de consejo, que con la merçed de Dios, ante de mucho tienpo non se fincaría moro en el rreino de Granada que todos non fuesen en el su sen[n]orío et en poder de christianos.[158] Et todos los rreys de christianos et sus vezinos terníen por rrazón que non estudiese Castiella deseredada nin desonrada dellos. Et commo quier que esto sería grant vien et grant onra de Castiella, non se puede fazer nin se fará fasta que Dios quiera que los castellanos emienden sus vidas et fagan emienda de sus pecados por que pierda Dios sanna dellos. ¡Et 121d Él quiera, por la su merçed, / que se faga aína! Et si esto (non) conplidamente non se pudiere fazer, quiera Dios por la su piadat que non acresçiente[n] más en sus pecados, por que Dios quiera consentir o de jubgar contra ellos en guisa que ayan a sofrir et passar más danno et más vergüença de la con que agora están.

Et entre las otras menguas que Castiella sufre es ý agora esto de la primançía, porque non usa della el arçobispo de Toledo así commo solía[n] usar los arçobispos que fueron en los tienpos de ante. Pero commo ya desuso es dicho, el arçobispo de Toledo deve ser primado de las Espannas — et así se llama en sus cartas — mas non usa de la primaçía conplidamente. Et los otros arçobispos usan de sus arçobispados et en sus primançías segund desuso es dicho que deven usar.

3 [se] (B) 24 jubgar *The scribe first wrote* jubdar, *which he corrected to* jubgar. *Comp.* 64. 5, 102. 32, 197. 12 33 primançías] p^{i}uāçias

Et los arçobispos, en todas las cosas, tanvién spirituales commo tenporales, pueden meresçer o desmeresçer segund desuso es dicho en los estados de los papas et de los cardenales et de los patriarcas.'

'Julio,' dixo el infante, 'mucho me plaze de saber esto de los arçobispos, et sennaladamente de lo que dezides que vos dixo don Johan, aquel vuestro amigo. Et pues esto me avedes dado a entender, rruégovos que me fabledes en los otros estados de la clerezía.'

[El xlvi° capítulo fabla en cómmo Julio dixo al infante quál es el estado primero después del de los arçobispos.] xlvi

'Sennor infante,' dixo Julio, 'en pos el estado de los arçobispos es el estado de los obispos. Et este estado es muy sancto et muy bueno en sí. Et es tal commo el de los arçobispos, salvo aquellas avantajas et mejorías que desuso son dichas. Et el papa, et algunos cardenales, et los patriarcas, et los arçobispos, todos son obispos. Pero / algunos cardenales (et los patriarcas, et los arçobispos, todos son obispos. Pero algunos cardenales) ay que son prestes pero non obispos, et otros que son diácones. 122a

Et los obispos, guardando bien su estado, pueden meresçer mucho porque es el estado en sí muy bueno et muy sancto. Mas así commo es muy sancto, así creed por çierto que es muy grave de se guardar commo deve; et si bien non lo guardam los obispos, pueden desmeresçer en todas las cosas que son dichas que pueden desmeresçer los papas et los otros que son dichos que son en estado(s) de obispos.

Et, sennor infante, por esto fablo tan avreviadamente en el estado de los obispos, [et] es esse mismo que el de los otros que son dichos, salvo que es menor, segund vos he mostrado.'

'Julio,' dixo el infante, 'mucho me plaze desto que me avedes dicho, [et] rruégovos que me digades de aquí adelante lo que entendedes en todos los otros estados de la Eglesia.'

10–11 [El xlvi° . . . los arçobispos] *Comp.* 212. 21–2. *After* clerezía *there is a blank of* 3 *lines for a rubric left unfilled*

[THE MINOR CLERGY]

xlvii [El xlviiº capítulo fabla en cómmo Julio dixo al infante quál es el estado de los abades.]

'Sennor infante,' dixo Julio, 'en pos el estado de los obispos son algunos que llaman abades de algunos llogares sennalados. Et estos abades son de muchas maneras; ca algunos ay que son abades de croça et mitra et aniello, et an juridiçión en sus abadías bien commo obispos; et otros ay que an abadías que las an a dar los obispos et los arçobispos; et otras que las an a dar los rreys.

Et porque son las abadías et las juredicciones de los abades en muchas maneras, por ende non se puede dezir todo en este libro. Mas comunalmente son en la Eglesia un estado menores
122b que los / obispos et mayores que los (otros) canónigos. Et estos abades pueden mereșçer o desmereșçer segund la juredición que an cada unos en sus abadías, et segund la manera de las obras que fizieron.'

'Julio,' dixo el infante, 'pues en el estado de los abades me avedes dicho lo que cunple, fabladme en los otros estados de la Eglesia commo me fablastes fasta agora.'

xlviii [El xlviiiº capítulo fabla en cómmo Julio dixo al infante del estado de los deanes, que an en las eglesias catedrales.]

'Sennor infante,' dixo Julio, 'en las eglesias catedrales ha un estado que dizen deanes.

Et los deanes tienen [el] mayor lugar que an las eglesias [catedrales] de los obispos ayuso.[159] Et estos an la primera vos de cabillo, tanbién en las exlecçiones commo en todas las otras cosas que sean de aporidar et ordenar por cabillo, tanbién de rendas commo todo lo ál de la eglesia. Et él a de coger et de ordenar todas las cosas en la eglesia et en el coro, et fazer todas las cosas que a la eglesia cunple deyuso del obispo. Et estos

1–2 [El xlviiº . . . abades] *Blank of 2 lines in* MS. *for unfilled rubric* 6 de croça] q̄ troça G *reads* que traen 20–1 [El xlviiiº . . . catedrales] *Comp.* 212. 25–6. *Blank of 3 lines in* MS. *for unfilled rubric* 25 [catedrales] (B)

deanes pueden meresçer o desmeresçer segund las obras que fizieren et los estados que tienen.'

'Julio,' dixo el infante, 'plázeme de lo que me avedes dicho en este estado. Et pues los otros estados de que non me fablastes fasta aquí non son muy grandes, fablatme en ellos diziéndome lo que me cunpliere lo más avreviadamente que pudiéredes.'

[El xlix° capítulo fabla en cómmo Julio dixo al infante quáles xlix
son los estados más pequennos de la clerezía.]

'Sennor infante,' dixo Julio, 'grant plazer he por lo que
[dezides que] en los otros estados más pequennos de la cle/rezía 122c
vos fablé más avreviadamente. Et por ende vos digo que en pos estos estados de que vos yo fablé, que ay otros estados en las eglesias catedrales, así commo arçidianos et maestrescuelas et tesureros et chantres et otros canónigos et rraçioneros et medio rraçioneros. [Et] todos éstos an sus ofiçios en las eglesias [catedrales]: los arçidianos, visitar sus arçidianadgos; et los otros, cada uno segund lo que a de fazer guardando las costunbres que son de cada eglesia. Ca porque en todas las eglesias non lo usan en una manera, por ende non lo podría dezir así commo es. Et todos estos que son dichos pueden meresçer o desmeresçer segund guardaren sus vidas et sus estados.'

[El l° capítulo fabla en cómmo Julio dixo al infante quál es el l
estado de los capellanes.]

'Otrosí ay capellanes, tanbién en las eglesias catedrales commo en las de las villas et de las aldeas. Et estos capellanes dizen missas cada día o mucho a menudo. Et commo quier que en lo tenporal non sea muy grande el su estado, quanto en lo spiritual es muy grande, ca todo capellán missacantano que a aquellas órdenes por que lo puede fazer cada que dize(n) la missa consagrada con la hostia, (et) por virtud que Dios puso en las palabras, tornóse aquella ostia verdadero cuerpo de Jhesu

7–8 [El xlix° . . . clerezía] *Blank of* $3\frac{1}{2}$ *lines in* MS. *for unfilled rubric* 10 [dezides que] (B) 22 [El l° . . . capellanes] *Blank of* $4\frac{1}{2}$ *lines in* MS. *for unfilled rubric*

Christo, así conplido verdadero Dios et verdadero omne así commo nasçió del vientre de sancta María, et commo visco en el mundo et commo murió en la cruz por redemir los pecadores.

Et estos capellanes pueden meresçer o desmeresçer segund
122d las obras que fizieren. [Et] bien vos di/go, sennor infante, que commo quier que la piadat de Dios es muy grande, que he muy grant reçelo del estado de todos los omnes que an de dezir missa et fazer los sacramentos del cuerpo de Jhesu Christo, ca segund ya desuso es dicho todo omne que diga missa — desde el papa fasta el menor capellán que puede ser de una aldea—si dize missa non estando en verdadera penitençia, cada que consagra el cuerpo de Dios et cada que lo consume et cada que se viste las vestimentas et se llega con ellas al altar para dezir missa, peca mortalmente et caye en aquel mismo pecado que cayó Judas Escariote, trayendo la sangre del cuerpo de Jhesu Christo. Pues quando yo veo que tiene la mançeba consigo de noche et se ensuzia las manos et la voca et el cuerpo, con que a de fazer tan alto sacrifiçio et dezir tales palabras ¡cate el mesquino del capellán que tal cosa faze en qué estado está o qué deve seer de la su alma et del su cuerpo!

Et demás desto que ay muchos que usan mal, tanbién de lo que an de las eglesias commo de fazer et de dezir muchas cosas que son contrarias del su estado.

Et, sennor infante, commo desuso vos he dicho, todo clérigo missacantano, desde el papa fasta el más mesquino capellán que puede seer, pueden caer en este yerro tan grande sinon lo guardan commo deven. Pero así commo vos digo que pueden en estos yerros, así vos digo que si este sancto sacramento fazen commo deven, an el mejor meresçimiento que puede seer.'

[THE ORDER OF THE FRIARS PREACHER]

li [El li° capítulo fabla en cómmo Julio dixo al infante del estado de los fraires predicadores, et quál era la su regla.][160]

10 menor] menõr 18 mesquino] mismo *Comp. line* 25 *below* G *gives* mísero 30–1[El li° . . . regla] *Comp.* 212. 31–2. *Blank of* 4 *lines in* MS. *for unfilled rubric*

'Julio,' dixo el infante, 'pues me avedes fablado en los estados de los clérigos / que son seglares, rruégovos que me fabledes 123a daquí adelante en los estados de las órdenes et religiones.'[161]

'Sennor infante,' dixo Julio, 'commo quier que las órdenes et religiones son muchas, et muy antiguas et muy sanctas, sabed que dos órdenes son las que al tienpo de agora aprovechan más para salvamiento de las almas et para ensalçamiento de la sancta fe católica. Et esto es porque los destas órdenes pedrican et confiessan et an mayor fazimiento con las gentes. Et son las de los fraires pedricadores, et de los fraires menores. Et commo quier que amas començaron en un tienpo, pero que començó ante la de los pedricadores, et por ende vos fablaré primero en ella.'

'Sennor infante,' dixo Julio, 'esta orden de los pedricadores fizo sancto Domingo de Caleruega. Et bien cred que commo quier que muchas órdenes ay en el mundo muy buenas et muy sanctas, que segund yo tengo que lo es ésta más que otra orden. Et non digo esto por dezir ninguna mengua de las otras nin contra ellas, nin aun teniendo que esta orden aya más estrecha regla nin más áspera que las otras, por que deva ser más sancta — ca sin dubda muchas más asperezas a en las reglas de otras órdenes — mas dígolo por algunas cosas marabillosas de grant entendimiento que Dios puso en sancto Domingo et en los otros sanctos fraires. Et si Dios toviere por vien, yo vos lo mostraré adelante.

Et, sennor infante, por que sepades alguna cosa desta órden, dezirvos he quál fue la rrazón por que fue començada. Así acaesçió que un rrey de Castiella, que fue muy sancto et muy bienaventurado, que ovo nonbre don Ferrando, el que ganó el Andaluzía — et fue abuelo de don Johan, aquel mío / amigo 123b — seyendo ya en tienpo de casar, envió el obispo de Osma por aquella donzella que avía a ser su muger[162] — et era fija del rey Felipe de Alemanna, (et) ermano del enperador Fadrique.[163]

Et este obispo, quando fue por aquella donzella, levó consigo a sancto Domingo de Caleruega — que era entonçe so prior de

2 seglares] reglares G *reads* regulares

Osma — que era muy buen omne et muy buen clérigo et de muy sancta vida; et era de Caleruega, et su padre avía nonbre don Felizes et su madre donna Juana. Et yendo el obispo por su camino, llegó a tiera de Tolosa, et falló que era ý tanta la eregía que ya manifiestamente pedricavan los ereges commo los christianos. Quando sancto Domingo esto vio, pesól ende muy de coraçón et commo sancta criatura de Dios puso en su talante de fincar en aquella tiera por servir a Dios contra aquellos ereges.

Et commo sería muy luenga cosa de contar todo commo acaesçió, non vos diré aquí ende más salvo tanto que fizo allí mucho serviçio a Dios, et ordenó esta orden et tomó la regla de sancto Agostín, pero aquélla tenía él ante, et era can[ón]igo reglar, et confirmógela el papa.[164] Et porque la razón de la su ordem fue para pedricar a los ereges, ha nonbre esta orden la de los pedricadores; et commo quier que muchos omnes de religión et seglares pedrican, non an ningunos nonbres de pedricadores sinon los desta orden, et ellos son enqueridores de los ereges. Et esta orden es de pobreza et deven pedir por amor de Dios; et non an de aver proprio nin todos en uno nin cada uno por sí.[165]

Et porque sancto Domingo que lo ordenó et los sanctos omnes que ý fueron eran muy cuerdos et muy entendidos, catando lo que adelante podría acaesçer, quisieron escoger regla que todo omne la pudiese mantener et que fuese cosa
123c sofridera / con razón. Pero sobre la regla fezieron et fazen constituçiones que fazen la orden muy más áspera que la regla. Pero porque en toda orden son los fraires tenidos de fazer voto et jura de guardar la regla que toman, et pues voto et jura fazen, sinon lo guardaren vien podedes entender en quál estado están. Por ende sancto Domingo quiso escoger tal regla a que fazen voto que todo omne la pueda guardar. Et a esto fazen el voto, et las constituçiones son por su buen talante. Pero non fazen voto nin jura de las guardar so pena del voto; ante dizen en su regla: "queremos que las nuestras constituciones non nos obli-

1 buen] biē   23 fueron] fueren (G)

guen a la culpa sinon a la pena, así que seamos commo libres, mas non commo siervos".[166]

Pero fizieron voto de guardar tres cosas, que son castidat et obediençia et pobredat. Et a esto se obligaron por dos razones: la primera, que todo omne que estas tres cosas non guardare en la manera que las deve guardar, peca mortalmente. Et non entendades que digo que todo omne deve guardar simplemente estas cosas, mas digo que todo omne que las non guardare commo deve peca mortalmente. Et todas las deve guardar, mas non todas en una manera. Et por ende las puso sancto Domingo en su regla, porque aunque las non pusiese, puestas deven ser, pues pecarían si las non guardassen. Et ésta es la una razón. [Et] la otra es que pues que orden tomava, convenía de fazer voto de guardar algunas cosas más estrechamente que los otros omnes que non se obligan a ninguna orden.

Et bien cred, sennor infante, que commo quier que todos los buenos dichos et buenos fechos vienen por graçia del Spíritu Sancto, que non tan sola/mente esta manera fue dicha por el 123d
Spíritu Sancto, ante creo que fue dicha por la graçia de toda la Sancta Trinidat, que es Dios Padre et Fijo et Spíritu Sancto; ca en esta palabra mostró Dios Padre su poder et Dios Fijo su saber et Dios Spíritu Sancto su talante.

Et en esta palabra se muestran los siete dones del Spíritu Sancto, que son spíritu de sapiençia, de entendimiento, de consejo, de fortaleza, de sciençia, de piadat, de temor de Dios. Et en estos siete dones del Spíritu Sancto se muestran las siete virtudes, que son las quatro cardenales et las tres teológi⟨c⟩as. Las quatro cardenales son prudençia, justiçia, fortaleza, tenprança; las tres teológi[c]as son esperança, fe, caridat.

Et a estos siete dones del Spíritu Sancto responden las siete virtudes teológi⟨c⟩as et cardenales. Et responden en esta guisa: a las tres que son teológicas pongo primero porque son más allegadas a la vida activa.

Et la manera commo las virtudes teológicas rresponden a los tres [dones] del Spíritu Sancto es ésta: a la esperança

27 las quatro] los q̃tro   35 los] las [dones] (B)

responde el temor de Dios; a la fe responde la sciençia; a la caridat responde la sapiençia.

Et la manera commo las quatro virtudes cardenales rresponden a los quatro dones del Spíritu Sancto es ésta: a la prudencia rresponde el consejo; a la justiçia responde la piadat; a la fortaleça rresponde la fortaleza; a la tenperança rresponde el entendimiento. Et por que lo podades mejor entender, dezírvoslo he bien declaradamente.

Sennor infante, en esta sancta et bendicta palabra fallo yo tres partes: la una dize "queremos"; la otra dize(n) "que las nuestras constituciones non nos oblige[n] a culpa"; la otra que dize "sinon a la pena".

[Et] en esto que dize "queremos" se muestra el poder conplido
124a que es p⟨u⟩esto a Dios Pa/dre, ca en quanto dize "queremos" se da a entender que puede[n] fazer lo que quisieren. Et non lo pone en consejo, diziendo "acordamos esto", mas dízelo pudiéndolo fazer; ca nunca dize "ninguno esto quiere fazer", sinon "el que lo puede fazer". Pues ya se muestra el poder conplido que es puesto a Dios Padre.

Otrosí se muestra la sabiduría conplida que es puesta a Dios Fijo en lo que dize "non nos oblige a culpa"; ca en el mundo non puede seer tan grant sabiduría commo ganar la gloria de paraíso et foír de las penas del infierno. Pues çierto es que si omne, por lo que fiziere, non fuere obligado a la culpa, que non ha rrazón por que aya el infierno.

Et, sennor infante, devedes saber que la diferençia que a entre culpa et pena es ésta: por la culpa es omne en la ira de Dios, porque peca mortalmente, et por la pena non es del todo en la ira de Dios, mas es obligado a pena de penitençia en este mundo. Et si aquí non lo cunple, alo de conplir en el purgatorio, pues çierto es que todo omne que non vaya al infierno que tarde o aína a la gloria del paraíso a de ir. Pues parat mientes si fue grant sabiduría dezir tal palabra por que gane el paraíso et sea guardado del infierno; ca todas las sabidurías et todas las sciençias non son para otra cosa sinon por que a la fin del todo,

6 tenperança] teꝑança 15 quisieren] q^{i}sierō 17 quiere] q^{i}ero

por las sçiençias pueda omne aver la gloria del paraíso. Pues ya se muestra la sabiduría conplida de Dios Fijo.

Otrosí se muestra el buen talante conplido que es puesto a Dios Spíritu Sancto en que dize "sinon a la pena". Ca en el mundo non puede ser mejor talante que librar omne de un mal muy grande por otro danno pequenno. Pues si el omne es partido de la pena del infierno por ayunar un día a / pan et agua 124b
o por una disçiplina, parad mientes si es este grant buen talante conplido que es puesto a Dios Spíritu Sancto.[167]

Et agora, sennor infante, tengo que con rrazón conplida vos he mostrado que en esta palabra sola se muestran todas las tres cosas que pertenesçen a la Trinidat, que son poder conplido et sabiduría conplida et buen talante conplido. Pues parad mientes si ovo grant mejoría de todos los estados del mundo et de todas las órdenes et que tanto sopo acabar por una palabra.

Otrosí en esta bienaventurada et sabia et aprovechosa palabra se muestran los vii dones del Spíritu Sancto, en los quales vii dones se muestran las vii virtudes teológicas et cardenales commo ya desu[so] es dicho. Et la manera en commo estos siete dones et estas siete virtudes se muestran en esta sancta palabra, dezírvoslo he segund lo yo entiendo.

Et començaré en el temor de Dios, que es el uno de los dones del Spíritu Sancto. La palabra dize "queremos que las nuestras constituçiones non nos oblige[n] a culpa, sinon a pena, así que seamos commo libres mas non commo siervos". El temor de Dios se entiende en aquello que dize "que non nos obligen a culpa, sinon a pena". Ca bien devedes entender que por el temor de Dios responde la virtud de la esperança. [ ] reçelando la su sanna non se quisieren obligar a caer en la de Dios, por yerro que pudiese emendar sin muy grant pena.

Otrosí se entiende ý la esperança. Ca guardándose de caer en sanna de Dios son en esperança de aver la su graçia, que es la gloria de paraíso.

La sçiençia se entiende en aquello que dize "que las nuestras

1 pueda] puede (B) 7 ayunar] ayũtar (G) 22 temor] tenor (G)
28 [ ] G *supplies* pues

constitutiones". Ca vós entendedes que la sçiençia, que responde
124c a la virtud de la fe, / que es muy grande; ca muy grant sciençia es saber ordenar penitençia convenible et con razón a todos los yerros que qualquier fraire feziese, que guardando las constituçiones commo deve — o si alguna les menguase(n) — conpliendo aquella penitençia que les fuese puesta por aquel que gela puede dar. Et aun esto fue ordenado con muy grant sçiençia, ca en la orden de los pedricadores el prior del convento — o qualquier fraire sacerdote a que lo acomiende el prior — puede dar penitençia et absolver al fraire que cayesse en yerro, tanbién de las cosas de la regla commo de las constituçiones, lo que muchas órdenes non an, et por ende que non caerían en ninguna culpa.[168] Otrosí an fe çierta et verdadera que guardando la regla et las constituçiones commo deven, que les fincará en salvo de aver los meresçimientos que an ganados guardando commo deven toda su orden.

Otrosí la sapiençia, a que responde la caridat, se muestra en aquello que dize(n) "a culpa". Et sin dubda podedes entender que ésta fue grant sapiençia, poder el fraire catar manera por que con razón ý faziendo emienda asaz ligeramente puede ganar la gloria del paraíso et seer sin reçelo del infierno. Otrosí fue grant caridat en poder fallar acorro a tant grant cuita; ca si es caridat governar al fanbriento, muy mayor caridat es acorrer el omne con pequenna penitençia tal acorro por que non vaya al infierno, do a tanto mal et tanta lazería para sienpre.

Et a estos tres dones del Spíritu Sancto rresponden las tres virtudes que son teológicas, commo es dicho.

Et a los quatro dones rresponden las quatro virtudes cardinales. Et [el] consejo a que responde la prudinçia se entiende en aquello que dize(n) "non commo siervos". Et esto podedes
124d bien entender, que fue buen / consejo saber escoger tal estado et dezir tal palabra por que sea el fraire libre del poder del diablo. Et ésta fue la mayor prudençia que nunca pudo ser, segund aquí se dize.

Otrosí la piadat, a que responde la justiçia, se muestra en

20 y] ⁊ 27 es] el (G) 28 a los] ala^{s} (G)

aquello que dize(n) "sinon a la pena". Et çiertamente ésta fue grant piadat, ca si omne tien que es piadat dolerse de qualquier que está en cuita, muy mayor piadat es dolerse de qualquier que puede perder el alma.

Otrosí es ý la justiçia. [Ca justiçia] non es matar nin fazer mal a ninguno, mas justiçia es fazer a cada uno lo que meresçe, pero sienpre es justiçia galardonar el bienfecho conplidamente et acalonar el yerro con piadat et non tanto commo meresçe. Pues bien fue en esto guardada la justiçia, ca por el bienfecho gana el fraire tan grant galardón commo el paraíso, et el yerro de las constituciones es perdonado por penitençia que puede muy ligeramente conplir, et non toma la pena duradera.

Otrosí la fortaleza se muestra en aquello que dize "queremos". Ca en diziendo "queremos" se muestra que an fuerça et poder para tomar lo provechoso et dexar lo que les es grant danno.

Otrosí el entendimiento, a que rresponde la tenprança, se muestra en aquello que dize "que seamos libres". Et bien tengo que non puede ser mayor entendimiento que guardarse el fraire en tal manera, que pues Dios le libró por el babtismo del pecado original, et por la su encarnaçión et passión del pecado en que nuestro primero padre Adám cayó, que non faga nin diga el fraire cosa por que pierda esta [palabra]. Otrosí se muestra ý la tenprança; pues a de fazer penitençia temprada si errare non guardando commo deve las constituçiones de la orden.

Agora, sennor infante, vos he dicho en cómmo, segund yo tengo, que (en) esta palabra que dize "queremos, etcétera" fue dicha por graçia speçial de toda la / Sancta Trinidat, et que se 125a
entienden et se muestran en ella los vii dones del Spíritu Sancto a que responden las vii virtudes.

Et aun tengo que puedo dezir conparando esta palabra a la vienaventurada virgen sancta María en lo que Sancta Eglesia dize della: "¡O virgen, Madre de Dios, aquel omne que en todo

12 toma] tome(G)   32 conparando] cōpapando   34 aquel] aq̄ el (G)

el mundo non pudo caber se ençerró en el tu vientre!" Et tengo que a conparaçión desto pueden dezir que la vondat de Dios fue tamanna que quiso mostrar en esta palabra que en ninguna otra non se podría tanto mostrar del fecho de la piadat de Dios.

Otrosí tengo, et es mi entençión, que tan grande es el amor que Dios ha a esta orden que quiso poner a sí mismo et al su poder de non les poder (fazer) más bien fazer de quanto les fizo en esta palabra. Sennaladamente si los fraires — adrede et a mal fazer — non quisieren perder las almas, por esta palabra son ayuntados a la gloria del paraíso et son partidos de las penas del infierno. Ca por las asperezas que son en las constituçiones, demás de la rregla, son muy aparejadas a la gloria del paraíso, tanto más que en qualquier otro estado. Et por errar en las constituciones non son obligados a la pena del infierno.

Et por aventura algún omne diriá que non digo verdat en esto que digo, que Dios que puso el su poder en que non pudo más bien fazer en esta orden para salvamiento de las almas, ca más bien les fiziera en querer que nunca pecassen. Et a esto rrespondo yo que esto non les fiziera bien, ante les fiziera mal. Ca los privara del libre alvedrío, et si nunca pecaran non pudieran desmeresçer. Et si non pudieran desmeresçer, non pudieran meresçer [et] non les toviera pro quanto bien fazen nin quanta lazería toman en serviçio de Dios, trabajando en su orden. Et así tengo que es verdat esto que yo digo.

125b Et por todas estas razo/nes dichas et por otras muchas vondades que ha en esta dicha orden — aquel mío entendimiento non alcança de las contar nin de las entender nin de las saber todas — tengo que ésta es la orden et la regla et [la] religión del mundo más aparejada para se salvar en ella los que la vien mantovieren, et ser más guardados de caer en caso por que puedan perder las almas.

Et si alguno quisiere dezir contra esto que he dicho, rruego yo a los fraires que agora son et serán de la orden que defiendan estas mis rrazones, ca pues verdaderas son muy ligeramente se

3 en esta palabra que] esta palab˜ ꝛ q̄ (B)   16 puso] p^{i}uo (B) *Comp. line* 6 *above.* G *emends to* probó el su poder] al su pod'

pueden defender. Ca todo ⟨esto⟩ que yo digo, todo se puede mostrar por la Sancta Escriptura. Et commo quier que yo non só letrado, yo me obligo de defender en toda la mi vida con rrazones verdaderas todo lo que yo he dicho.

Et, sennor infante, pues yo he dicho esto que entiendo en la orden de los pedricadores, rruégoles que pues tanta merçed les fizo [Dios] que quieran parar mientes quánto encargados son para gelo conosçer et que quieran guardar et preçiar mucho su orden. Et que paren mientes, commo dize la su regla, que si las cosas pequennas menospreçiamos que poco a poco iremos cayendo.[169] Et otrosí les rruego que castiguen bien et non sean muy piadosos contra los malos fraires, et non cuiden que por encobrir el yerro et la maldat del mal fraire será más guardada la orden de mala fama; ante crean çiertamente que esto sería ocasión para venir ende muy mayor danno, ca çierto es que la ligereza del perdón da esfuerço de pecar.

Et sobre todo ruego et pido a los fraires de la provinçia de Espanna que pues sancto Domingo — que fizo esta orden — fue de Castiella, et por reverençia dél [el] prior provinçial de Espanna es el más onrado prior de toda la orden / et en todo el 125c
mundo tienen que Castiella fue cabeça et comienço de la orden, que rruegen a Dios que trabajen quanto pudieren por que la provinçia de Espanna adelante en esçiençia et en buenas vidas en serviçio de Dios et aprovechamiento de la orden et de las gentes, et sennaladamente en ensalçamiento et defendimiento de la sancta fe católica, que es la rrazón por que esta orden fue fundada.

Et Nuestro Sennor, por la su sancta piadat et por los meresçimientos de sancta María su madre, et de sancto Domingo, et de los otros sanctos que son en la gloria de paraíso, lo quiera así conplir.

Amen

7 [Dios] (B)   13 más] mal (B)   25 en] ⁊ (G)

ENDNOTES TO TEXT

1. 'Ca los fechos e las razones e los tienpos mudan asi las cosas, que lo que vn tienpo se deue fazer o dezir, que enpescia mucho de se fazer o se dezir en otro tienpo', *LInfinido*, 72. 11–14.

2. 'semejanças'; see also 224. 3, 225. 29, 231. 28.

3. Don Juan is always careful to distinguish himself from the professional scholar. See *LCavallero*, 9. 21, 10. 36, 25. 4, and K. Scholberg, 'Modestia y orgullo . . .'.

4. This may refer to Ps. 119: 2, 'Domine, libera animam meam a labiis iniquis et a lingua dolosa'. See also Ps. 114: 4.

5. 'Et por ende, porque los homes tienen que costumbres et maneras es una cosa, porque nacen de un lugar, quanto en facer los homes sus fechos [*sic. Read* satisfechos] por ellas, nos [*sic. Read* vos] queremos mostrar que hi ha departimiento, segunt los sabios antigos dixieron: ca las costumbres son las bondades que home ha en sí et gana por luengo uso, et las maneras son aquellas que home face con sus manos por sabiduria natural. Et estas dos virtudes convienen mucho al rey, mas que a otro home, para saber él vevir apuestamente et honrado; et otrosi para mantener bien su pueblo.' *Part.* 2a tít. 5, ley 6 (ii. 29); *LEstados*, 123. 14–15; *LInfinido*, 26. 16 and 30. 10–14, which refers the reader to Giles of Rome. On the same point see Dora M. Bell, 55.

6. 'deue catar quanto pudiere porque ayan en si todas o las mas de las seys cosas que dize en el *Libro de los estados* que yo fiz', *LInfinido*, 49. 2.

7. See 53. 9.

8. Beatrice of Savoy was the daughter of Amadeus IV of Savoy (1233–53) and Cecilia de Baux. She was the second wife of the Infante Don Manuel (married 1269). After his death in 1283 until her own in 1290 she directed Don Juan's education. For her lineage and previous marriage to Pierre de Chalôn, Lord of Chateaubellin, see Guichenon, i. 274–5. See also *LEstados*, 123. 22 and Table (c).

9. Comp. *LCavallero*, 27. 35. In this work, which has a similar structure, Don Juan does not mention himself by name. It is only in *LEstados* and in *CLucanor* that the device is fully exploited.

10. The figure of Julio may recall some traits of those who brought up Don Juan, like Gómez Fernández, Alfonso García (*LArmas*, 76. 4; 88. 67), or Martín Fernández Pantoja, Don Juan's tutor, who died in the same year as his mother Beatrice (Sánchez Cantón, 'Cinco notas sobre Don Juan Manuel', *Correo erudito* i (1940), 63).

11. *CLucanor*, 68.

12. 'inest homini inclinatio ad bonum secundum naturam rationis quae est sibi propria: sicut homo habet naturalem ad hoc quod . . . in societate vivat', *ST*, 1a 2ae 94. 2. See W. Ullman's review of the concept of natural law and in particular the Aquinian manipulation of Aristotle, in *Principles*, 237–53.

13. 'E en el v° de las Eticas . . . dice que hay ley natural e ley positiva . . . do se acaba el derecho natural allí comienza el derecho positivo', García de Castrojeriz, *Glosa castellana al Regimiento de Príncipes*, iii. 216–17.

14. This explanation is more sympathetic than the usual popular misogynistic statements such as can be found in *Los 'lucidarios' españoles*, 121.

15. *ST*, 2a 2ae 10. 8.

16. *CG*, i. 13.

17. This dispute is referred to by Aquinas in *ST*, 1a 97. 1.

18. See introduction, p. xli.

19. *CG*, iv. 59.

20. See 51. 256.

21. The gloss on the name Manuel is similar to that in *LArmas*, 77. 36.

22. All references to the institution known as the *Königslager* with two exceptions are late fourteenth century, and relate to the towns of Aachen and Frankfurt. The earliest and least precise occurs in the bull of Urban IV, *Qui coelum*. It contains a description, based on a report of Richard of Cornwall, of electoral law said to obtain up to that time: 'Et electione taliter celebrata electus, si electioni consenserit, ante Aquisgranum per dies aliquos facta mora, infra annum et diam . . . per Coloniensem Archiepiscopum . . . coronatur.' The next oldest source is the present text, which again accepts the ritual as an established legal procedure, talks of two camps and a period of forty days at two separate unnamed localities, of which the second is the place of coronation. The later fourteenth-century sources which mention a forty-day camp are of non-German origin, and they do not mention two camps or two places. Before this one can find no mention of the procedure either in the *Siete Partidas*, the royal Castilian chronicles, or the early fourteenth-century polemical writings over election and coronation. The source of Don Juan's information remains a puzzle. See Klaiber, art. cit.

23. The image was popularized by Innocent III; see *PL*, ccxiv, col. 377. See also Folz, 80–1.

24. Louis of Bavaria entered Rome on 7 Jan. 1328 and was elected emperor by the syndics of that city. He proposed a new pope, Nicholas V, who survived only a short time. Louis left Rome on 4 Aug.

25. See Bayley, 167–74.

26. John of Salisbury, *De musica et instrumentis et modis et fructu eorum* in *Polycraticus*, i. 6.

27. On the topic of poverty, see also *LEstados*, 159. 35; *CLucanor*, 85 (*Ej.* 8); 91 (*Ej.* 10); 223 (*Ej.* 45). Arnau de Vilanova, in the *Rahonament d'Avinyó* (1310), takes up vigorously a diametrically opposed position, characteristic of the spirituals: 'Ve-us lo privilegi que an tots los homens qui tenen si meteys per fiyllos d'algo e.ls altres per fiylls de no-re, car, més que altres hòmens, son semblants en obres a demonis e a bèsties.' *Obres*, i. 192.

28. This fable is recorded in the *Legenda aurea*, xlvi. 7; the same theme is used in *Ej.* 3 of *CLucanor* and is worked into *Ejs.* 14, 49.

29. Comp. the opening statements of many of the *ejemplos* of *CLucanor*.

30. See *LCavallero*, 27. 50–28. 76, for a similar procedure of listing points to be treated in successive chapters.

31. The *Partidas* include: 'axedrez o tablas o otros juegos semejantes'. *Part.* 2a tít. 6, ley 21 (ii. 40).

32. *LCavallero*, 9. 6; Giménez Soler, 'Un autógrafo', 607. See transcription p. xcix.12.

33. A possible allusion to Frederic II.

34. *LCavallero*, 9. 24; *LCastigos*, 193a; *Part.* 2a tít. 21, ley 20 (ii. 213). On the well-established custom of having oneself read to for instruction, entertainment or as a remedy for insomnia, see I. R. Macpherson. 'Don Juan Manuel . . .', 6–8.

35. Juan Núñez de Lara was the brother of Don Juan's third wife, Blanca Núñez de la Cerda. He married her early in 1329 at Lerma.

36. On the active and contemplative life, see 272. 1–274. 5; *LCavallero*, 45. 192; *CLucanor*, 244, 302–4.

37. On the topic of good works and good intentions, see *CLucanor*, 185, 202, 293–5; I. R. Macpherson, 'Dios y el mundo . . .', 34–5.

38. See also 117. 19, 119. 19; I. R. Macpherson, 'Don Juan Manuel . . .' 9–11.

39. *LInfinido*, 17. 3.

40. Quoted in *LInfinido*, 33. 12.

41. 'Nisi Dominus custodierit civitatem frustra vigilat qui custodit eam', Ps. 126: 1.

42. See the Acts of John in M. R. James, *The Apocryphal New Testament* (Oxford, 1945), 262.

43. The Infante Felipe, son of Sancho IV of Castile and brother to Fernando IV. The attempted assassination attributed by Don Juan to Felipe and presumably Fernando IV can be associated with the latter's dislike of Don Juan's close relationship with Jaime II of Aragon. The incident can be dated about 1303; Giménez Soler, 24.

44. G suggests 'Sire Alain de Blais'.

45. See 105. 5.

46. See *Part.* 2a tít. 7, ley 5 (ii. 46); *LCavallero*, 61. 35; *LInfinido*, 20. 16–18.

47. 'fenchimientos', see 162. 32.

48. See 162. 21.

49. *Part.* 2a tít. 5, ley 5 (ii. 28).

50. See *LInfinido*, 25. 21–26. 4.

51. Comp. *CLucanor*, *Ej.* 35; *LInfinido*, 41.

52. *Part.* 2a tít. 7, ley 2 (ii. 44).

53. Women appear in Don Juan's works for the most part in the role of wife. He shares traditional reserves about their competence in other fields. Comp. García de Castrojeriz, *Glosa castellana*, ii. 86, 117.

54. There are a number of points of contact on the subject of education with *Part.* 2a tít. 7, ley 4 (ii. 46).

55. *Part.* 2a tít. 7, ley 3 (ii. 45).

56. See 20. 11.

57. *Part.* 2a tít. 5, ley 2 (ii. 25); *LCavallero*, 38. 31.

58. See *LInfinido*, 22. 14–19.

59. Compare the evangelical position taken up by Arnau de Vilanova in the advice offered to Frederic III of Sicily about bringing up his family: 'Los infantes mascles devets de .VI. ans a amunt fer nodrir en la escola de la vida evvangelical, ab los altres, per tal que no aprenguen en començament altre a conèixer e amar, sinó Jesuchrist', *Obres*, i. 232.

60. *LCavallero*, 51. 12; *Part.* 2a tít. 7, ley 10 (ii. 51–2); John of Salisbury, *Policraticus*, vi. 8.

61. See *LInfinido*, 20. 17.

62. Recall the esteem in which he held the 'espada lobera' which Fernando III gave to his father the Infante Manuel, *LArmas*, 90. 161–91. 173. In this passage are mentioned 'tres graçias'.

63. For various points of strategy listed in chs. lxx–lxxv, see *LCavallero*, 16–17.

64. The disasters of war are also stressed in *LInfinido*, 67. 8–68. 7.

65. The event which led to the hostilities between Don Juan and Alfonso XI was the latter's attempt to discard his fiancée, Costança, Don Juan's daughter, for the Infanta María of Portugal. It was held by opponents of this marriage that the king could not honourably marry the daughter of a vassal. See the near-contemporary references from the *Crónica de 1344* given by D. Catalán, 'La historiografía en verso y en prosa . . ., ii', 75, n. 169. Negotiations for the marriage to María had been prolonged through 1326–7 (*CrAlfonso XI*, ch. lx. 209–10). In was during the siege of Escalona in Mar.–June 1328 that it was settled. See docs. ccccxlvii, ccccl, Giménez Soler, 549, 552. At the same time another marriage was negotiated between Eleanor, Alfonso's sister, and Alfonso IV of Aragon.

66. The peace alluded to took place in Aug. 1329; see doc. cccclxxxi, dated 25 Sept., ibid. 578.

67. See *LInfinido*, 34. 15–35. 2.

68. Ibid. 59. 3. In the next half-dozen chs. appear topics which may have been suggested by a reading of Vegetius who, although not mentioned explicitly here, is quoted as a source in *LCavallero*, 15. 11.

69. Secrecy is also discussed at 35. 10. In the *LInfinido*, 57. 8, Don Juan refers his son to the *LEstados* where Julio refers to an experience of Don Juan—an intriguing circle from history to fiction and back. see also *Cifar*, ii. 87.

70. An account of the expedition is given in doc. cccclxxxviii, dated 19 Aug. 1330, Giménez Soler, 582–4. Zurita, Bk. VII, ch. 11, says that in 1330 the Master of Montesa was sent to the frontier in the region of Lorca. In Aug. Don Juan went to Murcia and Lorca was one of his possessions, *CrAlfonso XI*, 227.

71. *LInfinido*, 68. 21–69. 7.

72. On the fruitlessness of education and particularly book-learning if not backed by some measure of innate intelligence, see 123. 33; *LCaza*, 27, 33–4; *Cifar*, i. 19, ii. 56–7.

73. On Don Juan's admiration for the Moors, see María Rosa Lida's review of María Soledad Carrasco Urgoiti, *El moro de Granada en la literatura* (*sigs. xv–xx*), in *HR* xxviii (1960), 355; Marín, 9.

74. *CLucanor* (*Ej.* 33), 185, 'veed si sodes de buena ventura en fallar carrera para que en un punto podades aver perdón de todos vuestros pecados.'

75. This strategy is outlined in *CrAlfonso XI*, ch. lxxxvii, 226b. The chronicler deliberately does not mention that this was a successful engagement fought by Don Juan against Ozmín, chief of the Granadine cavalry on the Guadalhorce in Aug. 1326. R. Menéndez Pidal notes a ref. in Ibn Khaldun to this tactic, *RFE* iv (1917), 171, n. 1.

76. The death of the two Infantes on 24 June 1319 is covered by D. Catalán's ed. of chs. xiv–xviii of the *CrAlfonso XI*, 'Mi edición de la crónica . . .'; see also Giménez Soler, 64–5, and doc. ccclvii, dated 17 July 1316 (1319?). The Infante Don Juan was the husband of Margaret of Montferrat and María Díaz de Haro. The Infante Don Pedro was married in Jan. 1312 to María, eldest daughter of Jaime II of Aragon, and was thus a relative by marriage of Don Juan Manuel. The event caused great emotion throughout the Peninsula and Jaime II drew the pope's attention to the grave threat by Islam (Martínez Ferrando, i. 111; ii. 207). The death of the Infantes also meant that the contest over the regency would be transferred to Don Juan Manuel, Don Felipe (younger brother of Pedro), and Don Juan el Tuerto (son of the Infante Don Juan).

77. 'heredades fuertes o llanas': Du Cange defines *fortis* as 'munita', and *planus* as unfortified.

78. 'E dixo [Platón]: hay un rreynado que es moço, e otro que es mancebo, e otro que es viejo, e si la rrenta es mayor de lo que ha menester el rrey e la su conpanna es moço, e muestra que durara mucho, e si la rrenta es quanto ha menester es mancebo, e si la rrenta es menor de lo que ha menester es viejo menguado'. *Bocados de oro*, ed. H. Knust in *Mittheilungen aus dem Eskurial* (Tübingen, 1879), 224. Also Devoto, *Introducción*, 266.

79. 'recabdadores'; *LInfinido*, 52. 8–53. 1.

80. On the use of proverbs in Don Juan's writings, see Lida, 'Tres notas', 163–8.

81. On poverty, see 97. 33. On the value of riches, *LCavallero*, 23. 20.

82. 'apartadizo'; 'que se paguen [los fijos de los grandes sennores] de estar siempre con buenas conpannas et non ser apartadizos', *LCavallero*, 38. 30; *CLucanor*, 146 (*Ej.* 25).

83. For an illustration of Don Juan as a disciplinarian, see doc. cccclxxviii, Giménez Soler, 576.

84. 'fenchimientos'; see 114. 32.

85. *Part.* 2a tít. 5, ley 21 (ii. 40–1).

86. Compare the praise of hunting in *Part.* 2a tít. 5, ley 20 (ii. 39–40).

87. *LCavallero*, 52. 51.

88. Don Juan thought of the Infante Don Juan as the greatest expert, *LCaza*, 39; *LInfinido*, 52. 55; *CLucanor*, 203 (*Ej.* 41).

89. On Don Juan's passion for building, see *LCavallero*, 61. 47.

90. On imperial elections, see 87. 18.

91. Cf. Boethius, 'Haec igitur [the good things of this world] uel imagines ueri boni uel imperfecta quaedam bona dare mortalibus uidentur, uerum autem atque perfectum bonem conferre non possunt', iii. 9. The following concepts may be Pauline in origin, 1 Cor. 2: 9.

92. The archbishop of Santiago was Rodrigo del Padrón (1304–3 Nov. 1316). María de Molina was the mother of Fernando IV of Castile (d. 1321). The incident took place in 1309. See *CrFernando IV*, ch. xviii. 167.

93. See Lida, 'Tres notas', 163–8.

94. 'Entonçe non era constunbre de criar los fijos de los reys con tan grand locura nin con tan grant hufana commo agora', *LArmas*, 77. 44. In his second will Don Juan refers back to his own experience, 'se quan mal me falle delos con[segeros] . . . todos lisonjandome et falagandome, et amenazandome et denostandome por que partiese mano delos consejeros que fueron de mi padre', Gaibrois, Los testamentos . . .', 99.

95. Don Juan had received the titles of Prince and Duke of Villena from Alfonso IV of Aragon and Pedro IV of Aragon; Giménez Soler, 621.

96. 'Et duque tanto quiere decir como cabdiello et guiador de hueste, que tomó este oficio antiguamente de mano del emperador: et porque este oficio era mucho honrado, heredaron los emperadores a los que lo tenien de grandes tierras que son agora llamados ducados, et son por ellos vasallos del imperio.' *Part.* 2a tít. 1, ley 11 (ii. 12).

97. 'vasallos'; see *LInfinido*, 45. 22–46. 5.

98. 'Et fago saber a uos que de oy dia dicho en adelante que non so su vasallo ni su natural et que yo et don Ferrando mio fijo et todos los otros suso dichos somos espedidos et desnaturados del'; Don Juan to Pedro IV of Aragon (30 July 1336). Since no one could be found

to take his letter of denaturalization to Alfonso XI, the meticulous Don Juan sent a copy to the king of Aragon so that he could 'la fazer registrar en la vuestra chancelleria con el dia et con el anyo et lugar que vos fuere dada de mi parte', doc. clxxxix, Giménez Soler, 623.

99. 'Çiertamente natura ha grand poder e es muy difíçil e grave la resistençia a ella sin graçia espeçial de Dios', F. Pérez de Guzmán, 33. 1.

100. Fernando was born to Alfonso IV of Aragon and Eleanor, daughter of Fernando IV of Castile in Dec. 1329 (Zurita, Bk. VII, ch. 11). According to this source Alfonso, before marrying Eleanor, had agreed by the statute of Daroca not to alienate any royal possessions for ten years. This could have meant deprivation for Eleanor's children. After much debate and with the advice of the Infante Don Juan of Aragon and others, the king was enabled to make the donation of Tortosa to Fernando with the title of marquis in the following year despite the opposition of the inhabitants (Bk. VII, ch. 17).

101. In Don Juan's own lifetime Alfonso XI made Alvar Núñez Osorio count of Trastamara (before 1328) by seating him at a table at which the king said, 'Eat, count', and the count replied, 'Eat, king'. *CrAlfonso XI*, 210–11.

'Et conde tanto quiere decir como compañero que acompaña cotianamente al emperador o al rey faciendol servicio señalado, et algunos condes habie a que llamaban palatinos, que muestra tanto como condes de palacio, porque en aquel lugar los acompañaban et les facien servicio cutianamente, et a los heredamientos que fueron dados a estos oficiales dixieron condados.' *Part.* 2a tít. 1, ley 11 (ii. 12).

102. 'E por esso es llamado Emperador, que quier tanto dezir como Mandador', *Part.* 2a tít. 1, ley 1 (ii. 3).

103. *Part.* 2a tít. 7, ley 1 (ii. 43).

104. 'Fizlo en una manera que llaman en ésta fabliella', *LCavallero*, 9. 23; 'conpuesto en una manera que dizen en Castiella fabliella', ibid. 11. 3.

105. For the use of the term 'latin' meaning 'rhetoric', see D. Devoto, 'Latin' in *Mélanges offerts à René Crozet* (Poitiers, 1966), i, 51–2.

106. On brevity, see also 205. 2, 18; *CLucanor*, 301.

107. See the final couplet of *Ej.* 37, *CLucanor*, 197.

108. *LInfinido*, 70. 14–15.

109. This phrase comes just after the lacuna in the MS. between chs. iii and xvi of the *LCavallero* (13. 21). The subsequent phrases cover

the whole scope of that work up to the last chapter. Thus the *LEstados* gives no clue to the nature of the missing material.

110. Recall the concluding rhyme in *Ej.* 2 of the *CLucanor*, 67.

111. See 165. 30.

112. Also quoted in *LCavallero*, 13. 6. It is a version of the well-known phrase of Adalbert of Laon (d. 1030): 'Triplex Dei ergo domus est, quae creditur una nunca orant, alii pugnant, aliique laborant.' See also *Part.* 2a tít. 21, prol. (ii. 197) and Stefano, 37, For a general treatment of the topic of the three estates, see Ruth Mohl, *passim.*

113. *LCavallero*, 38. 16.

114. See *Cifar*, ii. 141.

115. On 'consejeros' see *LCavallero*, 38. 19–39. 69; *CLucanor*, 127 (*Ej.* 21); *Part.* 2a tít. 9, ley 5 (ii. 61–3); López de Ayala, *Rimado*, 282–4; *Cifar*, ii. 141.

116. On 'físicos', see *LInfinido*, 23. 4–24. 5.

117. 'Et commo quier que Don Salamon, mio físico, es judio, et non puede nin deue seer cabeçalero; pero por quelo falle siempre tan leal que abes se podria dezir nin creer, por ende ruego a donna Blanca et a mis fijos quel quieran para su seruiçio, et lo crean en sus faziendas; et so çierto que se fallaran bien dello. Ca, si cristiano fuesse, yo se lo que en el dexaria', Gabrois, 'Los testamentos . . .', 46.

118. *LInfinido*, 50. 6–11, 51. 1–8, covers chs. xcvii, xcviii of *LEstados.*

119. Ibid. 54. 7, 14.

120. See his request for indulgence for errors in the general prol. to his works and the prol. to *CLucanor*, 48, 52–3.

121. *LCavallero*, 13. 8, 12. Chs. iii–iv are referred to in Part v of *CLucanor*, 286–7.

122. *CG*, iv. 74.

123. See 46. 21.

124. Don Juan, following the Dominicans, paid special attention to the theological function of the Virgin. See *LEstados*, i, ch. xl, and *TAsunçión.*

125. 'Quia quidem eorum, ut Mahumetistae et Pagani, non conveniunt nobiscum in auctoritate alicuius Scripturae, per quam possint convinci, sicut contra Judaeos disputare possumus per Vetus Testamentum, contra haereticos, per Novum. Hi vero neutrum recipiunt. Unde necesse est ad naturalem rationem recurrere, cui omnes assentire coguntur.' *CG*, i. 2.

126. A much more cautious attitude is expressed in *LCavallero*: 'Los fechos de Dios, que son muy marabillosos et muy escondidos, non deve ninguno ascodrinar en ellos mucho, mayormientre los cavalleros, que an tanto de fazer en mantener el estado en que están' (30. 12). This is repeated in Part i of *LEstados* (187. 10). For the image, cf. 'te fise saber que los rreys tales son commo el fuego: si te llegares a él, quemarte as, e si te arredrares esfriarte as', *Versiones castellanas del Sendebar*, ed. A. González Palencia (Madrid, 1946), 11.

127. This quotation attributed to St. John appears again in the *CrAbreviada*, 37. 1–5, where the source is given as *De las propiedades de las cosas*. Bartholomeus Anglicus often quotes St. John, and in the prol. to *De proprietatibus rerum* attributes the phrase to Dionysius the Areopagite. The prol. further adds (in the Spanish trans. of Vicente de Burgos, Toledo, 1529) 'E por esso la sancta escritura conuiniente-mente exemplificando usa de las moralidades y poeticas ficiones que de las materiales cosas tratan y corruptibles afin que por el conoci-miento de las tales cosas que a nosotros son mas conocibles por la materia sensible que en ellas veemos, podamos mejor entender y saber las altas y contemplatiuas sustancias y incorrutibles.' Aquinas also quotes Dionysius on this point, 'radius divinae revelationis non destruitur propter figuras sensibiles quibus circumvelatur, ut Diony-sius dicit, sed remanet in sua veritate', *ST*, 1a 1. 9.

128. 'Sapientia enim huius mundi stultitia est apud Deum', 1 Cor. 3: 19.

129. Although Don Juan remarks that he had engaged in dispute with learned Moors, he is careful not to encourage open debate except with individuals of known orthodoxy. See *ST*, 2a 2ae 10. 7.

130. 'Duplici igitur veritate divinorum intelligibilium existente, una ad quam rationis inquisitio pertingere potest, altera quae omne in-genium humanae rationis excedit, utraque convenienter divinitus homini credenda proponitur.' *CG*, i. 4; also i. 3.

131. It was to attack such propositions that Aquinas wrote in 1270 *De unitate contra Averroistas*. Later orthodox critics widened the attack to include any philosophy which saw itself superior or equal to theology.

132. 'Omne quod movetur ab alio movetur . . . Si non movetur, ergo habemus propositum, quod necesse est ponere aliquod movens im-mobile, et hoc dicimus Deum.' *CG*, i. 13.

133. See *LCavallero*, 41. 54; *CLucanor*, 297; *LInfinido*, 10. 9–11. 4. This is ultimately Aquinas, 'Omne enim quod habet animam est compositum ex materia et forma, quia anima est forma corporis', *ST*, 1a 3. 2.

134. *CG*, iv. 12–26.

135. The image of the sun emitting light and heat without being diminished also occurs in Llull, *Libre de meravelles*, 111.

136. *CG*, iv. 45.

137. 'Desto te dare semejança natural. Para mientes a la vidriera que es de vidrio fecha e veras naturalmente qual vidrio es grueso e espeso . . . veras el rrayo del sol que pasa de la otra parte sin quebrantar e sin corronperla.' *Los 'Lucidarios' españoles*, ed. cit. 113. This is a common image, to be found in Eiximenis, Fray Iñigo de Mendoza, and San Juan de la Cruz amongst others; see J. Dagens, 'La Métaphore de la verrière', 524–31.

138. *CG*, iv. 54.

139. A popular explanation, recorded by Honoré d'Autun in the twelfth century: 'Discipulus: Cur nocte?—Magister: Primo quia occultus venit, deinde ut eos qui in nocte erant erroris, ad lucem perduceret veritatis.' *Elucidarium* in *PL*, clxxii, col. 1123.

140. In the apocryphal Infancy Gospels there is no mention of the thirty pieces of silver. María Rosa Lida suggests the reference might be to the *Vindicta salvatoris*, 'Tres notas', 169. On the Infancy Gospels and their connection with the glorification of the Virgin and with anti-Jewish literature, see E. Hennecke, *New Testament Apocrypha*, W. Schneemelcher, Eng. trs. ed. by R. McL. Wilson (London, 1963), i. 367.

141. This argument about the treachery of an apostle was adduced by publicists like Augustinus Triumphus in his *Summa* to draw a distinction between the office of pope and the individual occupying it. Immediately the pope acts contrary to his function, the man and the office move apart. The individual may be incapable, but this does not destroy the office, nor can the pope by his own act depose himself or renounce his obligations. Wilks, 498–500.

142. 'Nec fides habet meritum, cui humana ratio praebet experimentum', Gregory, *Homil. in Ev.*, XXVI, in *PL*, lxxvi, col. 1197. For the contrary argument, see *ST*, 2a 2ae 2. 10.

143. See 83. 24.

144. This follows both the Aquinian and Augustinian line. By the fourteenth century the concept of office was acknowledged to be fundamental to the theory of papacy. As Wilks says, 'The divinity of the pope's official capacity smothers his human personality' (p. 366). See also W. Ullman, *Principles*, 41.

145. 'Segun manda el derecho de santa eglesia, aquel deben todos los cristianos tener por apostóligo que esleyeren las dos partes de los cardenales', *Part.* 1a tít. 5, ley 7 (i. 199).

146. Celestin renounced the papacy on 23 Dec. 1294 after about six months in office. The outcry against his resignation may have formed part of the struggle between the Colonna and Boniface VIII. This does not concern us here, but the event did provoke wide discussion of papal office and in it renunciation and deposition were both associated. The supporters of Boniface argued that he could resign, but not be deposed, whereas the Colonna argued that the pope was closely identified with his office, while allowing that he could be deposed, at least by the cardinals; W. Ullman, 'Medieval views concerning papal abdication', *Irish Ecclesiastical Review*, lxxi (1949), 125–33.

147. Linehan (p. 322) claims that thirteenth-century popes acknowedged the right of kings in Castile to dominate the church.

148. See 98. 3.

149. See the simile of Solon in Diogenes Laertius, i. 58, and in Valerius Maximus, *Factorum et dictorum*, VII, ii, 14; ed. C. Kempf (Leipzig, 1888), 331. See Devoto, *Introducción*, 265.

150. The controversy between John XXII and the Franciscan order on the question of the poverty of Christ and his disciples broke into open conflict with the trial of a Beguin by the Inquisition at Narbonne in 1321. One of the chief arguments against the Minorite conception of poverty lay in the fact that Christ had possessed a purse. The usual answer was that the bag carried by Judas had been mainly for the offerings held in trust for the poor. John XXII was resolutely opposed to the Minorite position, following the arguments of Aquinas that charity, not poverty, was the basis of a perfect life. See Decima Douie, ch. vi *passim* and 157–8. Arnau de Vilanova, using a phraseology similar to that of Don Juan, defends the Franciscans in his *Lliçó de Narbona* (1305–8). After having described Christ's birth in virtue of His total poverty, he adds: 'qui vol fer vida esperitual axi com ver e perfet christià, deu fer aytant com porà, e, segons son stament, deu seguir e metre en obra los exemples damunt dites de nostre Senyor Jesu christ', *Obres*, i. 144–5. The debate went on throughout the 1320s and 1330s, during which time the chief secular defenders of the Franciscans were Louis of Bavaria and Robert of Naples. For further information, see R. F. Bennett, M. D. Lambert, and V. D. Scudder.

151. Don Juan's quibble reflects the two titles borne by his brother-in-law, the Infante Juan of Aragon. It will also be recalled that his father, Jaime II, had tried to persuade the pope to make the arch-bishop of Toledo a cardinal before 1328, but the pope had refused saying that Christ did not choose his apostles from the nobility; Fincke, i. 588.

152. See 110. 1.

153. Luke 10: 38.

154. Luke 10: 42.

155. *Part.* 1a tít. 5, ley 12 (i. 203).

156. The text should read 'Alfonso el sexto'.

157. The debate over the primacy of Toledo had continued since its recovery from the Moors, and was especially heated during the times of Ximénez de Rada (1210–47). The Infante Don Juan, after having been appointed archbishop in 1321, held it to be his right to cross the dioceses of Tarragona and Saragossa preceded by a raised crucifix. Pedro de Luna of Saragossa, whose see had just been raised to an archbishopric in 1318, met this supposed slight by excommunicating Juan. Jaime II of Aragon, his father, took the matter as a personal insult and complained, but without satisfaction, to the pope; Zurita, Bk. VI, ch. 37, and E. Martínez Ferrando, i. 146.

158. On the crusade against Granada by Alfonso XI of Castile and Alfonso IV of Aragon, see Giménez Soler, docs. ccccxix (1326), ccccxl (1327), ccccl xxxii, ccccl xxxviii, ccccxc, ccccxci (all 1330), ccccxcv (1331). Doc. ccccxcviii marks the peace with Granada in Feb. 1331.

159. *Part.* 1a tít. 6, ley 3 (i. 252).

160. On Don Juan and the Friars Preacher, see Lida, 'Tres notas', 155–63.

161. The *Partidas* follow at this point with a section on the religious orders, but the only one mentioned by name is that of the Benedictines with the Cistercians; *Part.* 1a tít. 7, ley 27 (i. 315).

162. Don Juan here confuses the journey of St. Dominic as companion to Diego de Acevedo on a mission of Alfonso VIII to negotiate a marriage between his son Fernando and the daughter of a certain 'nobilem de Marchiis', and the expedition of years later dispatched by Doña Berenguela to bring back Beatrice of Swabia, Fernando III's betrothed (1218); M.-H. Vicaire, O.P., *Histoire de Sant Dominique* (Paris, 1957), i. 114.

163. Philip of Swabia was brother to the emperor Henry VI and uncle to Frederic II. Beatrice was therefore cousin to Frederic who gave her away at her marriage (1219). The *CLucanor* (*Ej.* 27) contains an anecdote about Frederic and the empress Constança.

164. In fact Innocent III refused to sanction St. Dominic's plan until he chose the rule of some established order. Galbraith, 15.

165. St. Dominic consented to the surrender of temporal goods not as an end in itself, but because he thought it would leave his followers more free to study and preach.

166. 'Provideamus, volumus et declaramus ut constitutiones nostre non obligent nos ad culpam sed ad penam, nisi propter preceptum

vel contemptum', Galbraith, Appx. II, p. 204. The last phrase 'así que seamos . . . siervos' probably derives from the tradition that St. Dominic chose the Rule of St. Augustine because its terms were sufficiently vague to allow for the special type of life that he planned for his followers. It would not have been the case with the Rule of St. Benedict. Galbraith, 34.

167. See chs. 16, 17 of the rule, with punishments listed. Galbraith, 218–20.

168. Ibid. 112.

169. 'Si mutare vel addere vel minuere nulli quicquam propria voluntate liceat, ne si minima negligimus paulatim defluamus', ibid. 203.

BIBLIOGRAPHY

What follows is not a complete list of works consulted, but only of those works which are substantially relevant to this study. Where more than one edition of a work is given, the first item listed is the reference used by us; other editions follow in chronological order. Works of unknown authorship are given under their title.

ALEXANDRE, *El libro de Alexandre*, ed. R. S. Willis, Jr. (Princeton, N.J., 1934).

ALFONSO X DE CASTILLA, *Las siete partidas*, 3 vols. (Madrid, 1807).

AMADOR DE LOS RÍOS, J., *Historia crítica de la literatura española*, 7 vols. (Madrid, 1861–5).

ARIAS Y ARIAS, R., *El concepto del destino en la literatura medieval española* (Madrid, 1970).

ARNAU DE VILANOVA, *Obres catalanes*, A cura del P. M. Batllori, 2 vols. (Barcelona, 1947).

AVEZOU, R., 'Un prince aragonais archevêque de Tolède au XIVe siècle, D. Juan d'Aragon y Anjou', *BHi* xxxii (1930), 326–71.

BAER, Y., *A History of the Jews in Christian Spain*, 2 vols. (Philadelphia, Pa., 1961).

BAIST, G., *Alter und Textueberlieferung der Schriften Don Juan Manuels* (Halle, 1880).

BALLESTEROS BERETTA, A., 'Un documento de don Juan Manuel', *Correo erudito* i (1940), 269–72.

—— 'El agitado año de 1325 y un escrito desconocido de don Juan Manuel', *BRAH* cxxiv (1949), 9–58.

BAYLEY, C. C., *The Formation of the German College of Electors in the Mid-Thirteenth Century* (Toronto, 1949).

BELL, Dora M., *L'Idéal éthique de la royauté en France au moyen age* (Paris, 1962).

BENAVIDES, A., *Memorias de D. Fernando IV de Castilla* (Madrid, 1860).

BENITO Y DURÁN, A., *Filosofía del infante don Juan Manuel* (Alicante, 1972).

—— *El Infante don Juan Manuel y la orden de Predicadores* (Ciudad Real, 1950).

BENNETT, R. F., *The Early Dominicans: Studies in Thirteenth Century Dominican History* (Cambridge, 1937).

BLOOM, L., 'The Emergence of an Intellectual and Social Ideal as expressed in Selected Writings of Alfonso X and Don Juan Manuel'; ined. doctoral thesis, University of Pittsburg, Pa., 1967.

BURNS, R. I., *The Crusader Kingdom of Valencia*, 2 vols. (Cambridge, 1967).

CALDERA, E., 'Retorica, narrativa e didattica nel *Conde Lucanor*', *Miscellanea di studi ispanici*, 14 (Pisa, 1966–7), 5–120.

CANALEJAS, F. de Paula, 'Raimundo Lulio y D. Juan Manuel. Estudio literario', *RE* ii (1868), 116–37; iv (1870), 402–25.

CARRERAS Y ARTAU, T. and J., *Historia de la filosofía española: filosofía cristiana de los siglos XIII al XV*, 2 vols. (Madrid, 1939).

Castigos e Documentos del Rey don Sancho, ed. P. Gayangos in BAE li (Madrid, 1860), 79–228.

CASTRO, A., *La realidad histórica de España* (México, 1954).

CASTRO Y CALVO, J. M., *El arte de gobernar en las obras de don Juan Manuel* (Barcelona, 1945).

CATALÁN, D., *Poema de Alfonso XI: fuentes, dialecto, estilo* (Madrid, 1953).

—— 'La historiografía en verso y en prosa de Alfonso XI a la luz de nuevos textos, i', *BRAH* cliv (1964), 79–126.

—— 'La historiografía en verso y en prosa de Alfonso XI a la luz de nuevos textos, ii', *BRAH* clvi (1965), 55–87.

—— 'Mi edición de la *Crónica* y de la *Gran Crónica de Alfonso XI*. (La muerte de los infantes en la Vega de Granada)', *BRAE* xlviii (1968), 189–236.

—— 'Poesía y novela en la historiografía castellana de los siglos XIII y XIV', *Mélanges offerts à Rita Lejeune* (Gembloux, 1969), i. 423–42.

Cavallero Zifar, El . . . con un estudio por M. de Riquer, 2 vols. (Barcelona, 1950).

COMPTON, J. D., 'A Linguistic Study of the "Libro del cavallero et del escudero" of Don Juan Manuel'; ined. doctoral thesis, Wisconsin, 1965.

COROMINAS, J., *Diccionario crítico etimológico de la lengua castellana*, 4 vols. (Berne, 1954).

Corónica de don Alfonso el onceno, ed. F. Cerdá y Rico in BAE lxvi (Madrid, 1953), 173–392.

Crónica de Fernando IV, ed. Cayetano Rosell in BAE l (Madrid, 1953), 93–170.

DAGENS, J., 'La Métaphore de la verrière', *Revue d'ascétique et de mystique*, xxix (1949), 524–31.

DEVOTO, D., *Introducción al estudio de don Juan Manuel y en particular de* El Conde Lucanor. *Una bibliografía.* (Madrid, 1972).

DODDIS MIRANDA, A., and SEPÚLVEDA DURÁN, G., *Estudios sobre don Juan Manuel*, 2 vols. (Santiago de Chile, 1957).

DÖNNE, F., *Syntaktische Bemerkungen zu Don Juan Manuel's Schriften* (Jena, 1891).

DOUIE, DECIMA L., *The Nature and the Effect of the Heresy of the Fraticelli* (Manchester, 1932).

ESQUER TORRES, R., 'Dos rasgos estilísticos en Don Juan Manuel', *RFE* xlvii (1964), 429–35.

ETIENNE DE BOURBON, *Anecdotes historiques, légendes et apologues . . .*, ed. A. Lecoy de la Marche (Paris, 1877).

FINCKE, H., *Acta Aragonensia*, 2 vols. (Basel, 1908).

FOLZ, R., *The Concept of Empire in Western Europe from the Fifth to the Fourteenth Century* (London, 1969).

GABRIEL, A. L., *The Educational Ideas of Vincent de Beauvais* (Notre Dame, Indiana, 1956).

GAIBROIS DE BALLESTEROS, Mercedes, *Doña María de Molina* (Madrid, 1936).

—— *Historia del reinado de Sancho IV de Castilla* (Madrid, 1928).

—— 'Los testamentos inéditos de D. Juan Manuel', *BAH* xcix (1931), 25–59; separately published in Madrid, 1932, and reprod. in Giménez Soler, 695–704.

—— *El príncipe don Juan Manuel y su condición de escritor* (Madrid, 1945).

GALBRAITH, G. R., *The Constitution of the Dominican Order* (London, 1925).

GALMES DE FUENTES, A., 'Influencias sintácticas y estilísticas del árabe en la prosa medieval castellana', *BRAE* xxxv (1955), 213–75, 415–51; xxxvi (1956), 65–131, 267–307.

GARCÍA DE CASTROJERIZ, Fr. Juan, *Glosa castellana al Regimiento de príncipes*, 3 vols., ed. J. Beneyto Pérez (Madrid, 1947).

GARCÍA-PELAYO, M., *El reino de Dios. Arquetipo político* (Madrid, 1959).

GIMÉNEZ SOLER, A., 'Un autógrafo de don Juan Manuel', *RH* xiv (1906), 606–7.

—— *Don Juan Manuel. Biografía y estudio crítico* (Zaragoza, 1932).

GRANDGENT, C. H., *Introducción al latin vulgar*, tr. F. de B. Moll (Madrid, 1963).

GROUSSAC, P., 'Le Livre des *Castigos e documentos* attribué au roi d. Sanche IV', *RH* xv (1906), 212–339.

GUI DE CAMBRAI, *Barlaam und Josaphat*, ed. H. Zotenberg und P. Meyer (Stuttgart, 1864; reprinted Amsterdam, 1966).

GUICHENON, S., *Histoire généalogique de la Royale Maison de Savoye*, 2 vols. (Lyons, 1660.)

HAAN, F. de, 'Barlaam and Joasaph in Spain', *MLN* x (1895), 22–34, 137–46.

HENCKELUM, Mercedes van, *Spiritualische Strömung an den Hofen von Aragon und Anjou während der Höhe des Armutsstreites* (Berlin and Leipzig, 1912).

HUERTA TEJADAS, F., 'Vocabulario de las obras de don Juan Manuel, 1282–1348', *BRAE* xxxiv (1954)–xxxvi (1956); also publ. as a *BRAE separata* (Madrid, 1956).

ÍSOLA, Delia L., 'Las instituciones en la obra de don Juan Manuel', *CHE* xxxi–xxxii (1954), 70–145.

JANER, I. de, *El patriarca D. Juan de Aragón, su vida y sus obras* (Tarragona, 1904).

JOHN DAMASCENE, ST. (Attrib.), *Barlaam and Ioasaph, with an English translation by G. R. Woodward and H. Mattingly* (London, 1914).

JOHN OF SALISBURY, *Joannis Saresberiensis episcopi carnotensis Policratici . . ., recognovit . . .* Clemens C. I. Webb (Oxford, 1909).

JUAN MANUEL, *El conde Lucanor*, ed. J. M. Blecua (Madrid, 1969).

—— *El conde Lucanor*, ed. Gonzalo Argote de Molina (Sevilla, 1575).

—— *El conde Lucanor*, ed. P. de Gayangos, BAE li (Madrid, 1860), 367–439.

—— *El conde Lucanor*, ed. H. Knust and A. Birch-Hirschfeld (Leipzig, 1900).

—— *El conde Lucanor*, ed. E. Krapf (Vigo, 1898; 2nd edn., Vigo, 1902).

—— *El conde Lucanor*, ed. F. J. Sánchez Cantón (Madrid, 1920).

—— *El conde Lucanor*, ed. E. Juliá (Madrid, 1933).

—— *El conde Lucanor, Don Juan Manuel y los cuentos medievales*, selección y notas por María Goyri de Menéndez Pidal (Madrid, 1936).

—— *Crónica abreviada*, ed. R. L. and M. B. Grismer (Minneapolis, Minn., 1959).

—— 'La Crónica complida nach der Hschr. neu herausgegeben von G. Baist', *RF* vii (1893), 551–6.

—— *Crónica complida*, ed. H. Flórez, *España Sagrada*, ii (Madrid, 1747), 207–16.

—— *Crónica conplida*, ed. A. Benavides in *Memorias de Don Fernando IV de Castilla* (Madrid, 1860), i. 675–9.

—— *Libro de las armas* in *Obras de don Juan Manuel*, ed. J. M. Castro y Calvo and M. de Riquer (Barcelona, 1955), 74–92.

—— *Libro de las armas*, ed. P. de Gayangos in BAE li (Madrid, 1860), 257–64.

—— *Libro de las armas*, ed. A. Benavides as *Libro de las tres razones*, in *Memorias de Don Fernando IV de Castilla* (Madrid, 1860), i. 352–62.

—— *Libro de las armas*, ed. A. Giménez Soler, in *Don Juan Manuel* (Zaragoza, 1932), 677–91.

—— *Libro del cavallero et del escudero* in *Obras de don Juan Manuel*, ed. J. M. Castro y Calvo and M. de Riquer (Barcelona, 1955), 8–72.

—— *Libro del cavallero et del escudero*, ed. S. Gräfenberg, *RF* vii (1893), 427–550.

—— *Libro de la caza*, ed. G. Baist (Halle, 1880).

—— *Libro de la caza*, ed. J. Gutiérrez de la Vega in *Biblioteca Venatoria*, iii (Madrid, 1879), 1–135.

—— *Libro de la caza*, ed. J. M. Castro y Calvo (Barcelona, 1945).

—— *El libro de los estados*, ed. P. de Gayangos in *Escritores en prosa anteriores al siglo XV*, BAE li (Madrid, 1860), 278–367.

—— *El libro de los estados*, ed. A. Benavides in *Memorias de D. Fernando IV de Castilla*, (Madrid, 1860), i, 444–599.

—— *El libro de los estados*, ed. J. M. Castro y Calvo (Barcelona, 1968).

—— *Libro infinido y tractado de la asunçión*, ed. J. M. Blecua (Granada, 1952).

—— *Libro infinido*, ed. P. de Gayangos in BAE li (Madrid, 1860), 264–78.

—— *Libro infinido*, ed. J. M. Castro y Calvo and M. de Riquer in *Obras de don Juan Manuel* (Barcelona, 1955), 94–133.

—— *Obras de don Juan Manuel*, ed. J. M. Castro y Calvo and M. de Riquer (Barcelona, 1955).

—— *Prólogo a sus obras* in *Obras de don Juan Manuel*, ed. J. M. Castro y Calvo and M. de Riquer (Barcelona, 1955), 3–5.

—— *Tratado de la asunçión*, ed. P. de Gayangos in BAE li (Madrid, 1860), 439–42.

—— *Tratado de la asunçión*, ed. F. Huerta, 'Un escrito mariológico del infante don Juan Manuel', *RET* viii (1948), 82–115.

KINKADE, R. P., *Los 'Lucidarios' españoles* (Madrid, 1968).

KLAIBER, L., 'Neues zum "Königslager" ', in *Aus Politik und Geschichte. Gedächtnisschrift für Georg von Below* (Berlin, 1928), 91–4.

KUHN, E., *Barlaam und Joasaph, ein bibliographischliterärgeschichtliche Studie* (München, 1893).

LAMBERT, M. D., *Franciscan Poverty* (London, 1961).

LANG, D. M., *The Wisdom of Balahvar, a Christian Legend of the Buddha* (New York, 1957).

LECOY DE LA MARCHE, A., *La Chaire française au moyen âge; spécialment au XIIIe siècle d'après les manuscrits contemporains* (Paris, 1886).

LIDA DE MALKIEL, M. R., *La idea de la fama en la Edad Media Castellana* (México–Buenos Aires, 1952), 207–20.

—— 'Tres notas sobre Don Juan Manuel', *RPh* iv (1950–51), 155–94.

LINEHAN, P., *The Spanish Church and the Papacy in the Thirteenth Century* (Cambridge, 1971).

LLULL, R., *Llibre del orde de cavalleria* in *Obres de Ramón Llull*, ed. M. Obrador, i (Palma, 1905).

—— *Libre de meravelles*, ed. S. Galmés (Barcelona, 1931).

LOMAX, D. W., 'The Date of Don Juan Manuel's Death', *BHS* xl (1963), 174.

LÓPEZ DE AYALA, P., *Rimado del Palacio*, ed. J. Kuersteiner, 2 vols. (New York, 1920).

LÓPEZ SERRANO, M., ed., *Libro de la montería del Rey de Castilla Alfonso XI* (Madrid, 1969).

LOURIE, Eileen, 'A Society Organised for War', *P & P* xxxv (1966), 54–76.

MACPHERSON, I. R., '*Dios y el mundo*—the Didacticism of *El conde Lucanor*', *RPh* xxiv (1970), 26–38.

—— '*Amor* and Don Juan Manuel', *HR* xxxix (1971), 167–82.

—— 'Don Juan Manuel: the Literary Process', *SP* lxx (1973), 1–18.

MANDONNET, P., *St. Dominique; l'idée, l'homme et l'œuvre* (Paris, 1937).

MARAVALL, J. A., 'Sobre el concepto de la monarquía en la Edad Media española,' *EMP* v (Madrid, 1954), 401–17; reprinted in *Estudios de historia del pensamiento español* (Madrid, 1967), 53–73.

—— 'La sociedad estamental castellana y la obra de don Juan Manuel', *CuH* lxvii (1966), 751–68; reprinted in *Estudios de historia del pensamiento español* (Madrid, 1967), 451–72.

MARÍN, D., 'El elemento oriental en Don Juan Manuel: síntesis y revaluación', *CL* vii (1955), 1–14.

MARRONI, G., 'Annominazioni e iterazioni sinonimiche in Juan Manuel', *SMV* ii (1954), 58–70.

MARTÍNEZ FERRANDO, J. E., *Jaime II de Aragón. Su vida familiar*, 2 vols. (Barcelona, 1948).

—— 'Una singular carta inédita del primogénito de Jaime II de Aragón', *EMP* i (Madrid, 1950), 477–88.

MENÉNDEZ PELAYO, M., *Orígenes de la novela* (Madrid, 1905), i. 86–94.

MENÉNDEZ PIDAL, R., ed., *Cantar de mio Cid*, 3 vols. (Madrid, 1956).

—— *El dialecto leonés* (Oviedo, 1962).

—— *Orígenes del español* (Madrid, 1964).

MILÁ Y FONTANALS, M., 'Noticia de la vida y escritos del Infante don Juan Manuel' in *Obras completas* (Barcelona, 1892), iv, 126–50.

MOHL, Ruth, *The Three Estates in Medieval and Renaissance Literature* (New York, 1933).

MOLDENHAUER, G., *Die Legende von Barlaam und Josaphat auf der iberischen Halbinsel* (Halle, 1929).

MOLLAT, G., ed., *Jean XXII, Lettres communes*, 7 vols. (Paris, 1919).

MOXÓ, S. de, 'De la nobleza vieja a la nobleza nueva. La transformación nobiliaria castellana en la baja edad media', *Cuadernos de historia*, anexos de la revista *Hispania*, iii (Madrid, 1969), 1–210.

NEBRIJA, A., de, *Gramatica castellana*, ed. P. Galindo Romeo and L. Ortiz Muñoz, 2 vols. (Madrid, 1946).

OELSCHLÄGER, V. R. B., 'Dos correcciones al texto del *Libro de los estados* de D. Juan Manuel', *RFE* xxi (1934), 399–400.

PÉREZ DE GUZMÁN, F., *Generaciones y semblanzas*, ed. R. B. Tate (London, 1965).

PERO (PFLAUM), H., *Der Religionsdisput der Barlaam Legende, ein motiv abendländischer Dichtung* (Salamanca, 1959).

POU Y MARTÍ, J. María, *Visionarios, beguinos y fraticelos* (Vich, 1930).

PREVITÉ ORTON, C. W., *The Early History of the House of Savoy 1000–1233* (Cambridge, 1912).

RICO, F., *El pequeño mundo del hombre. Varia fortuna de una idea en las letras españolas* (Madrid, 1970).

RISCO, A., 'Algo sobre el infante don Juan de Aragón y por qué renunció al arzobispado de Toledo', *RyF* lxxvii (1926), 22–31, 107–17, 316–26.

Rivas, E. de, *Figuras y estrellas de las cosas* (Maracaibo, 1969).

Rivera Manescau, S., *Ordenanzas dadas a la villa de Peñafiel por Don Juan, hijo del Infante don Manuel* (Valladolid, 1926).

Rubio, F., O.S.A., ' "De regimine principum" de Egidio Romano en la literatura castellana de la Edad Media', *CD* clxxii (1960), 32–71.

Ruffini, M., 'Les Sources de Don Juan Manuel', *LR* vii (1953), 27–40.

Sachs, G., Review of Giménez Soler, *Don Juan Manuel . . .*, *RFE* xx (1933), 185–7.

Sarabia, J. María, 'La romanidad en el "Libro de los Estados del infante don Juan Manuel" ' in *Miscelánea de la universidad pontificia de Comillas* (Comillas, 1943), 27–43.

Scholberg, K. R., 'Modestia y orgullo: una nota sobre don Juan Manuel', *HBalt* xlii (1959), 24–31.

—— 'Juan Manuel, personaje y autocrítico', *HBalt* xliv (1961), 457–60.

—— 'A Stylistic Analysis of the *Conde Lucànor*', *KFLQ* x (1963), 198–203.

Scudder, V. D., *The Franciscan Adventure* (London, 1931).

Selbert, L., 'A Glossary of Juan Manuel's "El libro de los Enxiemplos del Conde Lucanor et de Patronio" '; ined. doctoral thesis, Yale, 1916.

Sonet, J., *Le Roman de Barlaam et Joasaph. Recherches sur la tradition latine et française*, 2 vols. (Paris, 1949).

Stefano, Luciana de, 'La sociedad estamental en las obras de don Juan Manuel', *NRFH* xvi (1962), 329–54.

—— *La sociedad estamental de la Baja Edad Media española a la luz de la literatura de la época* (Caracas, 1966).

Sturm, H., 'The *Conde Lucanor*: the first *Ejemplo*', *MLN* lxxxiv (1969), 286–92.

Suárez Fernández, L., *Historia de España. Edad Media* (Madrid, 1970).

Tate, R. B., 'Don Juan Manuel and his Sources', *Studia Hispanica in Honorem R. Lapesa* (Madrid, 1972), i, 549–61.

Thomas Aquinas, St., *Summa Theologiae*, Latin text and English trs., in progress (London and New York, 1964–).

—— *Suma contra los Gentiles*, ed. L. Robles Carcedo y A. Robles Sierra, 2 vols. (Madrid, 1967).

Tierney, B., *The Crisis of Church and State 1050–1300* (Englewood Cliffs, N.J., 1964).

Torres López, M., 'La idea del imperio en el *Libro de los Estados* de Don Juan Manuel', *CyR* ii (1933), 61–90.

—— 'El arte y la justicia de la guerra en el *Libro de los Estados*', *CyR* viii (1933), 33–72.

Ullman, W., *Principles of Government and Politics in the Middle Ages* (London, 1961).

Ullman, W., (*cont.*), *The Growth of Papal Government in the Middle Ages: a study in the ideological relation of clerical to lay power* (London, 1966).

—— *The Individual and Society in the Middle Ages* (Baltimore, Md., 1966).

Vallejo, J., 'Sobre un aspecto estilístico de don Juan Manuel (Sintaxis)' *HMP* ii (1925), 63–85.

Vicaire, M.-H., *Histoire de Saint Dominique*, 2 vols. (Paris, 1957).

Vidal, J. M., 'Un Ascète de sang royal, Philippe de Majorque', *RQH* lxxxviii (1910), 361–403.

Vincke, J., 'El trasllat de l'arquebispe Joan d'Aragó de la seu de Toledo a la de Tarragona', *AST* vi (1930), 127–30.

Vitry, J. de, *The Exempla or Illustrative stories from the Sermones Vulgares of Jacques de Vitry*, ed. with introduction, analysis, and notes by T. F. Crane (London, 1890).

Waley, D., *The Papal States in the Thirteenth Century* (London, 1969).

Wilks, M., *The Problem of Sovereignty in the Later Middle Ages* (Cambridge, 1963).

Zurita, J. de, *Anales de Aragón*, 2 vols. (Madrid, 1853).

ADDENDUM

Juan Manuel, *El conde Lucanor*, ed. Germán Orduna (Buenos Aires, 1972).

—— *Obras completas*, i, ed. J. M. Blecua (Ariel, at press). The first volume contains *LArmas, LCavallero, LEstados, LInfinido, TAsunçión.*

Orduna, Germán, '¿Un catálogo más de obras de don Juan Manuel?', *BHS*, l (1973), 217–23.

—— 'Los prólogos a la *Crónica abreviada* y al *Libro de la caza*', *CHE* (1970), 123–44.

GLOSSARY

(OF ARCHAIC AND UNUSUAL WORDS AND PHRASES)

Note: Entries are spelled as in the majority of occurrences in the text, and scribal *h* is discounted: thus *haquanto* follows *apriesa* and precedes *aqueste*. Phonetic variants and unusual verbal forms discussed in the language section are not repeated here. Page and line references to the text, up to a maximum of three, are given for each entry, and occasionally a modern or medieval Spanish word completes the entry as a further aid to recognition. We assume that those who consult this glossary have some knowledge of medieval Spanish, and have omitted common and easily recognizable forms such as *atamanno*, *culuebra*, *gelo*, *pedricar*, etc. For further semantic information see principally Corominas, Huerta Tejadas, and Real Academia Espanola, *Diccionario de la lengua española*, 19th ed. (Madrid, 1970).

abés *adv* (26. 20, 35. 18) with difficulty, hardly.

abondamiento *nm* (242. 6, 9, 11) abundance.

acabdellado (*also* **cabdellado, acabdelado**) *pp of* **acabdellar** (10. 33, 136. 3, 140. 27) guided, led, commanded, organized.

acabdellamiento *nm* (142. 22) guide, indication.

acaesçimiento *nm*: **por ~** (162. 29, 163. 6) by chance, by accident.

acalonamiento *nm* (267. 34) punishment.

acalonar *vt* (259. 27, 287. 8) to punish.

acogida *nf* (149. 30) refuge.

acusar *vt* (268. 7) to pursue relentlessly [acosar].

adable *nm* (192. 16) *see* **alable.**

adaraga *nf* (144. 18) leather shield.

adrede *adv* (175. 21, 288. 8) deliberately.

afazimiento *nm* (160. 25, 28, 203. 21) familiarity, intimacy.

agora *adv* (19. 7, 26. 24, 46. 16) now [ahora].

aguisado *adj* (102. 24, 116. 5, 232. 31) proper, just, reasonable; *adv* (127. 9) justly.

aína *adv* (17. 13, 24. 17, 25. 5) soon, quickly.

ál *nm and adj* (*with* **lo**) (33. 6, 7, 34. 12) the other, the rest, anything else.

alable *nm* (136. 6) leader, captain [adalid].

albeitar *nm* (205. 17) veterinarian.

alcalle *nm* (12. 14, 197. 10) judge. *Comp* **alcalde** (195. 8, 197. 9).

algara *nf* (151. 25, 26, 29) foraging party of cavalry.

algo *pron* (258. 5, 271. 32) something; *nm* (255. 27) goods, wealth.

almocadén *nm* (192. 16) captain of footsoldiers.

almogávares *nm* (151. 16) light troops skilled in frontier warfare.

alvalá *nm* (203. 12, 13) receipt.

amidos *adv* (155. 28) reluctantly, unwillingly.

ante *adv* (17. 24, 22. 18, 23. 34) before; (37. 18, 43. 1, 73. 3) rather; *prep* (37. 32, 38. 7, 17) before; *conj*

~ que (46. 18, 48. 29, 50. 23) before.

aporidar *vt* (278. 27) to consider in secrecy [O.Sp. poridat].

apos *prep* (168. 22) after; *see* **pos.**

apriesa *adv* (141. 5, 151. 24) quickly.

haquanto *adv* (117. 15) *see* **yaquanto.**

aqueste *pron* (136. 27) this.

aredrarse *vr* (154. 7) to become separated.

asaz *adj and adv* (31. 17, 40. 24, 44. 11) many, enough, a great deal.

asconna *nf* (124. 24) dart, javelin [azcona].

atajador *nm* (192. 18) scout.

atalaines *nm* (192. 18) sentries, look-outs [atalayeros].

avés *adv* (98. 32, 173. 29) *see* **abés.**

ayuso *adv* (52. 17, 266. 22, 278. 25) below, downward.

bafo *nm* (124. 20) vapour.

banieres *nm* (183. 3) quoted by Juan Manuel as French term for noblemen.

baratar *vi* (151. 13) to defeat [desbaratar].

barrunte *nm* (134. 31) spy.

beneres *nm* (183. 5) *see* **banieres.**

bofordar *vi* (20. 18, 124. 11) to throw darts in tournaments.

cada *adj* (24. 33, 26. 31, 106. 24) each, every; *conj* **~ que** (86. 28, 139. 20, 26) whenever; *in adv. phr.* **(de) cadaldía** (41. 16, 45. 9, 107. 15) daily.

castigar *vt* (266. 9) to punish.

castigo *nm* (108. 34, 109. 5) advice, instruction

catar *vt* (36. 26, 41. 6, 42. 26) to seek out, look into, examine.

çatiquero *nm* [MS. **çanq̄ros**] (204. 28) palace official in charge of the table [zatico].

çima *nf*: **a la ~** (101.1) in the end.

conbrar *vt* (158. 23) to collect; (275. 21) to recover [cobrar].

conoçimiento *nm* (173. 32, 181. 16) statement of receipt.

contral *adj* (190. 2) contradictory. *Comp* **contrario** (223. 24, 28, 224. 14).

contrallar *vt* (168. 5) contradict.

contrecho *nm* (213. 22) maimed, deformed person [contrahecho].

copero *nm* (204. 28) palace official in charge of the drinking-cup.

costoso *adj* (164. 2) generous?

cras *adv* (164. 24) tomorrow.

cuidar *vi* (39. 15, 47. 3, 110. 13) to think.

curosamente *adv* (16. 29) carefully.

chançeller *nm* (199. 9 (twice), 199. 19) secretary in charge of a lord's seal.

chançellería *nf* (199. 31) duty payable to the secretary of a lord.

dende *adv* (52. 17, 58. 16, 60. 15) **de+ende,** *see* **ende.**

departido *adj* (215. 29) different, dissimilar.

departimiento *nm* (168. 18, 174. 6, 12) difference, distinction; (171. 2, 218. 24) conversation.

depués *adv* afterwards, later; *prep* **~ (de)** after; *conj* **~ que** after.

deque *conj* (35. 9, 47. 34, 129. 30) as soon as, since, from the moment that.

derrangar *vi* (150. 23) to engage in battle. *Comp* derrangedes, *CLucanor* 130. 25, and derramar, derranchar, *Part.* II, xxiii, 27. This sense is not documented by Corominas, *DCELC*, s.v. arrancar [O.Sp. derranchar, derrancar, arrancar].

desaguisado *nm* (161. 11, 235. 21, 243. 11) injustice.

descabdellarse *vr* (153. 21, 22, 25) to break ranks, become disorganized.

descodrin[n]ar *vt* (165. 33) to examine, scrutinize [escudriñar].

desoy *adv* (184. 33) henceforth.

despender *vt* (265. 3, 10, 270. 26) to spend. *Comp* **espender** (265. 8).

despensero *nm* (12. 26, 204. 24, 26) steward.

desplanar *vt* (74. 16) to explain.

desque *conj* (18. 13, 37. 9, 23) *see* **deque.**

destonçe *adv* (19. 6) **de+estonçe:** *see* **estonce.**

desuso *adv* (11. 26, 65. 7, 71. 33) earlier, above.

deyuso: ~ de *prep* (47. 28) beneath, below.

do *adv* (41. 6, 11, 64. 19) where; *also* **a do** (183. 10).

dolado *adj*: **mal doladas** (214. 19) imperfect.

enante *adv* (68. 28, 72. 28, 217. 25) before, previously; *conj* **~ que** (217. 25) before.

enbaratar (*also* **envaratar**) *vi* (154. 17, 29) *see* **baratar.**

ende *pronom adv* (5. 16, 23. 18, 22) of it, from it; **por ~** (16. 13, 17, 18. 4) consequently, for this reason, hence.

enraleçer *vt* (92. 16) to break down, decompose?

escarmentar *vt* (194. 25, 266. 9) to punish.

escarmiento *nm* (43. 29, 121. 26) punishment.

escodrin[n]antes *pres part of* **escodrinnar** (171. 24) inquiring, speculating.

escudado *nm* (135. 20) soldier armed with a shield.

esculca *nm* (134. 31, 135. 1) scout.

eso mismo (*also* **esso mismo, eso mesmo**) *adv* (31. 27–28, 42. 32, 45. 12–13) similarly, also.

espender *vt* (264. 31, 32, 265. 8) to spend.

estonçe *adv* (64. 28, 72. 1, 112. 23) then [entonces].

estorialmente *adv* (226. 3) in the form of stories, parables.

estormente *nm* (105. 23) *see* **estrumente.**

estremar *vt* (73. 29) to set apart.

estroír *vt* (50. 18, 100. 16) to destroy.

estrumente *nm* (8. 2, 136. 15, 163. 7) musical instrument; (136. 15, 16, 27) device.

farahón *nm* (136. 16, 19, 21) windproof torch [farol].

fazimiento *nm* (37. 3, 106. 30, 281. 9) friendship, intimacy.

feo *nm* (161. 11) snub, rebuff; (173. 31 (twice), 173. 33) fief; *adj* (20. 34) dishonourable, repugnant.

galardón *nm* (43. 31, 51. 6, 229. 26) reward, recompense.

galardonar *vt* (30. 24, 95. 12, 188. 26) to reward.

gasajado *nm* (105. 27, 106. 21) enjoyment, pleasure.

grado *nm* will, pleasure; **de grado** (79. 13) willingly, gladly.

gualardón *nm* (70. 5) *see* **galardón.**

gualardonar *vt* (265. 33, 266. 9) *see* **galardonar.**

guelbellines *nm* (88. 25) Ghibellines, supporters of the Holy Roman Emperor against the Pope [gibelinos].

güelfes *nm* (88. 25) Guelphs, supporters of the Pope against the Ghibellines [güelfos].

guerra *nf* war; **~ guerriada** (133. 27, 134. 6, 144. 7) full-scale, all-out warfare; **~ caliente** (155. 33) all-out warfare; **~ tivia** (156. 1) cold, lukewarm war.

jubgar *vt* (64. 5, 102. 32, 197. 12, 276. 24) to judge. *Comp* **judgar** (108. 25, 26, 177. 21).

lazares *nm* (63. 2) private parts.

lazdrador *adj* (137. 9) able to withstand suffering.

lixosamente *adv* (52. 33) basely.

luengo *adj* (112. 6, 117. 15, 20) long.

luenne *adv* (135. 1) distant, afar; *conj* **~ de** (153. 17) far from.

llegotiça *nf* (201. 4) friendship, intimacy.

maguer *conj* (259. 17) although; **~ que** (62. 27, 251. 8, 265. 5) although.

mandadero *adj* (199. 11) ambassadorial.

mannana *adv* (105. 11, 125. 33) **de ~** early.
ma[r]fil *nm* (44. 26) elephant.
merca *nf* (204. 9) transaction, sale.
mercar *vt* (204. 9) to sell.
mesnadero *nm* (12. 3, 184. 16, 19) knight of lower rank who served in the army.

oganno *adv* (15. 15) this year.
onde *adv* (56. 29, 99. 29, 31) where; *rel* (127. 20) from whom.
oquier *conj*: **por ~ que** (164. 7) wherever.
orebze *nm* (205. 15) goldsmith [oríﬁce, orfebre].
ortolano *nm* (205. 22) gardener [hortelano].
otri *pron* (21. 8, 106. 17, 108. 22) someome else.
otrie *pron* (20. 17, 58. 9, 105. 32) someone else.
otrosí *adv* (18. 25, 20. 19, 32) moreover, furthermore.

pagarse *vr* (113. 10, 15, 116. 13) to be satisfied, content.
pala *nf* (136. 33) straw. *Comp* **paja** (149. 1)
pararse *vr* (133. 1, 143. 25–6, 152. 13) to prepare oneself.
pieça *nf* (44. 2, 183. 31) a quantity, number.
pleités *adj* (56. 6) skilled in negotiation.
ponimiento *nm* (195. 11) order of payment.
porfazado *pp of* **porfazar** (144. 33) badly spoken of, censured.
poridad *nf* (134. 19, 18, 22) secrecy.
pos *in prep phr* **en ~** (10. 30, 11. 18, 135. 20); **en ~ de** (12. 25) after, behind, following.
postura *nm* (91. 32) agreement.
premia *nf* (38. 15, 81. 3, 123. 23) coercion, compulsion.
pres *adv* (180. 28) about, approximately? *Comp* **apres de** (*Cid* 1225, 1559) near.
prieto *adj* (253. 32) black.
proprio *adj* **aver ~** (253. 31, 254. 1, 282. 20) property.

quequier *conj*: **~ que** (139. 25) whatever.
quexa *nf* (8. 24, 99. 14, 16) dispute, contention.
quistión *nf* (267. 3, 272. 13) objection, difficulty.
quitamente *adv* (173. 34) unencumbered.

rebato *nm* (57. 4) haste; (135. 12) surprise attack.
reboltoso *adj* (204. 14) intriguing, scheming.
recabdamiento *nm* (159. 2) collection.
recabdar *vt* (129. 24, 158. 30, 34) to gather, collect in.
recabdo *nm* (8. 16, 39. 23, 40. 26) account, answer; (146. 2, 16, 148. 33) care, vigilance, precaution; (135. 23, 138. 9, 23) security arrangements; (188. 22) means, way.
recudir *vt* (146. 2, 5) to help, come to the assistance of; *vi* (194. 9) to appear, come up.
renda (*also* **renta**) *nf* (102. 18, 112. 28, 129. 25) rent, income.
ruano *nm* (183. 12, 193. 13, 19) farmer. *Comp* 193. 17: *et los ruanos fazen labrar la tierra et criar ganados et bestias et aves, así commo labradores.*

siquier(e) *adv* (61. 4, 143. 13, 148. 8) perhaps, possibly.
so *prep* (161. 30, 270. 4, 282. 34) below, under.

tafurería *nf* (20. 20) cheating.
talante *nf* (29. 33, 32. 16, 35. 16) will, disposition, desire.
talegas *nf* (154. 1) provisions.
tornafuy *nm in prep phr* **de ~** (150. 13); **a ~** (154. 23) Moorish battle tactic, consisting of a sharp counter-attack after a simulated retreat. *See* 146. 14–18.
tortiçiero *nm* (130. 30) evil-doer, criminal.
trebejar *vi* (31. 18, 102. 23, 124. 16) to take physical exercise, sport, to indulge in games or pastimes.

trebejo *nm* (123. 10) exercise, sport; (150. 12, 14) strategem, tactic.

ufana *nf* (267. 18) vanity, presumption.
umicar *vt* (92. 19) to moisten, humidify.

vegada *nf* (4. 14, 86. 22, 116. 17) time; **una ~** (30. 32, 153. 21–22) once; **muchas ~** (9. 17, 88. 15, 119. 2) often; **vegadas** (110. 19), **a las ~** (86. 21, 163. 13) at times.

ý *adv* (16. 30, 35, 22. 19) there.
yaquanto *adv* (47. 30, 105. 19, 112. 6) somewhat.

INDEX